AF721486

Kontaktadresse nach EU-Produktsicherheitsverordnung:
produktsicherheit@fischerverlage.de

Der Erste Weltkrieg hat die Geschichte Europas sowie der übrigen Welt entscheidend geprägt. Doch der deutsche Anteil an diesem Krieg ist bis heute umstritten. Warum haben deutsche Truppen die belgische Bevölkerung bei ihrem Einmarsch im August 1914 derart grausam behandelt? Weshalb hinterließen sie bei ihrem Rückzug 1917 »verbrannte Erde«? Wieso waren die meisten Deutschen überzeugt, dass sich das Deutsche Reich in einem legitimen Verteidigungskampf befand?
Anschaulich erzählen Gerhard Hirschfeld und Gerd Krumeich, wie Deutschland in diesen Krieg geraten konnte und wie die Deutschen ihn vier Jahre lang erlebten. Basierend auf Selbstzeugnissen – vor allem Tagebüchern und Briefen – stellen sie die Erfahrung des Krieges, der Soldaten wie der Zivilisten, in den Mittelpunkt.
Eine reich bebilderte Gesamtdarstellung des Ersten Weltkriegs aus deutscher Sicht, die alle Aspekte und Ereignisse berücksichtigt: die Julikrise 1914 und die großen Schlachten ebenso wie die Niederlage und Revolution von 1918, die Menschen an der »Heimatfront« ebenso wie Politik, Kriegswirtschaft und Propaganda.
Das zuerst 2013 erschienene Standardwerk wurde für die Taschenbuchausgabe durchgesehen und um aktuelle Literatur ergänzt.

Gerhard Hirschfeld, geboren 1946, ist Professor am Institut für Geschichte der Universität Stuttgart. Bis 2011 war er Direktor der Bibliothek für Zeitgeschichte in Stuttgart. *Gerd Krumeich,* geboren 1945, lehrte bis 2010 Neuere Geschichte an der Heinrich Heine Universität in Düsseldorf. Er ist Vizepräsident des internationalen Forschungszentrums des Historial de la Grande Guerre (Péronnec/Somme).
Beide sind international renommierte Experten für die Geschichte des Ersten Weltkriegs. Zusammen mit Irina Renz haben sie die große ›Enzyklopädie Erster Weltkrieg‹ herausgegeben (erschienen 2003, Neuauflage 2014).

Weitere Informationen finden Sie auf www.fischerverlage.de

Gerhard Hirschfeld | Gerd Krumeich

Deutschland im Ersten Weltkrieg

Unter Mitarbeit von Irina Renz

FISCHER Taschenbuch

Die Nutzung unserer Werke für Text- und Data-Mining im Sinne von § 44b UrhG behalten wir uns explizit vor.

2. Auflage

© 2023 S. Fischer Verlag GmbH,
Hedderichstr. 114, 60596 Frankfurt am Main

Karten: Peter Palm, Berlin
Printed in Germany
ISBN 978-3-596-19638-8

Inhalt

Ein Wort vorab

Die 100. Wiederkehr des Kriegsausbruchs von 1914 beschert der europäischen Öffentlichkeit eine historische Großoffensive: Fernsehdokumentationen und Zeitschriftenserien, Ausstellungen, Vorträge und Konferenzen, Bücher und Internetinformationen – dies alles unterstreicht, dass für Historiker, Publizisten, Ausstellungs- und Medienmacher der Erste Weltkrieg ein Ereignis von elementarer Bedeutung ist. Aber auch das Interesse des historisch interessierten Publikums an diesem Krieg scheint groß. Das belegen die Besucherzahlen der einschlägigen Museen, etwa des 1992 in der nordfranzösischen Stadt Péronne an der Somme eröffneten, vorbildlich international ausgerichteten *Historial de la Grande Guerre* oder des mit modernster Technik ausgestatteten Museums *In Flanders Fields* im belgischen Ypern. Auch die zu früheren Gedenkjahren des Weltkriegs organisierten kulturhistorischen Ausstellungen (beispielsweise im Deutschen Historischen Museum in Berlin 1994 und 2004) erfreuten sich regen Zuspruchs – Ähnliches steht für 2014 zu erwarten. Selbstverständlich gibt es weiterhin nationale Unterschiede: Für Briten, Franzosen und Belgier etwa bleibt der Erste Weltkrieg im kollektiven Gedächtnis dieser Länder – allein schon aufgrund der überaus hohen Zahlen ihrer gefallenen, vermissten und verwundeten Soldaten – stets der »Große Krieg« (*The Great War, La Grande Guerre, De Groote Oorlog*).

In der Erinnerung der meisten Deutschen hingegen schien dieser Krieg lange Zeit ausgeblendet zu sein – ähnlich wie dies in Russland und anderen Ländern Ost- und Ostmitteleuropas teilweise bis heute noch der Fall ist, wo der Zweite Weltkrieg ebenfalls die Erinnerung an den Ersten weithin überlagert hat. Verantwortlich hierfür war die kaum zu ermessende Zahl der soldatischen wie der zivilen Opfer im Zweiten Weltkrieg, zumal der sechs Millionen ermordeten Juden. Aber auch seine politischen und sozialen Folgen und Nachwirkungen haben das historische

Gedächtnis der Zeitgenossen tief und nachhaltig beeinflusst. Vielfach vergessen wurde dabei, dass die beiden Weltkriege in einem ursächlichen Zusammenhang stehen: Der Erste half den Zweiten Weltkrieg vorzubereiten, der Zweite ergab sich erst aus den ungelösten Fragen der Hinterlassenschaft des Ersten Weltkriegs.

Denn daran, dass der Ausgang des Krieges von 1914 bis 1918 die Geschichte Europas sowie der übrigen Welt in entscheidendem Maße geprägt hat, besteht kein Zweifel. Der Erste Weltkrieg führte zum Untergang von vier Großreichen – des Deutschen Kaiserreichs, des Russischen Reichs, Österreich-Ungarns sowie des Osmanischen Reichs –, und er bahnte den USA den Weg zur Weltmacht. Er löste die Russische Revolution von 1917 aus und wurde so zum Geburtshelfer der Sowjetunion. Weder der Aufstieg des italienischen Faschismus noch der des deutschen Nationalsozialismus wären ohne den Ersten Weltkrieg denkbar. Auch vermochte der Krieg nicht die bereits lange vor 1914 anstehenden Konflikte auf dem Balkan zu beseitigen – im Gegenteil: Er verschärfte sie noch. Zudem brachte sein Ausgang der Welt im Nahen Osten neue, teilweise bis heute ungelöste Probleme.

Die historischen Kontinuitäten und internationalen Verknüpfungen sind den Verfassern dieser Geschichte Deutschlands im Ersten Weltkrieg sehr bewusst. Wenn wir uns dennoch entschieden haben, keine globale, sondern eine deutsche Geschichte des »Großen Krieges« zu schreiben, so geschah dies aus zwei Überlegungen heraus. Zum einen mussten wir feststellen, dass im Allgemeinen die Kenntnis über den deutschen Anteil an diesem Krieg nur sehr oberflächlich ist. Zum anderen fanden wir uns nicht selten aufgefordert, in Diskussionen mit unseren internationalen Kollegen und Freunden den »deutschen Standpunkt« zu erläutern, mitunter sogar einen solchen »verteidigen« zu müssen. Zahlreiche Fragen galten dabei den deutschen Verstößen gegen das allgemeine Völkerrecht wie gegen das seinerzeit herrschende Kriegsrecht: Warum haben deutsche Truppen die belgische Bevölkerung bei ihrem Durchmarsch im August 1914 derart grausam behandelt? Wie kam es zur Beschießung und Brandschatzung der berühmten Bibliothek von Löwen (Louvain) und der altehrwürdigen Kathedrale von Reims? Warum hat die deutsche Besatzung in Nordfrankreich bei ihrem Rückzug hinter die Siegfriedlinie 1917 ausnahmslos »verbrannte Erde« hinterlassen?

Kaum etwas ist für einen Historiker schwieriger, als den Menschen von heute begreiflich zu machen, dass auch die Deutschen von damals überzeugt waren, dass der Krieg von 1914 ein gerechtfertigter Krieg war. Wir haben versucht, uns diesen Fragen *sine ira et studio* zu nähern. Wir wollten verstehen und wir wollen erzählen, wie Deutschland in diesen Krieg geraten konnte, warum vor allem die deutschen Politiker und Militärs das Vabanquespiel im Juli 1914 in Gang setzten, warum tatsächlich die Mehrheit der Deutschen überzeugt war – einschließlich der internationalistisch eingestellten Sozialdemokraten –, dass das Deutsche Reich einen legitimen Verteidigungskrieg führte, obwohl seine Truppen doch inzwischen tief in Feindesland standen und die Kämpfe überwiegend außerhalb der deutschen Grenzen stattfanden.

Unsere Darstellung verdankt wesentliche Anregungen und Ideen den neuen Forschungsinteressen und Fragestellungen, wie sie von den Historikerinnen und Historikern in den letzten Jahrzehnten zum Thema des Ersten Weltkriegs entwickelt wurden. Hervorzuheben ist vor allem der Blick auf das Erlebnis und die Erfahrung des Kriegs – einer Erfahrung, welche die Soldaten ebenso stark prägte wie die Zivilisten in der Heimat, die Frauen und die Kinder. Was hatte es mit der »Augustbegeisterung« auf sich, wie stark war die Gewöhnung an den Krieg tatsächlich, wie erlebten die Menschen den Kriegsalltag mit seinen Nöten und Entbehrungen, und auf welche Weise wirkte die staatliche Propaganda? Was hat die Deutschen dazu gebracht, trotz der von ihnen ertragenen Mühsal und des ungeheuren »Blutzolls« – wie es im Jargon der Zeit hieß – mehr als vier Jahre lang diesen Krieg auszuhalten, sich immer wieder der Hoffnung hinzugeben, dass die nächste Offensive möglicherweise doch »entscheidend« sein werde? Wer waren die Initiatoren und Nutznießer der fatalen »Dolchstoßlegende« am Ende des Kriegs, und warum entwickelte sich die Niederlage von 1918 zu einem wahrhaften Trauma der Weimarer Republik?

Wichtig war uns auch eine genaue Wiedergabe und Erläuterung der militärischen Operationen und Ereignisse. Was vor hundert Jahren noch als »Schlachtengeschichte« mehr verherrlicht denn kritisch beleuchtet wurde und was eine eher zivilistisch orientierte Historiographie lange Zeit über vernachlässigt hat, ist tatsächlich eine Geschichte des »Kriegsschauplatzes«, wie sie hier erzählt wird – übrigens nicht allein an der

Westfront. Erst in den letzten Jahren hat die internationale Erforschung des Weltkriegs sich verstärkt um einen ebenso realistischen wie nicht-militaristischen Zugang zur Geschichte der kriegerischen Ereignisse und Abläufe bemüht. Unser Buch ist in gewisser Weise auch eine Frucht dieser »neuen Militärgeschichte« zivilen Zuschnitts.

Diese Geschichte Deutschlands im Ersten Weltkrieg ist reich illustriert und mit exemplarisch ausgewählten Dokumenten angereichert. Damit unterstreichen die Autoren die Bedeutung, die sie dem Umgang mit zeitgenössischen Quellen, insbesondere auch den sogenannten Ego-Dokumenten, beimessen. Wo die historische Darstellung und Interpretation angesichts eines nur schwer beschreibbaren Kriegsgeschehens oftmals kaum die angemessenen Worte finden, dienen Selbstzeugnisse der Veranschaulichung, sprechen die Menschen aus ihren Briefen, Tagebüchern und Bildern zu uns. Die Dokumente stammen überwiegend aus der Sammlung »Zeit der Weltkriege« der Bibliothek für Zeitgeschichte in der Württembergischen Landesbibliothek; für die Überlassung des Materials danken wir ihrem Leiter, Herrn Dr. Christian Westerhoff.

Die Verfasser verstehen die Geschichtswissenschaft als ein Medium der Verständigung – nicht allein unter Wissenschaftlern, sondern mehr noch mit dem »interessierten Publikum«. Wir haben uns daher bemüht, auch den Nicht-Fachleuten gerecht zu werden, genauso wie den Schülern und Studierenden samt deren Lehrern, indem wir hier eine wissenschaftlich fundierte und zugleich allgemein verständliche Geschichte Deutschlands im Ersten Weltkrieg vorlegen. Geholfen hat uns dabei auch der kritische Dialog mit unserer Lektorin, Frau Dr. Tanja Hommen. Dafür sind wir ihr dankbar.

Gerhard Hirschfeld/Gerd Krumeich Gerlingen/Freiburg im Mai 2013

Wir freuen uns, dass dieses stark nachgefragte Buch nun auch in einer großformatigen, preiswerten Taschenbuchausgabe vorliegt. Der Text wurde erneut kritisch durchgesehen und die Literaturangaben um wichtige Neuerscheinungen ergänzt.

Die Autoren Gerlingen/Freiburg im Februar 2017

1 Vor dem Krieg

Alle Kriege haben eine Vor- und eine Nachgeschichte. Die Vorgeschichte des Ersten Weltkriegs begann um die Jahrhundertwende, und sie währte bis zum Sommer 1914. Es war eine Zeit, in der es immer häufiger zu militärischen Konflikten kam, zu wirklichen Kriegen, wie 1904 zwischen Russland und Japan oder nach 1912 auf dem Balkan, aber ebenso häufig auch zu sogenannten Beinahe-Kriegen. Das waren vor allem Auseinandersetzungen zwischen den großen europäischen Staaten über Kolonien, Rohstoffe und Transportwege, kurzum: über die imperiale Aufteilung der Welt. Aber diese Zeit war auch charakterisiert durch militärische Vereinbarungen und politische Allianzen zwischen den Staaten. Diese wurden nun jedoch nicht mehr, wie noch im 19. Jahrhundert, für konkrete Ziele und häufig kurzfristig abgeschlossen. Stattdessen waren es Bündnisse, die dauerhaft, gleichsam »auf Leben und Tod«, angelegt schienen. Hinzu kam, dass sich der Rüstungswettlauf der großen Mächte beschleunigte, wobei vor allem der gegen Großbritannien gerichtete deutsche Schlachtflottenbau sowie die mit französischer Hilfe expandierende russische Rüstungsindustrie große Bedeutung erlangten.

Vor dem Hintergrund dieser zunehmend angespannten Situation entwickelte sich in Europa eine populäre Stimmung *hin zum Krieg*, eine Art »Vorkriegsmentalität«: Zahlreiche Politiker und Militärs, aber auch Wissenschaftler, Journalisten, Schriftsteller und Künstler waren der Überzeugung, dass ein Großer Krieg zwischen den europäischen Nationen nur noch eine Frage der Zeit sei. Einige Zeitgenossen warnten vor einem kommenden »Menschenschlachthaus« (Wilhelm Lamszus) und beschworen Pazifismus und Abrüstung. Andere entwarfen Szenarien, nach denen ein solcher Krieg ein »reinigendes Stahlbad« sein werde, ein »Jungbrunnen« für das an Alterserscheinungen leidende Europa. Krieg sei demnach nicht allein eine Notwendigkeit für die Menschheit – Krieg sei auch eine

Art und Weise, das »Recht des Stärkeren« zu sichern. Tatsächlich hatte Charles Darwins Lehre von der natürlichen Auslese und dem »survival of the fittest« in banalisierter Form ihren Siegeszug bereits lange vor 1900 angetreten. Alle Welt berief sich auf ihn und deutete seine naturwissenschaftlichen Erkenntnisse auf die Gesellschaft um (»Sozialdarwinismus«). Die angebliche »Überlegenheit der weißen Rasse« wurde zu einem zentralen Argument bei der Eroberung von Kolonien in Afrika und Asien sowie der Unterdrückung der »Schwarzen« wie auch der Chinesen und anderer nichteuropäischer Völker.

Besonders enthusiastisch wurden diese Ansichten im wilhelminischen Deutschland vertreten. Das Reich befand sich um die Wende vom 19. zum 20. Jahrhundert sowohl wirtschaftlich als auch demographisch in einer außerordentlich starken Wachstumsphase. Der »deutsche Michel« war seit den 1880er Jahren aus seinem Schlafe aufgewacht – ein beliebtes Eigenbild der Deutschen – und machte sich nun daran, vor allem im Bereich der neuen Industrien, vornehmlich von Elektro und Chemie, eine den Weltmarkt beherrschende Stellung einzunehmen. Zudem erlebte das Deutsche Reich eine bis dahin nicht gekannte Bevölkerungsexplosion: Zwischen 1880 und 1910 wuchs die deutsche Bevölkerung, vor allem dank sozialer und medizinischer Verbesserungen, von etwa 50 auf 70 Millionen Menschen – und diese Tendenz war steigend!

Gleichwohl besaß Deutschland, das erst 1871 nach dem Sieg über Frankreich zu einem einheitlichen Staatswesen geworden war, noch lange nicht jene »Weltgeltung«, auf die es wegen seiner wirtschaftlichen und gesellschaftlichen Dynamik Anspruch zu haben glaubte. Andere europäische Staaten, allen voran Großbritannien und die Niederlande, hatten bereits im 17. Jahrhundert damit begonnen, Kolonien in Übersee zu erwerben. Demgegenüber vermochte das Deutsche Reich erst seit den 1880er Jahren, und zunächst eher zögerlich, in die Welt auszugreifen. Im kolonialen Wettlauf mit Frankreich und Großbritannien forderte Deutschland nun mit großer Emphase seinen verdienten »Platz an der Sonne«. Unter Wilhelm II., etwa seit 1896, wurde diese Politik sogar planmäßig verfolgt. Aber das Problem war, dass die Kolonialgebiete zu diesem Zeitpunkt weithin bereits als »verteilt« galten und Deutschlands Anspruch, nunmehr in den Kreis der »Weltmächte« einzutreten, sich nur durch Verhandeln, Tauschen und Kaufen – oder aber durch Erpressung und Krieg realisieren ließ. Der Kaiser sah in der tatkräftigen Erweiterung des Deutschen Reichs seine ureigene Mission. »Ich führe Euch herrlichen Zeiten entgegen« und »Im Deutschen Reich soll die Sonne nicht untergehen«, so klangen die Kernsprüche Seiner Majestät. Begleitet wurden die kaiserlichen Ambitionen von einer militaristischen, teilweise auch rassistischen Rhetorik, wie sie sich etwa in Wilhelms berüchtigter »Hunnenrede« zeigte. Bei der Verabschiedung einer internationalen Strafexpedition zur Niederschlagung des sogenannten Boxeraufstands in China im Sommer 1900 hatte der Kaiser die deutschen Soldaten ermahnt: »Pardon wird nicht gegeben, Gefangene nicht gemacht! Wer euch in die

Wilhelm II. über deutsche Weltpolitik (Tischrede im Berliner Schloss am 18. Januar 1896 aus Anlass des 25-jährigen Bestehens des Deutschen Reichs)

Aus dem Deutschen Reiche ist ein Weltreich geworden. Überall in fernen Teilen der Erde wohnen Tausende unserer Landsleute. Deutsche Güter, deutsches Wissen, deutsche Betriebsamkeit gehen über den Ozean. Nach Tausenden von Millionen beziffern sich die Werte, die Deutschland auf der See fahren hat. An Sie, Meine Herren, tritt die ernste Pflicht heran, Mir zu helfen, dieses größere Deutsche Reich auch fest an unser heimisches zu gliedern. Das Gelöbnis, was Ich heute vor Ihnen ablegte, es kann nur Wahrheit werden, wenn Ihre, von einheitlichem patriotischem Geiste beseelte, vollste Unterstützung Mir zuteil wird. Mit diesem Wunsche, dass Sie in vollster Einigkeit Mir helfen werden, Meine Pflicht nicht nur Meinen engeren Landsleuten, sondern auch den vielen Tausenden von Landsleuten im Auslande gegenüber zu erfüllen, das heißt, daß Ich sie schützen kann, wenn Ich es muß, und mit der Mahnung, die an uns alle geht: »Was Du ererbt von Deinen Vätern hast, erwirb es, um es zu besitzen« erhebe Ich Mein Glas auf Unser geliebtes deutsches Vaterland und rufe: Das Deutsche Reich hoch! – und nochmals hoch! – und zum drittenmal hoch!

aus: Deutsche Geschichte in Quellen und Darstellung, Bd. 8: Kaiserreich und Erster Weltkrieg, 1871–1918, hg. v. Rüdiger vom Bruch u. Björn Hofmeister, Stuttgart 2000, S. 267

Hände fällt, sei in eurer Hand. Wie vor tausend Jahren die Hunnen unter ihrem König Etzel sich einen Namen gemacht, so möge der Name Deutschland in China in einer solchen Weise bekannt werden, daß niemals wieder ein Chinese es wagt, etwa einen Deutschen auch nur scheel anzusehen!« Trotz aller Versuche der Regierung, die blutrünstigsten Passagen der Rede aus den Zeitungen herauszuhalten, fanden sie doch (in unterschiedlichen Varianten) Eingang in die heimische wie die internationale Presse. Ihre eigentliche Wirkung sollte Wilhelms »Hunnen-Metapher« jedoch erst im Weltkrieg entfalten.

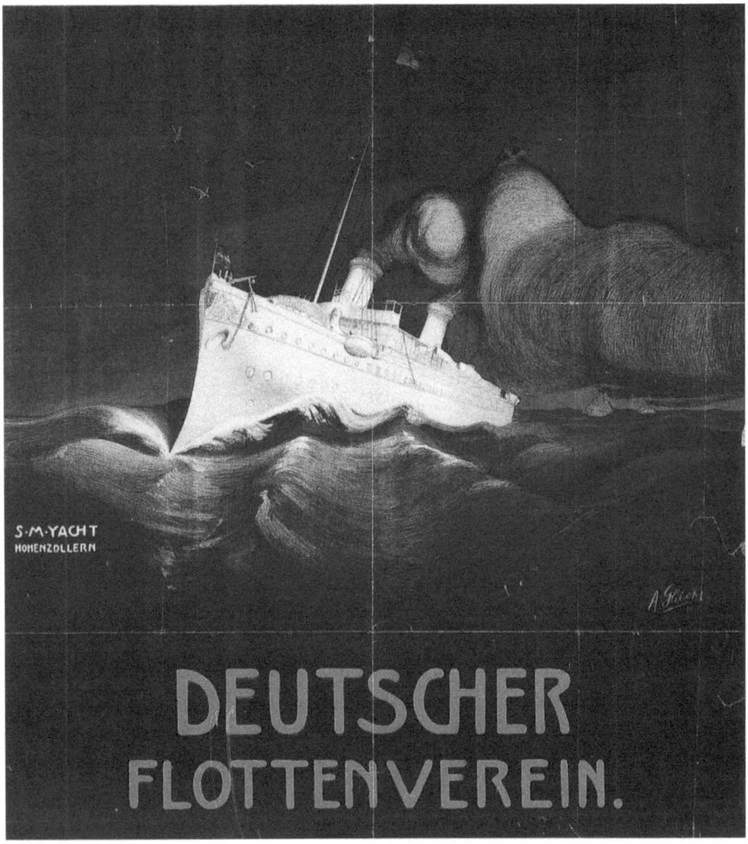

1. Werbeplakat des Deutschen Flottenvereins von 1901 nach einem Entwurf von Anton Glück

Das Deutsche Reich betrieb jetzt eine aggressive Weltpolitik, der es durch den Bau einer starken Schlachtflotte Nachdruck zu verleihen suchte: »Unsere Zukunft liegt auf dem Wasser« – so lautete die entsprechende Devise des Kaisers. Um diesen Anspruch zu untermauern, ließ Wilhelm II. seit Mitte der 1890er Jahre eine neue Flottenpolitik ausrufen. Tatsächlich war die Flottenbegeisterung in Deutschland überwältigend groß. Der Deutsche Flottenverein wurde zur ersten echten Massenorganisation des konservativen Bürgertums und zu einem Trommler für die staatliche Flottenpolitik – eine für den Steuerzahler überaus kostspielige Angelegenheit.

Die deutsche Flottenpolitik – für die ab 1897 der Admiral und Staatssekretär im Reichsmarineamt Alfred von Tirpitz zuständig war – richtete sich vor allem gegen England. Das britische Empire, das bislang unbestritten mit seiner enormen Kriegsflotte die Weltmeere beherrscht und zahlreiche Handels- und Flottenstützpunkte in aller Welt errichtet hatte, fühlte sich vor allem durch das deutsche Flottenbauprogramm (ab 1898) herausgefordert. Nachdem schließlich in den folgenden Jahren die deutsche Kriegsmarine einige größere Schiffe zu Wasser gelassen hatte, hörten die Engländer auf, den deutschen Anspruch auf die leichte Schulter zu nehmen. Tirpitz hatte eine »Risiko-Theorie« entwickelt, die besagte, dass Deutschlands Kriegsflotte – die auf keinen Fall jemals mit der Englands würde gleichziehen können – derart stark sein sollte, dass England bei einem Angriff ein veritables Risiko eingehen würde. Allerdings erlitt der »Tirpitz-Plan« (Volker R. Berghahn) trotz massiver öffentlicher Kampagnen bereits 1905/06 Schiffbruch. Bei Ausbruch des Weltkriegs befand er sich mit 14 Großlinienschiffen und 22 Linienschiffen sowie 11 Schlacht- und Panzerkreuzern weit hinter der vom Reichstag – ungeachtet der Vorbehalte vieler Abgeordneter – gebilligten Aufrüstung. Zudem erwies sich die deutsche Flotte insgesamt als überaus schwerfällig; auch waren die deutschen Schiffsgeschütze mit durchschnittlich 30,5 Zentimetern kleiner ausgelegt als die britischen Geschütze mit einem Kaliber von 38 Zentimetern. Weder war es gelungen, die ursprünglich geforderte Stärke gegenüber der britischen Flotte zu erreichen, noch Großbritannien durch forciertes Wettrüsten zum Einlenken zu bewegen. Schlimmer noch: Der deutsch-britische Flotten-Antagonismus hatte die diplomatischen Beziehungen zwischen den beiden Ländern nachhaltig vergiftet.

Von dem neuen deutschen Expansions- und Konfrontationskurs wurden die diplomatischen Beziehungen zwischen den europäischen Mächten direkt berührt – und damit entscheidend verändert. Großbritannien, das sich wegen einiger kolonialer Scharmützel noch kurz vor der Jahrhundertwende mit Frankreich beinahe auf Kriegsfuß befunden hatte, begann, infolge des deutschen Drucks, nunmehr aus der traditionellen *splendid isolation* als Schiedsrichter Kontinentaleuropas herauszutreten. Die Briten entschieden sich, ihre afrikanischen Interessensgebiete mit Frankreich neu zu arrondieren. Damit hatten die Deutschen nicht gerechnet, die felsenfest der Überzeugung waren, dass der gallische Hahn und der britische Löwe niemals zusammenfinden könnten. 1904 war es so weit: Zum Entsetzen der wilhelminischen Führung schlossen England

2. Zar Nikolaus II. von Russland und Wilhelm II. bei einem Flottenbesuch 1907 auf der SMS Deutschland

und Frankreich eine »Entente cordiale« ab. Dies war zwar kein formelles Bündnis mit strikten politischen oder militärischen Vereinbarungen, sondern nur ein »herzliches Einvernehmen« über die Abgrenzung der jeweiligen Interessensgebiete in Nordafrika. England erhielt von Frankreich freie Hand in Ägypten zugesichert und überließ Frankreich dafür Marokko zur kolonialen Ausbeutung.

Angesichts dieser Entwicklung suchten der Kaiser und seine Berater, vor allem der ebenso ideen- wie fintenreiche Reichskanzler und »Außenminister« Bernhard von Bülow – das Deutsche Reich hatte wegen seiner föderalen Struktur keinen eigentlichen Außenminister – nach einer »passenden« Antwort. Ihnen fiel nun etwas ein, was keine europäische Macht zuvor ernst genommen hatte – nämlich die Tatsache, dass Marokko gemäß den internationalen Vereinbarungen des Berliner Kongresses von 1878 ein autonomes Königreich war. Bülow brachte den wie üblich zaudernden Kaiser Wilhelm II. dazu, hierfür eine »großartige« Demonstration zu veranstalten. Ende März 1905 weilte der Kaiser, der ohnehin viel und gerne in den Nahen Osten und ins »Morgenland« reiste, im marokkanischen Tanger, wo er in einer von Bülow konzipierten Rede erklärte, dass das »Scherifenreich« frei sei und zudem einen guten Freund habe, nämlich das Deutsche Reich.

Das Kopfschütteln in den europäischen Hauptstädten war allgemein, man fragte sich, was Deutschland denn eigentlich beabsichtige, erhielt aber darauf keine Antwort. Bülow selber übte sich, nicht zuletzt aus innenpolitischen Erwägungen, in einer Politik der Überraschungen und damit letztlich der Unwägbarkeiten. Tatsächlich kam es im Januar 1906 zu der von der Reichsregierung geforderten Internationalen Konferenz im spanischen Algeciras. Aber ganz im Gegensatz zu dem, was sich Bülow erhofft hatte, war Deutschland dort isoliert, die anderen Großmächte einigten sich darauf, die staatliche Souveränität des Scherifenreichs nicht anzutasten. Allerdings – und das war entscheidend – wurde festgelegt, dass Frankreich und Spanien in Marokko besondere Interessen hätten und zu deren Schutz die dortigen Banken und die öffentliche Ordnung kontrollieren durften. Das war ein klassischer Fall des von den beiden europäischen Großmächten erfolgreich praktizierten »informellen Imperialismus«. Deutschland, das kaum über eigene Interessen in Marokko verfügte, machte notgedrungen gute Miene zu diesem imperialen Spiel.

Doch die Verstimmung in den imperialistischen Kreisen des Deutschen Reichs war groß. Zum ersten Mal kam das Wort von der »Einkreisung« Deutschlands durch die Großmächte auf. Der populistische Bülow griff diesen Begriff sofort auf und formulierte in einer Reichstagsrede im November 1906 die deutsche Doktrin von einer außenpolitischen Umklammerung des Reichs. Entscheidend war, dass er hiermit eine geheime Angst – später geradezu eine Psychose – mobilisierte, unter der anscheinend viele Deutsche litten: Deutschland als eine »Mittelmacht« auf dem europäischen Kontinent sah sich immer stärker von feindlichen Mächten umzingelt. Und selbstverständlich vergaß man dabei auf Dauer, dass Deutschland selber daran eine nicht geringe Schuld trug, sich in Wirklichkeit zeitweilig von den anderen Großmächten entfremdet, sich also selber »ausgekreist« hatte.

Bülows diplomatische Strategie traf erkennbar den Kern des deutschen Selbstempfindens. Kaum ein politisches Schlagwort war bei Kriegsbeginn 1914 in Deutschland geläufiger als das der »Einkreisung«. Die Deutschen fühlten sich derart von feindlichen Mächten umzingelt und bedroht, dass ihnen der Weltkrieg als ein notwendiger Verteidigungskrieg erschien. Und diese Überzeugung war so stark, dass während des gesamten Krieges und weit darüber hinaus die Grundhaltung blieb, Deutschland führe in Wahrheit nur einen Verteidigungskrieg, obwohl deutsche Truppen tief in feindlichen Territorien standen und der Krieg kaum einmal auf deutsches Reichsgebiet übergriff.

Zu dieser Einkreisungsphobie trug sicherlich der Umstand bei, dass man in Deutschland sehr wohl von dem 1894 zwischen Russland und Frankreich geschlossenen geheimen militärischen Bündnis wusste, aufgrund dessen Deutschland im Kriegsfall mit einem Zwei-Fronten-Krieg zu rechnen hatte. Von dieser Eventualität wurden hinfort sämtliche Überlegungen und konkreten Planungen des deutschen Generalstabs bestimmt. Der hieraus resultierende Aufmarschplan des deutschen Heeres war im Dezember 1905 von Alfred Graf von Schlieffen, dem damaligen Generalstabschef des deutschen Heeres, vorgelegt worden. Obwohl er im Laufe der Jahre, vor allem von Schlieffens Nachfolger Helmuth von Moltke (dem Jüngeren), teilweise verändert wurde, werden der Schlieffenplan und seine Konsequenzen von den Historikern immer noch diskutiert. Das Axiom des Plans war Schlieffens Grundannahme, es müsse

3. Der schlafende Deutsche Michel umringt vom englischen Löwen, russischen Bären, gallischen Hahn, dem chinesischen Drachen, dem japanischen Affen und Afrika (Krokodil). Karikatur von Thomas Theodor Heine. Titelbild des *Simplicissimus* vom 27. Mai 1907

möglich sein, das Gros der deutschen Armee in einem weiten Bogen über Belgien hinaus auf Paris zu führen, so dass die französische Hauptstadt quasi vom Westen her umfasst werden konnte: »Das Wesentliche (für den Verlauf der Operationen) ist, einen starken rechten Flügel zu bilden, mit dessen Hilfe die Schlachten zu gewinnen und in unausgesetzter Verfolgung den Feind mit eben diesem starken Flügel immer wieder zum Weichen zu bringen.« Schlieffen kalkulierte, dass diese Bewegung von mehr als 500 000 Mann innerhalb weniger Wochen abgeschlossen und die Franzosen damit zur Aufgabe gezwungen sein würden. Anschließend sollte sich die Hauptmacht des deutschen Heeres geballt gegen Russland wenden, für dessen Mobilmachung Schlieffen etwa drei Wochen veranschlagte, zumal es äußerst schwierig schien, die Masse des russischen Heeres aus den Tiefen des Riesenreichs mit den wenigen vorhandenen, strategisch nutzbaren Eisenbahnsträngen an die deutsche Grenze zu führen. Dies war natürlich ein ungemein risikobehafteter Plan, denn er setzte voraus, dass das deutsche Heer Frankreich tatsächlich innerhalb von vier Wochen schlagen musste, wofür die Soldaten Tagesmärsche von bis zu 40 Kilometern zu absolvieren hatten. Das war zwar durchaus möglich, aber nur, wenn der Gegner sich dem Einmarsch nicht entschlossen entgegenstellte und man insgesamt reibungslos vorankommen konnte. Tatsächlich sah der Schlieffenplan keinerlei »Friktionen« (Carl von Clausewitz) durch einen Widerstand französischer oder auch belgischer Truppen vor. Nichts vermag deutlicher zu zeigen, wie sehr sich die deutsche Armeeführung ihrer Sache sicher war, wie sehr man darüber hinaus Frankreich als Kriegsgegner missachtete und, gravierender noch, systematisch unterschätzte. Dies sollte sich 1914 bitter rächen.

Der Schwerpunkt der deutschen Rüstung lag seit 1906 eindeutig auf dem gegen England gerichteten Schlachtflottenbau. Das Landheer wurde kaum verstärkt, da man Frankreichs militärische Möglichkeiten für gering erachtete. Russland hingegen schien für geraume Zeit als ein ernstzunehmender Gegner auszufallen, hatte das Zarenreich doch im russisch-japanischen Krieg 1904/05 eine schwere Niederlage erlitten; zudem war das Land durch die Revolution von 1905 politisch erheblich geschwächt. Deutschland glaubte daher, sich zunächst auf seinen Zweikampf mit England konzentrieren zu können, um endlich den Durch-

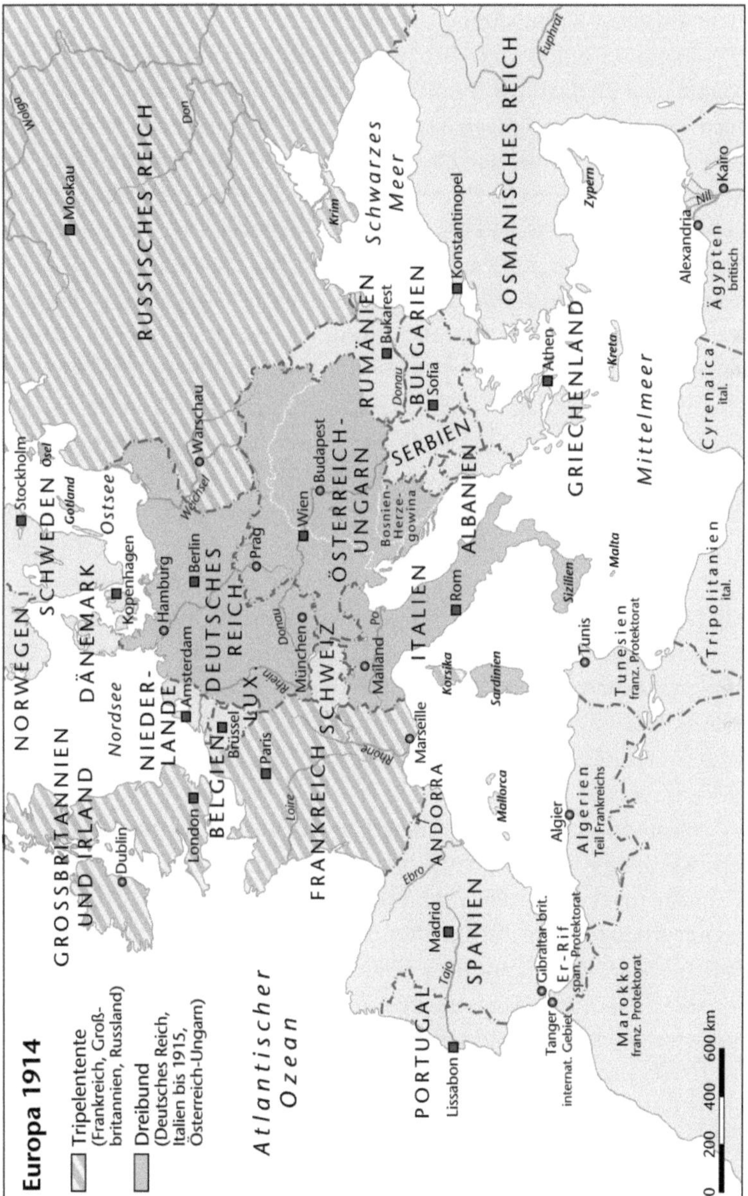
Europa 1914
Tripelentente (Frankreich, Großbritannien, Russland)
Dreibund (Deutsches Reich, Italien bis 1915, Österreich-Ungarn)
Atlantischer Ozean
Nordsee
Ostsee
Schwarzes Meer
Mittelmeer
GROSSBRITANNIEN UND IRLAND
NORWEGEN
SCHWEDEN
DÄNEMARK
NIEDER-LANDE
BELGIEN
LUX.
DEUTSCHES REICH
FRANKREICH
SCHWEIZ
ÖSTERREICH-UNGARN
RUSSISCHES REICH
RUMÄNIEN
BULGARIEN
SERBIEN
Bosnien-Herze-gowina
ALBANIEN
GRIECHENLAND
ITALIEN
OSMANISCHES REICH
SPANIEN
PORTUGAL
ANDORRA
Dublin
London
Paris
Brüssel
Amsterdam
Hamburg
Berlin
Kopenhagen
Stockholm
Gotland
Ösel
Warschau
Moskau
Wolga
Don
Krim
Prag
Wien
Budapest
München
Mailand
Rom
Marseille
Bukarest
Sofia
Konstantinopel
Athen
Kreta
Zypern
Euphrat
Korsika
Sardinien
Sizilien
Malta
Mallorca
Lissabon
Madrid
Tajo
Ebro
Loire
Rhône
Rhein
Donau
Po
Weichsel
Gibraltar brit.
Tanger internat. Gebiet
Er-Rif span. Protektorat
Marokko franz. Protektorat
Algier
Algerien Teil Frankreichs
Tunis
Tunesien franz. Protektorat
Tripolitanien ital.
Cyrenaica ital.
Ägypten britisch
Alexandria
Kairo
Nil
0 200 400 600 km

bruch zur »Weltmacht« zu schaffen und ein mehr oder minder zusammenhängendes Kolonialimperium zu erobern.

Wilhelm II., Bülow und Tirpitz waren der Auffassung, Deutschland könnte zwar England zur See nicht übertreffen, aber mit seiner Seemacht doch so stark beunruhigen und bedrängen, dass England schließlich gezwungen sein würde, sich mit Deutschland kolonial zu arrangieren. Im Grunde war die deutsche Flottenpolitik, insbesondere der Ausbau seiner Kriegsmarine, ein gigantisches Erpressungsmanöver. Die britische Regierung wiederum reagierte auf diese sich seit der Jahrhundertwende abzeichnende Bedrohung auf bezeichnende Weise. Sie nahm selber mit überlegener finanzieller Kraft den Rüstungswettlauf auf. Bereits um die Jahreswende 1905/06 begann die britische Admiralität mit dem Bau sogenannter »Dreadnoughts« (Fürchtenichts), bis zu 18 000 Tonnen schwere Riesenschlachtschiffe, denen die Deutschen nichts Gleichwertiges entgegensetzen konnten. Großbritannien führte fort, was es bereits 1904 mit der »Entente cordiale« mit Frankreich begonnen hatte, nämlich eine Ausweitung seiner Bündnisse. Im Jahre 1907 kam es zu einem Abkommen mit Russland, wobei wiederum – wie dies bereits mit Frankreich in Nordafrika praktiziert worden war – die gegenseitigen Interessensphären, diesmal in Asien sowie im Nahen Osten, gegeneinander abgegrenzt und somit arrondiert wurden. Selbstverständlich wurde auch dieses Abkommen in Deutschland alsbald bekannt, was aber nicht zu einer Überprüfung der eigenen Außenpolitik führte, sondern nur die verbreitete »Einkreisungsphobie« verstärkte.

Auch wenn sich zwischenzeitlich Phasen einer Entspannung einstellten, wie etwa nach dem deutsch-französischen Vertrag von 1909 über Marokko, zeigte sich die Atmosphäre der internationalen Politik insgesamt doch zunehmend vergiftet. Dies um so mehr, als sich auch im östlichen Europa und auf dem Balkan neue Konfliktzonen eröffneten, vor allem durch die 1908 erfolgte Annexion von Bosnien und der Herzegowina durch Österreich-Ungarn. Das seit langem unter k. u. k. Verwaltung stehende und zwischen Serben und der Habsburger Monarchie umstrittene Gebiet wurde nun endgültig Österreich-Ungarn zugeschlagen. Das Zarenreich, obwohl selbsternannter Schutzpatron der kleinen slawischen Völker, vermochte aufgrund seiner innen- und außenpolitischen Schwächung nicht einzugreifen.

Zum entscheidenden Konflikt über die imperialen Ansprüche aber kam es 1911 zwischen Deutschland und Frankreich. Die »Agadir-Krise« führte fast zu einem Krieg zwischen den beiden Nationen. Tatsächlich erschien im Spätsommer und Herbst 1911 ein europäischer Krieg sehr viel wahrscheinlicher als später dann im Juli 1914. Was war geschehen? Bereits im Frühjahr 1911 teilte Frankreich den europäischen Mächten mit, dass es »Berber-Aufstände« in Marokko gebe, wodurch dortige französische Bürger bedroht seien. Man sei deshalb gezwungen, weitere Truppenkontingente dorthin zu entsenden. Der deutsche Staatssekretär des Äußeren (und in diesem Amt Nachfolger Bülows), Alfred von Kiderlen-Wächter, suchte die Situation zu nutzen, um der dümpelnden deutschen Kolonialpolitik neuen Aufschwung zu geben. Um vorgeblich gefährdete Interessen deutscher Kaufleute in Marokko zu »belegen«, ging das Auswärtige Amt sogar so weit, Depeschen an die wenigen in Marokko ansässigen deutschen Staatsbürger zu senden, man möge doch bitte Hilferufe an die deutsche Regierung verfassen. Auf der Grundlage derartiger »Bittschriften« wurde daraufhin im Juni 1911 das Kanonenboot »Panther« nach Marokko geschickt, das am 1. Juli vor dem Hafen von Agadir auftauchte und dort Anker setzte. So kam es zum deutschen *Panthersprung nach Agadir,* und es entwickelte sich jener internationale Konflikt, der als »Agadir-Krise« zur größten Kriegsdrohung in der Zeit vor dem Weltkrieg wurde.

In Frankreich war die Empörung über das Säbelrasseln des ohnehin als feindselig betrachteten Nachbarn außerordentlich. Ministerpräsident Joseph Caillaux ließ bei Generalstabschef Joseph Joffre anfragen, ob Frankreich im Kriegsfall eine mindestens 70-prozentige Siegeschance hätte. Als Joffre dies verneinte, entschied Caillaux, in Verhandlungen mit Berlin einzutreten. Die folgenden monatelangen Verhandlungen zwischen »Außenminister« Kiderlen und dem französischen Botschafter in Berlin, Jules Cambon, offenbarten einen bizarren Sachverhalt. Die Reichsregierung zeigte sich unfähig, realistische Kompensationsforderungen für den Fall eines deutschen Rückzugs aus Marokko zu unterbreiten: Das von Kiderlen konsultierte Kolonialministerium verfügte nicht einmal über eine aktuelle Karte von Afrika. Gleichwohl, wegen dieser bilateralen Verhandlungen erschien Kiderlen dem deutschen Publikum als ein »neuer Bismarck«, der in der Lage war, das schwächliche Frankreich unter Druck zu setzen. Allerdings musste die Reichsregierung, nicht zuletzt auf massiven englischen Druck hin, schließlich doch klein beigeben. Die in der Öffentlichkeit überaus hochgehängten Verhandlungen mit Frankreich führten letztendlich nur zu einem geringfügigen Gebietstausch und damit Zugewinn für das deutsche Kolonialreich in Afrika.

Die Ergebnisse dieser Verhandlungen konnten niemanden befriedigen. Das eigentliche Desaster war, dass die meinungsführenden Schichten in beiden Ländern sich zutiefst gedemütigt sahen. Infolge der deutschen Erpressungspolitik wuchs in Frankreich ein neuer Nationalismus, dessen Leitspruch ein »plus jamais cela« war: Nie wieder würde man sich von den Deutschen drohen lassen, ohne Konsequenzen zu ziehen. Der Führer der »radikalen« Opposition im französischen Senat und spätere Mi-

4. Deutsche Reichs-Colonial-Uhr: Kein Sonnen-Untergang in unserm Reich – Unsere Zukunft liegt auf dem Wasser. Bemaltes Uhrengehäuse aus Metall, Vorkriegszeit nisterpräsident, Georges Clemenceau, formulierte diese Haltung in seiner berühmten Brandrede vom Januar 1912 folgendermaßen: »Die Schwierigkeiten zwischen Deutschland und uns beruhen darauf, dass Deutschland glaubt, uns wegen des Sieges (von 1871) logischerweise zu dominieren. Wir hingegen glauben nicht, dass wir wegen dieser Niederlage logischerweise zu Vasallen Deutschlands geworden sind. (...) Wir Franzosen haben eine große Geschichte und wir beharren darauf, diese fortzusetzen.« Und mit großer theatralischer Emphase fügte er hinzu: »Die Toten haben die Lebenden geschaffen. Die Lebenden werden den Toten treu bleiben.«

Im Januar 1912 wurde Raymond Poincaré zum französischen Regierungschef und ein Jahr später zum Staatspräsidenten gewählt. Auch Poincaré betonte schon bei der Amtseinführung unter dem Jubel seiner bürgerlichen Anhänger, dass Frankreich von nun an darauf achten werde, aufgrund seiner militärischen Stärke und seiner abgeschlossenen Bündnisse allen Eventualitäten trotzen zu können. Tatsächlich kam es früher als erwartet zu gravierenden Veränderungen in der internationalen Politik. Die – ebenso wie das Deutsche Reich – »verspätete Großmacht« Italien nutzte die Streitigkeiten zwischen Frankreich und Deutschland über Marokko, um ihrerseits in Nordafrika Fuß zu fassen. Italien eignete sich die osmanischen Provinzen Tripoli und Cyrenaika (umbenannt in Libyen) an, ohne dass die Türkei hiergegen militärischen Widerstand aufbieten konnte. Dieser aggressive Akt und die offenkundige Schwäche des »kranken Manns am Bosporus« ermutigten wiederum die ethnisch überaus heterogenen Balkanstaaten, ihrerseits Ansprüche auf nationale Souveränitäten und Gebietsumverteilungen auf dem Balkan zu erheben.

Im Frühjahr 1912 schlossen Serbien und Bulgarien einen sogenannten Balkanbund, der sich offen gegen die Türkei richtete; ihm schlossen sich später auch Griechenland und Montenegro an. Eine Schwächung des Osmanischen Reichs und ein damit zwangsläufiges Erstarken des slawischen Nationalismus auf dem Balkan waren für das Vielvölkerreich Österreich-Ungarn überaus gefährlich. Das Deutsche Reich hingegen war an einer starken türkischen Macht am Schwarzen Meer interessiert, um Russlands Ambitionen in dieser Region einzudämmen. Ein Sieg der Balkanstaaten über das schwächelnde Osmanische Reich drohte daher das europäische Gleichgewicht zu zerstören. Dies galt insbesondere für den Fall, dass das zaristische Russland den Balkanvölkern zu Hilfe eilen würde, womit es zwangsläufig in einen militärischen Konflikt mit Österreich-Ungarn und seinem Verbündeten Deutschland geraten wäre. Entscheidend aber war die Frage, wie sich Frankreich als Allianzpartner Russlands verhalten würde. Der französische Ministerpräsident Poincaré erhielt bei einem Besuch in Petersburg im August 1912 Kenntnis von den geheim getroffenen Vereinbarungen. Er war fassungslos, glaubte aber dennoch, Russland die Unterstützung Frankreichs zusagen zu müssen. Denn sonst bestand wiederum die Gefahr, dass Frankreich im Falle eines Krieges mit Deutschland ohne seinen russischen Verbündeten dastehen könnte.

Die Balkankriege, die vom Herbst 1912 bis zum Sommer 1913 dauerten, wurden mit extremer Härte und Grausamkeit, auch gegenüber den Zivilbevölkerungen, ausgetragen. Sie lieferten bereits eine Vorstellung von dem ungeheuerlichen Kreislauf an Gewalt, Rache und Vergeltung, der diese europäische Region im Verlauf des 20. Jahrhunderts prägen sollte. Zuerst kämpften die Balkanstaaten mehr oder minder einvernehmlich und erfolgreich gegen das Osmanische Reich, doch seit dem Frühjahr 1913 fochten sie auch gegeneinander, weil man sich über die Verteilung der territorialen Kriegsbeute nicht einig wurde. Die zentrale Botschaft der beiden Balkankriege hinsichtlich des internationalen Systems war, dass diese an sich »peripheren« Kriege Europa hart an den Abgrund eines internationalen militärischen Konflikts brachten. Nur unter großer Anstrengung aller Partner der beiden Bündnissysteme konnte ein Übergreifen des Krieges auf die Großmächte verhindert werden. So hatte Berlin es nur mit Mühe vermocht, Österreich-Ungarn von einer Invasion Serbiens, seines erklärten »Hauptfeindes« auf dem Balkan, abzuhalten. Mit der Schaffung eines unabhängigen Staates Albanien im Mai 1913 gelang es den in London versammelten Großmächten zwar, die Ambitionen Serbiens auf einen direkten Zugang zur Adria zu vereiteln, zugleich aber konnte sich der mit Russland verbündete Staat fortan als stärkste Regionalmacht auf dem Balkan etablieren.

Dass die Kriegsgefahr in Europa mit dem Ende der Balkankriege keineswegs gebannt war, zeigte sich auch bei den im Frühjahr 1913 gleichzeitig in Deutschland und Frankreich vorgenommenen massiven Heeresvergrößerungen. Diese wurden in beiden Ländern den Parlamenten wie der Öffentlichkeit mit der Begründung vorgelegt, dass die international hoch angespannte Situation solche umfassenden Sofortmaßnahmen unerlässlich mache. In Frankreich brach daraufhin eine regelrechte Kriegspsychose aus, die sich in einer Reihe von Zwischenfällen, vor allem in den grenznahen Gebieten zu Deutschland, Luft machte.

Auch in Deutschland waren die in der großen Heeresvorlage vom April 1913 gipfelnden Rüstungsanstrengungen mit einer erheblichen nationalen Aufgeregtheit verbunden. Für die ohnehin existierende Kriegsbereitschaft stellten sie zweifellos eine neue und gefährliche Dimension dar. Bereits ein Jahr zuvor, im Januar 1912, hatte sich in Berlin der »Deutsche Wehrverein« etabliert, ein Sammelbecken konservativ-reaktionärer Gruppen und Organisationen, das sich rasch zu einem regelrechten Massenverband mit entsprechend ultra-nationalistischer Pro-

5. August Bebel als »Der rabiate August«. Karikatur aus der Serie »Unsere Zeitgenossen« von Gustav Brandt, in: *Kladderadatsch*, Beilage 1903

paganda entwickelte. Das Vorstandsmitglied Generalleutnant Alfred Wrochem begründete den nach dem Vorbild des Flottenvereins geschaffenen Verband ohne Umschweife: »Ein vorwärtsstrebendes Volk wie wir, das sich so entwickelt, braucht Neuland für seine Kräfte, und wenn der Friede das nicht bringt, so bleibt schließlich nur der Krieg. Dieses Erkennen zu wecken, sei der Wehrverein berufen.«

Im gleichen Jahr veröffentlichte der bekannte preußische General und Militärschriftsteller Friedrich von Bernhardi ein provozierendes Buch »Deutschland und der nächste Krieg«. Dieses Werk schien derart »typisch« für die radikal-militaristische Einstellung vieler Deutscher zu sein, dass es im Weltkrieg von den Kriegsgegnern als zentrales Beweisstück für den deutschen »Willen zum Krieg« vorgestellt wurde. Obwohl das Buch bei seiner Veröffentlichung kein großer verlegerischer Erfolg war, steht außer Frage, dass Bernhardis Thesen damals bereits weithin und vehement erörtert wurden. Einige Zeitungen brachten Vorabdrucke, im Reichstag und bei den linken Parteien regte sich zugleich massiver Widerspruch.

Gegen den sozialdarwinistisch aufgeladenen Hypermilitarismus des Wehrvereins und den neuen nationalistischen Ungeist eines Bernhardi artikulierte sich aber auch massiver Protest. August Bebel, der unumstrittene Führer der deutschen Sozialdemokratie, hielt bereits im November 1911 im Reichstag, anlässlich der Aussprache über die »Folgen von Agadir«, eine prophetische Rede. Darin warnte er vor einem kommenden Krieg, dem unweigerlich eine ökonomische und gesellschaftliche Katastrophe ungeheuren Ausmaßes, eben der Bebelsche »Kladderadatsch«, folgen werde: »Dann kommt die Katastrophe. Alsdann wird in Europa der große Generalmarsch geschlagen, auf den hin 16 bis 18 Millionen Männer, die Männerblüte der verschiedenen Nationen, ausgerüstet mit den besten Mordwerkzeugen gegeneinander als Feinde ins Feld rücken. Aber nach meiner Überzeugung steht hinter dem großen Generalmarsch der große Kladderadatsch. Hinter diesem Kriege steht der Massenbankrott, steht das Massenelend, steht die Massenarbeitslosigkeit, die große Hungersnot. (...) Ihr seid gewarnt.«

Nur wenige Politiker und Militärs haben vor 1914 auch nur einigermaßen realistische Vorstellungen von dem gehabt, was der kommende »Große Krieg« sein würde. Überwiegend glaubte man, dass der Krieg einen harten, aber kurzen Schlagabtausch bringen werde. Kein vernünftiger Mensch könne schließlich daran interessiert sein, dass Europa sich selber zerstöre. Noch einen Schritt weiter gingen einige Intellektuelle, wie der englische Publizist Norman Angell (eigentlich Angell Lane) oder der kluge polnisch-jüdische Bankier und Eisenbahnpionier Johann von Bloch, die eine kriegerische Auseinandersetzung in Europa für schlicht unzeitgemäß erklärten, da keine zivilisierte Nation es darauf ankommen lassen werde, ihre gesamten Produktivkräfte zerstören zu lassen. »Bellizistische Nationen«, erklärte der unermüdliche Friedensaktivist Norman Angell, »verkörpern eine absterbende Stufe der Menschheitsgeschichte.« Beide Autoren waren überzeugt, dass bereits das tradierte Wissen über Krieg und Frieden nicht mehr aktuell sei. »Die Diplomatie«, so resümierte Angell in seiner bekannten, binnen eines Jahres in 15 Sprachen übersetzten Aufklärungsschrift »The Great Illusion« (1910), »ist noch immer von einer Ausdrucksweise beherrscht, die für eine Zeit passte, über die das moderne Leben gründlich hinweggegangen ist.« Angesichts der ökonomischen Arbeitsteiligkeit wie der Abhängigkeiten der modernen Gesellschaften voneinander seien Kriege in hohem Maße ungeeignet, »die materiellen Ziele eines Volkes zu verwirklichen«. Ähnlich hatte sich Johann von Bloch in seinem 1898 zuerst auf Russisch veröffentlichten, ein Jahr später bereits ins Deutsche, Englische und Französische übersetzten Werk »Der Krieg« geäußert. Ein moderner Krieg werde ein »lang dauernder Krieg« sein; er werde die Volkswirtschaften ruinieren und den Zusammenbruch aller kriegführenden Nationen und Gesellschaften herbeiführen. Aus dieser insgesamt zutreffenden Annahme zog Bloch den irrigen Schluss, ein Weltkrieg sei nicht »machbar«; jeder Versuch, ihn dennoch zu führen, sei nur möglich »um den Preis des Selbstmords«.

Auch in Deutschland hatte es bereits lange vor der Jahrhundertwende Stimmen gegeben, die vor einem langen, selbstzerstörerischen Krieg warnten. Seit der Mitte des 19. Jahrhunderts gehörte der Topos von einem neuen »Dreißigjährigen Krieg« zur Schreckensvision künftiger Kriege in Europa: Er findet sich bei dem deutschen Philosophen Karl Marx (in einem Artikel von 1858 für die *New York Daily Tribune*) ebenso wie bei seinem revolutionären Unternehmerfreund Friedrich Engels, der ungewöhnlich hellsichtig bereits 1887 von einem kommenden »Weltkrieg« schrieb, mit »Verwüstungen des Dreißigjährigen Krieges zusam-

6. Bertha von Suttner, »Die Waffen nieder«, Dresden 1896. Einband des in hoher Auflage erschienenen Romans der österreichischen Pazifistin

mengedrängt in drei bis vier Jahre und über den ganzen Kontinent verbreitet«. Einige Jahre später warnte auch der preußisch-deutsche Generalfeldmarschall Helmuth von Moltke (der Ältere) vor einem europäischen »Volkskrieg«: »Es kann ein siebenjähriger, es kann ein dreißigjähriger Krieg werden, – wehe dem, der Europa in Brand steckt, der zuerst die Lunte in das Pulverfaß schleudert!«

Doch diese warnenden Stimmen fanden kein Gehör, jedenfalls nicht unter den verantwortlichen Politikern und Generälen. Stattdessen waren die Militärs der Ansicht, dass Organisation und Strategie derart fortgeschritten seien, dass ein Krieg durch rasche Aufmärsche von riesigen Armeen sowie einige erfolgreich absolvierte Schlachten entschieden werden könne. Dementsprechend orientierten sich sämtliche Generalstäbe an einer reinen Offensivstrategie. Diese wurde vor allem in Frankreich, stärker noch als in Deutschland oder Russland, nunmehr zur verbindlichen Militärdoktrin. Der deutsche Generalstabschef Graf Schlieffen war der Überzeugung gewesen, dass in einem kommenden Krieg etwa eine Million deutsche Soldaten, im Höchstfall aber zwei Millionen einrücken würden. Deren Organisation stelle angesichts der vorbildlichen Beförderungsmöglichkeiten durch die Eisenbahn und da das Telefon für die Kommunikation zwischen den Stäben genutzt werden könne, kein großes Problem dar. Alle diese Berechnungen und Erwartungen waren eine Mischung aus zutreffender Analyse und unrealistischer Prognose. Tatsächlich rückten in Deutschland im August 1914 insgesamt 2,3 Millionen Soldaten aus. Dass aber ein Jahr später sechs Millionen im Feld stehen würden und gegen Ende des Krieges sogar etwa acht Millionen Soldaten – eine derartige Dimension des totalen Krieges war weder für Schlieffen noch für andere Militärplaner in der Vorkriegszeit vorstellbar. Bebels Annahmen über die möglichen Kriegstoten waren daher durchaus realistisch. Aber vor 1914 schienen solche Meinungen und Warnungen politische Hysterie und weithergeholte Spekulation zu sein.

Literatur

Angell, Norman, Die falsche Rechnung. Was bringt der Krieg ein? Berlin-Charlottenburg 1913.

Angelow, Jürgen, Der Weg in die Katastrophe. Der Zerfall des alten Europa 1900–1914, Berlin/Brandenburg 2010.

Bereit zum Krieg. Kriegsmentalität im wilhelminischen Deutschland 1890–1914, hg. v. Jost Dülffer u. Karl Holl, Göttingen 1986.

Berghahn, Volker R., Der Tirpitz-Plan, Düsseldorf 1971.

Bloch, Johann von, Der Krieg (Der zukünftige Krieg in seiner technischen, volkswirtschaftlichen und politischen Bedeutung), Bde. 1–6, Berlin 1899.

Canis, Konrad, Der Weg in den Abgrund. Deutsche Außenpolitik 1902–1914, Paderborn 2011.

Fischer, Fritz, Krieg der Illusionen. Die deutsche Politik von 1911 bis 1914, Düsseldorf 1969.

Förster, Stig, Der doppelte Militarismus. Die deutsche Heeresrüstungspolitik zwischen Status-quo-Sicherung und Aggression 1890–1913, Stuttgart 1985.

Geiss, Imanuel, Der lange Weg in die Katastrophe. Die Vorgeschichte des Ersten Weltkriegs 1815–1914, München 1990.

An Improbable War? The Outbreak of World War I and European Political Culture before 1914, hg. v. Holger Afflerbach u. David Stevenson, Oxford/New York 2007.

Joll, James, The Origins of the First World War, London/New York 1984.

Massie, Robert K., Die Schalen des Zorns. Großbritannien, Deutschland und das Heraufziehen des Ersten Weltkrieges, Frankfurt a. M. 1998.

Mombauer, Annika, Helmuth von Moltke and the Origins of the First World War, Cambridge 2001.

Mommsen, Wolfgang J., Der Topos vom unvermeidlichen Krieg. Außenpolitik und öffentliche Meinung im Deutschen Reich im letzten Jahrzehnt vor 1914, in: ders., Der autoritäre Nationalstaat. Verfassung, Gesellschaft und Kultur des deutschen Kaiserreiches, Frankfurt a. M. 1990, S. 194–224.

Neitzel, Sönke, Kriegsausbruch. Deutschlands Weg in die Katastrophe 1900–1914, Zürich 2002.

Röhl, John C. G., Wilhelm II. Der Weg in den Abgrund, 1900–1941, München 2008.

Vondung, Klaus, Die Apokalypse in Deutschland, München 1988.

Wernecke, Klaus, Der Wille zur Weltgeltung. Außenpolitik und Öffentlichkeit im Kaiserreich am Vorabend des Ersten Weltkrieges, Düsseldorf 1970.

2 Julikrise

Die Julikrise, die dem Ersten Weltkrieg vorausging, begann mit einem Akt von staatlich motiviertem Terrorismus: der Ermordung des österreichischen Thronfolgers, Erzherzog Franz Ferdinand, und seiner Gattin Sophie am 28. Juni in Sarajevo. Dennoch war das Attentat der bosnisch-serbischen Nationalisten, von denen die meisten österreichisch-ungarische Staatsbürger waren, weder die Ursache noch der eigentliche Auslöser des Krieges. Was aber waren die Beweggründe der sieben Terroristen vor Ort, unter ihnen der 19-jährige Todesschütze Gavrilo Princep? Neben eher diffusen anarchistischen Überzeugungen bildete der Panslawismus das Hauptmotiv, also der Wunsch nach einem nationalen Zusammenschluss von Slowenen, Kroaten, Serben und Bosniern sowie anderen slawischen Völkern in einem von Österreich-Ungarn unabhängigen südslawischen Staat – eben einem »Jugoslawien«. Die Attentäter von Sarajevo und ihre Helfer sahen sich als Wegbereiter einer nationalen Revolution, welche die Axt an die Wurzeln des österreichischen Vielvölkerstaates legen sollte. Was danach mit diesem »Jugoslawien« geschehen würde, darüber gingen ihre Vorstellungen weit auseinander: Sie reichten von einem Großserbischen Reich unter der Führung Belgrads bis hin zu einer südslawischen Staatenföderation.

Die Mittäterschaft des serbischen militärischen Geheimdienstes an dem Attentat in Sarajevo steht heute außer Frage. Die von Oberst Dragutin Dimitrijević geführte Geheimorganisation »Schwarze Hand« steuerte sowohl die logistische als auch die materielle Infrastruktur des Unternehmens bei: Geld, Informationen, Waffen und Kuriere. Die »Schwarze Hand« versuchte mit der terroristischen Aktion ein Zeichen zu setzen, um die eigene Regierung zu einer härteren Gangart gegenüber Wien zu veranlassen. Eine unmittelbare Verantwortung der serbischen Regierung für das Attentat von Sarajevo lässt sich allerdings nicht nachweisen.

Ein Exemplar 4 Heller.
15. Jahrgang. Nr. 5204.

Illustrierte Kronen Zeitung

Monatlich Krone 1.20 mit Zustellung ins Haus.

Verantw. Red.: A. Eisenmenger. Buchdruckerei und Zeitungsverlag G. Davis & Co., Wien, IX. Pramergasse 28. Verantwortl.: A. Eisenmenger.

Administration: IX/1, Pramergasse 28, Tel. 15744. Stadtbureau: I., Schulerstraße 19, Teleph. 7927.

Wien, Dienstag, den 30. Juni 1914.
Redaktion: Wien, IX/1, Pramergasse 28.
Int.-urb. Tel. 12806, Lokal-Tel. 14330. Manuskripte werden nicht zurückgestellt.

Provinz-Abonnement vierteljährlich 5 Kronen. Bestellungen für weniger als drei Monate werden nicht angenommen.

Das Standrecht in Sarajewo verhängt.
Große Demonstrationen gegen die Serben.

Das Attentat von Sarajewo. Die Ermordung des Thronfolgers und seiner Gemahlin.

7. »Das Attentat von Sarajewo« auf dem Titelblatt der *Illustrierten Kronen-Zeitung* vom 30. Juni 1914

8. »Infelix Austria! – Was nun?«. Karikatur von Arthur Johnson aus der Satirezeitschrift. *Kladderadatsch* vom 5. Juli 1914, Titelblatt des 2. Beiblatts

Während serbische Zeitungen sowie weite Teile der Öffentlichkeit nach der Ermordung des Thronfolgers unverhohlen Sympathie für den nach damaligem Recht in den meisten Ländern noch minderjährigen Attentäter zeigten, bemühte sich Ministerpräsident Nikola Pašić um Schadensbegrenzung. Gegenüber der Budapester Zeitung *Az Est* erklärte er, dass Serbien an dem Attentat »nicht beteiligt« gewesen sei. Das Attentat sei »von österreichischen Bürgern, ja nicht einmal von Bürgern, sondern von wahnsinnigen Kindern verübt« worden.

Trotz der serbischen Dementi und Distanzierungen war Österreich-Ungarn fest entschlossen, das überall in Europa große Empörung auslösende Attentat für eine politische Demütigung Serbiens auszunutzen. In den Augen der österreichischen Öffentlichkeit, insbesondere aber der konservativen Eliten, war die serbische Regierung für die Untat voll verantwortlich und musste zur Rechenschaft gezogen werden. Die Wiener Regierung beabsichtigte, das Attentat von Sarajevo politisch zu instrumentalisieren – auch um den Preis eines militärischen Konflikts. Der k. u. k. Stabschef und spätere Oberbefehlshaber der österreichisch-ungarischen Truppen im Weltkrieg, Franz Conrad von Hötzendorf, brachte diese Mehrheitsmeinung in seinen nach dem Weltkrieg veröffentlichten Memoiren auf den Punkt: »Der Mord von Sarajevo schloß eine lange Kette als letztes Glied. Er war nicht die Tat eines einzelnen Fanatikers, er war das Werk eines wohl organisierten Anschlags, er war die Kriegserklärung Serbiens an Österreich-Ungarn. Sie konnte nur mehr mit dem Krieg erwidert werden.«

Bei diesem Vorgehen wurde Österreich-Ungarn von der deutschen Regierung, wie es schien, bedingungslos unterstützt. Der Wiener Diplomat Alexander Graf Hoyos reiste bereits am 5. Juli nach Berlin, um herauszufinden, ob Deutschland tatsächlich Österreich-Ungarns Krieg gegen Serbien unterstützen würde, auch auf die Gefahr eines russischen Eingreifens hin. Noch am gleichen Tag versammelte Kaiser Wilhelm II. seine militärischen und politischen Berater. Wichtigstes Ergebnis dieser später fälschlich als »Kronrat« bezeichneten Treffen war, dass Österreich-Ungarn von den Vertretern des Kaiserreichs versichert wurde, Deutschland werde auf jeden Fall den Krieg gegen Serbien unterstützen, auch wenn die Russen ihrem Bündnispartner zu Hilfe kommen würden. Zweifellos waren sich die Verantwortlichen der Tragweite ihrer Entscheidung bewusst: Wenn Deutschland zu seinem Bündnis mit Österreich-Ungarn stand, würde es also gegebenenfalls gegen Russland kämpfen müssen. Dann aber wäre Frankreich automatisch auf russischer Seite engagiert – und damit zwangsläufig ein europäischer Krieg ausgelöst. Eine solche Erweiterung des Konflikts wollte Deutschland aber nach Möglichkeit vermeiden. Deshalb – so die Vorstellung Bethmann Hollwegs – sollte Österreich-Ungarn eine rasche Aktion gegen Serbien durchführen und zudem stichhaltiges Material für die These vorlegen, dass der serbische Staat in das Attentat involviert war – das gab Berlin dem Grafen Hoyos auch als Botschaft an seine Regierung mit. Man glaubte, auf diese Weise vermeiden zu können, dass Russland sich in die Abrechnung Österreich-Ungarns mit Serbien einmischte, wodurch ja die Allianzmechanismen in Gang gesetzt werden würden. Denn auch der Zar und seine Umgebung waren über den »Königsmord« von Sarajevo empört und offensichtlich bereit, eine »Lektion« für Serbien hinzunehmen.

Eine »Lokalisierung« des Konflikts galt also als wünschenswert und wohl auch machbar. Kaiser Wilhelm II. notierte später am Rande einer Depesche: »Jetzt oder nie. Mit den Serben muss aufgeräumt werden, und zwar bald.« Das deutsche Kalkül ging allerdings noch sehr viel weiter. Auch wenn Russland nicht bereit sein würde, eine militärische Demütigung seines Schutzbefohlenen Serbien hinzunehmen, so ließ sich doch bei dieser Gelegenheit die »Festigkeit« des gegnerischen Bündnisses zwischen England, Frankreich und Russland testen. Im Klartext hieß das: Die Reichsregierung erwartete von den Mächten der Entente, dass sie eine Demütigung Serbiens durch Österreich-Ungarn akzeptierten. Sollten sie das nicht tun, und Russland doch seinem »slawischen Brudervolk« beispringen, dann war eben bewiesen, dass Russland den Großen Krieg wollte. Und für diesen Fall waren sowohl der Kaiser als auch der Kanzler Bethmann Hollweg und seine Regierung der Meinung, dass es besser sei, wenn der Krieg mit Russland jetzt komme und nicht erst in zwei Jahren. Denn bis dahin, so war man überzeugt, würde das Zarenreich Deutschland endgültig »überrüstet« haben. Dies war zweifellos ein »hyper-machiavellistisches Kalkül« (Wolfgang J. Mommsen), aber die Feindkonstruktion zeigt auch, wie fatalistisch die deutsche Führung die Zukunft sah. So sehr waren die deutschen Staatslenker in diese Konstruktion versponnen, dass sie nicht bedachten, dass Russland erst durch ihr eigenes Verhalten zu jener Aggressivität veranlasst werden könnte, derer man es ohnehin für fähig hielt.

Das Ultimatum, das die k. u. k. Regierung am 23. Juli an Serbien stellte, passte genau in dieses Kalkül. Es war derart scharf gehalten, dass Serbien es nicht akzeptieren konnte, ohne seinen Charakter als selbständiger Staat und damit auch seine Ehre zu verlieren. Und die deutsche Regierung, die das sehr genau wusste, dachte nicht daran, ihren Bündnispartner Österreich-Ungarn zu mäßigen. Im Gegenteil: Seit dem »Blankoscheck« vom 5. Juli versuchte die deutsche Regierung, eine Situation zu schaffen, in der Österreich-Ungarn sich quasi nach Belieben mit Serbien auseinandersetzen konnte. Die diplomatischen Interventionen Englands, Frankreichs und Russlands waren vergeblich. Die Reichsregierung beschied die anderen Mächte, dass keine andere Regierung das Recht habe, in die Abrechnung des Habsburgerreichs gegenüber Serbien einzugreifen. Denn sonst bestehe die Gefahr, dass der kontrollierte kleine Brand sich ausbreite, dass es zu einem Krieg zwischen den Großmächten kommen könnte. Deutschland stellte sich mithin kategorisch auf den Standpunkt, dass der Konflikt in jedem Falle »lokalisiert« bleiben müsse. Diese »Lokalisierungs-Theorie« sollte den Eindruck erwecken, dass die deutsche Regierung ernsthaft bestrebt war, den aufflammenden Flächenbrand einzudämmen. Zahlreiche Historiker haben seither diesen Sachverhalt betont. Doch die eigentliche Absicht der »Lokalisierungs«-Forderung fasste der verantwortliche Staatssekretär im Außenamt des Deutschen Reichs, Gottlieb von Jagow, in einem Schreiben an den deutschen Botschafter in London, Karl Max Fürst von Lichnowsky, am 18. Juli bündig zusammen: »Je entschlossener sich Österreich zeigt, je energischer wir es unterstützen, umso eher wird Russland passiv bleiben (...). Im Grunde ist Russland zu diesem Zeitpunkt noch überhaupt nicht kriegsfähig. Auch Frankreich und England hegen momentan noch keine Kriegswünsche. Doch in einigen Jahren wird Russland – so die kompetenten Einschätzungen – kriegsfähig sein. Dann erdrückt es uns (...). Lässt sich die Lokalisierung nicht erreichen und erfolgt der russische Angriff auf Österreich, so tritt der casus foederis (Bündnisfall) ein, dann können wir Österreich nicht opfern. Wir ständen dann in einer nicht gerade proud (stolz) zu nennenden Isolation. Ich will keinen Präventivkrieg, aber wenn der Kampf sich bietet, dürfen wir nicht kneifen.«

Die europäischen Großmächte sollten also gezwungen werden, mit anzusehen, dass Österreich-Ungarn mit Serbien ganz nach Gutdünken verfuhr. Doch hätte Russland, die traditionelle Schutzmacht der slawischen Völker, hierbei tatenlos zusehen können, ohne sein Prestige aufs Spiel zu setzen? Das deutsche Kalkül war schlicht unverantwortlich. Dennoch – von einem zielbewussten Steuern in Richtung auf einen europäischen Krieg oder gar einen Weltkrieg kann nicht die Rede sein. Dafür waren die Aktionen und Reaktionen der deutschen Politiker in dem nun folgenden entscheidenden Stadium der Julikrise zu unentschlossen, zu widersprüchlich, ja teilweise regelrecht »panisch«.

Telegramm des deutschen Botschafters in London Karl Max Fürst von Lichnowsky an den Staatssekretär im Außenamt Gottlieb von Jagow vom 24. Juli 1914 (Auszug)

Sir E. Grey liess mich soeben zu sich bitten. Der Minister war sichtlich stark unter dem Eindruck der österreichischen Note, die seiner Ansicht nach alles überträfe, was er in dieser Art jemals gesehen habe. Er sagte, er habe bisher keine Nachricht aus Petersburg und wisse daher nicht, wie man dort die Sache auffasse. Er bezweifelte aber sehr, dass es der russischen Regierung möglich sein werde, der serbischen Regierung die bedingungslose Annahme der österreichischen Forderungen anzuempfehlen. Ein Staat, der so etwas annehme, höre doch eigentlich auf, als selbständiger Staat zu zählen. (...) Die Gefahr eines europäischen Krieges sei, falls Österreich *serbischen Boden betrete*, in nächste Nähe gerückt. Die Folgen eines solchen Krieges zu *vier*, er betonte ausdrücklich die Zahl *vier*, und meinte damit Russland, Österreich-Ungarn, Deutschland und Frankreich, seien vollkommen unabsehbar. Wie auch immer die Sache verlaufe, eines sei sicher, dass nämlich eine gänzliche Erschöpfung und Verarmung Platz greife, Industrie und Handel vernichtet und die Kapitalkraft zerstört würde. Was Sir E. Grey am meisten beklagte, neben dem Ton der Note, ist die kurze Befristung, die den Krieg beinahe unvermeidlich mache.

aus: Juli 1914. Die europäische Krise und der Ausbruch des Ersten Weltkriegs, hg. v. Imanuel Geiss, München 1965, S. 168 ff.

Tatsächlich spitzte sich die Lage mit dem überaus scharfen, auf 48 Stunden befristeten Ultimatum Österreich-Ungarns an Serbien vom 23. Juli entscheidend zu. Darin wurde die Regierung in Belgrad aufgefordert, einer österreichischen Kommission zu gestatten, die Umstände des Attentats vor Ort, also auch auf serbischem Territorium, zu untersuchen; zudem sollte sie sich verpflichten, alle der Mitwirkung an dem Attentat verdächtigen serbischen Beamten und Offiziere zu entlassen. Jedem politisch informierten Zeitgenossen war klar, dass Serbien dieses Ultimatum der Wiener Regierung nicht akzeptieren konnte. In den Hauptstädten Europas herrschte nunmehr größte Erregung. Der russische Außenminister Sergei Dmitrijewitsch Sasonow beschuldigte die Österreicher und die Deutschen, Europa vorsätzlich in Flammen setzen zu wollen, und der britische Außenminister Sir Edward Grey erklärte aufgebracht, dass dieses Ultimatum das schrecklichste Dokument sei, das jemals eine Regierung einer anderen übermittelt habe.

Die Spannung wurde noch dadurch vergrößert, dass Österreich-Ungarn mit der Übergabe des Ultimatums an die Serben gewartet hatte, bis der französische Staatspräsident Poincaré und sein Regierungschef Viviani von ihrem Staatsbesuch Ende Juli in Sankt Petersburg abgereist waren und sich auf dem Seeweg nach Schweden und Norwegen befanden. Hierzu hatte das deutsche Außenamt geraten, um zu verhindern, dass sich Russlands und Frankreichs Staatsmänner rasch verständigen konnten. Die deutsche Regierung behauptete später, dies sei nur geschehen, damit Russland und Frankreich ihre ohnehin kriegstreiberischen Absichten nicht »konzertiert« verwirklichen konnten. Für die internationale Diplomatie wie für einen großen Teil der Weltöffentlichkeit jedoch stellte das Verhalten Berlins nur ein weiteres Indiz dar für die hinterlistige Absicht der Deutschen, einen europäischen Krieg zu provozieren. Niemand glaubte der deutschen Regierung ihre Behauptung, die Absichten Österreich-Ungarns hinsichtlich des rigiden Ultimatums nicht gekannt zu haben. Wobei die deutsche Diplomatie weiterhin starr auf ihrem Standpunkt beharrte, dass im Sinne der notwendigen »Lokalisierung« des Konflikts keine andere Macht eingreifen dürfe. Eine derartige Forderung hatte es in der Geschichte der europäischen Diplomatie noch nicht gegeben, und entsprechend groß war die Empörung. Die entscheidende Frage war: Wollte Deutschland den Krieg?

Die Frage verschärfte sich dramatisch am 27. Juli mit der Antwort Serbiens auf das Wiener Ultimatum, dessen Text sehr sorgfältig mit der Schutzmacht Russland abgestimmt worden war. Die Antwort war eine Meisterleistung ganz im Stil der traditionellen Diplomatie. Sie ließ implizit erkennen, dass Russland keineswegs darauf aus war, die Krise zu einem Krieg eskalieren zu lassen. Nahezu alle österreichischen Forderungen, darunter auch sehr weitreichende, wurden von der serbischen Regierung akzeptiert. Allein die entscheidende Auflage, dass die Untersuchung des Attentats von einer Kommission unter der Aufsicht und bei jederzeitiger Einmischung Österreich-Ungarns zu erfolgen hatte, wurde von den Serben abgelehnt.

Rigoros schloss die Regierung in Wien daraufhin weitere Verhandlungen aus, der Botschafter reiste umgehend aus Belgrad ab, und bereits am 28. Juli, einen Tag nach der serbischen Antwort, erfolgte die Kriegserklärung. Der Aufmarsch gegen Serbien begann am selben Tag; tags darauf wurde Belgrad vom ungarischen Donauufer aus beschossen. Niemand hatte Österreich-Ungarn eine solche Zielstrebigkeit zugetraut, weshalb es den Zeitgenossen umso offensichtlicher schien, dass hinter der österreichischen Angriffslust das Deutsche Reich mit nicht genau definierten, aber auf jeden Fall aggressiven Absichten stand.

Die französische Regierung, die von der Aggressivität der deutschen Außenpolitik seit der Agadir-Krise von 1911 sowie der Rüstungspsychose des Jahres 1913 zunehmend überzeugt war, verfolgte in der Julikrise vor allem das Ziel, keinen Spalt zwischen Frankreich und seinem Bündnispartner Russland zuzulassen oder auch nur den Anschein von Uneinigkeit zu erwecken. Das Deutsche Reich, so die Überzeugung Poincarés, wäre von einem Krieg nur dann abzubringen, wenn Frankreich und Russland ihm entschlossen gegenüberträten – nicht kriegslüstern, aber bereit zum Krieg, wenn es denn sein müsse. Frankreichs Botschafter in Sankt Petersburg, Maurice Paléologue, sicherte der russischen Regierung während der gesamten Krise daher mehrmals die unbedingte Unterstützung seiner Regierung zu.

England wiederum unternahm in dieser Phase alles diplomatisch Mögliche, um zu einer friedlichen Lösung der Krise zu gelangen. Wiederholt schlug Außenminister Grey die Einberufung einer Konferenz der am eigentlichen Konflikt »nicht interessierten« Großmächte – Deutschland,

Frankreich, England, Italien – vor, um einen Krieg zwischen Österreich-Ungarn und Serbien mit unabsehbaren Konsequenzen für das komplizierte Allianzsystem zu vermeiden. Aber die Berliner Regierung lehnte dieses Ersuchen kategorisch ab und bestand auf ihrer fatalen Strategie einer »Lokalisierung« des Konfliktes. Vielleicht hat Grey in dieser Situation insofern »versagt«, als er es nicht verstand – wie seither einige Historiker geurteilt haben –, den Deutschen hinreichend deutlich zu machen, dass England unter keinen Umständen würde neutral bleiben können. Jedenfalls wurde das deutsche Spiel mit dem Feuer nicht energisch und nachdrücklich genug in die Schranken verwiesen. Denn noch einen Tag nach der deutschen Kriegserklärung an Russland, am 2. August, hofften Kaiser Wilhelm und seine Berater auf britische Neutralität in einem Krieg Deutschlands mit Frankreich und Russland – und auch Frankreich war sich zu diesem Zeitpunkt keineswegs sicher, dass England wirklich eingreifen würde.

Österreich führte also seit dem 28. Juli Krieg gegen Serbien, trotz des offensichtlich größtmöglichen Entgegenkommens Serbiens den habsburgischen Forderungen gegenüber. Das brachte die Großmächte noch stärker gegen Wien (und Berlin) auf als zuvor. Aber ungeachtet weiterer Bitten der Engländer um Vermittlung bestand die deutsche Regierung auf ihrem Kurs der »Lokalisierung«. Inzwischen hatte sich aber in Berlin ein klarer Gegensatz zwischen Kaiser Wilhelm und seinem Reichskanzler Bethmann Hollweg ergeben. Wilhelm II. war trotz aller Großsprecherei wohl eher zum Frieden geneigt, das hatten schon frühere Krisen gezeigt. Seine geradezu »byzantinistischen« Verhaltensweisen (John C. G. Röhl) und sein sprunghaftes Temperament waren gefürchtet, aber sie hatten ihm auch eine Aura der Lächerlichkeit eingebracht. Nicht umsonst trug Wilhelm II. international den Spitznamen »Guillaume le timide, le valeureux poltron« (Wilhelm, der Zahme, der tapfere Feigling).

Jedenfalls notierte der Kaiser, der doch zu Beginn der Krise unbedingt mit den Serben hatte »abrechnen« wollen, nach Erhalt der serbischen Antwortnote an deren Rand: »Damit entfällt jeder Kriegsgrund.« Umgehend forderte Wilhelm seinen Kanzler auf, in Wien entsprechend zu intervenieren. Bethmann Hollweg aber handelte nicht sofort, sondern tat dies erst, als sich Österreich-Ungarn bereits im Kriegszustand mit Serbien befand. Warum und wie es zu dieser fatalen Verzögerung kam, wissen wir bis heute nicht. Es liegt aber nahe zu vermuten, dass Bethmann Hollweg sich weiterhin von der Idee leiten ließ, den Konflikt zwischen Österreich-Ungarn und Serbien als einen »Test« auf den russischen Kriegswillen anzusehen. War Russland bereit, aufseiten Serbiens in den Konflikt einzugreifen, dann wollte es den Krieg, und, so hatte der Chef des Generalstabs Moltke immer wieder betont, dann »besser jetzt als später«. Diese geradezu fatalistische Haltung des Reichskanzlers und seiner engsten Mitarbeiter mündete schließlich in eine regelrechte Panik, als bekannt wurde, dass Russland nach der österreichisch-ungarischen Kriegserklärung gegen Serbien seinerseits mit Mobilmachungsvorbereitungen begann. Noch war unklar, wie umfangreich diese sein würden und ob es wirklich zu einer Generalmobilmachung kommen würde, aber von nun an zählte jede Stunde. Der deutsche militärische Aufmarschplan ging bekanntlich von der Voraussetzung aus, dass Russland erst etwa drei Wochen nach Beginn eines Krieges offensiv gegen Deutschland würde vorgehen können, dass man also ausreichend Zeit haben werde, zunächst Frankreich zu besiegen und dann das Gros der deutschen Armeen gegen Russland aufmarschieren zu lassen. Je rascher Russland mit seiner Mobilmachung begann, desto schneller musste Deutschland reagieren, um den sakrosankten Schlieffenplan nicht in Frage zu stellen.

Das wussten die verantwortlichen Politiker in Berlin, so dass ihre Nervosität zunehmend die Ausmaße einer Panik annahm. Nur sehr halbherzig bemühte sich Bethmann Hollweg schließlich am Abend des 28. Juli, die Wiener Regierung auf eine moderate Reaktion gegenüber Serbien festzulegen, wie es der Kaiser gefordert hatte. Seine Begründung hierfür zeigt, dass er inzwischen vollständig von der Unvermeidlichkeit des Großen Krieges überzeugt war. Ihm ging es nur noch darum, vor der Öffentlichkeit den Nachweis zu führen, dass die Aggression von Russland ausgehe: Man müsse vermeiden – so der Kanzler in einer Depesche nach Wien –, dass Deutschland vorgeworfen werden könne, einen europäischen Krieg provoziert zu haben. Ein solcher lasse sich ohne Zustimmung der Bevölkerung nicht führen, und deshalb sei es »eine gebieterische Notwendigkeit, dass die Verantwortung für das eventuelle Übergreifen des Konflikts (...) unter allen Umständen Russland trifft«. Da Bethmann Hollweg der Wiener Regierung aber zugleich versicherte, dass Deutschland keineswegs die österreichische Handlungsfreiheit gegenüber Serbien beschneiden wolle, verhallte diese späte Mahnung ungehört. Österreich-Ungarn ließ sich derart unverbindlich wohl kaum mehr zu einem »Halt in Belgrad« bewegen, wie dies der Kaiser gefordert hatte. Und dies umso weniger, als zur gleichen Zeit der deutsche Generalstabschef Moltke seinem österreicherischen Kollegen Conrad von Hötzendorf versicherte, dass Deutschland selbstverständlich den Kriegskurs Österreich-Ungarns unterstützen werde. Tatsächlich übernahmen in dieser angespannten Situation die Militärs immer stärker das Kommando. Auch in Russland wuchs der Druck des Generalstabs auf den zögernden Zar, nun endlich zu einer Entscheidung zu kommen, die eine Mobilmachung des russischen Millionenheers ermöglichen würde. Die von allen Staaten seit langem ausgearbeiteten Mobilmachungspläne sahen einen strikten »Krieg nach Fahrplan« vor, so formulierte es der englische Historiker A. J. P. Taylor. Dementsprechend ließ sich auch Generalstabschef Moltke am 29. Juli bei der politischen Führung vernehmen.

Zu diesem Zeitpunkt ging es nur noch darum, welche Macht als Erste mobilmachen würde und wie sich die erforderliche Gleichzeitigkeit auf jeden Fall herstellen ließ. Tatsächlich setzte die russische Regierung am 29. Juli den komplexen Mechanismus der Mobilmachungen in Gang, indem sie nunmehr die Teilmobilmachung ihrer Armeen gegen Österreich-Ungarn anordnete. Für die deutsche Reichsleitung war damit der angestrebte »Lokalisierungs«-Test insofern erfolgreich abgeschlossen, als Russland zweifelsfrei seine Bereitschaft zum Krieg hatte erkennen lassen. Gravierender noch: Da auch Frankreich keineswegs mäßigend auftrat, sondern durch die Versicherungen der »unverbrüchlichen« Verbundenheit der beiden Mächte den russischen Kurs unterstützte, schien Deutschland vor vollendete Tatsachen gestellt zu sein.

Sämtliche nunmehr folgenden politischen Aktivitäten der Regierenden waren ausnahmslos darauf gerichtet, der jeweils anderen Seite die Schuld an der kommenden Katastrophe zuzuschieben und die öffentliche Meinung davon zu überzeugen, dass man selber zu einem Verteidigungskrieg gezwungen sei. Unter dieser Annahme stand auch die gleichsam in letzter Minute geführte berühmt-berüchtigte »Willy-Nicky«-Korrespondenz zwischen Kaiser Wilhelm II. und seinem Cousin Nikolaus II., dem Zaren von Russland. So telegrafierte der Zar am 29. Juli, dem Tag der russischen Teilmobilmachung, an den deutschen Kaiser: »In

Memorandum des Großen Generalstabs »Zur Beurteilung der politischen Lage« vom 29. Juli 1914 (Auszug)

Oesterreich wird, wenn es in Serbien einrückt, nicht nur der serbischen Armee, sondern auch einer starken russischen Ueberlegenheit gegenüberstehen, es wird also den Krieg gegen Serbien nicht durchführen können, ohne ein russisches Eingreifen zu sichern. Das heißt, es wird gezwungen sein, auch die andere Hälfte seines Heeres mobil zu machen, denn es kann sich unmöglich auf Gnade und Ungnade einem kriegsbereiten Russland ausliefern. Mit dem Augenblick aber, wo Oesterreich sein ganzes Heer mobil macht, wird der Zusammenstoß zwischen ihm und Russland unvermeidlich werden. Das aber ist für Deutschland der casus foederis. Will Deutschland aber nicht wortbrüchig werden und seinen Bundesgenossen der Vernichtung durch die russische Uebermacht verfallen lassen, so muß es auch seinerseits mobil machen. (...) Dann aber wird Russland sagen können, ich werde von Deutschland angegriffen, und damit wird es sich die Unterstützung Frankreichs sichern, das vertragsgemäß verpflichtet ist, an dem Krieg teilzunehmen, wenn sein Bundesgenosse Russland angegriffen wird. (...) Deutschland wird also, wenn der Zusammenstoß zwischen Oesterreich und Russland unvermeidlich ist, mobil machen und bereit sein, den Kampf nach zwei Fronten aufzunehmen.

Für die eintretendenfalls von uns beabsichtigten militärischen Maßnahmen ist es von größter Wichtigkeit, möglichst bald Klarheit darüber zu erhalten, ob Russland und Frankreich gewillt sind, es auf einen Krieg mit Deutschland ankommen zu lassen. Je weiter die Vorbereitungen unserer Nachbarn fortschreiten, umso schneller werden sie ihre Mobilmachung beendigen können. Die militärische Lage wird dadurch für uns von Tag zu Tag ungünstiger und kann, wenn unsere voraussichtlichen Gegner sich weiter in aller Ruhe vorbereiten, zu verhängnisvollen Folgen für uns führen.

aus: Die deutschen Dokumente zum Kriegsausbruch 1914, Bd. 2, Berlin 1928, S. 60 f.

diesem äusserst ernsten Augenblick wende ich mich an Dich um Deine Hilfe. Ein unwürdiger Krieg ist an ein schwaches Land erklärt worden. Die Entrüstung in Russland, die ich völlig teile, ist ungeheuer. Ich sehe voraus, dass ich sehr bald dem auf mich ausgeübten Druck erliegen und gezwungen sein werde, äusserste Massnahmen zu ergreifen, die zum Kriege führen werden. Um ein solches Unheil wie einen europäischen Krieg zu verhüten, bitte ich Dich im Namen unserer alten Freundschaft, alles Dir Mögliche zu tun, um Deine Bundesgenossen davon zurückzuhalten, zu weit zu gehen« (Original in englischer Sprache). Der von Nikolaus als »Vermittler« in dem Konflikt angesprochene Wilhelm notierte an den Rand des Telegramms: »Eingeständnis der Schwäche seiner selbst, und Versuch die Verantwortung mir zuzuschieben«, antwortete aber gleichwohl telegrafisch nur 35 Minuten später (ebenfalls auf Englisch): »Mit der grössten Beunruhigung höre ich von dem Eindruck, den das Vorgehen Österreichs gegen Serbien in Deinem Lande hervorruft. (...) Du stimmst sicher mit mir überein, dass wir beide, Du und ich, sowie alle Souveräne ein gemeinsames Interesse daran haben, darauf zu bestehen, dass alle für diesen feigen Mord moralisch verantwortlichen Personen ihre verdiente Strafe erhalten. In diesem Falle spielt die Politik keinerlei Rolle.«

Die Politik spielte jedoch sehr wohl eine Rolle, und zwar eine ganz gewichtige. Eine ebensolche Bedeutung aber kam zweifellos dem psychologischen Vermögen und Geschick der verantwortlichen Staatsmänner angesichts der nahenden Katastrophe zu. Nichts könnte die geradezu panisch aufgeladene Stimmung in dieser Schlussphase der Krise deutlicher machen als der mehrdeutige handschriftliche Entwurf von Reichskanzler Bethmann Hollweg zum deutschen Ultimatum an Russland, den er am 31. Juli an den deutschen Botschafter in Petersburg sandte.

Zweifellos wollte Bethmann Hollweg in diesem Konzept lediglich die Russen einschüchtern, indem er sie wissen ließ, dass eine deutsche Mobilmachung als Antwort auf die russische einen Krieg nach sich ziehen könnte. Aber in der Art einer Freud'schen Fehlleistung schrieb er spontan – in der Hektik des Geschehens und offensichtlich »außer sich« – das Fürchterliche auf, nämlich dass der deutsche Zugzwang viel weiter ging als zuvor angenommen und stets offiziell betont. Schon die »Erklärung des Zustandes des drohenden Krieges« bewirkte bekanntlich die Automatik der Mobilmachung und damit den Krieg. Somit herrschte jetzt schon keine Möglichkeit mehr zum Verhandeln, zur Rückkehr zu politischer Vernunft. Bethmann Hollweg wollte zwar Russland noch zur Besinnung aufrufen; aus den ursprünglich zwölf Stunden Frist machte er sogar 24. Aber gedanklich war der deutsche Reichskanzler zu diesem Zeitpunkt bereits über den Rubikon gegangen. Er hatte den entscheidenden Schritt schon getan – hin zur Mobilmachung und damit zum Krieg.

Das Deutsche Reich hatte sich selber in eine Sackgasse manövriert, aus der es nicht mehr herausfand, aber sicherlich war es nicht allein verantwortlich für die Eskalation der Krise. Die Mobilmachungshysterie verband alle beteiligten Großmächte, und überall schien zu gelten, dass die Mechanik der Mobilisierung der Millionenheere eigenen Gesetzen folgte und politisch kaum mehr aufzuhalten war. »La mobilisation, c'est

Deutschlands Ultimatum an Russland. Eigenhändiges Konzept des Reichskanzlers Bethmann Hollweg für das Telegramm an den deutschen Botschafter in Petersburg

Petersburg B(erlin). 31. 7. 14
Dringend.

(Nachdem) trotz noch schwebender Vermittelungsverhandlungen, und obwohl wir selbst bis zur Stunde keinerlei / Kriegsvorbereitungen/Mobilmachungsmaßnahmen getroffen hatten, hat Russland ganze Armee und Flotte, also auch gegen uns, mobilisiert. / Zur Sicherung unseres Reiches, infolge / Durch diese russischen Maßnahmen / haben / sind wir gezwungen worden, zur Sicherung des Reiches die drohende Kriegsgefahr auszusprechen / müssen, oder Mobilmachung, die Krieg bedeutet, folgen muß /, die noch nicht Mobilisierung bedeutet. Die Mobilisierung muß aber folgen, falls / uns / nicht Russland binnen / 24/12 Stunden / die / jede Kriegsmaßnahme gegen uns und Österreich-Ungarn einstellt und uns hierüber bestimmte Erklärung abgibt.

aus: Propyläen Weltgeschichte, hg. v. Walter Goetz, Bd. 10: Das Zeitalter des Imperialismus, Berlin 1933

Tagebucheintrag Viktor Klemperers vom Juli 1914

Sonntag morgen, 26. Juli
(...) Nach dem Abendbrot (...) erschien Dr. Dehlinger. Er berichtete, es hingen überall Anschläge, Serbien gebe nach, aber unter Protest. (...) Wir beschlossen eine Fahrt zu den *Münchner Neuesten Nachrichten* (...). Dort stand ein Menschenhäufchen, nicht groß, aber für München immerhin beträchtlich. (...) Wir hörten ein Hochschreien, wir sahen ein geschwungenes Bierseidel. Dann wurde gerufen »Österreich hat den Krieg erklärt!«. Eine Frau sagte zu einer andern: »Dös is scho recht«, und ähnliche Bemerkungen fingen wir hier und an andern Straßenpunkten mehrfach auf. Ich war sehr erfreut, sehr erregt, ich glaubte, ein allgemeines Volksgefühl zu konstatieren und selbst in ihm aufzugehen. Wahrscheinlich aber hatte der Doktor Dehlinger recht, der das Volksgefühl für Sensationslust und meine Erregung für eine sehr gezügelte und beobachtete nahm. Ich bin wohl nur Beobachter der anderen und meiner selbst. Ich habe schließlich in meiner Kriegssehnsucht doch nur den Drang nach dem Erleben des Außerordentlichen. Der Krieg ist höchste Sensation und einzige dem Kulturmenschen noch gebliebene Katharsis. Deshalb ist er von keiner Friedensgesellschaft auszurotten. Der Krieg, das große historische Ereignis, kann ganze Geschlechter unsterblich machen. (...) Krieg ist also Massensurrogat für den Einzelruhm. (...)
Donnerstag nachmittag, 30. Juli
(...) eben das Telegramm von der deutschen Mobilmachung.* Mir ist es seltsam, wie geringe Aufregung es auch bei denen hervorruft, die es für nötig halten, davor stehenzubleiben. Ein Zimmermann, den Hammer hinten im Gurt, sagte lachend: »Nu wird's lustig«. Ich bin sehr erregt und will doch ruhig weiterarbeiten. An die schließliche Erhaltung des Friedens im eigentlichen Europa glaube ich noch immer. Alles wird mobilisieren und dann haltmachen und sich knurrend vertragen.

* *Eine kurz darauf wieder zurückgenommene Falschmeldung.*
aus: Viktor Klemperer, Curriculum vitae. Erinnerungen eines Philologen, 1881–1918, Bd. 2, Berlin 1989, S. 174 f.

la guerre«, diese Feststellung des russischen Generalstabschefs Nikolai Obrutschew aus den 1890er Jahren bewahrheitete sich einmal mehr. Die russische Generalmobilmachung am 30. Juli sowie die tags darauf erfolgte Generalmobilmachung Österreich-Ungarns machten den Krieg unausweichlich. Deutschland musste nunmehr Russland den Krieg erklären, wollte es den eigenen Aufmarschplan – den Schlieffenplan – nicht gefährden.

Letztlich ging das alte Europa im Juli 1914 zugrunde, weil keine der beteiligten Nationen den Frieden für das höchste Gut hielt und alle Politiker und Militärs davon überzeugt waren, dass schließlich doch der Krieg, wie Clausewitz es formuliert hatte, die Fortsetzung der Politik mit anderen Mitteln darstellen konnte. Allerdings hatten die Verantwortlichen keinerlei Vorstellung von dem Krieg, den auszulösen sie im Begriff waren. Sie glaubten an einen kurzen Schlagabtausch und waren vorbereitet auf einen Krieg wie den von 1870. Sicherlich hätte niemand so mit der Lunte hantiert, wie es vor allem die deutsche Regierung tat, hätte man auch nur im entferntesten eine Ahnung davon gehabt, dass dieser Krieg schließlich mehr als zehn Millionen Soldaten und zahllose Zivilisten das Leben kosten würde.

Literatur

Angelow, Jürgen, Kalkül und Prestige. Der Zweibund am Vorabend des Ersten Weltkrieges, Köln/Weimar/Wien 2000.

Berghahn, Volker R., Germany and the Approach of War in 1914, London 1982.

Ders., Sarajewo, 28. Juni 1914. Der Untergang des alten Europa, München 1997.

Clark, Christopher, Die Schlafwandler. Wie Europa in den Ersten Weltkrieg zog, München 2013.

Conrad von Hötzendorf, Franz, Aus meiner Dienstzeit 1906–1918, 5 Bde., Wien 1921–1925.

Dedijer, Vladimir, Die Zeitbombe. Sarajevo 1914, Wien 1967.

Flucht in den Krieg? Die Außenpolitik des Kaiserlichen Deutschland, hg. v. Gregor Schöllgen, Darmstadt 1991.

Hirschfeld, Gerhard, Sarajevo 1914: Das bilderlose Attentat und die Bildfindungen der Massenpresse, in: Das Jahrhundert der Bilder. Bildatlas 1900–1949, hg. v. Gerhard Paul, Göttingen 2009, S. 148–155.

Joll, James, The Origins of the First World War, London/New York 1984.

Juli 1914. Die europäische Krise und der Ausbruch des Ersten Weltkriegs, hg. v. Imanuel Geiss, 2. Aufl., München 1980.

Die Julikrise und der Ausbruch des Ersten Weltkrieges 1914, bearbeitet v. Winfried Baumgart, Darmstadt 1983.

Julikrise und Kriegsausbruch 1914. Eine Dokumentensammlung, hg. v. Imanuel Geiss, 2 Bde., Hannover 1964.

Keiger, John F. V., France and the Origins of the First World War, London 1983.

Krumeich, Gerd, Juli 1914. Eine Bilanz, Paderborn 2014.

McMeekin, Sean, The Russian Origins of the First World War, London 2011.

Mombauer, Annika, Die Julikrise. Europas Weg in den Ersten Weltkrieg, München 2014.

Mommsen, Wolfgang J., Großmachtstellung und Weltpolitik. Die Außenpolitik des Deutschen Reiches, Frankfurt a. M. 1993.

The Origins of World War I, hg. v. Richard F. Hamilton u. Holger Herwig, Cambridge 2003.

Quellen zur Entstehung des Ersten Weltkrieges. Internationale Dokumente 1901–1914, hg. v. Erwin Hölzle, 2. Aufl., Darmstadt 1995.

Riezler, Kurt, Tagebücher, Aufsätze, Dokumente, hg. v. Karl-Dietrich Erdmann, Göttingen 1972.

Röhl, John C. G., Wilhelm II. Der Weg in den Abgrund, 1900–1941, München 2008.

Schmidt, Stefan, Frankreichs Politik in der Julikrise 1914, München 2009.

Strachan, Hew, The Outbreak of the First World War, Oxford 2004.

Taylor, A. J. P., Politics in Wartime and Other Essays, London 1964.

3 »Augusterlebnis«

Kaum eine Vorstellung hat die Erinnerung der Zeitgenossen an den Beginn des Großen Krieges derart geprägt wie die von einer allgemeinen, umfassenden Kriegsbegeisterung im August 1914. Es sind Bilder von fröhlich gestimmten Menschenmassen in den Straßen und auf den Plätzen deutscher und europäischer Großstädte; von mehr oder minder spontanen Ansammlungen und Aufmärschen zumeist sehr bürgerlich ausschauender Männer, die ihre Hüte und Mützen schwenken und dazu patriotische Lieder anstimmen; von jungen Mädchen und Frauen, die ausmarschierenden Soldaten Blumen und kleine Geschenke, so genann-

9. »Auf der Fahrt nach dem Kriegsschauplatz«. Waggon mit der Aufschrift »Zum Schützenfest nach Frankreich«. Postkarte aus der Serie »Das Deutsche Heer«

te Liebesgaben, überreichen; und es sind nicht zuletzt die mit patriotischen Inschriften und satirischen Karikaturen verzierten Eisenbahnwaggons, die nach Paris, nach Berlin oder nach Belgrad fahren und deren Fahrgäste spätestens an Weihnachten wieder zu Hause sein wollen. Klaus Mann, damals acht Jahre alt, beschrieb im Rückblick die Stimmung jener Tage im August: »Wenn ich versuche, die Atmosphäre von 1914 wiedereinzufangen, so sehe ich flatternde Fahnen, graue Helme mit possierlichen Blumensträußchen geschmückt, strickende Frauen, grelle Plakate und wieder Fahnen – ein Meer, ein Katarakt in Schwarz-Weiß-Rot. Die Luft ist erfüllt von der allgemeinen Prahlerei und den lärmenden Refrains der vaterländischen Lieder. ›Deutschland, Deutschland über alles‹ und ›Es braust ein Ruf wie Donnerhall‹ (…). Das Brausen hört gar nicht mehr auf.«

Dagegen argumentieren die meisten Historiker, dass es sich bei diesen Vorstellungen und Erinnerungen um Ikonen oder »Kultbilder« handelt, welche die wahre Stimmung der Menschen bei Kriegsbeginn eher verschleiern als offenlegen. Zeitgenössische Fotografien würden den Schluss nahelegen, die Bürger in den kriegführenden Ländern seien ausnahmslos kriegsbegeistert gewesen – zumindest zu Beginn des Weltkriegs. Doch habe es – so diese Historiker – im August 1914 keine rauschhafte, sämtliche Bevölkerungsschichten ergreifende Kriegsbegeisterung gegeben, weder in Deutschland noch in Frankreich, Großbritannien, Österreich-Ungarn und Russland. Vielmehr hätten die Menschen »ein breites Spektrum ganz unterschiedlicher Reaktionen (gezeigt), die von Verweigerungshaltung über Ratlosigkeit und Erschütterung bis zu patriotischem Überschwang und sogar Hysterie reichten« (Jeffrey Verhey). Doch was trifft zu? Irrten sich die Zeitgenossen allesamt? Täuschte sie später ihre Erinnerung? Oder existierte sie doch, diese unverstellte Begeisterung, jene »unalltäglich-festlichen Rauschzustände«, wie Sebastian Haffner in seiner »Geschichte eines Deutschen« rückblickend den Beginn des Großen Krieges aus der Sicht eines siebenjährigen Berliner Schuljungen schildert.

Zweifellos gab es einen Kriegsenthusiasmus im Sommer 1914, allerdings gab es ihn zu verschiedenen Zeiten und an unterschiedlichen Orten. So muss man die »Julibegeisterung« von der von Klaus Mann und Sebastian Haffner beschriebenen »Augusteuphorie« unterscheiden. Auf die Nachricht vom »Krieg zwischen Österreich und Serbien« reagierten im Juli 1914 vor allem Angehörige des konservativen Bürgertums mit patriotischen Umzügen und dem öffentlichen Absingen vaterländischer Lieder, allen voran die heimliche deutsche Nationalhymne »Die Wacht am Rhein«.

Die Zahlenangaben zu diesen Kundgebungen schwanken: In Berlin-Mitte sollen sich am Abend des 25. Juli etwa 30 000 Menschen versammelt haben. Zu größeren Menschenansammlungen und häufig geradezu karnevalesk verlaufenden Demonstrationen kam es auch in den nächsten Tagen vor einigen öffentlichen Gebäuden, vor nationalen Denkmälern sowie den Gesandtschaften bzw. Konsulaten der betroffenen Länder. Berichtet wird auch von vereinzelten Ausschreitungen jugendlicher Teilnehmer gegenüber deutschen Kriegsgegnern, vor allem Serben und Russen oder wen immer man dafür hielt, zumeist im Umkreis von Gaststätten und Cafés. Nach drei Tagen ebbte die Euphorie deutlich ab und machte einer in diesen Tagen häufig konstatierten »neugierigen Anspannung« Platz.

Doch nicht alle waren auf diese Weise »begeistert«, was sich schon an der Tatsache erkennen lässt, dass die von den Sozialdemokraten organisierten Protestaktionen gegen den drohenden Krieg und den »verbrecherischen Imperialismus« auf breiten Zuspruch in der Bevölkerung stießen.

Die Wacht am Rhein

1
Es braust ein Ruf wie Donnerhall,
wie Schwertgeklirr und Wogenprall:
Zum Rhein, zum Rhein, zum deutschen Rhein!
Wer will des Stromes Hüter sein?
(...)
Refrain
Lieb Vaterland magst ruhig sein,
lieb Vaterland magst ruhig sein:
Fest steht und treu die Wacht,
die Wacht am Rhein!

Besonders die Intellektuelle Rosa Luxemburg tat sich hierbei hervor. Die führende Vertreterin der sozialdemokratischen Linken reiste in wenigen Tagen durch zahlreiche deutsche Städte, um zum Protest gegen den »verbrecherischen Krieg« aufzurufen. Am 25. Juli veröffentlichte der Vorstand der Sozialdemokratischen Partei einen energischen Appell zu einem »Massenprotest gegen den drohenden Krieg«, in dem es hieß: »Parteigenossen, wir fordern euch auf, sofort in Massenversammlungen den unerschütterlichen Friedenswillen des klassenbewußten Proletariats zum Ausdruck zu bringen. Eine ernste Stunde ist gekommen, ernster als irgendeine der letzten Jahrzehnte. Gefahr ist im Verzuge! Der Weltkrieg droht! Die herrschenden Klassen, die euch im Frieden knebeln, verachten, ausnutzen, wollen euch als Kanonenfutter mißbrauchen. Überall muß den Gewalthabern in die Ohren klingen: Wir wollen keinen Krieg! Nieder mit dem Kriege! Hoch die internationale Völkerverbrüderung.«

Nach SPD-Angaben fanden Ende Juli insgesamt 288 Versammlungen und Aufmärsche in rund 160 Städten statt, an denen sich mehr als eine Dreiviertel Million Menschen beteiligt hätten. Allein an der großen Antikriegsdemonstration der Sozialdemokraten in Groß-Berlin am 28. Juli – dem Tag der österreichischen Kriegserklärung an Serbien – nahmen mehr als 100 000 Menschen teil, und dies trotz eines Verbots der Kundgebung durch den Magistrat. Zu diesem Zeitpunkt schien es kaum möglich, die Massen für einen Krieg gemeinsam mit Österreich gegen Serbien zu »begeistern«. Das änderte sich allerdings gleichsam über Nacht, als am 29. Juli Nachrichten von einer russischen Teilmobilmachung entlang der österreichisch-ungarischen Grenze bekannt wurden und damit ein Angriff Russlands auf Österreich zum alles beherrschenden Thema wurde. Und die Regierung achtete sorgfältig darauf, dass Russland von nun an der deutschen Öffentlichkeit als der eigentliche Angreifer erschien.

Mit den Nachrichten von der russischen Generalmobilmachung am 31. Juli stieg die allgemeine Spannung ins »schlicht Unerträgliche«. Erneut kam es zu patriotischen Umzügen, zum spontanen Absingen von vaterländischen Liedern, vor allem in den zu dieser Jahreszeit stark besuchten Biergärten und Straßencafés, sowie zu Huldigungsadressen an die jeweiligen Monarchen. So geschah es auch am 1. August in Berlin, wo sich vor dem Stadtschloss zwischen 40 000 und 50 000 Menschen versammelten und Kaiser Wilhelm II. die erste seiner »Ich kenne keine Parteien mehr«-Reden hielt.

Ähnliche Aufmärsche und Kundgebungen lassen sich für den 31. Juli und 1. August an den meisten größeren Orten des Deutschen Reichs nachweisen. Gleichwohl legen die Reportagen von diesen »Jubelfeiern« den Schluss nahe, dass an ihnen nur eine Minderheit der Bevölkerung teilnahm, die sich zudem überwiegend aus den bürgerlichen Schichten rekrutierte. Diese Einschätzung stützt sich auf zahlreiche Berichte aus kleineren Städten und ländlichen Gemeinden, wo die Stimmung als

10. Postkarte zum »Burgfrieden« mit dem Kaiser-Zitat vom August 1914

zumeist gedrückt und eher nachdenklich beschrieben wurde. Doch auch in der Berliner Innenstadt war der Jubel keineswegs allgegenwärtig, wie ein Augenzeuge der Aufläufe in seinem Tagebuch notierte: »Ernst und Bedrücktheit. Kein Jubel, keine Begeisterung. (…) Vor dem Schloßplatz Menschenmassen. Hochrufe und singende Gruppen vor dem Kronprinzenpalais. Die Weiterwegstehenden passiv.«

Der Unterschied zur nationalen »Julibegeisterung« war bemerkenswert. Das galt selbst für das bürgerliche Freiburg im Breisgau, wo die Nachricht von der deutschen Mobilmachung nach Tagen der Begeisterung nun einer sehr veränderten Gefühlslage Platz machte. Die nationalliberale *Freiburger Zeitung* vom 1. August beschrieb den Stimmungsumschwung in der badischen Universitätsstadt: »Während am Samstag (den 25.7.) sich die lohende Begeisterung in Jubelhymnen Luft machte, breitet sich jetzt ein tiefernstes Schweigen über die Tausende, die bald zu-

Aufzeichnungen des Schuhmachermeisters Wilhelm Schulin in Schwabbach/Öhringen vom August 1914

Am Sonntag, den 2. August sah man viele Wanderer und Radfahrer und Reisende, es waren Abschiednehmende. Am 2. und bzw. 3. August höre ich Tag und Nacht Züge laufen, welche einen ganz dumpfen Ton fuhren. Dieselben fuhren nur Militär in großer Anzahl. Auch durch hier kamen viele Wagen und Pferde. (…)

Wie es bekannt wurde, daß es Krieg geben sollte, war ungeheure Spannung im Volk. Man ahnte diesmal was Schlimmes, aber noch hatte man Hoffnung auf Frieden, man konnte es doch andererseits wieder nicht glauben, daß es wirklich zu einem Krieg kommen sollte. Am Samstag wurde die Mobilmachung bekannt gemacht, da kam etwas furchtbar Schweres, Düsteres über uns, eine ganze Last von Druck. Man sah auf den Straßen Leute miteinander Jammern und Weinen, und selber brach mir das Herz, daß ich mich nicht halten konnte. Sogleich am 2. August Sonntag morgens war Kriegskirche und Abendmahl und abends auch Abendmahl, besonders für Scheidende. Es war schwer die Scheidenden jeden Morgen – bis Donnerstag – hier und anderwärts durchfahren zu sehen.

sammenströmen. Ein Schweigen allerdings, unter dem ein Vulkan von Empfindungen gärt und brodelt. Finsterer Ernst eiserner Entschlossenheit gräbt sich in die Züge der Männer, und selbst die Jugend ist gebannt von dem gigantischen Schatten des drohenden Phantoms Weltkrieg. Frauen und Mädchen weinen und gedenken in heißer Sorge des Gatten, des Bruders, des Vaters, denen vielleicht bald der Ruf des Kriegsherrn gilt.«

In diesem »Vulkan von Empfindungen« mischten sich sehr unterschiedliche Wahrnehmungen des Kriegsbeginns: patriotische Begeisterung und die Suche nach nationaler Harmonie, aber auch Furcht vor der bevorstehenden Ungewissheit; Sorge um die berufliche und familiäre Zukunft, aber auch die Entladung einer ungeheuren mentalen Anspannung. Weder gab es eine allgemeine Kriegsbegeisterung, noch standen die proletarischen und bäuerlichen Schichten dem Krieg geschlossen und konsequent ablehnend gegenüber. Das immer wieder beschriebene Auf und Ab der Gefühle, die ungeheure Nervosität und die hochgradige Erregung der letzten Wochen waren mit der Feststellung des »Zustands der drohenden Kriegsgefahr« durch den Kaiser am 31. Juli, exakt um 13.00 Uhr, einer »Phase der Ordnung und Klarheit« gewichen. Das »geheimnisvolle Chaos« des Monats Juli, »das sich immer mehr verdüsterte« – so der an der Universität Heidelberg lehrende Historiker Hermann Oncken –, schien, wie es viele Zeitgenossen empfanden, Gott sei Dank vorüber: Nun herrschten scheinbar wieder geordnete Zustände. Die Politiker überließen das konkrete Handeln den Militärs, und diese verfügten, so schien es zumindest, über sehr klare Vorstellungen und Zeitpläne. Doch die erhoffte Harmonie war nur eine vorübergehende, sie erwies sich letztlich als trügerisch.

Ebenso wie in anderen kriegführenden Ländern kam es auch in Deutschland sehr rasch zur Bildung einer politischen Einheitsfront. Ihr schlossen sich selbst die in Opposition stehenden Sozialdemokraten an. »Wir lassen in der Stunde der Gefahr das eigene Vaterland nicht im Stich«, lautete das Credo der deutschen Sozialdemokraten, die sich noch wenige Tage zuvor gegen die »Kriegstreiberei« der eigenen Regierung gewandt hatten. Am 4. August 1914 bewilligte der Deutsche Reichstag mit den Stimmen der SPD die für eine Führung des Krieges benötigten Kriegskredite sowie weitere von der Reichsregierung erlassene Kriegs-

und Ausnahmegesetze. Die Zustimmung der SPD-Fraktion wurde in der deutschen Öffentlichkeit als Beweis für den vom Kaiser am 4. August feierlich proklamierten innergesellschaftlichen *Burgfrieden* (»Ich kenne keine Parteien mehr, ich kenne nur Deutsche!«) angesehen und von der Bevölkerung mehrheitlich begeistert begrüßt. Der nationale Schulterschluss und der Wunsch nach gesellschaftlicher Harmonie schienen keine Grenzen zu kennen.

Bereits zeitgenössische Beobachter haben auf die ausgeprägte Harmoniebedürftigkeit der Deutschen und die allerorten propagierte »Einheitseuphorie« der Augusttage verwiesen. Natürlich war dieses keineswegs

Erklärung des Reichskanzlers Bethmann Hollweg vor dem Reichstag am 4. August 1914

Meine Herren, wir sind jetzt in der Notwehr; (*lebhafte Zustimmung*) und Not kennt kein Gebot! (*Stürmischer Beifall*) Unsere Truppen haben Luxemburg besetzt, (*Bravo!*) vielleicht schon belgisches Gebiet betreten. (*Erneutes Bravo.*) Meine Herren, das widerspricht den Geboten des Völkerrechts. Die französische Regierung hat zwar in Brüssel erklärt, die Neutralität Belgiens respektieren zu wollen, solange der Gegner sie respektiere. Wir wußten aber, daß Frankreich zum Einfall bereit stand. (*Hört! hört! rechts.*) Frankreich konnte warten, wir aber nicht! Ein französischer Einfall in unsere Flanke am unteren Rhein hätte verhängnisvoll werden können. (*Lebhafte Zustimmung.*) So waren wir gezwungen, uns über den berechtigten Protest der luxemburgischen und der belgischen Regierung hinwegzusetzen. (*Sehr richtig!*) Das Unrecht – ich spreche offen – das Unrecht, das wir damit tun, werden wir wieder gutzumachen suchen, sobald unser militärisches Ziel erreicht ist. (*Bravo!*) Wer so bedroht ist wie wir und um sein Höchstes kämpft, der darf nur daran denken, wie er sich durchhaut! (*Anhaltender brausender Beifall und Händeklatschen im ganzen Hause und auf den Tribünen.*) Meine Herren, wir stehen Schulter an Schulter mit Österreich-Ungarn.

aus: Deutsche Geschichte in Quellen und Darstellung, Bd. 8: Kaiserreich und Erster Weltkrieg, 1871–1918, hg. v. Rüdiger vom Bruch u. Björn Hofmeister, Stuttgart 2000, S. 362.

nur ein deutsches Phänomen, doch in kaum einer anderen europäischen Gesellschaft waren die Parolen von einer harmonisch fühlenden und handelnden Gemeinschaft zu Beginn des Weltkriegs derart ausgeprägt wie in der wilhelminischen. Als geradezu harmoniesüchtig zeigte sich die überwiegende Mehrzahl der deutschen Intellektuellen, Schriftsteller und Künstler. In ihrer positiven Wahrnehmung des »Augusterlebnisses« ließen sie sich von keiner anderen gesellschaftlichen Gruppe übertreffen. Zahlreiche Künstler meldeten sich freiwillig, nicht zuletzt, weil sie sich von dem Kriegsgeschehen neue künstlerische Impulse erhofften – so etwa die Maler August Macke, Franz Marc, Otto Dix und Max Beckmann. Letzterer nannte den Ausbruch des Weltkriegs eine »großartige Katastrophe«. Der Schriftsteller Ernst Toller, der bereits auf dem Höhepunkt der zweiten Marokkokrise lautstark den Krieg herbeigewünscht hatte, schrieb über das Ausrücken der Truppen an die Front: »Ja, wir leben in einem Rausch des Gefühls. Die Worte Deutschland, Vaterland, Krieg haben magische Kraft, wenn wir sie aussprechen, verflüchtigen sie sich nicht, sie schweben in der Luft, kreisen um sich selbst, entzünden sich und uns.« Noch im Rückblick attestierte Otto Dix, der wegen seiner »himmelschreienden« (Dietrich Schubert) Radierungen und Zeichnungen des Kriegsgeschehens, aber auch aufgrund seiner späteren großen Anti-Kriegsgemälde wohl bedeutendste deutsche Maler des Ersten Weltkriegs, dem Kriegserleben an der Front eine bisher nicht gekannte, radikale ästhetische Qualität: »Der Krieg war eine scheußliche Sache, aber trotzdem etwas Gewaltiges. Das durfte ich auf keinen Fall versäumen. Man muss den Menschen in diesem entfesselten Zustand gesehen haben, um wirklich etwas über den Menschen zu wissen.« Der später häufig zitierte Ausspruch des damals schon berühmten Heidelberger Soziologen Max Weber vom August 1914 ist sehr viel repräsentativer, als dies gemeinhin anerkannt wird: »Denn einerlei wie der Erfolg ist – dieser Krieg ist groß und wunderbar.«

Doch patriotische Begeisterung und offenkundige Hysterie lagen nicht weit auseinander. »Deutsche, trinkt deutsches Wasser! Meidet ausländische Tafelwässer und solche, deren Betriebe mit ausländischem, insbesondere englischem Gelde arbeiten.« Mit dieser Anzeige warb der norddeutsche Getränkehersteller »Fürst-Bismarck-Quell« schon wenige Tage nach Kriegsbeginn in einer ganzseitigen Zeitungsanzeige für sein Tafelwasser. Andere deutsche Unternehmen benannten einige ihrer erfolgreichen, aber ausländisch klingenden Produkte kurzerhand um; auch zahlreiche Gaststätten und Cafés erhielten nun deutsche Namen: So wurde aus dem beliebten Hamburger »Café Belvedere« Anfang August 1914 das »Kaffeehaus Vaterland«.

Nicht nur in Deutschland trieben Kriegsangst und ein ausgeprägter Chauvinismus in den ersten Wochen des Krieges seltsame Blüten: Seit den Mobilmachungen der Armeen grassierte die sogenannte Spionitis, also eine übersteigerte Furcht vor feindlichen Spionen. Überall suchte man nach verdächtigen Ausländern ebenso wie nach Pazifisten und Kriegsgegnern, die der Spionage oder der Sabotage für den Feind bezichtigt wurden. An nicht wenigen Orten kam es zu massiven Übergriffen und Misshandlungen, bei denen sogar etliche Menschen zu Tode kamen. Der deutsche Weltbürger, Schriftsteller und Diplomat Harry Graf Kessler, bei Kriegsbeginn Rittmeister in einem Potsdamer Ulanen-Regiment, schildert die Ausschreitungen in seinem Tagebuch.

11. »Deutscher Gruß – Gott strafe England«. Wandtafel zur neuen Sprachregelung: »Auf Wiederseh'n« – statt »Adieu«; »Verzeihung« – statt »Pardon«

Die grassierende »Spionenfurcht« war keineswegs nur ein deutsches Phänomen: In Paris wurden elsässische Unternehmen wegen ihrer deutsch anmutenden Namen boykottiert, im Londoner Osten zerstörte der Mob die Läden einiger deutschstämmiger Handwerker und Gewerbetreibender. Manche Geschäftsleute suchten dem skandalösen Treiben zu entkommen, indem sie sich britische Namen zulegten. Selbst das englische Königshaus entschloss sich während des Kriegs, den alten Familiennamen Sachsen-Coburg-Gotha durch Windsor zu ersetzen.

In Deutschland erlebte die kollektive Mobilisierungseuphorie ihren Höhepunkt in der zweiten Hälfte des Monats August. Unter dem Eindruck des erfolgreichen Vormarsches und der ersten Siege in Belgien und im Elsass verbreitete sich die nationalistisch-patriotische Kriegsbegeiste-

Tagebucheintrag Harry Graf Kesslers vom 5. August 1914 (Birkholz)

Die Spionenfurcht nimmt bei uns gefährliche und groteske Formen an. Gestern ist die Familie Ratibor auf der Fahrt von Schlesien nach Berlin im Auto angeschossen und zum Teil nicht unerheblich verwundet worden; die Herzogin hat einen Schuss im Rücken, die Prinzess eine ziemlich schwere Verletzung im Gesicht. Von unserem Regiment ist Schmidt-Pauli in Uniform Unter den Linden von der Volksmenge so angepöbelt worden, dass er sich in ein Haus flüchten musste, und Wilamowitz ist als »russischer Offizier« mit Schirmen und Stöcken bedroht worden. Ich selbst wurde auf der Fahrt von Berlin nach Beeskow, dieses mein erstes Feldzugs Quartier, obgleich ich in Uniform war, in jedem Dorf zweimal, bei Einfahrt und Ausfahrt, mit vorgehaltener Schusswaffe aufgehalten und musste meine Papiere vorzeigen. (...) Die ganze Bevölkerung von Berlin bis hier macht den Eindruck, als ob sie vollkommen den Kopf verloren hätte, die wilde Mär von den »russischen« Autos, die mit achtzig Millionen französischen Goldes nach Russland unterwegs sind und Bomben zur Zerstörung von Telegraphenleitungen und Bahnübergängen mitführen, hat ihre Phantasie und ihre Angst auf das Äusserste gereizt.

aus: Harry Graf Kessler, Das Tagebuch, 1880–1937, Bd. 5: 1914-1916, hg. v. Günter Riederer u. Ulrich Ott, Stuttgart 2008, S. 81.

rung in immer weiteren Bevölkerungsteilen. Selbst in manchen »roten« Hamburger und Berliner Arbeiterbezirken tauchten vereinzelt schwarz-weiß-rote Fahnen auf, und in den Clubs der Arbeiterjugend erklangen nun häufiger patriotische Gassenhauer. Zentral war dabei die Überzeugung, dass Deutschland einen »gerechten Krieg« führe und sich »gegen eine Welt von Feinden« (Wilhelm II.) verteidigen müsse. Sie war die Voraussetzung für die Kriegsbereitschaft sowohl der freiwilligen als auch der gemäß der Allgemeinen Wehrpflicht inzwischen massenhaft eingezogenen Soldaten. Allein in Preußen meldeten sich in den ersten zehn Kriegstagen etwa 260 000 Kriegsfreiwillige, von denen ca. 143 000 eingezogen wurden. Unter ihnen überwogen Angehörige der bürgerlichen Ober- und Mittelschichten, während Arbeiter eher unterrepräsentiert waren.

Unter den älteren Kriegsfreiwilligen befand sich auch der damals bereits 51-jährige Schriftsteller Richard Dehmel, der um die Jahrhundertwende zu den einflussreichsten deutschsprachigen Lyrikern zählte. Seine mit starkem Pathos (»Sei gesegnet, ernste Stunde, die uns endlich stählern eint«) und vor großer Öffentlichkeit erfolgte Freiwilligenmeldung erregte Aufsehen (»Papa Dehmel zieht in den Krieg«), aber sie stieß bei der kleinen Minderheit von Kriegsgegnern auch auf entschiedenen Widerspruch. Freiwillig (bei der Bayerischen Armee) meldete sich auch der damals in München lebende Kunstmaler Adolf Hitler; er wurde dem neugebildeten Infanterieregiment Nr. 16 (»Regiment List« nach seinem Kommandanten, Oberst Julius List) zugewiesen. Allerdings waren die Zahlen der Freiwilligen, insgesamt betrachtet, sehr viel geringer, als es die Zeitungsberichte nahe legen, in denen die Jugendlichkeit und der Opfergeist der Kriegsfreiwilligen immer wieder hervorgehoben wurden. Als Kriegsfreiwillige meldeten sich Männer im nicht wehrpflichtigen Alter von unter 18 oder über 45 Jahren und zum Teil auch jene, die bei Kriegsbeginn noch keinen Gestellungsbefehl erhalten hatten. Genaue Angaben über die Kriegsfreiwilligen in den deutschen Armeen liegen uns nicht vor. Die übergroße Mehrheit der über 13 Millionen deutschen Soldaten, die zwischen 1914 und 1918 ihren Kriegsdienst leisteten, folgte schlicht ihrer Einberufung.

Manche der Gelehrten und Künstler, die bei Kriegsbeginn eher verhalten reagiert hatten, meldeten sich zwar nicht gleich zum Kriegsdienst, wollten aber dennoch nicht länger abseitsstehen und taten sich mit patriotischen Gesten hervor. Der international gefeierte Komponist Richard Strauss versah seine am 20. August fertiggestellte Partitur zum 1. Akt der Oper »Frau ohne Schatten« mit der Widmung: »Vollendet am Tage des Sieges von Saarburg«. Gemeint war die erfolgreiche Rückeroberung des Städtchens Saarburg in Lothringen durch deutsche Truppen. Wenige Tage später schrieb Strauss an den österreichischen Schriftsteller und Verfasser zahlreicher seiner Opernlibretti, Hugo von Hofmannsthal: »(...) es ist eine große herrliche Zeit und unsere beiden Völker haben sich wirklich großartig gehalten; man schämt sich nachträglich jedes bösen Wortes, das man je über dies brave, starke deutsche Volk gesagt hat. Man hat das erhebende Bewusstsein, dass dies Land erst am Anfang einer großen Entwicklung steht und die Hegemonie über Europa unbedingt bekommen muß und wird.«

Wie euphorisch und unkritisch offenbar selbst historisch geschulte Beobachter auf die anfängliche Siegesserie der deutschen Armeen reagierten, lassen die Tagebucheintragungen des Heidelberger Mediävisten Karl Hampe erkennen. Der national-liberal eingestellte Geschichtsprofes-

12. Kriegsfreiwillige Unter den Linden in Berlin, August 1914

sor hatte den Kriegsbeginn keineswegs enthusiastisch, sondern eher verhalten und sogar sorgenvoll kommentiert. Doch bereits 14 Tage später kannte seine Begeisterung über die Erfolge der deutschen Waffen keine Grenzen mehr: »Morgens wieder herrliche Nachrichten: Siege und Erfolge auf der ganzen Westlinie. Es ist ein unwiderstehliches Vorrücken der deutschen Millionen. Die Schlacht von Metz war die größte der Weltgeschichte« (Eintrag im »Kriegstagebuch« vom 24. 8. 1914). Zugleich aber räumte der Heidelberger Gelehrte ein, dass der Krieg seine historische Urteilsfähigkeit stark vermindert habe: »Objektivität und Humanität sind im Kriege doch ziemlich verpönt. Wo Geschichte im Großen gemacht wird, da hat der Historiker, der nach objektiver Wahrheit strebt, kaum Platz« (Eintrag vom 23. 8. 1914).

Der Erste Weltkrieg war von Beginn an auch ein »Krieg der Worte«. Die deutschen Zeitungen waren angefüllt mit patriotischen Bekenntnissen und lyrischen Ergüssen. Nicht wenige dieser »Dichter« riefen zur unbarmherzigen Vernichtung der deutschen Weltkriegsfeinde auf: »Oh du Deutschland jetzt hasse; geharnischt in Erz: jedem Feind einen Bajonettstoß ins Herz! Nimm keinen gefangen! mach jeden gleich stumm! Schaff zur Wüste den Gürtel der Länder rundum!« Mehr als eine Million Gedichte sollen es nach einer Schätzung des Schriftstellers und Theaterkritikers Julius Bab gewesen sein, die allein im August 1914 von den Lesern an die Zeitungen und Zeitschriften gesandt wurden. Unter den nationalistischen und kriegshysterischen Erzeugnissen dieser Zeit nimmt Ernst Lissauers berüchtigter »Haßgesang gegen England« eine prominente Stelle ein. Die Zeile »Wir haben nur einen einzigen Haß, wir lieben vereint, wir hassen vereint, wir haben nur einen einzigen Feind« stand Pate für das im Weltkrieg häufig verwandte Schlagwort »Gott strafe England«. Wilhelm II. verlieh Lissauer, der sich bereits vor dem Krieg stark für die preußische Geschichte, vor allem für die Befreiungskriege gegen Napoleon, begeisterte, ebenso wie seinen Schriftstellerkollegen Richard Dehmel und Walter Flex im Januar 1915 den preußischen Roten Adlerorden.

Doch selbst international renommierte Dichter wie der 1912 mit dem Literaturnobelpreis ausgezeichnete Gerhart Hauptmann, der österreichische Schriftsteller Hugo von Hofmannsthal und der nicht zuletzt für seine Übertragungen aus der französischen Literatur gerühmte Lyriker

Rainer Maria Rilke verfassten patriotisch-ambitionierte Gedichte ganz im Brustton der August-Begeisterung: »Heil mir, dass ich Ergriffene sehe« (Rilke: Fünf Gesänge, 1914).

Die vor allem vom Bürgertum empfundene nationale Hochstimmung spiegelte sich auch in den Spielplänen von Opern, Operetten und Thea-

Ernst Lissauer: Haßgesang gegen England

Was schiert uns Russe und Franzos'
Schuß wider Schuß und Stoß um Stoß!
Wir lieben sie nicht,
Wir hassen sie nicht,
Wir schützen Weichsel und Wasgaupass, –
Wir haben nur einen einzigen Haß,
Wir lieben vereint, wir hassen vereint,
Wir haben nur einen einzigen Feind:

Den ihr alle wißt, den ihr alle wißt,
Er sitzt geduckt hinter der grauen Flut,
Voll Neid, voll Wut, voll Schläue, voll List,
Durch Wasser getrennt, die sind dicker als Blut.
Wir wollen treten in ein Gericht,
Einen Schwur zu schwören, Gesicht in Gesicht,
Einen Schwur von Erz, den verbläst kein Wind,
Einen Schwur für Kind und für Kindeskind,
Vernehmt das Wort, sagt nach das Wort,
Es wälze sich durch ganz Deutschland fort:
Wir wollen nicht lassen von unserm Haß,
Wir haben alle nur einen Haß,
Wir lieben vereint, wir hassen vereint,
Wir haben alle nur einen Feind:
England.
(...)

aus: Ernst Lissauer, Worte in die Zeit. Flugblätter 1914, Erstes Blatt, Göttingen, Berlin 1914 tern wider. Heftig wurde darüber gestritten, welche Komponisten und Dichter aus den »Feindstaaten« künftig nicht mehr aufgeführt werden sollten. Der Deutsche Bühnen-Verein entschied im Dezember 1914, dass nur noch »Meisterwerke« respektive die Werke verstorbener Komponisten aus diesen Ländern zur Aufführung gelangen sollten. In den Spielplänen dominierten anfänglich »patriotische« Opern wie etwa Richard Wagners »Meistersinger« und sein »Lohengrin« oder Heinrich Zöllners »Der Überfall«. Gelegentlich griffen Dramaturgen auch in die Libretti und Texte ein, um einen aktuellen politischen oder militärischen Bezug herzustellen. In den Pausen wurden häufig die neuesten Kriegsmeldungen verlesen, am Schluss der Vorstellungen erklangen regelmäßig die Kaiserhymne »Heil Dir im Siegerkranz« oder das überaus populäre »Lied der Deutschen«. Mit zunehmender Kriegsdauer kehrten die Musiktheater allerdings zu einem eher traditionellen Repertoire zurück: 1918 wurden in der Berliner Königlichen Oper sogar mehr ausländische Stücke aufgeführt als vor dem Krieg.

Geradezu als Bastion patriotischer Erregung und Euphorie erwiesen sich die sogenannten Kriegsoperetten, darunter die damals sehr beliebten, heute zu Recht vergessenen Werke von Walter Kollo (»Immer feste druff« und »Extrablätter«, beide 1914), Max Winterfeld (»Woran wir denken. Bilder aus großer Zeit«, Januar 1915) sowie Rudolf Nelsons Soldatenpossen (»Krümel vor Paris« und »Der Kaiser rief«, beide 1914). Mit Abstand den größten Erfolg verbuchte Kollos »Immer feste druff«, von ihm als »Vaterländisches Volksstück mit Gesang in 4 Bildern« bezeichnet, das allein vom 1. Oktober 1914 bis August 1915 im Berliner Theater am Nollendorfplatz insgesamt 339 Vorstellungen erlebte. Doch auch für die leichte Muse der Operette gilt, was ebenso auf Opernaufführungen und die klassischen Konzerte zutraf: Je länger der Krieg währte, desto mehr gelangten erneut konventionelle, zumeist biedermeierliche Stücke zur Aufführung. Der Krieg an der Heimatfront verlangte zunehmend nach reiner Unterhaltung und Zerstreuung.

Mit der kollektiven Begeisterung und dem nationalen Engagement der deutschen Gelehrten, Schriftsteller und Künstler befasst sich seit einigen Jahren auch die neuere Weltkriegsforschung. Dabei argumentieren die Historiker, dass die Begeisterung der Intellektuellen weniger dem eigentlichen Kriegsgeschehen, sondern der durch den Krieg erst möglich gewordenen Mobilisierung des gesamten Volkes gegolten habe. Zu einem Leitbegriff wurde das »Wohl der Nation«, dem sich alles unterzuordnen hatte, um eine nationale Kriegsgesellschaft zu schaffen. Zugleich aber schien es notwendig, ein »verbindliches Selbstbild der deutschen Nation in Abgrenzung von den Feinden« (Steffen Bruendel) festzulegen. Das Ergebnis dieses Intellektuellendiskurses war das romantische Konstrukt einer »deutschen Kultur« als Ausweis von Innerlichkeit, Geist und Moral. Als schroffes Gegenbild hierzu wurde eine »westliche Zivilisation« kritisiert, die von Äußerlichkeit, Materialismus und Nützlichkeitsstreben ge-

Texte aus Kriegsoperetten

»Dajegen? Mensch, wo denken Sie denn hin,
jetzt jibt es nischt mehr dajegen,
jetzt jibt es nur ein Jejen, jejen die Feinde da draussen;
aber hier im Innern bei uns da hat es uffjehört das Dajejen.
Wie hat doch der Kaiser gesagt?
Jetzt gibt es keine Parteien mehr,
jetzt jibt es nur noch deutsche Brüder ...«
Rudolf Nelson, »Der Kaiser rief«

»Indier und Neger viel,
Tragen Englands Waffen:
Jetzt macht Kitchener mobil
Hunderttausend Affen.«
Walter Kollo, »Extrablätter«

»Deutschland geht es an den Kragen,
Lügt im Ausland man voll Hohn,
Weil die Russen uns geschlagen,
Sind wir bis Paris gefloh'n.
Laß sie ruhig lügen, winseln,
Dresche kriegt bald jeder Schuft.
Zeppelin sprengt Englands Inseln
Tapfer in die Luft.«
Walter Kollo, »Immer feste druff«

tragen sei. 1915 veröffentlichte der Sozialwissenschaftler Werner Sombart seine damals viel gelesene Schrift »Händler und Helden«, die den Materialismus der westlichen Kultur als Ausdruck einer »hohlen, englischen Krämerkultur« begriff. Ihr setzte Sombart ein an dem Philosophen Friedrich Nietzsche orientiertes deutsches Heldentum gegenüber: Deutschland bilde gleichsam den letzten »Damm gegen die Schlammflut des Kommerzialismus«. Obgleich der Gegensatz von Kultur und Zivilisation bereits Ende des 19. Jahrhunderts Teil der Zivilisationskritik in Deutschland war, gewann er seine eigentliche Schärfe erst durch die nationalistische Überhöhung der deutschen »Kulturkrieger« von 1914. Die zu Beginn des Krieges propagierten »Ideen von 1914« degenerierten schließlich zu einem Schlagwort, das – so der österreichische Schriftsteller Hermann Bahr 1917 – »jedermann gebraucht, ohne recht zu wissen, in welchem Sinn«.

Doch die zugrundeliegenden gegensätzlichen nationalen Stilisierungen und Ausschließungen wirkten weiter fort. Sie finden sich selbst noch in den von Thomas Mann im letzten Kriegsjahr veröffentlichten »Betrachtungen eines Unpolitischen«, in welchen er die unterschiedlichen politischen und literarischen Kulturen der kriegführenden Nationen gleichsam zu natur- und wesenhaften Differenzen stilisierte. Der Autor der »Buddenbrooks« (1902) zeigte sich fest davon überzeugt, dass die Deutschen »grund-unpolitisch« seien im Gegensatz zu »politischen Völkern« wie Franzosen oder Engländer: »Ich bekenne mich tief überzeugt, dass das deutsche Volk die politische Demokratie niemals wird lieben können, aus dem einfachen Grunde, weil es die Politik selbst nicht lieben kann, und dass der vielverschrieene ›Obrigkeitsstaat‹ die dem deutschen Volke angemessene, zukömmliche und von ihm im Grunde gewollte Staatsform ist und bleibt.« Die unter dem Eindruck des Weltkriegs verfassten Betrachtungen des späteren »Vernunftrepublikaners« Thomas Mann mögen vielleicht »ästhetisch-entrückt« und »grausam-wirklichkeitsfremd« (Manfred Görtemaker) gewesen sein, unpolitisch waren sie keineswegs. Schlimmer noch – sie stellten bereits den Setzkasten bereit für jene Geister nach 1918, welche die Forderung nach deutscher Eigenart und einem ebensolchen Sonderweg zur Grundlage ihrer politischen Philosophie machten.

Literatur

Beßlich, Barbara, Wege in den ›Kulturkrieg‹. Zivilisationskritik in Deutschland, 1890–1914, Darmstadt 2000.

Bruendel, Steffen, Volksgemeinschaft oder Volksstaat. Die »Ideen von 1914« und die Neuordnung Deutschlands im Ersten Weltkrieg, Berlin 2003.

Ders., Zeitenwende 1914. Künstler, Dichter und Denker im Ersten Weltkrieg, München 2014.

Chickering, Roger, Freiburg im Ersten Weltkrieg. Totaler Krieg und städtischer Alltag 1914–1918, Paderborn u. a. 2009.

Der Geist von 1914, hg. v. Wolfgang Greive, Loccum 1990.

Eberle, Matthias, Der Weltkrieg und die Künstler der Weimarer Republik: Dix, Grosz, Beckmann, Schlemmer, Stuttgart 1989.

Flasch, Kurt, Die geistige Mobilmachung. Die deutschen Intellektuellen und der Erste Weltkrieg, Berlin 2000.

Geinitz, Christian, Kriegsfurcht und Kampfbereitschaft. Das Augusterlebnis in Freiburg. Eine Studie zum Kriegsbeginn 1914, Essen 1998.

Görtemaker, Manfred, Thomas Mann und die Politik, Frankfurt a. M. 2005.

Haffner, Sebastian, Geschichte eines Deutschen. Die Erinnerungen 1914–1933, München 2000.

Hampe, Karl, Kriegstagebuch, hg. v. Folker Reichert u. Eike Wolgast, München 2004.

Hebestreit, Oliver, Die deutsche bürgerliche Musikkultur im deutschen Reich während des Ersten Weltkriegs, in: Von Schlachtenhymnen und Protestsongs, hg. v. Annemarie Firme u. a., Bielefeld 2006, S. 113–138.

Kriegsbegeisterung und mentale Kriegsvorbereitung. Interdisziplinäre Studien, hg. v. Marcel van der Linden u. Gottfried Mergner, Berlin 1991.

Kruse, Wolfgang, Krieg und nationale Integration. Eine Neuinterpretation des sozialdemokratischen Burgfriedensschlusses, 1914/15, Essen 1993.

Mann, Klaus, Der Wendepunkt. Ein Lebensbericht. Erweiterte Neuausgabe, Reinbek bei Hamburg 2008.

Kultur und Krieg. Die Rolle der Intellektuellen, Künstler und Schriftsteller im Ersten Weltkrieg, hg. v. Wolfgang J. Mommsen, München 1996.

Mommsen, Wolfgang J., Max Weber und die deutsche Politik, 2. Aufl., Tübingen 1974.

Neitzel, Sönke, Blut und Eisen. Deutschland im Ersten Weltkrieg, Zürich 2003.

Piper, Ernst, Nacht über Europa. Kulturgeschichte des Ersten Weltkriegs, Berlin 2014.

Radkau, Joachim, Das Zeitalter der Nervosität. Deutschland zwischen Bismarck und Hitler, München 1998.

Toller, Ernst, Eine Jugend in Deutschland. Gesammelte Werke, Bd. 4, München 1978.

Ullrich, Volker, Kriegsalltag. Hamburg im Ersten Weltkrieg, Köln 1982.

Verhey, Jeffrey, The Spirit of 1914. Militarism, Myth and Mobilization in Germany, Cambridge 2000.

4 Kriegsschauplätze (1914–1915)

Der Krieg im Westen begann für Deutschland vielversprechend. Die Mobilmachung der zwei Millionen Soldaten schien »wie ein Uhrwerk« abzulaufen, obwohl allein das In-Marsch-Setzen der Truppen zur Westfront mehr als 20 000 Zugtransporte erforderte. Für die Beförderung eines Armeekorps mit insgesamt ca. 40 000 Mann (dazu mehr als 20 000 Pferden) wurden nicht weniger als 140 Züge benötigt. Im Zehn-Minuten-Takt rollten in den ersten Augusttagen die Transporte aus dem Kölner Bahnhof nach Westen heraus.

Innerhalb weniger Wochen war das neutrale Belgien militärisch bezwungen und der überwiegende Teil des kleinen Landes besetzt. Allerdings verlief die Invasion Belgiens keineswegs nach Plan – ganz im Gegenteil. Nur unter großen Anstrengungen und dem Einsatz schwerster Geschütze gelang es, die stark befestigten belgischen Verteidigungsanlagen zu durchbrechen. Das letzte von zwölf Forts der Festung Lüttich fiel erst nach einer Woche erbittertem Kampf.

Der Vormarsch der zwei deutschen Armeen (der 1. Armee unter ihrem Oberbefehlshaber Alexander von Kluck mit sechs Armeekorps und der 2. Armee unter Karl von Bülow mit ebenfalls sechs Armeekorps) geriet immer wieder ins Stocken. Die Ursache hierfür war ein nicht erwarteter, an manchen Orten geradezu erbitterter Widerstand vonseiten der belgischen Armee und der einheimischen Milizverbände (*garde civique*). Hinzu kamen erhebliche logistische Probleme: Die Straßen waren von Militärkolonnen und Flüchtlingen verstopft, zahlreiche Bahngleise mittlerweile zerstört. Der Nachschub konnte daher nicht, wie geplant, auf dem Schienenweg, sondern musste umständlich durch Pferdefuhrwerke und von den wenigen einsatzbereiten Lastwagen bewerkstelligt werden. Kaum eine deutsche Einheit war in der Lage, das vom Großen Kriegsplan diktierte und von der Generalität verlangte Marschtempo von bis zu 30 Kilometern am Tag einzuhalten. Die oftmals hungrigen und erschöpften Soldaten reagierten zunehmend genervt, frustriert und schließlich immer häufiger mit brutaler Gewalt. An zahlreichen Orten kam es zu teilweise massiven Übergriffen auf die Zivilbevölkerung, die von den Offizieren keineswegs unterbunden, sondern mit Hinweis auf die unklare Sicherheitslage nicht selten sogar angeordnet und gerechtfertigt wurden.

Berufen konnten sich die Offiziere dabei auf allerhöchste Weisungen. Bereits am 9. August, nur fünf Tage nach dem deutschen Überfall, warnten Kaiser Wilhelm II. und General von Bülow vor einem drohenden »Volksaufstand« in Belgien. Deutliche Warnungen sprach auch der Chef des preußischen Generalstabs, Helmuth von Moltke, aus, indem er – wie die *Norddeutsche Allgemeine Zeitung* am 14. August meldete – belgische Zivilisten beschuldigte, sich entgegen dem Kriegsrecht an den Kämpfen beteiligt und »in grausamer Weise Verwundete erschlagen und Ärzte (...) niedergeschossen« zu haben. Moltke drohte damit, dass »jeder Nichtuni-

13. Deutsche Militärs besichtigen das eroberte Fort Loncin bei Lüttich. Pressefotografie vom September 1914

formierte, der (…) in irgendeiner Weise unberechtigt an der Kriegshandlung teilnimmt«, fortan »als Franktireur behandelt und sofort standrechtlich erschossen« werde. Zu Recht weisen die Historiker John Horne und Alan Kramer, die wohl besten Kenner dieser Vorgänge, auf den Sachverhalt hin, dass die oberste politische und militärische Führung des Reiches bereits zu Beginn des Einmarsches in Belgien von einem »zivilen Massenwiderstand« überzeugt war. In Wahrheit jedoch war die Vorstellung von einem massenhaften zivilen – also illegitimen – Widerstand der Belgier eine Chimäre, allerdings ein Trugbild mit schrecklichen Folgen.

Besonders die Furcht vor den sogenannten *francs-tireurs* oder Freischärlern (Partisanen) führte zu panikartigen Reaktionen der vorstoßenden Truppen. In der Konsequenz wurden zahlreiche Häuser und sogar ganze Dörfer willkürlich zerstört und Hunderte von Zivilisten kollektiv hingerichtet. Insgesamt kamen in den beiden ersten Monaten des deutschen Vormarschs 5500 belgische und auch etwa 900 französische Zivilisten zu Tode. Auslöser dieser brutalen Aktionen und drakonischen Maßnahmen waren oftmals unerwartete Schusswechsel und – häufig auch nächtliche – Explosionen, deren Verursacher im Allgemeinen unbekannt blieben. Es konnte sich um versprengte belgische Soldaten, Angehörige der Miliz oder vor Ort agierende »Widerstandskämpfer« handeln, aber ebenso auch um betrunkene oder orientierungslose deutsche Soldaten, die sich in einem feindlichen Hinterhalt wähnten und nun das Feuer auf die eigenen Leute richteten. Die übersteigerte Franktireurs-Angst der deutschen Soldaten basierte zum einen auf den weitergegebenen Erfahrungen des Deutsch-Französischen Krieges von 1870/71, als preußisch-deutsche Truppen sich tatsächlich gegen französische Freischärler zur Wehr setzen mussten; diese kämpften in der revolutionären Tradition der »levée en masse«, also eines nationalen Massenaufstands, galten nach deutscher Auffassung aber als illegal, da sie keine vollständigen Uniformen trugen. Die Angst der deutschen Soldaten wurde aber auch befördert durch die vehemente Missbilligung des Offizierskorps von jeglicher Einmischung von Zivilisten in das Kriegsgeschehen. Statt des von den Armeeführungen befohlenen Vormarschs »nach Plan« hatten sich die Truppen vermeintlicher oder tatsächlicher lokaler Gegenwehr zu stellen. Die meisten Kommandeure lösten dieses offensichtliche Problem, indem sie zu ebenso rücksichtslosen wie barbarischen Mitteln der Abschreckung und »Vergeltung« griffen: Geiselnahmen der örtlichen Honoratioren, standrechtliche Erschießungen sowie Deportationen belgischer Bürger nach Deutschland.

Ein besonders grausames Massaker an der Zivilbevölkerung ereignete sich in Dinant, einem kleinen Ort in der Provinz Namur, am Ostufer der Maas. Dort töteten Soldaten der 3. (sächsischen) Armee, die unter dem Oberbefehl Max von Hausens stand, auf Befehl ihrer Vorgesetzten am 23. August insgesamt 674 Einwohner, darunter auch Frauen, Kinder und Greise. Von Widerspruch oder gar Weigerung, derartige Befehle auszuführen, ist uns nichts bekannt, auch wenn einige der Soldaten sich offensichtlich später bemüßigt fühlten, ihr barbarisches Vorgehen gegenüber der Zivilbevölkerung zu rechtfertigen. So schreibt ein Angehöriger des 108. (sächsischen) Infanterieregiments zwei Tage nach der Einnahme von Dinant an seine Eltern: »25. 8. früh. Dinant ist gefallen, alles niedergebrannt. Franzosen geflüchtet. Alles, Tornister, Hemden, Schuhe, alles Erdenkliche, Gewehre weggeworfen und geflüchtet. Wir dringen immer weiter vor. Die Männer werden erschossen, die Häuser geplündert und

14. »Franktireur-Überfall in Belgien«. Postkarte nach einem Gemälde von Felix Schwormstädt vom August 1914

niedergebrannt. (…) Ängstigt Euch nur ja nicht. Es wird alles gut werden und wir uns bald wiedersehen. Ich freue mich sehr! Denn unser Leben gleicht dem der Räuber nicht im Entferntesten.«

Der inzwischen detailliert dokumentierte Fall Dinant ist geradezu das Musterbeispiel einer selbst erzeugten Paranoia, derzufolge Zivilisten das Feuer auf die zum Übergang über die Maas ansetzenden sächsischen Soldaten eröffnet hätten. Nach Berichten von Augenzeugen waren die deutschen Truppen vermutlich von französischen Soldaten vom gegenüberliegenden westlichen Ufer der Maas beschossen worden. Spätere Untersuchungen der Vorgänge in Dinant in den 1920er Jahren durch eine Kommission des belgischen Parlaments wie des Reichsgerichts in Leipzig kamen zu einem ähnlichen Ergebnis.

Eine ebensolche Franktireurs-Angst war mutmaßlich auch der Auslöser der Brandschatzung des historischen Zentrums der ehrwürdigen Universitätsstadt Löwen (Louvain), der auch die berühmte Bibliothek mit ihren Sammlungen alter Bücher und mittelalterlicher Handschriften zum Opfer fiel. Insgesamt wurden in Löwen zwischen dem 25. und 28. August 1914 nahezu 2000 Gebäude zerstört, darunter auch Teile der im Stil der Brabanter Gotik erbauten Stiftskirche Sint Pieter. Etwa 10 000 Menschen mussten in den darauffolgenden Tagen auf Anordnung des örtlichen Kommandanten, Major von Manteuffel, ihre Stadt verlassen; 1500 von ihnen transportierte man in Viehwagen nach Deutschland, wo sie monatelang unter schlimmen Bedingungen im Truppenlager Munster (Lüneburger Heide) festgehalten wurden. Ob sich die Soldaten der 1. (preußischen) Armee bei ihrem brutalen Vorgehen in Löwen außer von veritablen Freischärler-Ängsten auch von antikatholischen Motiven beeinflussen ließen, wie einige Historiker mutmaßen, ist eine offene Frage. Immerhin galten katholisch-belgische Geistliche nicht wenigen preußisch-protestantischen Offizieren als die eigentlichen Verantwortlichen für den »Volkskrieg«, da sie »von der Kanzel die Bevölkerung gegen den Feind aufgehetzt« hätten.

Ähnlich hatte sich Hans von Beseler, Kommandierender General des III. (preußischen) Reservekorps, bereits Mitte August in einem Brief an seine Frau über die »belgische Pfaffenherrschaft« geäußert: »Das Betragen der Belgier ist dagegen unqualificierbar; sie zeigen sich nicht als civilisiertes Volk, sondern als eine Räuberbande; eine schöne Folge der belgischen

Pfaffenherrschaft. (...) Wir würden ihnen kein Haar gekrümmt haben, sie hätten Millionen und aber Millionen an unseren Durchmärschen verdient und wahrscheinlich wäre ihr Land überhaupt nicht zum Kriegsschauplatz geworden. Statt dessen schlagen sie sich zu den Franzosen, hetzen uns die Engländer auf den Hals und verwüsten ihr eigenes Land! Dieser elende Zwitterstaat müßte beseitigt und derartig geschröpft werden, daß den Brüsseler und Antwerpener Protzen für alle Zeiten die Lust nach Franzosenfreundschaft verginge.«

Die alsbald bekannt gewordenen Berichte von den Gräueltaten der deutschen Truppen während ihres Vormarschs lösten in der belgischen Bevölkerung eine ungeheure Panik sowie massive Fluchtbewegungen aus. Zahllose Bewohner der Grenzregionen zu den Niederlanden flüchteten in das nördliche Nachbarland – niederländischen Schätzungen zufolge hielten sich dort zeitweise fast eine Million Flüchtlinge auf (von denen allerdings die meisten schließlich wieder in das besetzte Belgien zurückkehrten). Weitere 300 000 Belgier flohen vor den Deutschen nach Frankreich, während etwa 200 000 den Ärmelkanal Richtung England überquerten. Flüchtlingsströme, zerstörte Städte und Dörfer, vom Krieg traumatisierte Menschen – nur mühsam vermochten sich die meisten Belgier an die von den Deutschen geschaffene Realität der nachfolgenden Besatzungsherrschaft anzupassen.

15. Belgische Flüchtlinge warten in einem Lager in Bergen-op-Zoom/ Niederlande auf die Essensausgabe, 1914

Unterdessen setzten die deutschen Armeen ihren Vormarsch durch Belgien und Nordfrankreich fort. Während sich die belgische Armee hinter den Festungsgürtel um die Stadt Antwerpen zurückzog, den sie

Tagebucheintrag Harry Graf Kesslers vom 22. August 1914 (Seilles/Andenne) über ein weniger bekanntes Massaker

Später hatten wir noch einen schrecklichen Anblick in Seilles gegenüber von Andenne an der Maas. Dieser Ort, der wohl an die drei- bis viertausend Einwohner gehabt haben mag, ist gestern und heute von unseren Truppen vollkommen eingeäschert worden. Die Einwohner hatten unsere Pioniere, die eine Brücke über die Maas schlugen, überfallen und zwanzig getötet. Zur Strafe sind etwa zweihundert Einwohner standrechtlich erschossen und der Ort zerstört worden. Kein Haus hat noch ein Dach und Fenster; die kahlen ausgebrannten Wände stehen Strasse für Strasse da, wo nicht, was noch grässlicher ist, Hausstandsgegenstände, Familienbilder, zerbrochene Spiegel, umgestürzte Tische und Stühle, halbheruntergebrannte Tapeten von dem vorgestrigen Zustande zeugen. Haustiere, Schweine, Kühe, Hunde irren herrenlos umher zwischen den Ruinen. (...) Alle Kolonnen, die uns vor Seilles auf dem Weg nach Bierwart begegnet waren, hatten Beute mit, wie mir jetzt klar wurde aus Andenne (...). Diese Strafgerichte sind für unsere Soldaten demoralisierend; sie gewöhnen sich dabei das Stehlen und das Trinken an. In Lüttich sind sie jeden Tag kompagnieweise bis zur Sinnlosigkeit vom Bordeaux und den Schnäpsen aus den abgebrannten Häusern. Es wird schwer halten, diese Gewohnheiten wieder auszurotten. Jedenfalls hat man das Recht, solche furchtbaren Exekutionen wie die in Andenne auszuführen, wenn sich unsere Leute tadellos halten; das ist die Gegenleistung, die der Feind von uns erwarten kann. Sonst artet dieser Krieg in einen Hunnenzug aus. Schon jetzt ist er, durch die Schuld der belgischen Bevölkerung, viel grässlicher und barbarischer als der Krieg 70 oder selbst die Kriege Napoleons. Man muss wohl bis auf den 30 jährigen Krieg zurückgehen, um etwas Ähnliches wie das schauerliche Drama in Seilles Andenne zu finden.

aus: Harry Graf Kessler, Das Tagebuch, 1880–1937, Bd. 5: 1914-1916, hg. v. Günter Riederer u. Ulrich Ott, Stuttgart 2008, S. 96 f.

noch bis Anfang Oktober verteidigte, traten die französischen Einheiten und das kleine, zunächst nur vier Divisionen mit ca. 50 000 Mann umfassende britische Expeditionskorps (British Expeditionary Force – BEF) angesichts der deutschen Übermacht überstürzt den Rückzug an.

Zur gleichen Zeit, etwa seit Mitte August, kam es im deutsch-französischen Grenzgebiet zwischen Belfort und Nancy zu heftigen Schlachten zwischen der französischen 1. und 2. Armee und den hier in abwartender Stellung platzierten bayerischen und württembergischen Armeen. Der französische Kriegsplan (Plan XVII) von 1913 hatte an diesem stark befestigten Teil der Front eine geradezu ungestüme Offensive vorgesehen. Mehr noch als im deutschen Heer herrschte bei der französischen Generalität die Überzeugung vor, dass man »Massenarmeen« nur mit großem »Elan« in Bewegung setzen und halten könne. Das führte dazu, dass hier die zumeist noch mit der traditionellen »Rothose« bekleideten, leicht auszumachenden französischen Soldaten, die mit gezogenem Bajonett und dem üblichen »Hourrah« auf den Lippen vorstürmten, sehr schnell Opfer der deutschen Maschinengewehre wurden. Zwar gelang es den Franzosen, einige der seit 1871 von den Deutschen annektierten elsässischen Gebiete zu erobern, etwa die Stadt Mühlhausen, die sogar mehrere Tage von ihnen besetzt blieb. Diese »befreiten« Gebiete wurden dann aber von Einheiten der 7. Armee zurückerobert (24. 8.). Der Hauptangriff der Franzosen fand jedoch unmittelbar nach Kriegsbeginn an der Lothringischen Front statt, mit einem Angriff am 3. August auf Saarburg. Zwischen dem 20. und 23. August kam es auf der Linie Saarburg-Mörchingen (Morhange) und Arlon-Virton zu ungemein verlustreichen Kämpfen. Der 22. August gilt bis heute als der »blutigste Tag der französischen Geschichte« (Henry Contamine): Allein auf französischer Seite lagen schließlich 27 000 Tote auf dem Schlachtfeld.

Anfang September erreichten die Spitzen der drei deutschen Armeen die Marne. Spätestens hier offenbarten sich die Schwächen des gegenüber dem ursprünglichen Schlieffenplan erheblich modifizierten Aufmarschplans. Während Schlieffen seinerzeit darauf bestanden hatte, den rechten Angriffsflügel ausreichend stark zu machen, um Paris von Westen her zu umfassen, reduzierte sein Nachfolger Moltke die Anzahl der Armeekorps auf ebendieser Flanke, um die Fronten im elsass-lothringischen Grenzgebiet gegenüber Frankreich zu verstärken. Darüber hinaus hatte er zwei Armeekorps nach Ostpreußen verlegen lassen, die dort bei der Abwehr der erwarteten russischen Offensive helfen sollten. Eine derartige Dislozierung der Truppen führte nicht nur zu grotesk überdehnten Nachschublinien, sondern strapazierte auch die Kräfte der im Westen eingesetzten deutschen Verbände über alle Maßen. Die Soldaten waren durch die wochenlangen, immer wieder durch Kämpfe unterbrochenen Gewaltmärsche erschöpft. Was die Franzosen später »das Wunder an der Marne« nannten, war zu einem erheblichen Teil das Ergebnis einer strategischen Fehlplanung sowie fehlerhafter Lagebeurteilungen der deutschen Militärführung. Verantwortlich hierfür war die geradezu lächerliche Überheblichkeit der Oberkommandierenden der größten Angriffsarmeen, Kluck und Bülow. Anstatt den Bogen um Paris herum zu schlagen, setzten sie auf eine »Verfolgung« des nach den ersten Niederlagen vermeintlich in Auflösung befindlichen Gegners. Dabei ließen sie die Stadt Paris, in deren Garnison immerhin 150 000 Mann unter dem Kommando des Generals Gallieni stationiert waren, »rechts liegen«. Außerdem verloren die beiden Angriffsarmeen immer stärker die Fühlung zueinander; zwischen der 1. und 2. Armee entstand auf diese Weise schließlich eine mehr als 40 Kilometer breite Lücke. Diese wurde von den Franzosen sofort bemerkt, und Gallieni setzte von Paris aus die Truppen in die angreifbare rechte Flanke der 1. Armee; in die Lücke zwischen den beiden deutschen Armeen stießen außerdem britische Truppen vor. Geradezu genial verlief die Überführung der französischen Truppen aus der Champagne nach Paris und an die Marne. Die Transporte wurden teilweise mit requirierten Pariser Taxis bewerkstelligt, die mit jeweils neun Soldaten zur Front fuhren. Die »Taxis de la Marne« sind heute noch Gemeingut der französischen Erinnerung an den Ersten Weltkrieg, spiegeln sie doch den ungeheuren Einsatz auch der »zivilen« Seite für die Mobilisierung aller Kräfte, um den deutschen Angriff gleichsam in letzter Minute zu stoppen. Nur 40 Kilometer vor Paris mussten die deutschen Armeen umkehren und sich bis zu den Ardennen zurückziehen.

Entgegen der weithin verbreiteten Ansicht, dass das französische Heer unter der geballten Wucht von insgesamt fünf deutschen Armeen rasch zusammenbrechen werde, war es Frankreichs militärischer Führung unter ihrem Oberbefehlshaber Joseph Joffre im Herbst 1914 gelungen, die wankende Front zu stabilisieren und den deutschen Vormarsch im Westen zum Stillstand zu bringen. Das Scheitern des deutschen Kriegsplans an der Marne eröffnete die Aussicht auf einen längeren Krieg, daher kam diese Schlacht trotz ihres letztlich offenen Ausgangs einer deutschen Niederlage gleich. Moltke erlitt einen Nervenzusammenbruch und wurde durch den preußischen Kriegsminister Erich von Falkenhayn ersetzt.

Es folgte der »Wettlauf zum Meer«, also wechselseitige Versuche, den Gegner jeweils von Westen und Norden zu umfassen. Dabei gelang es den Deutschen, sich nach nur kurzen, aber heftigen Kämpfen im Gebiet der Picardie, also der Departements Aisne, Oise und Somme, festzusetzen und dabei auch die im Nordwesten Frankreichs gelegene Festungsstadt Lille einzunehmen. Der Bewegungskrieg entlang der Kanalküste endete Mitte November 1914. Die Armeen gruben sich ein, und ein Labyrinth von Schützengräben durchzog die Landschaften von der Nordsee bis zur Schweizer Grenze auf einer Länge von rund 700 Kilometern. Die Deutschen hielten den größten Teil Belgiens und den Nordosten Frankreichs besetzt, waren allerdings nun, nach dem gleichzeitig erfolgten russischen Angriff im Osten, in einen Zweifrontenkrieg verstrickt, den sie eigentlich immer vermeiden wollten.

Hatte sich bereits in Belgien die »Friktion« des Kriegsgeschehens gezeigt, wie der bekannte Militärtheoretiker Carl von Clausewitz die Widrigkeiten und Unwägbarkeiten einer militärischen Planbarkeit bezeichnete, so gestaltete sich der Krieg im Osten geradezu als schlagender Beweis seiner Argumentation. Bei Kriegsbeginn wurde die über 900 Kilometer lange Ostgrenze des Reiches nur von einer einzigen deutschen Armee, der 8. Armee unter dem Kommando des Generalobersten Maximilian von Prittwitz und Gaffron, verteidigt. Schneller als Moltke und der deutsche Generalstab dies erwartet hatten, überschritten am 15. August 1914 zwei russische Armeen mit insgesamt 650 000 Mann die deutsche Ostgrenze und besetzten weite Teile Ostpreußens. Prittwitz wurde abgelöst, den Oberbefehl über die 8. Armee erhielt der sich bereits im Ruhestand befindende Generaloberst Paul von Hindenburg; ihm wurde als Stabschef Generalmajor Erich Ludendorff zugeteilt, der sich kurz zuvor bei der Einnahme der Befestigungen von Lüttich ausgezeichnet hatte. Den von Hindenburg kommandierten und von Ludendorff taktisch eingewiesenen drei Armeekorps gelang zwischen dem 26. und dem 30. Au-

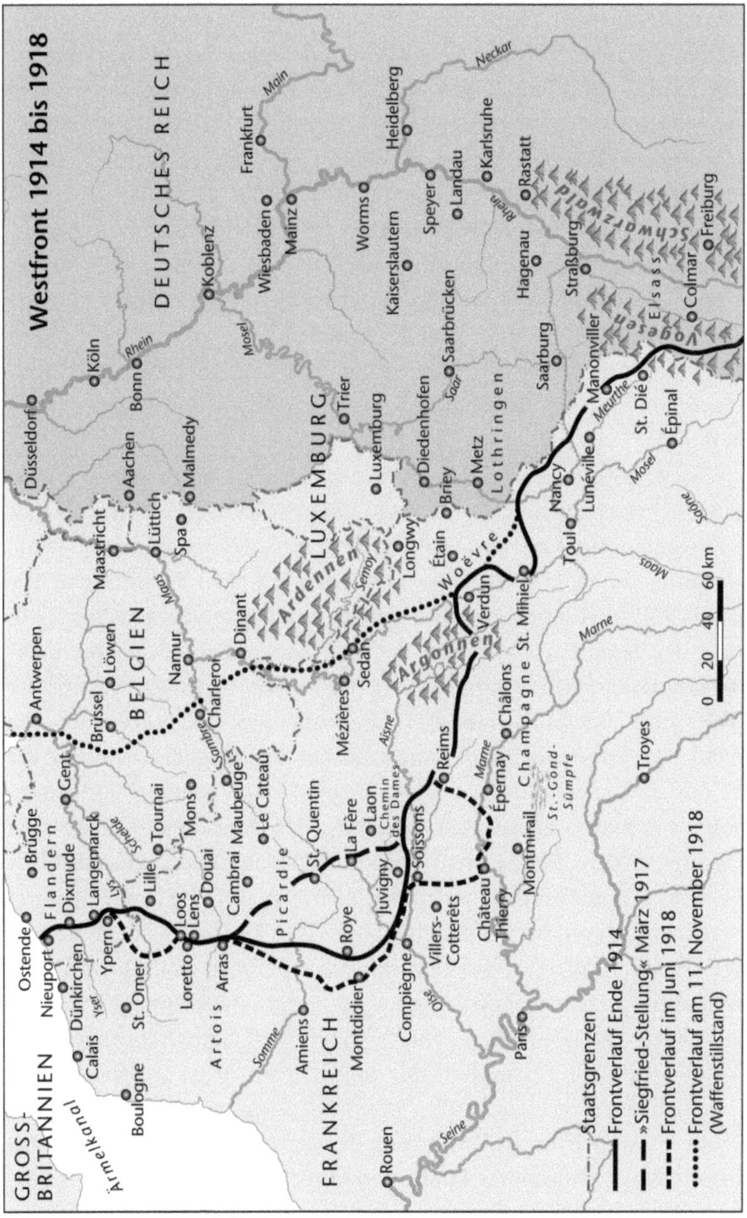
Westfront 1914 bis 1918
DEUTSCHES REICH
BELGIEN
LUXEMBURG
FRANKREICH
GROSS-BRITANNIEN
Ärmelkanal
Staatsgrenzen
Frontverlauf Ende 1914
»Siegfried-Stellung« März 1917
Frontverlauf im Juni 1918
Frontverlauf am 11. November 1918 (Waffenstillstand)
0 20 40 60 km

gust die Einschließung und anschließende Vernichtung der 2. Russischen (Narew-)Armee bei Tannenberg. Dabei kam dem deutschen Oberkommando zustatten, dass es gelang, den Code des russischen Funkverkehrs zu entschlüsseln, weshalb man dort über die Kommunikation zwischen den beiden russischen Armeen bestens informiert war. Operativ wies die Schlacht die Besonderheit auf, dass die Deutschen ein ganzes Armeekorps sowie weitere Hilfstruppen von ihrer Position gegenüber der 1. Russischen (Njemen-Memel-)Armee unter dem Befehl Paul von Rennenkampfs abzogen, um diese bei der beabsichtigten Umfassung der Narew-Armee einzusetzen – ein nicht unerhebliches Risiko. Hierfür wurde neben gewaltigen Fußmärschen der Soldaten auch das in dieser Gegend gut ausgebaute Eisenbahnnetz genutzt, was wiederum eine logistische Meisterleistung war, die vor allem Ludendorffs Ruhm und Einfluss enorm stärkten.

Etwa 40 000 russische Soldaten fielen in der Schlacht, weitere 92 000 gerieten in Gefangenschaft. Nie zuvor hatte es derartige Zahlen an Kriegsgefangenen gegeben. Der Oberbefehlshaber der Narew-Armee, General Alexander Samsonow, erschoss sich noch auf dem Schlachtfeld. Die »Schlacht von Tannenberg« war der spektakulärste deutsche Sieg während des gesamten Weltkriegs. Zugleich begründete er den nunmehr legendären Ruf Hindenburgs als »Retter Ostpreußens« und »Heros der Deutschen«. Schon der Name »Tannenberg« war eine Stilisierung: Das Wolff'sche Telegraphenbüro hatte in seiner ersten Berichterstattung am 29. August die Schlacht noch »in der Gegend von Gilgenburg und Ortelsburg« stattfinden lassen. Aus dem »Sieg bei Ortelsburg« machte zwei Tage später der Chefredakteur Theodor Wolff in einem Leitartikel den Sieg von Tannenberg (»wie es in der Geschichte wohl heißen wird«). Der Name wurde von der deutschen Presse sofort begeistert übernommen. Die Verknüpfung des Sieges 1914 mit der verlorenen Schlacht von 1410 bei Tannenberg, in der ein überlegenes polnisch-litauisches Heer über die Reiterarmee des Deutschen Ordens triumphiert hatte, schuf ein wirksames Identifikationsangebot, das zugleich fest in preußisch-deutsche Geschichtsmythen eingebunden war. Am 12. September verkündete das Große Hauptquartier die Vertreibung der letzten russischen Soldaten aus Ostpreußen. Hindenburgs Erfolg, den er nicht zuletzt Ludendorffs strategischem Geschick verdankte, grub sich umso stärker in das kollektive

Ostfront 1914 bis 1918
Staatsgrenzen
Frontverlauf Ende 1914
Frontverlauf Ende 1916
Frontverlauf Ende 1918
0 50 100 150 km
Reval
Estland
Peipus-See
Narwa
Dagö
Moon
Dorpat
Ösel
Wirz See
Emа
Pleskauer See
Rigaer Bucht
Aa
Gotland
Livland
Riga
Welikaja
SCHWEDEN
Friedrichstadt
Jakobstadt
Libau
Kurland
Dünaburg
Düna
Memel
Litauen
Ostsee
Kowno
Naroch-See
Königsberg
Tilsit
Wilna
Pregel
Beresina
Gumbinnen
Olita
Danzig
Minsk
Lötzen
Suwałki
DEUTSCHES REICH
Augustow
RUSSLAND
Allenstein
Masurische Seen
Tannenberg
Njemen
Graudenz
Baranowitschi
Soldau
Białystok
Thorn
Narew
Posen
Bug
Dnjepr-Bug-Kanal
Pinsk
Pripjet-Sümpfe
Warschau
Polen
Brest-Litowsk
Lodz
Oder
Pripjet
Lublin
Kowel
Warthe
Breslau
Luck
Rowno
Wolhynien
Weichsel
Kattowitz
Brody
Lemberg
Pleß
Krakau
Galizien
Przemyśl
Tarnopol
Bug
Teschen
Beskiden
Karpaten
Stanislau
Dnjestr
Kaschau
Czernowitz
Wien
ÖSTERREICH-UNGARN
Preßburg
Bukowina
Donau

Gedächtnis der Deutschen ein, als der Sieg bei Tannenberg nahezu zeitgleich mit der Niederlage der deutschen Armeen an der Marne zusammenfiel. Die beiden Militärs gewannen im Verlauf des Krieges immer mehr an politischer Macht und Einfluss.

Der Sieg über die Russen in Ostpreußen geriet zu einer Sternstunde der deutschen Kriegspropaganda. Die teilweise maßlos übertriebenen Berichte über die von den russischen Truppen begangenen Grausamkeiten an der Zivilbevölkerung riefen im gesamten Deutschen Reich Schrecken und Abscheu hervor. Laut dem »Weißbuch« einer bereits Mitte August von der Reichsregierung eingesetzten Untersuchungskommission waren etwa 350 000 Menschen vor den Russen geflohen, die bei ihrem Einmarsch mutmaßlich 39 Städte und 1900 Dörfer zerstört hatten. Zudem wurden 13 600 Personen, darunter auch Frauen und Kinder, verschleppt und bis nach Sibirien und an die Wolga deportiert. Damit fand nicht nur das seit langem in Deutschland bekannte Stereotyp der »Kosakengräuel« sowie des »barbarischen Russen« neue Nahrung. Mit dem Hinweis auf die tatsächlichen oder vermeintlichen Untaten der russischen Soldaten suchte man auch die erfolgreiche alliierte Propaganda zu den deutschen Gräueltaten in Belgien und Nordfrankreich zu relativieren und zu entkräften. Selbst der später so gesellschaftskritisch und pazi-

Alfred Kerr, Die Vertreibung des Feindes aus dem Vaterland – der Feldzug in Ostpreußen im September 1914

Hunde dringen in das Haus –
Peitscht sie raus!
Rächet Insterburg, Gumbinnen
Und vertobackt sie von hinnen.
(...)
Dürfen uns nicht unterkriegen –
Peitscht sie, dass die Lappen fliegen.
Zarendreck, Barbarendreck
Peitscht sie weg! Peitscht sie weg!!

aus: Alfred Kerr, Liebes Deutschland. Gedichte, Frankfurt a. M. 1998, S. 170 fistisch gesinnte Berliner Journalist und Theaterkritiker Alfred Kerr stimmte in den nationalistischen Chor ein.

Die russische Invasion im August 1914 und erneut einen Monat später, als russische Einheiten sich kurze Zeit im südlichen Teil Ostpreußens festsetzen konnten, blieben die einzigen Besetzungen deutschen Reichsgebiets im gesamten Weltkrieg. Erneute Schlachtensiege der deutschen Armeen bei den Masurischen Seen im September 1914 sowie im Februar 1915 zwangen die russischen Truppen, sich noch weiter nach Osten zurückzuziehen. An ein schnelles Ende des Krieges im Osten war dennoch nicht zu denken. Nach dem Scheitern der Offensive im Westen definierte der neu ernannte Chef des preußischen Generalstabs und damit auch der Chef der Obersten Heeresleitung (OHL), Erich von Falkenhayn, die Ziele des Großen Kriegsplans um. Falkenhayn räumte zunächst dem Kampf gegen Russland höchste Priorität ein. Wenn Russland nicht besiegt werden konnte, so sollte es zumindest derart geschwächt werden, dass man sich anschließend erneut auf den Feind im Westen konzentrieren könne. Der Angriff gegen die russischen Stellungen erfolgte in Abstimmung mit den Militärs Österreich-Ungarns am 2. Mai 1915. Die russischen Truppen wurden nahezu gänzlich aus Galizien und nach einer weiteren Offensive im Sommer auch aus Russisch-Polen vertrieben.

16. Tote russische Soldaten im Drahtverhau

Doch der vor allem von Ludendorff unternommene Versuch, durch weitere Kesselschlachten die russische Armee vollständig zu vernichten, misslang. Den russischen Einheiten gelang, begünstigt durch den Wintereinbruch, der Rückzug ihrer Armeen. Die neue Front verlief 300 Kilometer weiter östlich von Riga im Norden bis Rumänien im Süden. Doch das Zarenreich war erheblich geschwächt; es hatte in den Kämpfen 1915 fast zwei Millionen Soldaten verloren.

Im Westen hatten die deutschen Truppen inzwischen ihre Verteidigungslinien ausgebaut und dabei die Gegebenheiten des Geländes, wie es schien, optimal genutzt. Zum Schutz vor feindlichem Beschuss hatten sie sich tief eingegraben und entlang der Front zahlreiche stark befestigte Unterstände mit Laufgräben, Munitionsnischen und Schießscharten gebaut. Das deutsche Grabensystem an der Westfront bestand in der Regel aus drei gestaffelten Verteidigungslinien, die mehrere hundert Meter voneinander entfernt sein konnten. Der Schwerpunkt der Kämpfe spielte sich zumeist in der zweiten Verteidigungslinie ab, da die erste Linie bei feindlichen Angriffen häufig überrannt und deshalb schnell geräumt wurde. Zwischen den drei Linien liefen im Zickzack angelegte Verbindungsgräben, durch die Nachschub und Munition herangeschafft, Meldungen überbracht sowie Verwundete und Tote abtransportiert werden mussten. In Richtung des Feindes angelegte Stichgräben, sogenannte Sappen, reichten bis hinein in das Niemandsland zwischen den Fronten. Diese Sappen waren auch der Ausgangspunkt für nächtliche Patrouillen und Kommandotrupps, welche die feindlichen Linien auskundschaften sollten. Vor den ersten Gräben befanden sich zudem zusätzliche Stacheldrahtverhaue und andere Hindernisse (»Spanische Reiter«), die bei eigenen Angriffen rasch geräumt werden mussten, um den Sturmtruppen eine Gasse zu eröffnen. In ganz ähnlicher Weise war auch das benachbarte alliierte Grabensystem organisiert.

Dieses zunehmend perfektionierte System der Schützengräben suggerierte anfänglich ein hohes Maß an Sicherheit und Routine, und so wurde es auch von den Soldaten auf beiden Seiten wahrgenommen. Besonders in den vordersten Linien herrschte nicht selten das Prinzip »Leben und leben lassen« (Tony Ashworth). Angesichts der Tatsache, dass zwischen den eigenen und den feindlichen Gräben oftmals weniger als 100 Meter lagen, galt es alles zu vermeiden, was die eigene »Ökonomie des Überlebens« gefährdete. Aus diesem Grund waren ideologische Scharfmacher und vor allem Offiziere, die sich durch Einzelaktionen heldenhaft beweisen wollten, bei der Truppe eher unbeliebt. Deshalb geschah in manchen Sektoren oft tage- und wochenlang kaum etwas, so dass einige Soldaten schon den Eindruck gewannen, der Krieg werde irgendwann still zu Ende gehen. Und dies war auch einer der Antriebe, warum es an den Weihnachtstagen 1914 – und auch noch in den Tagen danach – an etlichen Frontabschnitten zu spontanen Verbrüderungsszenen kam, vor allem zwischen britischen und deutschen Soldaten. Obwohl die Armeeführungen und manche höhere Offiziere sich bemühten, die Ereignisse herunterzuspielen oder gar in Abrede zu stellen, sind die Berichte von Soldaten über das gemeinsame Singen von Weihnachtsliedern, den Austausch von kleinen Geschenken und sogar von Fußballspielen im Niemandsland durch Feldpostbriefe, Tagebucheinträge, spätere Erzählungen in der Heimat sowie Zeitungsartikel und Fotos

17. Deutscher Unterstand in Liévin bei Loos/Nordfrankreich

Kriegsfreiwilliger Hans Scheibe am 11. November 1914 aus Le Maisnil an seine Eltern in Weimar

Also, der 29. Oktober war so ruhig verlaufen wie die Tage im Schützengraben sonst auch. Die Hauptarbeit wird im Schützengraben nachts geleistet, am Tage ruht man für die Nachtschicht aus. Die besonders dazu veranlagten Leute fangen sich Hühner und braten sie im Schützengraben; daß ein paar Kugeln dazwischen herumschwirren, stört keinen Feldsoldaten mehr. Für wen die Kugel bestimmt ist, den trifft sie sicher, sagen die Leute. An jenem 29. Oktober hatten einige aus der Kompagnie sogar einen von den freiherumlaufenden Ochsen erlegt, und manche Schützenlöcher sahen von außen aus wie ein gut gefülltes Schlachtergeschäft. (...) Um 12 Uhr traten wir, die 11. & die 12. Kompagnie Rgt. 224 auf einmal zum Sturm an. Eigentlich sollten wir, glaube ich, nur 200 m vorgehen & uns dann eingraben. Das wäre ohne Verlust an Menschenleben vor sich gegangen. Aber Leutnant von Jordan drängte zum Sturm und unser Oberleutnant ließ sich mitreißen. Wir, die 12. Kompagnie, rückten nun auf ein Gehöft los, das nach einer Patrouillenmeldung unbesetzt sein sollte. Der Gegner übrigens, den wir vor uns haben, sind englische, weiße & schwarze Truppen. Wir mochten 600 m oder noch mehr vorgegangen sein, ohne einen Schuß aus dem Gehöft zu bekommen, als wir den Helmbezug ablegten & eine weiße Binde von dem Arm streiften. In dem Augenblick trat der Mond heraus & nun ging das Spektakel los. Ein Teil von uns schrie: Hurrah, wir alle stürmten vorwärts. Aber die Engländer reißen nicht gleich aus wie die Franzosen, wenn sie unsern Schlachtruf hören; es gab ein mörderisches Schützenfeuer, dazu wüteten die Geschosse der Maschinengewehre & die Schrapnells. Wir waren regelrecht in die Falle gegangen. Trotzdem liefen wir, wer nicht getroffen war, weiter; ich weiß noch, daß ich ein paarmal stürzte, weil mir der Tornister über den Kopf hinweg segelte. Einige Male suchten wir uns auch ein Stück einzugraben; ich war aber zu müde und konnte nicht viel schaffen. Unmittelbar vor dem vom Feinde besetzten Gehöfte war ein Rübenfeld, weiter kamen wir nicht (...). Wir hörten deutlich die englischen Kommandos, das Laden, das Lachen der Mannschaft über uns, die wir vor dem Zaune lagen (...). Hinter uns war keine Verstärkung; die Lage war mehr als verzweifelt. Ein Glück war, daß die Engländer uns weiter zurück wähnten & die meisten ihrer Salven über uns hinweggingen. Aber es sah doch schlimm aus. Überall im Rübenfeld hörte man das Wimmern der Verwundeten & Sterbenden, links von mir lebten gerade noch 2 Mann, weiter konnten nach links keine Befehle oder Anfragen weitergesagt werden. So dösten wir die ganze Zeit untätig herum, einige versuchten sogar zu schlafen. Endlich sagte ein Unteroffizier rechts von mir. Wer von der 12ten noch lebt, soll zurückgehen! Ein paar erhoben sich und stolperten durch die Rüben davon. Ich folgte, kriechend & laufend, dem Unteroffizier; auf einmal waren wir beide allein. Endlich erwischten wir einen Graben und hatten nun Schutz vor dem englischen Feuer; drin im Graben hockte ein Landwehrmann und jammerte in einem fort: So eine Lamentation, die schönen Leute. Zu dritt schlugen wir uns dann, immer in Gräben, bis zu unserer Stellung durch. Wir warteten nun auf einen englischen Gegenangriff. Zu unserem Glücke erfolgte aber keiner. Im Morgengrauen wurden wir durch 222er abgelöst; unsere Kompagnie versammelte sich hinter einer alten Bauernkate. Wir sahen alle fürchterlich aus, dreckig, in Gesicht & Kleidung, zerrissen Hose & Rock, dazu hatten fast alle etwas von der Ausrüstung verloren, ich das Seitengewehr, Patronengurt & Spaten. Körperlich fühlte ich mich ganz wohl, ich hatte gleich im Schützengraben Speck & Brot gegessen & auch den ganzen Tag keinen Mangel an Appetit. Unsere Verluste waren sehr hoch: 80 Mann im Ganzen, 30 Tote, 35 Verwundete & 10–12 Mann »Vermißte«. »Vermißt« bedeutet hier wohl ungefähr soviel wie tot, die Engländer werden nicht sonderlich viel Gefangene gemacht haben.

insgesamt verbürgt. An Weihnachten 1915 kam es nur noch sehr vereinzelt zu derartigen Begegnungen, vermutlich auch, weil die Vorgesetzten diese bereits im Vorfeld unterbanden. Von den späteren Kriegsweihnachten sind keine Verbrüderungsszenen mehr überliefert. Allerdings berichteten Kriegsteilnehmer auf beiden Seiten, dass man sich auch später noch gelegentlich mit den feindlichen Soldaten über Gefechtspausen verständigt hätte, um etwa Tote und Verwundete aus dem Niemandsland oder den vorderen Gräben zu bergen. Grundsätzlich aber steht fest: Je länger der Krieg dauerte und je mörderischer er geführt wurde, desto weniger galten die tradierten Regeln eines vorgeblich ritterlichen Soldatentums.

Der Grabenkrieg veränderte die Kampfweise und den Alltag der Soldaten in radikaler Weise. Schanz- und Reparaturarbeiten an den Unterständen und Gräben sowie stundenlanges Warten auf engstem Raum wechselten sich ab mit Zeiten heftigsten Artilleriebeschusses. Da die feindlichen Angriffe meist in der Nacht oder im Morgengrauen stattfanden, litten die Grabenbesatzungen regelrecht unter Schlafentzug mit teilweise psychotischen Folgen. Körperpflege geriet zur Ausnahme, die Notdurft verrichteten die Soldaten in Konservendosen oder in extra angelegten Gräben, die anschließend mit Kalk bestreut wurden. Zwar war vorgesehen, die Mannschaften in regelmäßigen Abständen auszutauschen, damit sie nach einigen Tagen der Grabenexistenz hinter der Front oder in der Etappe neue Kräfte sammeln konnten. Tatsächlich jedoch war dies nicht immer möglich, da entweder der feindliche Artilleriebeschuss zunehmend unkalkulierbarer wurde und mitunter in ein regelrechtes Trommel- und Dauerfeuer überging, oder aber die notwendigen Transportfahrzeuge nicht zur Verfügung standen. So galt es weiter in den befestigten Unterständen auszuharren und auf das Verstummen der Geschütze zu hoffen. Neben der körperlichen Gefahr, von Granaten oder Schrapnells (Streugeschossen), dem häufigsten Todbringer auf dem Schlachtfeld, getroffen zu werden, war es vor allem die traumatische Belastung, die den Frontalltag der Soldaten immer unerträglicher werden ließ: das ständige Gefühl, dem Inferno des Krieges wehr- und hilflos ausgeliefert zu sein, und die ständig wiederkehrende Angst, verschüttet, verletzt oder getötet zu werden.

Unter diesen Bedingungen wurden die zu Beginn des Krieges propagierten Ideale der individuellen Tapferkeit und des selbstlosen Einsatzes für das Vaterland rasch obsolet; gefragt waren stattdessen Leidensfähigkeit und Durchhaltevermögen unter extremen und widrigsten Verhältnissen. Der heldenhafte Kampf reduzierte sich auf die Erfahrung von Kälte, Schlamm und Nässe, auf das Ertragen von Ungeziefer und Krankheiten und die verzweifelten Versuche, dem feindlichen Artillerie- und Schrapnellbeschuss zu entkommen. Angesichts des weithin anonymen Massensterbens verlor der Tod des Einzelnen seine ihm zugeschriebene Sinnhaftigkeit, nicht nur deshalb, weil die Körper der Gefallenen häufig bis zur Unkenntlichkeit verstümmelt waren. Bemerkenswerterweise stellte gerade diese Vorstellung für die Soldaten häufig genug eine

Gefreiter Wilhelm Münz am 27. Dezember 1915 aus Beaumont/Somme an den Pfarrer seines Heimatorts Schornbach

Lieber Herr Pfarrer!

(...) Schon manchen Schmerz u. manche Enttäuschung mußte ich während des Krieges erleben! Als ich mich im August vorigen Jahres mit meinem Bruder Hans freiwillig stellte, da war es neben dem Pflichtbewußtsein u. der Vaterlandsbegeisterung auch der Wunsch, den Krieg recht tief auf mein Innenleben wirken zu lassen. Ich stellte mir das so schön vor: Da stürmt man mit seinen Kameraden im Kugelregen mit Hurra vor – kommt mit Gottes Hilfe glücklich durch – u. hat ein Erlebnis, das einen im Leben nie mehr sinken läßt! Jetzt liege ich aber schon 13 Monate im Schützengraben u. zwar beinahe immer in derselben Stellung. Man erlebt wohl manches, das einen großen Eindruck auf einen macht, aber durch das häufige Wiederholen birgt vieles manchmal schon etwas zum »Abstumpfen« in sich. –

(...) Unsere »Pios« (d. i. Pioniere) mußten am 19. einen unserer größten Minenstollen sprengen, da die Engländer wieder auf unsere Graben zu minierten. Die Sprengung des 21 m tiefen u. bis an den engl. Graben reichenden Stollens hatte eine kolossale Wirkung! Die reinste Talmulde riß es heraus! Die Menschen, die gerade auf dieser Strecke waren, sind eigentlich zu bedauern. Man kann sich tatsächlich nichts Scheußlicheres denken als so eine Sprengung: Da krümmt sich plötzlich der Boden unter einem – man hat noch Zeit zum Nachdenken – u. dann geht's in Stücken in die Luft u. in Stücken wieder herunter, um sofort mit Erde zugedeckt zu werden. Glücklich, wer sofort tot ist! Das alles mußten wir eben im Bewegungskrieg nicht mitmachen. Wie gerne machten wir bei einer deutschen Offensive mit u. setzten im Sturm unser Leben ein! Vielleicht dürfen wir's bald! Und dann hoffen wir, daß wir durch einen energisch ausgeführten Durchbruch der engl. franz. Front dem heißersehnten Frieden um ein gutes Stück näher kommen. (...)

Mit herzl. Grüßen aus Feindesland an alle
die Lieben des Schornbacher Pfarrhauses Ihr
dankbarer
W. Münz

traumatische Perspektive dar. »Durch die Kugel zu sterben, scheint nicht schwer; dabei bleiben die Teile unseres Wesens unversehrt; aber zerrissen, in Stücke gehackt, zu Brei gestampft zu werden, ist eine Angst, die das Fleisch nicht ertragen kann«, lautete die Beschreibung der Todesumstände auf dem Schlachtfeld durch einen Soldaten in einem Feldpostbrief an seine Familie.

Im Gegensatz zu den deutschen Militärs konnten es sich die britischen und französischen Armeen nicht leisten, in gesicherten Stellungen abzuwarten. Daher kam es 1915 zu einer Reihe größerer alliierter Offensiven: der Briten in Neuve-Chapelle und Loos sowie der Franzosen in den Regionen Champagne und Artois. Doch die Angriffe scheiterten zumeist an der tief gestaffelten deutschen Abwehr. Am 22. April 1915 setzte die deutsche Seite bei Ypern erstmals Giftgas (Chlorgas) ein, obgleich die Haager Landkriegsordnung (ebenso wie die für das Deutsche Heer geltende Felddienstordnung von 1911) den Einsatz chemischer Kampfmittel strikt untersagte. Nach dem Scheitern der großen Offensiven schien nunmehr jedes Mittel recht, das geeignet war, den Stillstand an den Fronten zu durchbrechen. Trotz der Panik, die der Einsatz von Giftgas unter den gegnerischen Soldaten verursachte, blieb der entscheidende operative Erfolg aus. Die öffentliche Empörung in den alliierten wie auch den neutralen Ländern über den Einsatz dieser neuen heimtückischen Waffe durch das deutsche Heer war enorm. Aber auch die Alliierten benutzten Giftgas, die Briten zuerst am 25. September 1915 nahe dem Ort Loos. Obgleich in der Folgezeit wesentlich mehr Soldaten durch Artilleriebeschuss und Maschinengewehrfeuer als durch das Gas umkamen, hatte die Anwendung verheerende psychologische Folgen für die Soldaten. Der Einsatz von Giftgas durchbrach ein bisher gültiges Tabu und symbolisierte zugleich eine neue Dimension hemmungsloser Gewaltanwendung.

In den beiden ersten Kriegsjahren kämpften deutsche Armeen nicht nur im Westen und Osten Europas. Auch auf dem Balkan und selbst in Kleinasien, im Osmanischen Reich, engagierte sich das Deutsche Reich militärisch, und dies zeitweise in erheblichem Umfang. Am 6. Oktober 1915 begann eine gemeinsame Offensive österreichischer und deutscher Truppen unter dem Kommando des preußischen Generalfeldmarschalls August von Mackensen gegen Serbien. Trotz mehrerer Großoffensiven zwischen August und Dezember 1914 war es Österreich-Ungarn bislang nicht gelungen, die zahlenmäßig wie waffentechnisch unterlegene, aber hochmotivierte serbische Armee entscheidend zu schlagen. Zwar erreichten Einheiten der k. u. k. Armeen bereits Anfang Dezember die Hauptstadt Belgrad, doch wurden sie schon nach wenigen Tagen wieder vertrieben. Allerdings waren Serbiens Erfolge im ersten Kriegsjahr teuer erkauft: Die serbischen Verluste beliefen sich auf fast 175 000 Mann sowie erhebliche Einbußen an Waffen und Gerät. Zudem forderten die drei österreichischen Invasionen, vor allem die erste, zahlreiche Opfer unter der serbischen Zivilbevölkerung. Der Schweizer Kriminologe Rodolphe Archibald Reiss, ein Pionier der Polizeifotografie, bereiste 1914 die serbischen Fronten. Er registrierte und dokumentierte die willkürlichen Zerstörungen und unbeschreiblichen Gräueltaten der österreichischen Truppen an der Zivilbevölkerung. Viele serbische Städte und Dörfer bestanden nur noch aus Ruinen: »Man kann in jedes beliebige Haus gehen – alles ist leer und ausgeplündert. Alles, was man nicht forttragen konnte, wurde kaputt gemacht, zerbrochen oder irgendwie unbrauchbar gemacht.« Selbst die k. u. k. Armeeführung gestand später die ungemein brutalen Übergriffe ihrer Truppen in Serbien ein und sprach von »sinnlosen Repressalien«.

Das deutsche militärische Engagement 1915 auf dem Balkan begründete der Chef der OHL, Falkenhayn, damit, dass es nunmehr gelte, Serbien zu schlagen, um dessen wichtigsten Verbündeten Russland daran zu hindern, seine Stützpunkte in dieser Region sowie am eisfreien Schwarzen Meer weiter zu nutzen. Außerdem – so Falkenhayns Überlegung – wäre damit endlich der dringend benötigte Landweg von Berlin nach Konstantinopel geöffnet: Das Deutsche Reich könnte seinen osmanischen Verbündeten erheblich effizienter unterstützen, als dies bislang der Fall gewesen war. Ein geheimes Militärabkommen der Mittelmächte mit dem bisher neutralen Bulgarien im September 1915, dem erhebliche territoriale Zugeständnisse (Makedonien und Thrakien) in Aussicht gestellt wurden, verstärkte zusätzlich den militärischen Druck auf Serbien. Die inzwischen stark geschwächten serbischen Einheiten vermochten den überlegenen deutschen und österreichisch-ungarischen Truppen nicht länger standzuhalten. Nach dem Fall der Städte Belgrad (9. Oktober) und Niš (5. November) zogen sich die Reste der geschlagenen serbischen Armee in die albanischen und montenegrinischen Berge zurück; nur etwa 140 000 der ehemals 420 000 Soldaten erreichten die Adriaküste, von wo sie mit französischen Schiffen auf die zuvor geräumte griechische Insel Korfu weitertransportiert wurden. Von allen kriegführenden Staaten erlitt Serbien, einschließlich seiner Zivilbevölkerung, im Weltkrieg, bezogen auf die Bevölkerungszahl des Landes, die größten Verluste – eine Tatsache, die oftmals nicht ausreichend bedacht wird.

Während die Deutschen 1915 auf dem Balkan selbst aktiv in die Kämpfe eingriffen, beschränkten sie sich im Osmanischen Reich zunächst auf umfangreiche Militärhilfe sowie die Ausrüstung und Ausbildung der türkischen Truppen. Zu diesem Zweck wurden die Aufgaben der bereits lange vor dem Krieg etablierten deutschen Militärmission erheblich erweitert. Deren Leiter, der preußische General Otto Liman von Sanders, war seit 1913 als Marschall und Generalinspekteur des osmanischen Heeres mit der kompletten Reorganisation seiner Armeen betraut; außerdem erhielt er nach dem Kriegseintritt des Osmanischen Reichs im November 1914 den Oberbefehl über die 1. sowie im März 1915 zusätzlich über die 5. Türkische (Gallipoli-)Armee. In dieser Funktion kommandierte Liman von Sanders die erfolgreiche Abwehr der zahlenmäßig überlegenen französischen und britischen Invasionstruppen, darunter auch starke australische und neuseeländische (ANZAC-)Einheiten, bei deren Invasion Ende April 1915 auf der Halbinsel Gallipoli an der Dardanellenküste. Zu Recht haben einige Historiker die ungemein verlustreichen Kämpfe bei den Landungsversuchen der Alliierten auf Gallipoli, wo Felsen und Steinstrand kaum ausreichende Deckung ermöglichten, mit dem blutigen Stellungskrieg entlang der Westfront (seit November 1914) sowie in den Alpen (seit Mai 1915) verglichen. Die angreifenden Alliierten verloren etwa 180 000 Mann, die Verluste der verteidigenden Türken waren sogar doppelt so hoch. In der historischen Erinnerung der beteiligten Nationen, vor allem der Briten und ihrer ehemaligen Dominions, spielt der türkische Geschichtsort »Gallipoli« bis heute eine außerordentlich bedeutsame Rolle.

Auch bei den heftigen Kämpfen im Winter 1914/15 an der Kaukasusfront, wo die Türken die Offensive der russischen Armee nur mühsam und unter erheblichen Verlusten – von 90 000 Soldaten überlebten nur

12 000 – zum Stehen bringen konnten, waren deutsche Militärs als Generalstabsoffiziere beteiligt. Im Frühjahr begannen die Russen eine neue Offensive nach Anatolien, wobei sie von einigen armenischen Nationalisten in der Region unterstützt wurden. Kurz darauf löste die Regierung der sogenannten Jungtürken »ethnische Säuberungen« im gesamten Osmanischen Reich aus, der mutmaßlich über eine Million Armenier zum Opfer fielen. Ob einige der deutschen Militärberater und Armeeausbilder über die Entscheidung der Jungtürken vorab informiert waren oder ob sie gar logistische Hilfe geleistet haben, ist bis heute ungeklärt. Fest steht aber, dass zahlreiche der vor Ort stationierten Offiziere die unsagbar barbarischen Geschehnisse, so etwa die Todesmärsche der armenischen Bevölkerung in die Syrische Wüste, als Augenzeugen erlebten. Manche Offiziere protestierten gegenüber den türkischen Militärs und Behörden, andere schrieben erschütternde Darstellungen an ihre Vorgesetzten in Konstantinopel und im Reich, doch die meisten zogen es vor, ihre Augen zu verschließen und wegzuschauen. Damit hielten sie sich an die vorgegebene Linie des deutschen Reichskanzlers Bethmann Hollweg, der nach der Lektüre eines kritischen Berichts seines Botschafters in der Türkei, Paul Wolf Metternich, zu den Massakern lapidar angemerkt hatte: »Unser einziges Ziel ist, die Türkei bis zum Ende des Kriegs an unserer Seite zu halten, gleichgültig, ob darüber Armenier zugrunde gehen oder nicht.«

Nicht nur im Westen und Osten Europas, in den Alpen und auf dem Balkan sowie im Nahen Osten wütete dieser Krieg und kostete zahllose Menschenleben. Gekämpft wurde auch in Teilen Afrikas und Asiens – zu Lande, zu Wasser und sogar in der Luft. Der Erste Weltkrieg war im wahrsten Sinne des Wortes ein *globales* Ereignis. Bereits am 5. August 1914 entschied die britische Regierung, dass auch die deutschen Kolonien ein legitimes Angriffsziel darstellten. Die Hauptlast eines Kolonialkrieges sollten die britischen Dominions Australien, Neuseeland und Südafrika tragen. Doch auch das seit 1902 mit Großbritannien verbündete Japan trat unmittelbar danach (23. August) in den Krieg gegen Deutschland ein. Für das nach hegemonialer Größe strebende fernöstliche Kaiserreich war der Erste Weltkrieg geradezu »ein Gottesgeschenk«, wie es einer der führenden japanischen Politiker, Inoue Kauro, formulierte. Innerhalb weniger Monate bemächtigte sich Japan der deutschen

Kolonie Tsingtau in China und der deutschen Pazifikinseln nördlich des Äquators (u. a. Karolinen, Marianen, Palau- und Marschall-Inseln). Damit büßte Deutschland nicht nur die mühsam erworbenen pazifischen Überseegebiete ein, sondern verlor zugleich auch wichtige Stützpunkte und Proviantbasen für den Einsatz seines ostasiatischen Kreuzergeschwaders unter dem Oberbefehl des Admirals Maximilian Graf von Spee.

Während der fernöstliche Krieg eher marginal blieb, auch was seine Einbußen an Menschen und Material betrafen, wurde die Auseinandersetzung um die deutschen Kolonien in Afrika mit ungeheurem Einsatz und ebensolchen Verlusten geführt. Am schrecklichsten entwickelten sich die Kämpfe um Deutsch-Ostafrika (heute Tansania, Ruanda und Burundi), die den gesamten Weltkrieg über fortdauerten und in einem grausam geführten Guerillakrieg gipfelten. Der Krieg dehnte sich schließlich auch auf die Nachbarländer Britisch- und Portugiesisch-Ostafrika (das heutige Mosambik) aus. Ganze Landstriche wurden verwüstet, Seuchen und Hunger forderten zahllose Opfer auch unter der Zivilbevölkerung. Die deutsche »Schutztruppe« unter Paul von Lettow-Vorbeck mit etwa 1500 weißen und 15 000 farbigen Soldaten (Askari) verlor etwa ein Drittel ihrer Einheiten. Die Verluste der Briten und ihrer Verbündeten (darunter Truppen aus Südafrika, Indien sowie belgische und portugiesische Kontingente) waren noch ein Vielfaches höher. Trotz der Beteiligung hunderttausender einheimischer Soldaten und Träger war dies ein europäischer Stellvertreterkrieg, der auf dem Boden Afrikas ausgetragen wurde.

Ähnlich verhielt es sich auf einem anderen Kriegsschauplatz dieses Kontinents – jedoch mit dem Unterschied, dass die Kämpfe um die Kolonie Deutsch-Südwestafrika (heute Namibia) bereits nach einem Jahr beendet waren. Am 9. Juli 1915 kapitulierte die um Freiwillige und Polizeieinheiten erweiterte ca. 5000 Mann starke deutsche »Schutztruppe« vor der gewaltigen Übermacht einer etwa 50 000 Soldaten zählenden südafrikanischen Armee. Angesichts dieses ungleichen Kräfteverhältnisses wäre die Niederlage noch schneller eingetreten, hätten nicht zahlreiche der auf südafrikanischer Seite eingesetzten burischen Soldaten sich zunächst geweigert, für das britische Empire zu streiten. Bei der Meuterei im Oktober 1914 wirkten die Feindseligkeiten aus der Zeit des Burenkriegs (1899–1902) ebenso nach wie die offen zutage tretenden Sympathien für das gegen den einstigen Feind kämpfende Deutsche Reich. Die Revolte der burischen Offiziere und Mannschaften gegen die eigene Regierung wurde blutig niedergeschlagen; ein kleiner Teil von ihnen schloss sich der deutschen »Schutztruppe« an. Nach der Eroberung Deutsch-Südwestafrikas übernahm die Südafrikanische Union die Verwaltung der Kolonie. Es kam zu Masseninternierungen aller deutschen Männer im wehrfähigen Alter sowie schließlich, nach dem Ende des Krieges, zur Ausweisung Tausender deutscher Staatsbürger. Die Politik gegenüber der nicht-weißen afrikanischen Bevölkerung änderte sich kaum.

Literatur

Ashworth, Tony, Trench Warfare 1914–1918. The Live and Let Live System, London 1980.

Becker, Jean-Jacques u. Gerd Krumeich, Der Große Krieg. Deutschland und Frankreich im Ersten Weltkrieg 1914–1918, Essen 2010.

Bloxham, Donald, The Great Game of Genocide. Imperialism, Nationalism and the Destruction of the Ottoman Armenians, Oxford 2005.

Gust, Wolfgang, Der Völkermord an den Armeniern 1915/16. Dokumente aus dem Politischen Archiv des deutschen Auswärtigen Amts, Springe 2005.

Gumz, Jonathan, The Resurrection and the Collapse of Empire in Habsburg Serbia, 1914–1918, Cambridge 2009.

Hoegen, Jesko von, Der Held von Tannenberg. Genese und Funktion des Hindenburg-Mythos, Köln u. a. 2007.

Holzer, Anton, Die andere Front. Fotografie und Propaganda im Ersten Weltkrieg, Darmstadt 2007.

Horne, John u. Alan Kramer, Deutsche Kriegsgreuel 1914. Die umstrittene Wahrheit, Hamburg 2004.

Keegan, John, The First World War, London 1998.

Keller, Ulrich, Schuldfragen. Belgischer Untergrundkrieg und deutsche Vergeltung im August 1914, Paderborn 2017.

Kessler, Harry Graf, Das Tagebuch. Bd. 5 : 1914–1916, hg. v. Günter Riederer u. Ulrich Ott, Stuttgart 2008.

Kramer, Alan, »Greueltaten«. Zum Problem der deutschen Kriegsverbrechen in Belgien und Frankreich, in: »Keiner fühlt sich hier mehr als Mensch …«.

Erlebnis und Wirkung des Ersten Weltkriegs, hg. v. Gerhard Hirschfeld, Gerd Krumeich, Irina Renz, Frankfurt a. M. 1996, S. 104–139.

Krech, Hans, Die Kampfhandlungen in den ehemaligen deutschen Kolonien in Afrika während des 1. Weltkrieges (1914–1918), Berlin 1999.

Lepick, Olivier, La Grande Guerre chimique, 1914–1918, Paris 1998.

Mommsen, Wolfgang J., Kriegsalltag und Kriegserlebnis im Ersten Weltkrieg, in: Der Erste Weltkrieg. Anfang vom Ende des bürgerlichen Zeitalters, hg. v. Wolfgang J. Mommsen, Frankfurt a. M. 2004, S. 137–154.

März, Peter, Der Erste Weltkrieg. Deutschland zwischen dem langen 19. Jahrhundert und dem kurzen 20. Jahrhundert, München 2004.

Mitrovic, Andrej, Serbia's Great War 1914–1918, London 2007.

Rauchensteiner, Manfried, Der Erste Weltkrieg und das Ende der Habsburger-Monarchie, Wien u. a. 2013.

Reiss, R. A., Report upon the Atrocities Committed by the Austro-Hungarian Army during the First Invasion of Serbia, London 1916.

Schaepdrijver, Sophie de, La Belgique et la Première Guerre Mondiale, Brüssel 2004.

Schanes, Daniela, Serbien im Ersten Weltkrieg. Feind- und Kriegsdarstellungen in österreichisch-ungarischen, deutschen und serbischen Selbstzeugnissen, Bern u. a. 2011.

Showalter, Dennis E., Tannenberg. Clash of Empires, Hamden CT 1991.

Stone, Norman, The Eastern Front 1914–1917, London 1998.

Strachan, Hew, The First World War. Bd. 1: To Arms, Oxford 2001.

Ders., Der Erste Weltkrieg. Eine neue illustrierte Geschichte, München 2004.

Vers la guerre totale. Le tournant de 1914–1915, hg. v. John Horne, Paris 2010.

Winter, Jay u. a., Der Erste Weltkrieg 1914–1918, in: Geschichte des 20. Jahrhunderts, Bd. 2, Gütersloh 1992.

5 Propaganda

»In einem Krieg ist die Wahrheit das erste Opfer« (»The first casualty when war comes is truth«). Dieses inzwischen sehr bekannte Zitat stammt aus der Zeit des Ersten Weltkriegs. Dahinter steht die Erfahrung einer Kriegspropaganda, wie sie die Welt bis dahin weder gehört noch gesehen hatte. Sicherlich gab es auch in früheren Kriegen handfeste Übertreibungen und sogar Gräuelgeschichten, wie sie beispielsweise mit Hilfe von Flugschriften im Dreißigjährigen Krieg verbreitet wurden. Aber noch im Deutsch-Französischen Krieg von 1870/71, in dem bereits Fotografien gezielt als Mittel der politischen Denunziation und Kriminalisierung, etwa im Kampf um die Pariser Kommune von 1871, eingesetzt wurden, hatte es eigentlich keine staatlich organisierte Hass- und Gräuelpropaganda gegen den Gegner gegeben. Erst mit dem Ausbruch des Ersten Weltkriegs existierte eine solche, und sie war geradezu unvermittelt entstanden. Selbst der Begriff in seiner heutigen Bedeutung entwickelte sich erst im und durch den Ersten Weltkrieg. Zuvor war »Propaganda« schlicht das gebräuchliche Wort für etwas gewesen, was wir heute »Werbung« nennen. So machte man »Propaganda« etwa für Zahnpasta oder Schuhbürsten.

Dabei verstanden die politischen und militärischen Führer der verbündeten westlichen Nationen England und Frankreich schneller, und auch auf Dauer besser, dass ein Krieg, der nicht allein Millionen von Bürgern in Uniformen zwang, sondern auch die Zivilbevölkerung umfassend einbezog, auf eine neue und »zwingende« Weise erklärt werden musste. Es galt daher, Ansichten und Überzeugungen zu schaffen und diese so zu formen, dass sie auch unter größten physischen und psychischen Beanspruchungen standhalten würden. Dies gelang vor allem in Frankreich, das während des Weltkriegs beinahe zu einem Drittel seines Territoriums von feindlichen Truppen besetzt war und dessen Bevölkerung den Krieg und seine Verheerungen daher sehr viel »hautnaher« zu spüren bekam. Das gelang aber auch in England, wo die politische Kultur lange vor 1914 durch parlamentarisch-demokratische Debatten, aber auch durch einen respektlosen Journalismus geprägt war. Insgesamt gesehen gestaltete sich die alliierte Propaganda den ganzen Krieg hindurch vielfältiger und farbiger, aber auch unerbittlicher und extremer und damit »totaler« als die deutsche. Das lag nicht zuletzt daran, dass die meisten Politiker des Deutschen Reichs keine oder nur geringe Anstrengungen unternahmen, das Volk für einen umfassenden Krieg zu organisieren: Eigentlich wollte man es bei der industriellen Mobilisierung belassen, vielleicht noch ein wenig »vaterländischen Unterricht« an den Fronten wie in der Heimat erteilen – im Grunde aber sollte für die deutsche Gesellschaft im Weltkrieg das alte preußische Motto gelten, dass stets »Ruhe die erste Bürgerpflicht« sei.

Die französische wie auch die britische Kriegspropaganda war von Anfang an auf eine Dämonisierung des Feindes ausgerichtet, die sowohl von ihrem Umfang als auch von der Gestaltung her in bis dahin unbekannte Dimensionen einer »Hasspropaganda« vorstieß. Das lag vor allem an der Tatsache, dass die deutsche Kriegführung zu Beginn des Weltkriegs

18. »Euch Bestien muß ich noch alle dressieren, Ihr müßt zuerst deutsche Hiebe verspüren«. Postkarte von 1914

tatsächlich ganz außergewöhnlich brutal war. Der deutsche Überfall auf das neutrale Belgien und der dort geführte »Franktireur-Krieg«, der mit der Zerstörung zahlreicher Städte und Dörfer sowie der Erschießung Hunderter von Zivilisten einherging, setzten eine Lawine der öffentlichen Entrüstung und der antideutschen Propaganda in Bewegung. Besonders die Brandschatzung der renommierten Bibliothek von Löwen (Louvain) und die Beschießung der Kathedrale von Reims durch deutsche Artillerie bewirkten in den alliierten wie den neutralen Staaten ungeheures Aufsehen und Entsetzen. Für die französische und britische Propaganda waren die Deutschen schlicht »Hunnen«, die wie einstmals Attila (Etzel) und seine Horden die eroberten Territorien verwüsteten, ohne Rücksicht auf Religion, Kultur oder moralische Normen. Ohne weiteres war den Deutschen daher zuzutrauen, dass sie auch Frauen (und sogar Nonnen) vergewaltigten, Kinder aus bloßem Sadismus verstümmelten und Kathedralen in Brand steckten.

In Frankreich mutierte der schon vom 1870er Krieg her bekannte *boche*, also ein stiernackiger Quadratschädel mit der üblichen Pickelhaube, in kürzester Frist zu einem ungeheuerlichen »Barbaren« mit geradezu bestialischen Zügen. »Ici finit la Kultur allemande«, lautete die Inschrift auf einer großen Banderole, die von den Belgiern nach dem Abzug der deutschen Besatzer im November 1918 vor der ausgebrannten Bibliothek von Löwen angebracht wurde. Und das Bild vom als Geschäftsmann oder Politiker verkleideten »Hunnen« tauchte noch lange nach dem Krieg in der französischen Bilderwelt auf.

Tatsächlich stand vornehmlich die französische Propaganda unter der Devise des Kampfes gegen den deutschen Anspruch, eine europäische Kulturnation zu sein. Für die meisten gebildeten Franzosen waren die Deutschen fortan unzivilisierte Barbaren, die den Krieg schon lange geplant hatten und ihn nun ohne Skrupel, geradezu entfesselt, umsetzten. Um diese Kontinuität zu belegen, führten französische Publikationen deutsche Denker und Schriftsteller an, darunter den Philosophen Friedrich Nietzsche, den Historiker Heinrich von Treitschke sowie vor allem den preußischen Militärschriftsteller Friedrich von Bernhardi. Dieser hatte bekanntlich 1912 ein ungemein provozierendes Buch mit dem Titel »Deutschland und der nächste Krieg« veröffentlicht. Darin vertrat er die Ansicht, dass ein »Krieg um unsere Weltgeltung unter keinen

Umständen« zu vermeiden sei und dass es daher eine »Pflicht zum Kriege« gebe. Für das Deutsche Reich bestände nur die Alternative »Weltmacht oder Niedergang« (Kap. 5). Zu Recht galt der bei Kriegsausbruch reaktivierte Kavallerie-General Bernhardi als Exponent eines aggressiven deutschen Nationalismus. Doch erst im Herbst 1914 wurden Bernhardis Betrachtungen ins Französische übersetzt, ebenso wie andere nationalistische Verlautbarungen deutscher Geistesgrößen, auch wenn diese aus unterschiedlichen Kontexten stammten und kaum etwas miteinander gemein hatten. Gesammelt wurden die Äußerungen in massenhaft verbreiteten Broschüren, wie etwa die während des gesamten Krieges wiederholt aufgelegte Sammlung »Paroles allemandes«. In England hingegen erschien 1914 bereits die sechste (!) Auflage der Übersetzung von »Germany and the Next War« sowie außerdem eine Kompilation von Bernhardis Ideen in einer preiswerten (zwei Shilling kostenden) Paperback-Ausgabe unter dem Titel »Britain as Germany's Vassal« (Großbritannien als Vasall Deutschlands), mit dem reißerischen Zusatz »The Book that caused the War« (Das Buch, das den Krieg auslöste).

Bemerkenswert ist, dass diese Propaganda der Alliierten gegen Deutschland sowohl von staatlicher Seite organisiert als auch durch individuelle und Gruppeninitiativen gefördert wurde. Aber nicht die zentral gesteuerten Propaganda-Aktionen der Maison de la Presse in Paris oder des 1915 im Londoner Wellington House errichteten War Propaganda Bureau waren hierbei prägend und stilbildend. Es war vielmehr die gelungene »Mobilisierung der Geister«, also der Intellektuellen, zur Verteidigung des Vaterlandes gegen den verbrecherischen Überfall der *boches* in Frankreich beziehungsweise die Verteidigung der Freiheit gegen die brutalen Weltherrschafts-Ambitionen der »Hunnen« in England. Charakteristisch für diese Art der Mobilisierung war, dass sich in diesen Ländern besondere *comitées* bildeten, in denen sich bedeutende Gelehrte und Experten zusammenfanden, so etwa in Frankreich der Doyen der französischen Philosophie Henri Bergson und der überaus geschätzte Historiker Ernest Lavisse. Diese Komitees verfassten Berichte und veröffentlichten Stellungnahmen zur deutschen Kriegführung und Besatzungspolitik, wobei sie vor allem die massive Verletzung des Völkerrechts durch die »Barbaren« anprangerten. Ähnliches geschah in Großbritannien. Bereits sechs Wochen nach Kriegsbeginn hatten dort 53 Schriftsteller in einer öffentlichen Stellungnahme in *The Times* Deutschlands »brutale Gewaltanwendung, um seine Kultur anderen Nationen aufzuzwingen«, kritisiert, unter ihnen die bekannten Autoren Arthur Conan Doyle, Rudyard Kipling und H. G. Wells. Zugleich aber betonten diese

Auszug aus »Deutschland und der nächste Krieg«

Wir bedürfen nicht nur für die volle seiner geistigen Bedeutung entsprechende nationale Entwicklung unseres Volkes einer erweiterten politischen Grundlage, sondern wir sind (...) geradezu gezwungen, für unseren Volkszuwachs Raum und für unsere wachsende Industrie Absatzgebiete zu schaffen. Bei jedem Schritt aber, den wir in dieser Richtung tun, wird uns England entschlossen entgegentreten. (...) Darüber lassen die erkennbaren politischen Ziele Englands und das Verhalten seiner Regierung keinerlei Zweifel aufkommen. Werden wir aber in einen Kampf mit England verwickelt, so können wir ganz sicher sein, daß Frankreich die Gelegenheit nicht vorübergehen lassen wird, uns in die Flanke zu fallen. Italien mit seiner ausgedehnten Küstenentwicklung würde, auch wenn es am Dreibund festhält, sehr erhebliche Kräfte zum Küstenschutz verwenden müssen, um die Angriffe der englisch-französischen Mittelmeerflotte abzuwehren, und würde daher nur schwächere Kräfte gegen Frankreich verwenden können. Österreich würde durch Rußland lahmgelegt; gegen letzteres müßten wohl auch wir Kräfte im Osten zurücklassen. Den Kampf gegen Frankreich und England würden wir also im wesentlichen allein mit einem Teil unserer Armee auszufechten haben, unter Umständen mit einiger Unterstützung durch Italien. Gerade in dieser doppelten Bedrohung sowohl zur See wie auf dem europäischen Festlande liegt für unsere politische Stellung die bedenkliche Schwierigkeit und Gefährdung, durch die uns jede Armfreiheit genommen, jede Ausdehnung unterbunden wird.

Da dieser Kampf aber, wie es bei eingehender Prüfung der Weltlage scheinen muß, notwendig und unvermeidlich ist, müssen wir ihn auch ausfechten, koste es was es wolle.

aus: Friedrich von Bernhardi, Deutschland und der nächste Krieg, 2. u. 3. Aufl., Stuttgart/Berlin 1912, S. 110 f.

19. »Kultur Allemande – L'Apogée« (Deutsche Kultur – Der Höhepunkt). Französische Karikatur von Guillaume Morinet, 1915

20. »Sind wir die Barbaren?«. Plakat, vermutlich von 1915, nach einem Entwurf von Louis Oppenheim

21. »So säh' es aus in deutschen Landen, käm' der Franzose an den Rhein«. Plakat von 1918 nach einem Entwurf von Egon Tschirch

Schriftsteller ihre ausdrückliche Hochachtung für die deutsche Kultur. Die bekannteste Expertengruppe wurde von Viscount James Bryce, einem Politiker der Liberalen Partei und zugleich international renommierten Juristen und Historiker, geleitet. Bryce selber sprach ausgezeichnet Deutsch; er hatte in Heidelberg studiert und war Ehrendoktor der Universitäten Jena und Leipzig. Das »Bryce-Committee on Alleged German Outrages« (Komitee zu den mutmaßlichen deutschen Gewalttaten), dem weitere bekannte Historiker und Juristen des Landes angehörten, legte im Mai 1915 einen 61 Seiten langen Untersuchungsbericht vor. Darin wurde das deutsche Heer beschuldigt, bei seinem Durchmarsch durch Belgien gezielte und systematische Verbrechen an der Zivilbevölkerung (»deliberate and systematically organized massacres of the civil population«) begangen zu haben. Selbstverständlich war dieser Bericht keineswegs neutral und unabhängig, zumal das Bryce-Committee bei seinen Recherchen und Nachweisen von der englischen Regierung unterstützt wurde. Andererseits überzeugte die akademische Reputation der Kommissionsmitglieder ebenso wie der zivil gehaltene Ton des Reports. Seine Wirkung, vor allem in den USA sowie in anderen neutralen Ländern, war daher außerordentlich.

Franzosen wie Briten setzten mit ihrer Propaganda gleichsam den richtigen Akzent, indem sie eine Sprache und Bilderwelt erfanden, die einer »totalen«, also die Menschen selbst einbeziehenden Kriegführung angemessen schien. Diese Art der Propaganda erforderte die Steigerung aller existierenden Phantasien, Phobien und Vernichtungsszenarien. Die Deutschen hingegen hatten größte Schwierigkeiten, der alliierten Propaganda etwas Gleichwertiges entgegenzusetzen. Das lag zweifellos daran, dass im wilhelminischen »halbkonstitutionellen« Obrigkeitsstaat die bürgerliche Streitkultur, zumal in der Massenpresse, sehr viel schwächer entwickelt war, als dies für England oder Frankreich zutraf. Pressefreiheit, auch im Sinne einer nahezu grenzenlosen Beleidigungsfähigkeit, wie sie Frankreich – man denke an die Dreyfus-Affäre – und England regelmäßig erlebten, war in Deutschland kaum anzutreffen – sieht man einmal von Blättern wie *Kladderadatsch* oder *Simplicissimus* ab, die sich allerdings lammfromm gebärdeten, wenn die politischen Umstände dies notwendig machten.

Direkt sichtbar wird dieser Unterschied, wenn man deutsche und englische Propagandaplakate aus demselben Zeitraum einander gegenübergestellt: auf der einen Seite die bluttriefende Darstellung eines gewalttätigen Monsters in Uniform, auf der anderen Seite das bieder und geradezu oberlehrerhaft wirkende Plakat mit der Aufschrift »Sind wir die Barbaren?«.

Auf diesem Plakat wurden die staatlichen Aufwendungen in Deutschland für Soziales, Kunst und Kultur mit jenen der alliierten Mächte verglichen, eine treudeutsche »Gutmütigkeit« in einem Moment, da die zivilisierte Welt sich empörte über die Massenexekutionen von Zivilisten in Belgien, die Brandschatzung der Bibliothek von Löwen oder die Beschießung der Kathedrale von Reims, der geschichtsmächtigsten Kathedrale des mittelalterlichen Christentums in Frankreich und Ort der Weihe nahezu aller französischen Könige seit dem 12. Jahrhundert.

Wie deutsche Intellektuelle auf eine ebenso denkwürdige wie unbeholfene Weise versuchten, ihren Anteil zur propagandistischen Rechtfertigung Deutschlands beizusteuern, zeigt der Anfang Oktober 1914 von 93 Wissenschaftlern, Künstlern und Schriftstellern unterzeichnete Aufruf »An die Kulturwelt«. Dieser »Aufruf der 93«, den die Schriftsteller Ludwig Fulda und Hermann Sudermann verfasst hatten, ging zurück auf eine Initiative des Chefs des Nachrichtenbüros im Reichsmarineamt. Unter den Unterzeichnern befanden sich zahlreiche angesehene Persönlichkeiten wie der Theologe Adolf von Harnack, der Nationalökonom Gustav von Schmoller, der Strafrechtler Franz von Liszt, der Dichter Gerhart Hauptmann, der Komponist Engelbert Humperdinck und der Maler Max Liebermann. Jeder der sechs Absätze des Appells begann mit der hämmernd formulierten Feststellung: »Es ist nicht wahr«. Mit dieser an Martin Luthers 95 Thesen von 1517 erinnernden Rhetorik suchten die Unterzeichner die französischen und englischen Vorwürfe über das brutale und völkerrechtswidrige Vorgehen deutscher Truppen in Belgien und Nordfrankreich zu entkräften: »Gegen die Lügen, und Verleumdungen, mit denen unsere Feinde Deutschlands reine Sache in dem ihm aufgezwungenen schweren Daseinskampfe zu beschmutzen trachten.« Doch die Hinrichtungen tatsächlicher oder mutmaßlicher belgischer Franktireurs und die Zerstörung der Bibliothek von Löwen wie der Kathedrale von Reims ließen sich nicht einfach als Konstrukte feindlicher Propaganda abtun. Der »Aufruf der 93« gipfelte in der entlarvenden Feststellung: »Ohne den deutschen Militarismus wäre die deutsche Kultur längst vom Erdboden getilgt. Zu ihrem Schutze ist er aus ihr hervorgegangen.«

Obgleich einige Unterzeichner wie der Ökonom Lujo Brentano und der Physiker Max Planck sich später von dem Aufruf distanzierten, war der zwischenzeitlich eingetretene Schaden immens. Bereits zum Zeitpunkt seiner Veröffentlichung galt der Appell international als ein Schlüsseldokument deutscher Arroganz und Anmaßung.

Für die meisten Gelehrten aus den Ententestaaten, aber auch aus neutralen Ländern wie der Schweiz oder den Niederlanden, kamen die Rechtfertigungen ihrer deutschen Kollegen einer intellektuellen Bankrotterklärung gleich. Entsprechend massiv fielen die Reaktionen aus, die wiederum auf deutscher Seite sorgfältig registriert wurden. Vergeblich wandten sich einige wenige Intellektuelle wie der Schriftsteller Romain Rolland in Frankreich und der Theologe und Kulturphilosoph Ernst Troeltsch in Deutschland gegen die wechselseitigen Schuldzuweisungen. Der »Krieg der Geister« (Hermann Kellermann), wie die öffentliche Auseinandersetzung zwischen den Schriftstellern und Intellektuellen später genannt wurde, blieb nicht folgenlos. Er trug maßgeblich dazu bei, dass die vor dem Weltkrieg auf vielen Feldern florierende internationale Gemeinschaft der Wissenschaften und der Wissenschaftler nach 1918 bleibende Schäden erlitt.

Im Verlauf des Krieges waren auch die Deutschen bestrebt, ihre Propaganda anschaulicher und überzeugender zu gestalten, was allerdings nur in Ausnahmefällen gelang. Hierzu gehören einige der Plakate zur Werbung für staatliche Kriegsanleihen, die teilweise von renommierten Malern und »Reklamekünstlern« stammten. Ob diese Plakate dazu beigetragen haben, dass die Zeichnung der neuen Anleihen bei allen Schichten der Bevölkerung außerordentlich erfolgreich war, ist umstritten. Was allerdings der deutschen Propaganda von Anfang bis Ende des Krieges fehlte, war eine klare Auseinandersetzung mit den Grausamkeiten und Leiden der Menschen oder auch eine eindeutige Zuschreibung der erlittenen Verluste und Entbehrungen an die Adresse der Feinde. Ein Beispiel hierfür ist der sogenannte Steckrübenwinter von 1916/17, in dem die deutsche Bevölkerung infolge der englischen Seeblockade und der daraus entstehenden Versorgungsengpässe massenhaft Hunger zu leiden

AN DIE KULTURWELT!

Wir als Vertreter deutscher Wissenschaft und Kunst erheben vor der gesamten Kulturwelt Protest gegen die Lügen und Verleumdungen, mit denen unsere Feinde Deutschlands reine Sache in dem ihm aufgezwungenen schweren Daseinskampfe zu beschmutzen trachten. Der eherne Mund der Ereignisse hat die Ausstreuung erdichteter deutscher Niederlagen widerlegt. Um so eifriger arbeitet man jetzt mit Entstellungen und Verdächtigungen. Gegen sie erheben wir laut unsere Stimme. Sie soll die Verkünderin der Wahrheit sein.

Es ist nicht wahr, daß Deutschland diesen Krieg verschuldet hat. Weder das Volk hat ihn gewollt noch die Regierung noch der Kaiser. Von deutscher Seite ist das Äußerste geschehen, ihn abzuwenden. Dafür liegen der Welt die urkundlichen Beweise vor. Oft genug hat Wilhelm II. in den 26 Jahren seiner Regierung sich als Schirmherr des Weltfriedens erwiesen; oft genug haben selbst unsere Gegner dies anerkannt. Ja, dieser nämliche Kaiser, den sie jetzt einen Attila zu nennen wagen, ist jahrzehntelang wegen seiner unerschütterlichen Friedensliebe von ihnen verspottet worden. Erst als eine schon lange an den Grenzen lauernde Übermacht von drei Seiten über unser Volk herfiel, hat es sich erhoben wie ein Mann.

Es ist nicht wahr, daß wir freventlich die Neutralität Belgiens verletzt haben. Nachweislich waren Frankreich und England zu ihrer Verletzung entschlossen. Nachweislich war Belgien damit einverstanden. Selbstvernichtung wäre es gewesen, ihnen nicht zuvorzukommen.

Es ist nicht wahr, daß eines einzigen belgischen Bürgers Leben und Eigentum von unseren Soldaten angetastet worden ist, ohne daß die bitterste Notwehr es gebot. Denn wieder und immer wieder, allen Mahnungen zum Trotz, hat die Bevölkerung sie aus dem Hinterhalt beschossen, Verwundete verstümmelt, Ärzte bei der Ausübung ihres Samariterwerkes ermordet. Man kann nicht niederträchtiger fälschen, als wenn man die Verbrechen dieser Meuchelmörder verschweigt, um die gerechte Strafe, die sie erlitten haben, den Deutschen zum Verbrechen zu machen.

Es ist nicht wahr, daß unsere Truppen brutal gegen Löwen gewütet haben. An einer rasenden Einwohnerschaft, die sie im Quartier heimtückisch überfiel, haben sie durch Beschießung eines Teils der Stadt schweren Herzens Vergeltung üben müssen. Der größte Teil von Löwen ist erhalten geblieben. Das berühmte Rathaus steht gänzlich unversehrt. Mit Selbstaufopferung haben unsere Soldaten es vor den Flammen bewahrt. — Sollten in diesem furchtbaren Kriege Kunstwerke zerstört

22. Aufruf »An die Kulturwelt«. Anfang Oktober 1914 unterzeichnet von 93 Wissenschaftlern, Künstlern und Schriftstellern, erste und zweite Seite

worden sein oder noch zerstört werden, so würde jeder Deutsche es beklagen. Aber so wenig wir uns in der Liebe zur Kunst von irgend jemand übertreffen lassen, so entschieden lehnen wir es ab, die Erhaltung eines Kunstwerks mit einer deutschen Niederlage zu erkaufen.

Es ist nicht wahr, daß unsere Kriegführung die Gesetze des Völkerrechts mißachtet. Sie kennt keine zuchtlose Grausamkeit. Im Osten aber tränkt das Blut der von russischen Horden hingeschlachteten Frauen und Kinder die Erde, und im Westen zerreißen Dumdumgeschosse unseren Kriegern die Brust. Sich als Verteidiger europäischer Zivilisation zu gebärden, haben die am wenigsten das Recht, die sich mit Russen und Serben verbünden und der Welt das schmachvolle Schauspiel bieten, Mongolen und Neger auf die weiße Rasse zu hetzen.

Es ist nicht wahr, daß der Kampf gegen unseren sogenannten Militarismus kein Kampf gegen unsere Kultur ist, wie unsere Feinde heuchlerisch vorgeben. Ohne den deutschen Militarismus wäre die deutsche Kultur längst vom Erdboden getilgt. Zu ihrem Schutze ist er aus ihr hervorgegangen in einem Lande, das jahrhundertelang von Raubzügen heimgesucht wurde wie kein zweites. Deutsches Heer und deutsches Volk sind eins. Dieses Bewußtsein verbrüdert heute 70 Millionen Deutsche ohne Unterschied der Bildung, des Standes und der Partei.

Wir können die vergifteten Waffen der Lüge unseren Feinden nicht entwinden. Wir können nur in alle Welt hinausrufen, daß sie falsches Zeugnis ablegen wider uns. Euch, die Ihr uns kennt, die Ihr bisher gemeinsam mit uns den höchsten Besitz der Menschheit gehütet habt, Euch rufen wir zu:

Glaubt uns! Glaubt, daß wir diesen Kampf zu Ende kämpfen werden als ein Kulturvolk, dem das Vermächtnis eines Goethe, eines Beethoven, eines Kant ebenso heilig ist wie sein Herd und seine Scholle.

Dafür stehen wir Euch ein mit unserem Namen und mit unserer Ehre!

Adolf von Baeyer, Exz.,
Professor der Chemie, München.

Prof. Peter Behrens,
Berlin.

Emil von Behring, Exz.,
Professor der Medizin, Marburg.

Wilhelm von Bode, Exz.,
Generaldirektor der Kgl. Museen, Berlin.

Alois Brandl,
Professor, Vorsitzender der Shakespeare-Gesellschaft, Berlin.

Lujo Brentano,
Professor der Nationalökonomie, München.

Prof. Justus Brinkmann,
Museumsdirektor, Hamburg.

Johannes Conrad,
Professor der Nationalökonomie, Halle.

Franz von Defregger,
München.

Richard Dehmel,
Hamburg.

Adolf Deißmann,
Professor der protest. Theologie, Berlin.

Prof. Wilhelm Dörpfeld,
Berlin.

begann. Nichts wäre einfacher gewesen, als eine groß angelegte Propagandaaktion gegen die Alliierten zu starten, deren völkerrechtswidrige Wirtschaftsblockade schließlich dazu geführt hatte, dass viele Tausende Kinder an Unterernährung oder Mangelkrankheiten starben. Aber nichts dergleichen geschah, weil die verantwortlichen deutschen Politiker und Beamten der Auffassung waren, eine Darstellung von Nöten der Bevölkerung würde den Alliierten beweisen, dass deren Strategie des Hungerkrieges gegen Deutschland erfolgreich war. Dagegen bemühte man sich, die wegen der Versorgungs- und Hungerkrisen rapide sinkende Stimmung der Bevölkerung durch ironische Bilder und Texte aufzuhellen, etwa mit den massenhaft verbreiteten »Kriegskochbüchern«, in denen beispielsweise Rübengerichte zu einem kulinarischen Genuss verklärt wurden. Der über Unmengen von Werbemarken verbreitete Slogan »Gott strafe England« hatte sich mittlerweile abgenutzt und vermochte keine besondere Wirkung mehr zu entfalten.

Eine andere, nicht minder verfehlte Variante der deutschen Propaganda war der Versuch, die Stimmung und Zuversicht der Bevölkerung gleichsam auf dem Verwaltungswege zu verbessern. Die seit August 1916 amtierende 3. Oberste Heeresleitung (OHL) unter der Doppelspitze Hindenburg-Ludendorff legte unmittelbar nach ihrem Antritt ein Rüstungs- und Wirtschaftsprogramm auf, das sogenannte Hindenburg-Programm, das neben einer verstärkten wirtschaftlichen Mobilisierung für den Krieg auch gezielte Propaganda zur Stärkung der »Kriegsmoral« enthielt. So wurde für die Soldaten im Juli 1917 der »Vaterländische Unterricht« eingeführt, und auch die Bevölkerung daheim sollte durch entsprechendes Bildmaterial und patriotische Schriften mit neuer Siegeszuversicht erfüllt werden. Bei der konkreten Umsetzung dieser Maßnahmen kam es allerdings immer wieder zu Irritationen und Reibereien zwischen der zivilen Reichsregierung, vor allem dem »Kriegspresseamt«, das die Presse lenken sollte, und den militärischen Kommandobehörden im Reich, den Stellvertretenden Generalkommandos, die für die eigentliche Pressezensur zuständig waren. Insgesamt existierte ein kaum mehr zu überschauender Apparat aus den verschiedenen militärischen und zivilen Behörden, die niemals sinnvoll und zielbewusst zusammenarbeiteten und deren Leistungen in keinem Verhältnis zu dem betriebenen Aufwand standen. Auch der soldatische Teil der Hindenburg'schen Propagandainitiative fiel eher mäßig aus. Der »Vaterländische Unterricht« wurde von den Soldaten an der Front als eine langweilige Instruktionsstunde empfunden, die mit der Realität des Krieges kaum etwas zu tun hatte. Wiederholt kritisierten die für diese Aufgabe abgestellten »Unterrichtsoffiziere« den Umstand, dass diese Art der Propaganda die Masse der Soldaten nicht erreichen würde. Der erhoffte *furor teutonicus* der ersten Kriegsmonate mochte sich nicht mehr einstellen.

Zu den wenigen zumindest auf mittlere Sicht erfolgreichen Schöpfungen der deutschen Propaganda gehörte die Mythisierung von Schlachtenorten, an denen strategisch bedeutsame oder besonders verlustreiche Kämpfe stattgefunden hatten. Hierbei vermengten sich Tatsachen mit Interpretationen und Phantasien zu kollektiven Erinnerungen, die den Weltkrieg überdauerten und ihre eigentliche Wirkung erst sehr viel später entfalteten. Zu den bekanntesten Schlachtenmythen zählten Tannenberg, Verdun und Langemarck. Besonders der Langemarck-Mythos erwies sich als eine geradezu ideale Plattform, um ein eigentlich unbedeutendes

23. »Gott strafe England«. Aufkleber, wie sie beispielsweise auf Briefumschläge geklebt wurden

militärisches Ereignis in einen nationalen Mythos zu verwandeln. Der fehlgeschlagene, verlustreiche Durchbruchsversuch einiger vermutlich unzureichend ausgebildeter, überwiegend aus Kriegsfreiwilligen zusammengesetzter Regimenter unweit der belgischen Stadt Ypern Anfang November 1914 wurde in einer von der OHL herausgegebenen Mitteilung zu einem moralischen Sieg verklärt. Der wohl bekannteste deutsche Heeresbericht des Weltkriegs lautete: »Westlich Langemarck brachen junge Regimenter unter dem Gesange ›Deutschland, Deutschland über alles‹ gegen die erste Linie der feindlichen Stellungen vor und nahmen sie.« An dieser Meldung, die von den meisten deutschen Zeitungen in den folgenden Tagen auf der Titelseite gebracht wurde, stimmte so gut wie nichts. Selbst die Erwähnung des wegen seines markigen Klangs gewählten Orts Langemarck(-Poelkapelle) war eine Irreführung; in Wahrheit fand der Angriff am 10. November zwischen den flandrischen Dörfern Bixschote und Noordschote statt. Dennoch verdichtete sich die romantische Legende von den sich für das Vaterland opfernden jugendlichen (studentischen) Regimentern, die unter dem Absingen patriotischer Lieder gegen einen übermächtigen Feind vorgestürmt waren, zu einem »haltbaren Mythos« (Bernd Hüppauf). Seinen Höhepunkt erlebte dieser Mythos nach 1933: Langemarck diente den Nationalsozialisten als Namensgeber für allerlei pädagogische und militärische Aktivitäten, die von Schulen und Universitäten, der Hitler-Jugend, dem Erziehungsministerium (Langemarck-Stipendien) und schließlich von der Wehrmacht getragen wurden.

Auf Veranlassung des preußischen Kriegsministeriums wurde im Januar 1917 das Bild- und Filmamt (BUFA) geschaffen, das für die deutsche Film- und Fotopropaganda zuständig war. Aus dem BUFA ging später die überaus erfolgreiche, im gleichen Jahr auf Initiative Ludendorffs gegründete Universum Film AG, die bekannte UFA, hervor. Dem BUFA gelang es, moderne Medien gezielt für die Propaganda einzusetzen, insbesondere durch die regelmäßigen Film-Wochenschauen sowie durch einige aufwendige Propagandafilme. Besonders bemerkenswert ist hier der von der BUFA produzierte, im Januar 1917 uraufgeführte Film »Bei unseren Helden an der Somme«. Der Film war entlang von zwei Erzähl- und Argumentationssträngen konzipiert: Zum einen sollte er die »Barbaren«-Propaganda der Alliierten widerlegen, zum anderen der Heimat das Leben der Soldaten an der Front nahebringen. Gezeigt wird, wie britische und französische Gefangene medizinisch betreut und französische Zivilisten in Sicherheit gebracht werden, wie deutsche Soldaten der einheimischen Bevölkerung bei der Ernte helfen, wie sie den Schulunterricht organisieren, und überhaupt, wie gut sie es verstehen, den Krieg zivilisiert und seine Folgen für die feindliche Bevölkerung erträglich zu gestalten. Was die dargestellten Kriegsszenen angeht, so waren diese derart linkisch und zudem unrealistisch aufgeführt (und keineswegs an der Front, sondern in

24. »Westlich Langemarck brachen junge Regimenter unter dem Gesange ›Deutschland, Deutschland über alles‹ gegen die erste Linie der feindlichen Stellungen vor und nahmen sie.« Postkarte der Langemarck-Spende der Deutschen Studentenschaft, um 1930

einem Berliner Freilichtstudio abgedreht), dass schon die Zeitgenossen die Szenen als lächerliche Inszenierungen abtaten.

Den großen Unterschied zur Propaganda der Entente mag ein Vergleich mit dem bereits im August 1916 – also noch während die eigentliche Schlacht tobte – uraufgeführten englischen Propagandafilm »The Battle of the Somme« zeigen. Auch dieser Film hatte natürlich klar ersichtliche propagandistische Botschaften und Zielsetzungen. Er wollte der englischen Bevölkerung in der Heimat vermitteln, dass die militärische Führung den Krieg an der Front hervorragend organisiert hatte und die alliierten Truppen überaus erfolgreich waren. Aber im Unterschied zu den »Helden an der Somme« sparte der englische Film nicht an realistischen Szenen: Kampfhandlungen und Verwundungen, der schwere Dienst der Frontsoldaten, die durch den Krieg zerstörte Landschaft. Das alles unterlegt mit der Botschaft, dass das soldatische Heldentum eben darin bestehe, diese ungeheuren Strapazen und Widrigkeiten zu ertragen. Das Ergebnis war, dass der Film von den Zuschauern gleichsam

25. Ein Soldatenkino der Württembergischen Armee in Villers-le-Sec/Nordfrankreich

als ein »official record of the great advance« (offizielles Dokument des großen Angriffs) wahrgenommen wurde. Auf diese Weise gelang es, das sich bereits zum Zeitpunkt der Uraufführung abzeichnende militärische Desaster der Alliierten an der Somme in einen Triumph britischer Beherztheit und Siegeszuversicht zu verwandeln.

Zu solchem Realismus war die deutsche Propaganda während des Krieges zu keinem Zeitpunkt fähig. Ihre beschützende Vorsichtigkeit, ja, Betulichkeit hatte zur Folge, dass die Kriegsentbehrungen in der Heimat und die Ereignisse an der Front von den Menschen nicht in einen sinnstiftenden Zusammenhang gesetzt wurden. Die individuellen Nöte der Familien und die Tragödien der gefallenen und verwundeten Väter, Söhne und Ehemänner ließen sich, anders als bei den Briten, nicht in eine gesellschaftliche Verpflichtung gegenüber den »Helden« an der Front überführen. Front und Heimat blieben in Deutschland sehr viel weiter voneinander entfernt, als dies in den kriegführenden alliierten Ländern der Fall war.

Literatur

Albes, Jens, Worte wie Waffen. Die deutsche Propaganda in Spanien während des Ersten Weltkriegs, Essen 1996.

British Silent Cinema and the Great War, hg. v. Michael Hammond u. Michael Williams, Basingstoke 2011.

A Call to Arms. Propaganda, Public Opinion, and Newspapers in the Great War, hg. v. Troy Paddock, Westport, CT u. a. 2004.

Deist, Wilhelm, Zensur und Propaganda in Deutschland während des Ersten Weltkrieges, in: Ders., Militär, Staat und Gesellschaft. Studien zur preußisch-deutschen Militärgeschichte, München 1991, S. 153–163.

Eisermann, Thilo, Pressephotographie und Informationskontrolle im Ersten Weltkrieg, Hamburg 2000.

Der Erste Weltkrieg im Film, hg. v. Rainer Rother u. Karin Herbst-Meßlinger, München 2009.

Flasch, Kurt, Die geistige Mobilmachung. Die deutschen Intellektuellen und der Erste Weltkrieg. Ein Versuch, Berlin 2000.

Hanna, Martha, The Mobilization of Intellect. French Scholars and Writers during the Great War, Cambridge, MA 1996.

Hüppauf, Bernd, Schlachtenmythen und die Konstruktion des ›Neuen Menschen‹, in: »Keiner fühlt sich hier mehr als Mensch ...«. Erlebnis und Wirkung des Ersten Weltkriegs, hg. v. Gerhard Hirschfeld, Gerd Krumeich, Irina Renz, Frankfurt a. M. 1996, S. 53–103.

Jeismann, Michael, Propaganda, in: Enzyklopädie Erster Weltkrieg, S. 198–209.

Krumeich, Gerd, »Wacht an der Somme«. Der Erste Weltkrieg als Propagandaschlacht, in: Der Erste Weltkrieg. Die Urkatastrophe des 20. Jahrhunderts, hg. v. Stephan Burgdorff u. Klaus Wiegrefe, München 2004, S. 84–90.

Lasswell, Harold, Propaganda Technique in World War I, Cambridge, MA 1971.

Lipp, Anne, Meinungslenkung im Krieg. Kriegserfahrungen deutscher Soldaten und ihre Deutung 1914–1918, Göttingen 2003.

Picture This: World War I Posters and Visual Culture, hg. v. P. James, Lincoln 2009.

Rother, Rainer, »Bei unseren Helden an der Somme«. Eine deutsche Antwort auf die Entente-Propaganda, in: Kintop 4. Anfänge des dokumentarischen Films, Frankfurt a. M. 1995, S. 123–142.

Sanders, M. L. u. P. M. Taylor, British Propaganda during the First World War 1914–1918, London 1982.

Ungern-Sternberg, Jürgen von u. Wolfgang von Ungern-Sternberg, Der Aufruf ›An die Kulturwelt‹. Das Manifest der 93 und die Anfänge der Kriegspropaganda im Ersten Weltkrieg, Stuttgart 1996.

Vrai et faux dans la Grande Guerre, hg. v. Christophe Prochasson u. Anne Rasmussen, Paris 2004.

Welch, David, Germany, Propaganda and Total War, 1914–1918. The Sins of Omission, New Brunswick, N. J. 2000.

6 Heimatfront

Der patriotische Überschwang bei Kriegsbeginn konnte nur mühsam die Gefühle der Bedrohung und der Unsicherheit verdecken, die damals viele Menschen ergriffen hatten. Überraschend war das keineswegs angesichts eines kriegerischen Ereignisses, für das die Zeitgenossen keine konkreten Erfahrungen und Handlungsvorgaben besaßen. Ein Zeichen hierfür war der Ansturm auf Banken und Sparkassen bereits in den ersten Augusttagen, als vor allem Kleinsparer ihre Guthaben abzuheben suchten. Vor vielen Lebensmittelläden bildeten sich lange Schlangen. Es kam zu Hamsterkäufen, was wiederum enorme Preissteigerungen bei einigen Nahrungsmitteln zur Folge hatte. Zeitungen berichteten, dass vielfach die Mietzahlungen eingestellt worden seien. Das führte bereits im August 1914 zu einem gesetzlichen Moratorium der Mieten. Auch andere Überweisungen und Zahlungsverpflichtungen wurden mit dem Hinweis auf die Ausnahmesituation des Krieges storniert. Gewiss waren dies eher Einzelfälle, die zudem häufig von einer sozialen Schieflage oder Notsituation herrührten, aber sie widersprachen doch der damals vonseiten der Regierung vertretenen Auffassung, dass Deutschland auf diesen Krieg bestens vorbereitet sei. Das Gegenteil war der Fall: Für die notwendige Umstellung von einer Friedens- auf eine Kriegswirtschaft hatten die Verantwortlichen kaum Vorsorge getroffen.

Im August 1914 waren sich nur wenige deutsche Politiker über die gewaltigen Anforderungen im Klaren, die ein lange andauernder Krieg an die Wirtschaft und die Finanzen des Landes stellen würde. Die meisten Politiker wie auch die Militärs *aller* kriegführenden Staaten gingen zunächst von einer kurzen militärischen Kampagne aus. Deshalb waren sie davon überzeugt, mit den bei Kriegsbeginn erlassenen Regelungen und Gesetzen den unmittelbaren Anforderungen bereits Genüge getan zu haben, in Deutschland etwa durch die erleichterte Einfuhr von Lebensmitteln und Düngemitteln. Weder Deutschland noch Österreich-Ungarn, die zusammen lediglich über ca. 46 Prozent der Bevölkerungen und ca. 61 Prozent des gesamten Sozialprodukts der drei Ententestaaten Russland, Frankreich und Großbritannien (ohne Kolonien) verfügten, konnten sich einen langen Krieg leisten. Aber davon war keine Rede – stattdessen hieß es immer wieder, dass die Soldaten spätestens Weihnachten wieder zu Hause sein würden. Die nur mühsam kaschierte deutsche Niederlage an der Marne hätte ein Warnsignal sein müssen. Doch erst ein gravierender, zunehmender Mangel an Munition, die sogenannte Munitionskrise, die sich spätestens Ende Oktober 1914 an allen deutschen Fronten empfindlich bemerkbar machte, veranlasste Militärs und Politiker, nunmehr die Umstellung der Wirtschaft auf einen länger währenden Krieg ins Auge zu fassen.

Im Verlauf des Krieges verringerte sich die industrielle Produktion um beinahe die Hälfte. Ebenfalls stark rückläufig war die Ertragslage der heimischen Landwirtschaft. Die deutschen Bauern erzeugten etwa ein Drittel weniger als vor 1914, weil Pferde und Maschinen fehlten, die Zahl der Beschäftigten zurückging und weil es allgemein an Dünger und Saatgut mangelte. Der Mangel an bisher importierten Rohstoffen zwang die deutsche Wirtschaft, diese zu bewirtschaften, sie umständlich zurückzugewinnen oder, nicht weniger aufwendig, Ersatzstoffe zu produzieren. »Ersatz« wurde ein geflügeltes Wort, und die Anleitungen für die Beschaffung von Ersatzlebensmitteln, aber häufig auch minderwertigen Surrogaten, nahmen einen immer breiteren Raum ein. Ablesen lässt sich dies unter anderem an den zahllosen, immer wieder neu an die wirtschaftliche Situation angepassten Kriegskochbüchern.

Der private Konsum, obwohl derart wichtig für die Moral an der »Heimatfront«, war in Deutschland das Stiefkind der Kriegswirtschaft. Während sich die Versorgungs- und Ernährungslage in Frankreich und Großbritannien trotz der Lebensmittelrationierungen einigermaßen erträglich gestaltete, musste die Bevölkerung in Deutschland ihren Konsum im Verlauf des Krieges erheblich einschränken. Teilweise lag dies an den Auswirkungen der englischen Seeblockade, teilweise aber auch an einem überbürokratisierten und daher ineffizienten Bewirtschaftungssystem, das keine gerechte Verteilung der Nahrungsmittel zustande brachte. Der bereits 1914 unternommene Versuch der Regierung, Höchstpreise für Lebensmittel einzuführen, um so die Versorgung der Bevölkerung sicherzustellen, führte schließlich in die »Sackgasse staatlicher Zwangswirtschaft« (Hans-Peter Ullmann).

Es passierte übrigens nichts, oder fast nichts, wenn jemand die staatlichen Verordnungen missachtete; zudem war völlig unklar, wer deren Durchsetzung gegebenenfalls erzwingen sollte. Zu welchem Aberwitz dieses bürokratische System führte, zeigt der berüchtigte »Schweinemord« im Frühjahr 1915. Die Höchstpreis-Verordnungen im Herbst 1914 hatten dazu geführt, dass die Getreidevorräte des Deutschen Reichs auf etwa die Hälfte des für 1914 erwarteten Umfangs zurückgingen. Das lag vor

26. Kriegskochbuch von Elly Petersen, Dachau 1915

allem daran, dass viele Bauern wegen der nachlassenden Preise ihre Getreide und Kartoffeln lieber an die eigenen Schweine verfütterten.

Auf Anordnung des Bundesrats erfolgte deshalb im März und April 1915 eine amtliche Zählung sämtlicher Schweine im Deutschen Reich mit der Absicht, überschüssiges Vieh zwangsweise zu schlachten. Die Gemeinden wurden verpflichtet, Fleischvorräte anzulegen, wofür ihnen sogar das Eigentum an den Schweinen übertragen wurde, das heißt die Bauern mussten ihre Tiere zu einem festgesetzten Preis verkaufen. Das Ergebnis war, dass bis zum Mai ca. 2,5 Millionen Schweine zusätzlich geschlachtet wurden. Dies wiederum resultierte in riesigen Fleischvorräten, die aber nicht hinreichend konserviert werden konnten und deshalb großenteils verdarben. Die Folge war ein gigantischer Anstieg der Fleischpreise. Überdies hatte die Schweineschlachtung dazu geführt, dass

Beispiel aus dem »Verordnungsmoloch« der deutschen Wirtschaft im Krieg

Durch Verordnung des Bundesrats werden die im Deutschen Reiche vorhandenen Vorräte an Gerste, die bei dem einzelnen Besitzer 10 Doppelzentner übersteigen, beschlagnahmt. Halter von Zugtieren und Pferden, sowie Unternehmer landwirtschaftlicher Betriebe dürfen ihre Vorräte zum Füttern in der eigenen Wirtschaft verwenden, Landwirte aus ihren Vorräten das zur Frühjahrsbestellung erforderliche Saatgut zur Saat verwenden. Bierbrauereien dürfen aus ihren Vorräten nur so viel Gerste verarbeiten, wie zur Herstellung ihrer Malzkontingente noch erforderlich ist. Die Verordnung führt Anzeigepflicht für jedermann ein, der mit dem Beginn des 12. März 1915 mehr als 10 Doppelzentner Gerste oder mehr als einen Doppelzentner Mengkorn aus Gerste und Hafer in Gewahrsam hat. Die Verteilung der verfügbaren Gerstenvorräte über das Reich bis zur nächsten Ernte wird der Zentralstelle zur Beschaffung der Heeresverpflegung übertragen. (...) Gleichzeitig werden die Höchstpreise für inländische Gerste gegenüber dem Dezemberpreis um 50 Mark für die Tonne erhöht.«

aus: Wippermann's deutscher Geschichtskalender, 9. März 1915 die Bauern anstelle der Viehhaltung vermehrt Kartoffeln anbauten, so dass der Markt nun mit Kartoffeln überschwemmt wurde. Das ließ deren Preis stark sinken, so dass der Kartoffelanbau zunehmend unwirtschaftlich wurde. Die Widersprüche dieses privat-kapitalistischen Systems in der Zwangsjacke staatlicher Notverordnungen und Dirigismen lassen sich folgendermaßen beschreiben: Merkmal der Kriegsernährungswirtschaft war, dass die Preise immer erst dann festgelegt wurden, wenn sie den Behörden zu hoch schienen. »Ein zusammenhängender Plan existierte zunächst nicht« (Gerd Hardach). Die zwangsläufige Folge war das Aufkommen eines lebhaften Schwarzmarkts.

Während sich die Situation in der Ernährungs- und Landwirtschaft zu einer ernsthaften und zudem dauerhaften Belastung für die deutsche Kriegswirtschaft auswuchs, gestalteten sich andere Bereiche durchaus positiv. So war es überraschend schnell gelungen, die Kreditkrise zu Beginn des Weltkriegs aufzufangen und das Vertrauen der Bevölkerung in die Goldmark wiederherzustellen. Auch die mit Kriegsbeginn einsetzende massenhafte Arbeitslosigkeit von 22 Prozent, die vor allem durch das Wegbrechen der Exportwirtschaft und die Um- bzw. Neuorientierung zahlreicher Unternehmen auf Kriegsproduktion verursacht wurde, entwickelte sich rückläufig. In erster Linie war dies das Ergebnis der gesteigerten Nachfrage nach rüstungswichtigen Gütern wie auch eines durch den Krieg generell veränderten Konsumverhaltens der Menschen. Erfolgreich verlief in Deutschland auch die Wiederbesetzung von Arbeitsstellen der zum Kriegsdienst eingezogenen Beschäftigten. Dies gelang allerdings besser in den großen Unternehmen, während kleinere Industrie- und Handwerksbetriebe oftmals große Probleme hatten, ihre mobilisierten Arbeiter und Angestellten zu ersetzen. Insgesamt ging der Anteil der industriellen Arbeiterschaft während des gesamten Krieges um etwa acht Prozent zurück. Zudem verschoben sich die Beschäftigungsstrukturen innerhalb der Unternehmen: Die erwachsenen männlichen Beschäftigten wurden durch jugendliche, häufig erst angelernte Arbeiter, später auch durch Kriegsgefangene und Fremdarbeiter sowie sukzessive durch Frauen ersetzt. Zwar blieben die Zahlen der weiblichen Beschäftigten hinter den offiziellen Erwartungen zurück, zumal nicht wenige Unternehmer erhebliche Vorbehalte gegenüber Frauen auf »Männerarbeitsplätzen« hegten. Stellenweise mussten Frauen Erklärungen unterschreiben, dass sie die von ihnen eingenommenen Plätze nach dem Kriegsende freiwillig wieder räumen würden. So kam es in der ersten Phase des Krieges zu der befremdlichen Situation auf dem deutschen Arbeitsmarkt, dass einerseits die Frauenarbeitslosigkeit zunächst vergleichsweise hoch lag, dass andererseits aber eine Vielzahl von offenen »Männerarbeits«-Stellen nicht besetzt werden konnte. Erst im Verlauf des Krieges stieg der Anteil der Frauenbeschäftigung, insbesondere im Bereich der kriegsindustriellen Zweige (Maschinen-, Metall-, Elektro- und Chemischer Industrie), während sie in den klassischen »Frauenbranchen« (Textil und Bekleidung) rückgängig war. Besonders die nach wie vor schlechter als ihre männlichen Kollegen entlohnten Munitionsarbeiterinnen stammten häufig aus jenen industriellen Branchen, die durch den Krieg beeinträchtigt oder gar zum Erliegen gekommen waren.

Stark rückläufig entwickelten sich auch die Beschäftigungsverhältnisse von Dienstboten in den bürgerlichen Haushalten, also einem der klassischen Felder der Frauenarbeit vor dem Ersten Weltkrieg. Der Grund für den relativ hohen Anteil an Frauen in der deutschen Kriegswirtschaft lag also weniger in der von der heimischen Propaganda gefeierten vaterländischen Mobilisierung als vielmehr in den sich seit Jahren vollziehenden strukturellen Veränderungen auf dem weiblichen Arbeitsmarkt. Auch die angebliche »emanzipierende Wirkung« des Weltkriegs wird oft überschätzt; sie entpuppte sich nicht nur in Deutschland, trotz der Erschließung neuer Tätigkeitsfelder für Frauen, als eine »Emanzipation auf Leihbasis« (Ute Daniel). Zwar verhalfen Kriegsniederlage und Revolution den deutschen Frauen bereits 1919 zum allgemeinen Wahlrecht – verglichen mit anderen westlichen Ländern war dies eine echte Errungenschaft –, aber die soziale Realität in den Fabriken und Betrieben sah ernüchternd aus. Die meisten Frauen mussten nach Kriegsende die ihnen während des Krieges zugewiesenen »Männerarbeitsplätze« wieder räumen. Allerdings gab es auch Arbeiterfrauen, die durchaus froh waren, ihren Platz für die Männer räumen und sich der Familie widmen zu können.

Für die »Kriegerfamilien«, wie die Familien der Soldaten genannt wurden, vor allem für Frauen und Kinder, deren Ehemänner und Väter an der Front standen, stellte der Krieg eine besondere Herausforderung dar. Neben die tägliche Anteilnahme am Schicksal des Familienvaters trat für viele Familien die Sorge um die Aufrechterhaltung des bisherigen – für viele ohnehin niedrigen – Lebensstandards. Trotz staatlicher Ausgleichszahlungen und anderer sozialpolitischer Maßnahmen, wie etwa dem bereits erwähnten Einfrieren der Mieten schon im August 1914, brachte der Krieg zunächst eine starke Minderung des Familieneinkommens wie auch der öffentlichen Versorgungsleistungen. So stand beispielsweise der Familie eines Berliner Facharbeiters mit vier Kindern anfänglich weniger als die Hälfte des Vorkriegseinkommens (etwa 128 Mark) zur Verfügung. Oftmals musste der staatlich gezahlte Unterhalt für die Kinder zur Grundsicherung der Familien beitragen. Waren weniger oder gar keine Kinder vorhanden, so betrug das Durchschnittseinkommen häufig nur noch ein Drittel oder gar ein Viertel des vor dem Krieg üblichen Verdienstes. Das reichte mitunter gerade einmal für die Miete. Angesichts dieser prekären Lebensverhältnisse und Notsituationen oblag es in der Regel den Gemeinden, den Bedürftigen finanzielle Hilfe zu leisten. Die auszuzahlenden Unterhaltssätze waren zwar bei Kriegsbeginn ange-

27. In der Oberpostdirektion in Bromberg werden Frauen beim Sortieren von Feldpostsendungen eingesetzt

hoben worden, aber sie waren immer noch sehr niedrig: In Not geratene Familien erhielten in den Sommermonaten neun Mark monatlich, im Winter zwölf Mark; der Regelsatz für jedes Kind (seit August 1914 waren uneheliche den ehelichen Kindern gleichgestellt) betrug sechs Mark pro Monat. Trotz dieser vergleichsweise bescheidenen Leistungen fehlten manchen Kommunen die Mittel, um den veranschlagten Unterhalt in voller Höhe auszuzahlen. Damit sie den bedrängten Familien, aber auch verarmten Einzelpersonen, dennoch helfen konnten, organisierten die Gemeinden karitative Programme, häufig in Zusammenarbeit mit kirchlichen oder anderen Hilfsorganisationen. So eröffnete die Stadt Freiburg gemeinsam mit dem Roten Kreuz bereits im Spätsommer 1914 drei Werkstätten in der dortigen Altstadt, in denen in den ersten vier Monaten des Kriegs etwa 2000 Frauen, gegen geringe Bezahlung, Näharbeiten verrichteten. Andere Städte und Gemeinden wiederum fanden sich sogar bereit, die kärglichen Sätze durch eigene Zuschüsse aufzustocken, so dass in Deutschland insgesamt ein Flickenteppich an sozialer Fürsorge existierte. Ende 1915 waren ca. vier Millionen Familien von staatlicher Hilfe abhängig, also nahezu ein Drittel der deutschen Familien. Und dabei lag die schlimmste Zeit noch vor ihnen.

Doch nicht nur für die Arbeiterschaft und deren Familien brachte der Krieg heftige finanzielle Einbußen und soziale Verwerfungen mit sich, auch im Bürgertum hinterließ er gravierende Spuren. Bemerkenswerterweise fiel der Rückgang des Einkommens besonders bei den Staatsbediensteten und hier wiederum bei der höheren Beamtenschaft überaus drastisch aus. So sank das durchschnittliche Realeinkommen der Höheren Beamten in der Zeit von 1913 bis 1919 um mehr als die Hälfte (auf ca. 40 Prozent des Vorkriegsgehalts), während den Mittleren und den Unteren Beamten 55 bzw. 90 Prozent des Vorkriegsgehalts blieben. Die staatlichen Einsparungen bei Gehältern und Pensionen der Beamten sowie der allgemeine Verlust an Kaufkraft bewirkten eine zunehmende »Erosion ihrer ökonomischen Basis« (Hans-Ulrich Wehler). Um den gewohnten Lebensstandard einigermaßen aufrechtzuerhalten, mussten nicht wenige Staatsbedienstete auf ihre Ersparnisse und Geldanlagen zurückgreifen. Zu diesen objektiven Einbußen kam ein von vielen als zutiefst ungerecht empfundener sozialer Statusverlust. Die Unteren Beamten, etwa jene der Post und der Eisenbahn, erlitten zwar vergleichsweise geringe Einbußen, doch fiel ihre Besoldung damit sogar hinter die Löhne der Rüstungsarbeiter zurück und sie verdienten nun im Durchschnitt erheblich weniger als die Angestellten des privaten Sektors. Aber auch deren Gehälter konnten, gemessen am Vorkriegsniveau, nicht mit den zwischenzeitlich gestiegenen Löhnen der Industrie- und Rüstungsarbeiter mithalten, so dass auch viele Angestellte unter sozialen Ängsten litten. Kurzum: Beamte und Angestellte, die beiden Kerngruppen des »alten Mittelstands«, gehörten – objektiv wie gefühlt – zu den gesellschaftlichen Verlierern des Weltkriegs an der deutschen Heimatfront.

Diese soziale Erfahrung des Krieges blieb auch den finanziell besser gestellten Angehörigen des deutschen Bildungsbürgertums nicht erspart. Selbst Universitätsprofessoren sahen sich mit einem ständigen Rückgang ihres Realeinkommens und dem fortgesetzten Kaufkraftverlust der Goldmark konfrontiert. Dazu kamen die Folgen der staatlichen Zwangsbewirtschaftung und der Rationierungen angesichts von Versorgungsengpässen bei Nahrungsmitteln und Bedarfsartikeln des täglichen Lebens. In seinem mit buchhalterischer Nüchternheit geführten »Kriegstagebuch« beschrieb der Heidelberger Historiker Karl Hampe die fortwährende Suche der Familie nach Ersatzlebensmitteln und die mühsame Selbstversorgung aus dem eigenen Garten: »Die Stadt liefert zunächst nur einen Teil der zugesagten Kartoffeln; hoffentlich nicht zu schlechte Qualität. Lotte macht allerlei Experimente mit Kartoffelkuchen und dergleichen als Brotersatz. Glücklicherweise haben sich unsere Nachbarn Professor Fraenkel (...) eine Kuh angeschafft und geben uns auch täglich 1 Liter Milch ab, während wir in letzter Zeit trotz der fünf Kinder öfter überhaupt keine bekommen konnten. Der Butter haben wir uns fast ganz entwöhnt; man entbehrt sie nicht, wenn man noch Marmelade hat; viele Lebensmittel sind jetzt auf das Dreifache des Friedenspreises gestiegen. Hinsichtlich des Zuckermangels hat man sich auch schon einen weniger süßen Geschmack angewöhnt.« (Eintrag vom 12. November 1916)

Entscheidend für das leidliche Funktionieren der Kriegsgesellschaft in Deutschland war zweifellos der Beitrag, den die Frauen an der Heimatfront leisteten. Die eher traditionellen Tätigkeiten vieler Frauen – im Haushalt, in Pflege- und Heilberufen, bei Arbeiten in der Landwirtschaft – bezeichneten Politiker und Militärs als Teil der »vaterländischen Pflichterfüllung« und propagierten, dies sei nunmehr ein durchaus eigenständiger, weiblicher Kriegsbeitrag. Ähnlich äußerten sich auch die überwiegend bürgerlichen Frauenverbände, allen voran der bereits 1866 (von der späteren ersten deutschen Kaiserin Augusta) ins Leben gerufene, überaus konservative Vaterländische Frauenverein. Dieser appellierte bereits am zweiten Kriegstag (2. August) an die selbstlose Opferbereitschaft der deutschen Frauen: »Zur Verteidigung unseres teuren Vaterlandes zieht Deutschlands Heer das Schwert für Kaiser und Reich. Unsere Männer, Söhne und Brüder eilen zu den Fahnen, freudig bereit, mit Gott für König und Vaterland Blut und Leben einzusetzen. Von Deutschlands Frauen und Mädchen erwartet das Vaterland die gleiche Hingabe und die gleiche Opferfreudigkeit wie von seinen Söhnen.« Kaum weniger theatralisch beschrieb die einflussreiche Vorsitzende des Bundes Deutscher Frauenvereine, die liberale Politikerin Gertrud Bäumer, später ihr persönliches Augusterlebnis: »Das Einswerden, dies rauschende Zusammenfließen unserer Volkskraft in einem ehernen Willen, die heroische Stimmung unserer Truppen, die tausend kleinen Züge, in denen die große Gesinnung des Volkes sich zeigt: auf das alles antwortete unsere Seele – und antwortet sie noch jeden Tag – mit heiligen Schauern, die wir so groß, so bis in die Tiefe aufwühlend nicht kannten.« Die von der bürgerlichen Frauenbewegung mit derartigem Pathos beschworene Gleichberechtigung im Weltkrieg fand ihren entsprechenden Ausdruck in der Metapher vom »Burgfrieden der Geschlechter« (Susanne Rouette).

In der Realität war von der propagierten gleichberechtigten Teilhabe an der »Verteidigung des Vaterlands« wenig festzustellen. Eine Dienstpflicht für Frauen, wie sie der Chef der 3. Obersten Heeresleitung Ludendorff nach den verlustreichen Schlachten vor Verdun und an der Somme gefordert hatte, scheiterte im Spätherbst 1916 am Einspruch von Generalquartiermeister Wilhelm Groener, dem einflussreichen Leiter des neuen Kriegsamts. Ihm schloss sich schließlich auch Reichskanzler Bethmann Hollweg an: »Die Einführung einer allgemeinen Dienstpflicht für Frauen würde eine verfehlte Maßnahme bedeuten, der zudem auch in wirtschaftlicher, sittlicher und sozialer Hinsicht die allerschwersten Bedenken entgegenstehen.«

Frauen sollten sich daher ausschließlich in jenen Rollen betätigen, die ihnen die männlich dominierte wilhelminische Gesellschaft bereits lange vor dem Krieg zugewiesen hatte: als aufopfernde Krankenschwestern und Pflegerinnen, als einsatzbereite (Etappen-)Helferinnen und engagierte Fürsorgerinnen sowie als sorgende Hausfrauen und Mütter. Frauen hatten somit jenem Ideal des Weiblichen nachzueifern, das die »Natur« vorgeblich für sie bereitgestellt hatte. Insbesondere die Krankenpflege in den Lazaretten hinter der Front wie auch in den Spitälern und Erholungsheimen in der Heimat erwies sich als ein bevorzugtes Betätigungsfeld für Frauen aus dem gehobenen Bürgertum. Die insgesamt rund 92 000 in den Militärlazaretten eingesetzten, durchweg schlecht bezahlten und häufig einer strengen Disziplin unterworfenen Krankenschwestern und Pflegerinnen stellten etwa zwei Fünftel des gesamten deutschen Sanitätspersonals. Allerdings war das Bild der »Schwester des kranken Kriegers« (Regina Schulte), der Krankenschwester im Fronteinsatz, uneinheitlicher, als die patriotischen Verlautbarungen der Frauenverbände oder auch die beschönigende »Lazarettschwester-Literatur« der 1930er Jahre dies offenbarten. Nach wie vor stammte die Mehrzahl des weiblichen Pflegepersonals in den Feldlazaretten des Weltkriegs aus den Schwesternhäusern des Roten Kreuzes, der protestantischen Diakonie (seit 1916 zusammen-

Krankenschwester Margarete Josephson am 13. Mai 1915 aus Neu-Sandec/Russisch-Polen an ihre Eltern in Cleve

Wir haben das schlechteste Lazarett erwischt, nur 75 Betten, davon kommen auf einen Saal allein 55, aber 100 (Verwundete) waren es in den ersten Tagen immer, überall standen Bahren, Stroh war im Hof aufgeschüttet und da wurden auch noch Verwundete hingelegt. Der Strom der Verwundeten staute sich hier in den ersten Tagen derartig, man kann sich kaum eine Vorstellung davon machen. Unsere Arbeit wird dadurch erschwert, dass beständiger Zu- und Abtransport ist, was mit Lazarettzügen fort kann, wird bei uns solange untergebracht und die schwersten Fälle werden zu uns gebracht. Es kommt vor, dass ein Bett 5mal am Tag belegt wird, eine Riesenarbeit für die Schwestern, zugleich macht das immer ein großes Loch in meiner Wäschekammer; immer wieder frische Wäsche, es hört einfach nicht auf, noch dazu brauchen die Schwerverwundeten enorm viel Wäsche. (...) Ich komme erst allmählich wieder zu mir von all den überwältigenden, traurigen Eindrücken. All die armen Menschen, die für uns bluten & sterben, denn täglich gibt es Todesfälle.

geschlossen im Kaiserswerther Verband) oder anderer Mutterhäuser. Gleichwohl waren die zumeist noch sehr jungen Frauen auf die Begegnung mit psychisch zutiefst gezeichneten, schwer verwundeten und sterbenden jungen Männern häufig vollkommen unvorbereitet.

Noch eine weitere Gruppe von Frauen, die zahlenmäßig jedoch sehr viel kleiner war, erlebte den Weltkrieg fern der Heimat: die etwa 20 000 Etappenhelferinnen, die als Schreibkräfte, in Wäschereien oder als Küchenpersonal hinter der Front, also in der Etappe, aber auch in den von Deutschland besetzten Gebieten eingesetzt waren. Koordiniert wurde ihr freiwilliger Einsatz von Funktionärinnen des Bundes Deutscher Frauenvereine in enger Absprache mit den Stellvertretenden Generalkommandos, den Militärbefehlshabern in den einzelnen Korpsbezirken des Deutschen Reichs. Im Gegensatz zu den Krankenschwestern stammten die meisten Etappenhelferinnen aus eher kleinbürgerlichen Verhältnissen. Obwohl ihre Tätigkeiten durchaus als weiblich galten, genossen viele von ihnen in der deutschen Öffentlichkeit einen zweifelhaften Ruf. Dabei mag auch eine Rolle gespielt haben, dass man sich in der Heimat nicht so recht vorstellen konnte, was die wenigen Frauen in der Männerwelt des Krieges taten. Verantwortlich für dieses negative Bild waren aber wohl eher die »Männerphantasien« der Krieger – wie dies auch auf die unter Soldaten häufig thematisierte »Erotik in der Krankenpflege« (Magnus Hirschfeld) zutraf. Bezeichnenderweise geriet der Einsatz der deutschen Etappenhelferinnen, der überwiegend hinter den westlichen Frontabschnitten stattfand, nach 1918 rasch in Vergessenheit – anders als der ihrer britischen und US-amerikanischen Kolleginnen.

Der gesteuerte Einsatz der Etappenhelferinnen verweist noch einmal auf die bedeutsame Rolle der Frauenbewegung im Weltkrieg. Unter dem Eindruck des nahenden Krieges hatte die Dachorganisation der bürgerlichen Frauenvereine bereits am 31. Juli 1914 den Nationalen Frauendienst (NFD) ausgerufen, der künftig eng mit den Behörden der Städte und Gemeinden kooperieren sollte. Im NFD arbeiteten die unterschiedlichsten politischen, konfessionellen und gesellschaftlichen Organisationen und Initiativen zusammen. Dass christliche, jüdische, liberale, sozialdemokratische und auch nationalistische Frauenvereine sich gemeinsam für sozial-karitative Belange engagierten, galt in der deutschen Öffentlichkeit als ein weiterer Beleg für die Nachhaltigkeit des bei Kriegsbeginn proklamierten »Burgfriedens«. Zu den vielfältigen Aufgaben, die der NFD in Abstimmung mit den Kommunen übernahm, zählten außer der Kranken- und Verwundetenpflege vor allem die Fürsorge für die »Kriegerfamilien«: Versorgung mit Geld, Kleidern und Lebensmitteln sowie die Vermittlung von Arbeitsstellen für Soldatenfrauen. Daneben betrieben Frauenorganisationen, vornehmlich in den Großstädten, zahlreiche Suppenküchen, Näh- und Stillstuben, Kindertagesstätten und Mütterberatungsstellen. Dort erfuhren die Hausfrauen, wie sie schmackhafte Gerichte herstellen konnten, obwohl ihnen Grundzutaten wie

28. »Wollt Ihr Oel, dann sammelt Bucheckern!« Plakat des »Kriegsausschusses für Oele und Fette« nach einem Entwurf von Julius Gipkens, um 1916

Milch, Eier und Fette fehlten und sie auf »Ersatzlebensmittel« angewiesen waren.

Die Rationierung von Grundnahrungsmitteln (Brot, Mehl) hatte bereits im Januar 1915 begonnen. Der Umfang der rationierten Produkte erweiterte sich seit dem Sommer 1915 ständig und schloss außer Lebensmitteln schließlich auch Kleidung, Schuhe, Brennstoffe und Reinigungsmittel ein, die ebenfalls nur noch gegen Zuteilungsmarken zu erhalten waren. Zudem wiesen zahlreiche Lebensmittel teilweise erhebliche Qualitätsminderungen auf, so dass der Übergang zu »Ersatzstoffen« für manche Verbraucher eher das kleinere Übel war. Kein Mangel herrschte dagegen auf dem sich immer stärker ausbreitenden Schwarzmarkt, dessen Produkte sich allerdings in der Regel nur Gutbetuchte leisten konnten, da die Preise dort leicht das Zehnfache der von den Behörden festgesetzten Höchstpreise erreichten. Dennoch soll offiziellen Schätzungen zufolge gegen Ende des Krieges etwa ein Drittel der deutschen Familien Lebensmittel auf dem Schwarzmarkt erworben haben. Indirekt kamen selbst Soldaten an der Front, wie manche Feldpostbriefe ausweisen, in den Genuss der heimischen Schwarzmarktprodukte. Umgekehrt versorgten diese wiederum ihre Angehörigen mit Erzeugnissen aus der Etappe

Feldpostsekretär Paul Kessler am 18. Dezember 1916 aus Monchy Lagache/Somme an seine Frau in Lahr

Vielleicht, daß ich Deine übrigen Wünsche noch erfüllen kann hinsichtlich Gries, Reis, Zucker, vielleicht, d. h. wenn der Zufall zu Hilfe kommt, denn es ist mir schon sehr schwer geworden, die übrigen Dinge zu bekommen. Ja, die in Belgien und in der Etappe haben gut Eßpakete nach Hause zu schicken, da gibt es solche Dinge noch genug zu kaufen, aber in unserer Region da herrscht nur Zerstörung und Tod. Die wenigen Einwohner, die noch nicht abtransportiert sind, sind bedauernswerte Geschöpfe und führen ein erbärmliches Dasein, die haben selber nichts. Frauen deren Männer in Belgien und in der Etappe sitzen, haben gut reden, wenn man diese Leute hört, dann könnte man allerdings glauben, wir andern kümmern uns nicht um unsere Familien, was wissen denn die wie es bei uns aussieht.

oder den besetzten Gebieten – die freilich großenteils von den dort ebenfalls existierenden Schwarzmärkten stammten.

Vielen Familien gelang es kaum noch, sich regelmäßig und ausreichend zu versorgen. Hinzu kam ein nicht unerheblicher Zeitaufwand, den vor allem die Hausfrauen zu bewältigen hatten, um sich wenigstens mit dem Notwendigsten einzudecken. Stundenlanges Schlangestehen – der Berliner Volksmund nannte dieses eine »Polonaise« – vor Lebensmittelläden, Metzgereien und Brennstofflagern wurde seit 1916 geradezu zum Markenzeichen einer kaum noch funktionierenden Kriegswirtschaft, ebenso wie regelmäßige sogenannte Hamsterfahrten zu den Bauern in der Umgebung der größeren Städte. Nur wenige Familien waren in der Lage, sich durch industrielle Heimarbeit oder die Übernahme außerhäuslicher Tätigkeiten ein geringes Zubrot zu verdienen. In den Städten wichen Blumenrabatten und Balkonpflanzen zunehmend dem Anbau von Gemüse; die Haltung von Hühnern, Kaninchen und Ziegen als Nutztiere und Fleischlieferanten war weit verbreitet.

Der Krieg brachte für die deutsche Heimatfront nicht nur sinkende Reallöhne und steigende Preise, eine unzureichende Versorgung und die ständige Suche nach »Ersatz« sowie darüber hinaus allgemeine Entbeh-

29. Anstehen nach Lebensmitteln, 1916/17

rungen, Unterernährung und Mangelkrankheiten mit sich. Er bedeutete vielfach auch einen Verfall der tradierten moralischen und ethischen Verhaltensweisen und Normen. Der Mangel an Nahrungsmitteln veranlasste manche Menschen zum Diebstahl von Essen, Kleidung und anderen Dingen, die sie dringend zum Überleben benötigten. Auch die von den Behörden festgestellten zahlreichen »Verstöße gegen die öffentliche Ordnung«, etwa nächtliche Ruhestörung oder Widerstand gegen die Staatsgewalt, resultierten häufig aus der schlechten Versorgungs- und Ernährungslage. Laut den Kriminalstatistiken der Jahre 1914 bis 1918 verdoppelte sich die Anzahl der Verurteilungen von Jugendlichen gegenüber der Vorkriegszeit. Besonders bei männlichen Jugendlichen, über die ihre Mütter längst die Kontrolle verloren hatten, lässt sich ein starkes Ansteigen der sogenannten Beschaffungskriminalität feststellen. Zugleich häuften sich in den Zeitungen die Klagen über verwahrloste Jugendliche, die tagelang der Schule fernblieben, um sich am illegalen Schleichhandel zu beteiligen. So stieg etwa in Köln die Zahl der unentschuldigt fehlenden männlichen Schüler von 15 Prozent (1914) auf 48 Prozent (1917), mit anderen Worten: Im vorletzten Kriegsjahr schwänzte in manchen Großstädten fast jeder zweite Schüler den Unterricht.

Vergeblich versuchten die Behörden, dem Verfall der Sitten durch rigorose Vorschriften und Anordnungen Einhalt zu gebieten. So wurde beispielsweise jungen Leuten das Rauchen in der Öffentlichkeit oder der Besuch von Lichtspieltheatern untersagt. Da von diesen Gängelungen in erster Linie Angehörige der Arbeiterschichten betroffen waren, richtete sich deren Unmut verständlicherweise gegen die hier zugrunde liegenden bürgerlichen Moralvorstellungen. Als besonders demütigend wurde die Anordnung einiger stellvertretender Generalkommandos empfunden, dass jugendliche Arbeiter einen Teil ihres Lohnes auf eigens eingerichtete Sparkonten einzuzahlen hatten, über die sie nur sehr eingeschränkt verfügen konnten. Derartige autoritäre Vorstellungen stießen zudem bei den Familien der jungen Arbeiter auf heftigen Widerspruch, waren diese doch oftmals auf das zusätzliche Einkommen angewiesen.

Den gesamten Krieg über bemühten sich Schule und Militär nach Kräften, männliche Jugendliche in die »vaterländische Pflicht« zu nehmen. Das gelang noch am besten zu Beginn des Krieges bei schulischen und karitativen Aktionen wie den freiwilligen Ernteeinsätzen, dem Sammeln von Geld- und Sachspenden für Bedürftige sowie später bei der Straßenwerbung für die Kriegsanleihen. Doch weder die bereits 1914 beschlossene Einführung einer »Heeresvorschulpflicht«, die für Jungen zwischen 13 und 20 Jahren obligatorisch sein sollte, noch die Aufstellung freiwilliger »Jugendkompanien« für eine vormilitärische Ausbildung erwiesen sich als geeignete Erziehungs- und Disziplinierungsinstrumente. Unterfinanziert und überdies schlecht organisiert, vermochten die »Jugendkompanien« kaum zu beeindrucken. Zudem zeigten die Arbeitgeber nicht das geringste Interesse, ihren jugendlichen Arbeitern bezahlte Freistunden für paramilitärische Übungen zu gewähren. Mit militärischem Drill in der Halle und Soldatenspielen im Gelände war auch bei den Jugendlichen nur wenig Staat zu machen, eher schon mit der Austeilung von zusätzlichen Lebensmitteln für bedürftige Familien. 20 Jahre später sollte der staatlich organisierte Jugendaktionismus sehr viel anders ausfallen.

Als Folge des Krieges ging die Zahl der Geburten in Deutschland drastisch zurück; allein in Berlin fiel sie zwischen 1913 und 1918 um 54 Prozent. Ursächlich hierfür waren zum einen die ebenfalls rückläufigen bzw. stagnierenden Eheschließungen – nach einer regelrechten »Springflut«

30. Jugendkompanie bei einer Geländeübung, 1914

von Kriegstrauungen zu Beginn des Krieges. Auswirkungen zeigten aber auch die langen Abwesenheiten der Krieger-Väter oder jener eingezogenen Männer, die durchaus Väter hätten werden können. Die Historikerinnen, die sich mit der Sozial- oder Geschlechtergeschichte des Weltkriegs beschäftigen, verweisen aber noch auf andere kriegsbedingte Ursachen und Umstände. Der Krieg und die von ihm geschaffenen sozialen Verwerfungen und Entbehrungen, so beschreibt dies Ute Daniel, hätten viele Frauen dazu veranlasst, stärker als jemals zuvor aktiv Geburtenplanung zu betreiben. Besonders Arbeiterfrauen wussten schließlich nur zu gut, dass ein weiteres Kind für die Familie eine erhebliche materielle wie auch seelische Belastung bedeuten konnte.

Die notwendigen Kenntnisse über Verhütung – im wilhelminischen Kaiserreich immer noch weitgehend ein Tabuthema – besorgten sich die Frauen nicht nur über die vertrauten Kommunikationswege, sondern häufig genug von ihren Ehemännern und Verlobten auf Fronturlaub. Zu den Informationen und Vorschriften, welche die Militärführung den Soldaten zukommen ließ, gehörte auch die Unterrichtung über Techniken und Mittel, mit denen sich Geschlechtskrankheiten beim Verkehr mit Prostituierten in der Etappe vermeiden ließen. Da diese Vorkehrungen teilweise mit den empfängnisverhütenden Maßnahmen identisch waren, sorgte so das Militär – kurioserweise – für ein gewisses Maß an Sexualaufklärung und Geburtenplanung an der Heimatfront.

Allgemein rückte das sexuelle Verhalten der Menschen, das der Soldaten im Kriegsgebiet ebenso wie das der Frauen in der Heimat, stärker in den Mittelpunkt des öffentlichen Interesses als jemals zuvor. Sexualität wurde im Weltkrieg zu einem Thema von »nationalem Belang« (Lutz Sauerteig). Das zeigte sich nicht nur an den staatlichen Kampagnen, mit denen angesichts der immens hohen Kriegsverluste die Geburtenrate gesteigert werden sollte, sondern auch an den anhaltenden Debatten über Sexualmoral und eheliche (Un-)Treue. Dabei richtete sich der Vorwurf der Promiskuität und des allgemeinen Sittenverfalls sehr viel weniger an die Adresse der Männer im Felde als an das Verhalten der Frauen daheim. Das preußische Kriegsministerium ermahnte die »Kriegerfrauen« wiederholt zur Einhaltung der ehelichen Treue. Ähnlich klang es auch von den Kanzeln der Kirchen der beiden großen Konfessionen. Die Propagierung einer rigiden Sexualmoral war im Übrigen nicht nur ein deutsches Phänomen. In Großbritannien, wo eigens eingesetzte Frauenpatrouillen die öffentliche Sittsamkeit überwachten, wurde der nachgewiesene Ehebruch von Frauen, deren Männer im Felde standen, mit der Streichung von Sozialleistungen und der Trennungszulage geahndet. Eine exemplarische Bestrafung, aber vor allem die gesellschaftliche Ächtung hatten in Deutschland jene Frauen zu gewärtigen, die eine Beziehung mit einem Kriegsgefangenen eingingen. In Anbetracht von mehr als zwei Millionen Kriegsgefangenen (bis 1918) in deutschem Gewahrsam, von denen die meisten in der Landwirtschaft eingesetzt waren, konnten derartige Liebschaften nicht ausbleiben. Die Folgen für die betroffenen Frauen waren teilweise erheblich, bis hin zu einer Veröffentlichung ihrer Namen und der entsprechenden moralischen Anklage und Zurechtweisung in der Tagespresse.

DGBG Deutsche Gesellschaft zur Bekämpfung der Geschlechtskrankheiten.

Merkblatt für Soldaten.

Jeder Soldat hat die heilige Pflicht, sich für sein Vaterland gesund zu halten, doppelt und dreifach in Kriegszeiten, wo an seine Leistungsfähigkeit die größten Anforderungen gestellt werden.

Durch nichts wird Gesundheit und Leistungsfähigkeit des Soldaten so geschädigt als durch die Geschlechtskrankheiten: Syphilis und Tripper. Sie verursachen nicht nur große Schmerzen, sondern machen den Mann auch schlapp, marsch- und kampfunfähig — ganz zu geschweigen der schweren Gesundheitsschädigungen, welche diese Krankheiten für das ganze spätere Leben nach sich ziehen.

Geschlechtskrankheiten holt man sich bei leichtsinnigen Mädchen und Frauen, die infolge ihres lockeren Lebenswandels fast alle krank sind und ihre Krankheit dann wieder auf die Männer, mit denen sie verkehren, übertragen. Der Soldat muß daher besonders in Kriegszeiten sich von diesen Mädchen streng fernhalten, sowohl im Feindesland als auch in der Heimat, wo er in Quartier liegt.

Er muß sich besonders vor dem Genuß geistiger Getränke (Schnaps, Bier, Wein) in acht nehmen, da er im Rausch, ja schon in leichter Angetrunkenheit leichter der Verführung unterliegt. Er muß, soweit das irgend möglich ist, nicht nur den übrigen Körper, sondern auch die Geschlechtsteile peinlich sauber halten.

Er muß während der ganzen Dauer des Krieges gesund und frisch bleiben in seinem eigenen Interesse und im Interesse des Vaterlandes, das für den Kampf um seine Freiheit die ganze Kraft eines jeden braucht.

Wer das Unglück hatte, schon vor dem Kriege eine Geschlechtskrankheit zu bekommen, melde jede kleinste Verschlimmerung dem zuständigen Arzt, damit nicht durch Vernachlässigung ein ernstes Leiden entsteht.

Dieses Merkblatt kann einzeln und in größeren Posten von der Geschäftsstelle der Deutschen Gesellschaft zur Bekämpfung der Geschlechtskrankheiten Berlin W, Wilhelmstr. 48 bezogen werden.

DRUCK VON H. S. HERMANN, BERLIN

31. Merkblatt der »Deutschen Gesellschaft zur Bekämpfung der Geschlechtskrankheiten«, Berlin 1915

Demgegenüber hatten Frontsoldaten, ob verheiratet oder nicht, zumindest eingeschränkte Möglichkeiten, sich sexuell zu betätigen. Dies geschah etwa in den von den Militärbehörden genehmigten oder sogar von ihnen betriebenen Etappenbordellen, aber häufig auch unkontrolliert in den deutschen Besatzungsgebieten in Ost- und Westeuropa. Prostitution entwickelte sich – auf beiden Seiten der Frontlinien – zu einem blühenden Gewerbe. Dank der regelmäßigen Kontrolle der einheimischen Prostituierten durch deutsche Militärärzte und der Ausgabe von Kondomen und Desinfektionsmitteln an die Soldaten gelang es, die Rate der Geschlechtskrankheiten im deutschen Heer zwischen 1,5 (Fronttruppen) und 2,9 Prozent (Besatzungsheer) und damit auf einem relativ niedrigen Niveau zu halten – niedriger jedenfalls als auf alliierter Seite, wo die Infektionsrate zwischen fünf (englische Armee) und etwa 15 Prozent (ANZAC-Truppen) betrug.

Nicht zuletzt die Popularisierung von Schutzmitteln für die Soldaten trug nach Ansicht der Medizinhistoriker entscheidend dazu bei, dass viele Männer ihre sexuellen Ängste verloren und mit größerer Selbstverständlichkeit als je zuvor neue Bindungen eingingen. Zugleich aber unterstreicht das Ausmaß an staatlicher Sanktionierung einer durch den Krieg ebenfalls veränderten Sexualmoral der Frauen an der Heimatfront das Fortbestehen der tradierten bürgerlichen Doppelmoral.

Das Thema Sexualität im Weltkrieg wirft noch einmal die Frage nach der Kommunikation zwischen Front und Heimat auf. Die Trennung der Soldaten von ihren Ehefrauen und Familien, ihren Verlobten und Freunden, von ihrer bislang vertrauten Umgebung – kurzum: von ihrer Heimat – war für die meisten von ihnen zweifellos eine einschneidende Erfahrung. Aber es war nicht nur die durch den Krieg bewirkte physische Trennung, sondern vielmehr die Unmöglichkeit, fortan miteinander zu kommunizieren, Wichtiges zu besprechen und zu klären oder sich über alltägliche Dinge auszutauschen. Heimaturlaub wurde nur sehr spärlich gewährt: Anfänglich erhielten Frontsoldaten erst nach zwölf Monaten Dienstzeit zwei Wochen Urlaub; später wurde vor allem Bauern und Landarbeitern die Möglichkeit eingeräumt, zur Erntezeit Heimaturlaub zu nehmen. Welche Möglichkeiten gab es, dennoch in Verbindung zu bleiben und die Folgen der oft schmerzhaften Trennung zu mindern?

Der sicherlich wichtigste Kommunikationsstrang war die Feldpost, also die ca. 28,7 Milliarden Postsendungen, die im Verlauf des Krieges zwischen Front und Heimat befördert wurden. Durchschnittlich etwa 9,9 Millionen Briefe, Postkarten, Päckchen und Telegramme wurden von der Heimat täglich Richtung Front expediert, ca. 6,8 Millionen Postsendungen gingen in die umgekehrte Richtung. Die Bedeutung der Feldpostbriefe kann nicht hoch genug eingeschätzt werden. Briefe waren zunächst einmal Lebenszeichen. Sie kündeten vom Überleben und Wohlergehen, sie schilderten subjektive Wahrnehmungen und Eindrücke und konnten so mitunter ein privates Gespräch ersetzen. Sicherlich war die schriftliche Sprachfertigkeit unterschiedlich ausgeprägt, doch nicht immer war hierfür die formale Bildung ausschlaggebend. Unterschiede in der Wahrnehmungsfähigkeit und Mitteilsamkeit lagen häufig genug im Charakter des Briefeschreibers begründet. Das offenkundige Unvermögen mancher Soldaten, ihre Kriegserlebnisse und Erfahrungen zu schildern, mochte aber auch von der Absicht des Schreibers bestimmt sein, dem Adressaten, in der Regel also den Familien, den Horror des Krieges zu ersparen. Und natürlich spielte eine wesentliche Rolle, wo und wann ein Brief geschrieben wurde: Dem Soldaten in der Etappe fiel die schriftliche Kommunikation sicherlich einfacher als dem Infanteristen im Graben unmittelbar an der Front; Umfang und Intensität der Korrespondenz wiederum waren abhängig vom Zeitpunkt und Verlauf des Krieges.

Feldpostbriefe unterlagen bald einer militärischen Zensur, die zunächst auf Kompanieebene vom nächsthöheren Vorgesetzten ausgeübt wurde. Tatsächlich jedoch war diese persönliche Kontrolle allein aufgrund der schieren Menge der anfallenden Post begrenzt. Dennoch führte die willkürliche Zensurpraxis wiederholt zu Klagen der Soldaten, mit denen sich schließlich sogar der Reichstag befasste. Auch die Einrichtung spezieller »Feldpost-Überwachungsstellen« im April 1916, deren Tätigkeit sich ebenfalls auf Stichproben beschränkte, änderte an der Kontrolle durch die Vorgesetzten nur wenig. Wie weit die Existenz einer »äußeren Zensur« bei den Briefeschreibern zu einer Art »innerer Zensur«, also zur Selbstkontrolle, führte, ist nicht zu klären. Im Allgemeinen waren die Soldaten jedoch sehr erfinderisch, indem sie etwa ihre kritischen Auslassungen über ungerechte Vorgesetzte oder die unzureichende Verpflegung einem Kameraden mitgaben, der gerade auf Heimaturlaub ging. Gelegentlich konnte dies natürlich schiefgehen – mit entsprechenden Konsequenzen. So berichtete beispielsweise die 27. Württembergische Infanteriedivision am 15. April 1916, dass einer ihrer Ulanen »mit drei Tage mittleren Arrest bestraft (wurde), weil er entgegen dem ihm bekanntgegebenen Verbot, Briefe durch Urlauber in die Heimat zu schicken, einem Kameraden einen Brief mitgab, der zudem übertriebene und unwahre Angaben über die Verpflegung enthielt«. Die regelmäßig erstellten Stimmungsberichte der »Feldpostbrief-Überwachungsstellen« enthielten insbesondere im letzten Kriegsjahr zahlreiche Hinweise darauf, wie Soldaten versuchten, die übliche Zensurpraxis zu umgehen.

Neben der privaten Funktion als »kommunikative Mittler« (Bernd Ulrich) zwischen Front und Heimat kam den Feldpostbriefen aber auch eine öffentliche Bedeutung zu, über die bislang eher wenig bekannt ist. Soldatenbriefe waren zum einen Indikatoren für die Stimmung in der Truppe. Diesem Sachverhalt suchte die Oberste Heeresleitung 1916 mit der Errichtung der »Feldpost-Überwachungsstellen« Rechnung zu tragen. Zum anderen aber gestatteten die Briefe einer weiteren Öffentlichkeit den direkten Einblick in den soldatischen Alltag. Dabei galt es, das unverfälschte, das authentische »Kriegserlebnis« der Soldaten zu dokumentieren und medial zu präsentieren. Zu diesem Zweck veröffentlichten die Zeitungen bereits in den ersten Kriegswochen private Feldpostbriefe, wobei sie ihren Lesern eine Anleitung zu deren Lektüre gleich mitlieferten: »Was in dem Brief vom ersten Augenblick an den Leser fesselt und innerlich ergreift, ist der frische, begeisterte Ton, der uns aus ihm entgegenweht, und seine dramatisch belebte Anschaulichkeit. Wir werden hier mitten in das Kampfesgetümmel hineinversetzt und bekommen so einen Begriff davon, wie es eigentlich in einer Schlacht zugeht« (*Fränkischer Kurier* vom 9. September 1914).

Kurz darauf erschienen die ersten Verlagsanthologien mit Soldatenbriefen, und auch deren Leser erhielten entsprechende Hinweise zur Lektüre: »Die Geschichte des Weltkrieges wird erst später geschrieben werden können. Vorläufig sind wir auf Feldpostbriefe und andere Mitteilungen von Augenzeugen angewiesen. (...) Ihre farbenfreudigen Schilderungen können durch keine noch so wissenschaftlichen Darstellungen aufgewogen werden.« Zu den bekanntesten Editionen gehörten zweifellos die von Philipp Witkop 1916, zunächst unter dem Titel »Kriegsbriefe deutscher Studenten«, veröffentlichten Feldpostbriefe. Die ursprüngliche Absicht des national-konservativen Freiburger Germanistikprofessors war es nach eigenem Bekunden, die Begeisterung zu Beginn des Krieges, Deutschlands »nationale Erhebung« (Philipp Witkop), zu dokumentieren. Im Verlauf der nächsten beiden Jahre variierte Witkop sein Konzept allerdings erheblich. Kurz vor Kriegsende erschienen die »Kriegsbriefe gefallener Studenten«, eine Auswahl aus den von Witkop mit Unterstützung des Teubner-Verlags in Leipzig im Verlauf des Krieges gesammelten etwa 20 000 Briefen, die ihm von den zuvor angeschriebenen Eltern gefallener Studenten zugeleitet worden waren.

Witkops ungemein populäre Kriegsbriefe-Anthologie erlebte nach 1918 mehrere Neuauflagen sowie zahlreiche Übersetzungen; zugleich fand sie Nachahmer in anderen Ländern. Ein Vergleich der Editionen mit ihren inhaltlichen Veränderungen und jeweils angepassten Vorbemerkungen unterstreicht die Vieldeutigkeit dieser Dokumentation, die höchst unterschiedliche Sinnstiftungen des Weltkriegs zuließ. Die pazifistischen Töne der ersten Nachkriegsausgabe verschwanden allmählich und wurden schließlich nach 1933 ersetzt durch die Heroisierung des »Kriegserlebnisses« aus nationalsozialistischem Geiste (»aus dem Krieg erwächst die Zukunft«). Die letzte Ausgabe der »Kriegsbriefe gefallener Studenten« erschien 1942.

Die Veröffentlichung von Feldpostbriefen war eine wichtige, aber keineswegs die einzige Möglichkeit, die reale wie die gefühlte Distanz zwischen Front und Heimat zu überwinden und den Lesern daheim ein Gespür für das soldatische Kriegserlebnis zu vermitteln. Von einer ähnlichen Absicht geleitet waren auch die Organisatoren und Betreiber der sogenannten Kriegsausstellungen sowie die zahlreichen privaten Sammler von Memorabilien des Weltkriegs. Der Krieg und die Front sollten für die Daheimgebliebenen authentisch, anschaulich und begreifbar werden. Dabei ließ sich an den Ausstellungen sogar der Verlauf des Krieges ablesen. Die bei Kriegsbeginn noch ganz im Stil der alten Heeres- und Militärmuseen präsentierten Kriegstrophäen wie Beutegeschütze und gegnerische Fahnen kündeten von Siegeszuversicht und dem erhofften raschen Kriegsende. Nachgebaute Schützengräben und Unterstände, wie sie nach 1915 in vielen Städten gezeigt wurden, dokumentierten einen zum erbitterten Stellungskampf erstarrten Angriffskrieg. Die an zahlreichen Orten gezeigten Sonderausstellungen über Verwundeten- und Krankenfürsorge schließlich zeugten von massenhaften Verletzungen und Tod im Gefolge der großen Materialschlachten nach 1916. Die Absicht der Ausstellungsmacher freilich war eine ganz andere: Kriegsausstellungen sollten in erster Linie der Beruhigung und Selbstversicherung der Bevölkerung dienen. Sie suchten Ruhe und Sicherheit zu vermitteln, wo eigentlich Unruhe und Unsicherheit vorherrschten. So propagierten beispielsweise die vom Roten Kreuz organisierten Verwundetenausstellungen nachdrücklich das Können der Ärzteschaft und deren Fähigkeit, Kriegsverletzungen zu heilen. Neu entwickelte Gliederprothesen und medizinische Gerätschaften täuschten nicht nur vor, dass beinahe jede Kriegsverletzung zu behandeln war, sondern sie suggerierten, dass die Versehrten später wieder zu vollwertigen Mitgliedern der nationalen Gemeinschaft werden konnten.

Überraschend war die enorme Vielfalt der deutschen Ausstellungen im Weltkrieg. So ordnete das Berliner Zeughaus Unter den Linden, bis zur Mitte des 19. Jahrhunderts die Waffenkammer der preußischen Könige, mit seinen Kriegsbeuteausstellungen den industrialisierten Massenkrieg noch ganz in die Tradition vorangegangener Kriege ein. Das Kriegswirtschaftsmuseum in Leipzig, eine private Initiative ortsansässiger Industrieller und Handwerker, wollte die Auswirkungen des Krieges auf die heimische Wirtschaft dokumentieren. Es bestach durch bemerkenswert sachliche Informationen und eine popularisierte Wissensvermittlung. Die zahlreichen Heimat- und Schulmuseen wiederum suchten offizielle Kriegsinformationen mit den lokalen Alltagserfahrungen der Menschen zu verbinden. Kriegsausstellungen fungierten somit als ein kultureller Gemischtwarenladen, in dem sich ein jeder nach eigenem Gusto bedienen konnte. Erst als der Alltag des Krieges samt seinen negativen Folgen tief in das Bewusstsein der Deutschen eingedrungen und auch der Wunsch nach einem Verständigungsfrieden immer häufiger zu vernehmen war, ließ die Popularität der Kriegsausstellungen merklich nach. Erfolgreich – im Sinne der staatlichen Propaganda – war nach 1917 lediglich noch das neue Medium der Luftkriegsausstellungen. Hierbei ließen sich trefflich sowohl die Überlegenheit der deutschen Flieger, etwa des populären Manfred von Richthofen, als auch die

Kriegs-Ausstellung

Hannover ✦ Stadthalle

Täglich geöffnet von 9 Uhr vorm. bis 7 Uhr abends in den geheizten Räumen der Ausstellungshalle

Eintrittspreise:
Vormittags:
Erwachsene 1 Mark
Kinder und Militärpersonen 50 Pf.
Nachmittags:
Erwachsene 50 Pf.
Kinder und Militärpersonen 25 Pf.

Ansicht eines Teils der Ausstellung.

Nachmittags Militärkonzert.
Der Erlös wird für wohltätige Zwecke verwandt.
Kataloge mit Abbildungen 50 Pf.

Größte und interessanteste aller bisherigen Kriegs-Ausstellungen!

Beutestücke von allen Kriegsschauplätzen: Kanonen, Flugzeuge, Maschinengewehre, Minenwerfer, Handfeuerwaffen, Panzerautos, Schleudermaschinen, Mörser, Schutzschilde, Scheinwerfer, Gewehre, abgeschossene Flugzeuge von Hauptmann Boelke und Oberleutnant Immelmann, Motoren von Flugzeugen, Luftschiffen usw.

Hindenburg- und Emmich-Ausstellung: Persönliche Andenken, Geschenke und Erinnerungsstücke an große Schlachten.

Marine-Ausstellung: Große Kriegsschiffsmodelle und Unterseeboote, U 9, Handelsunterseeboot „Deutschland", zerschossene Panzerplatten und Bruchstücke aus der Skagerrakschlacht. Beutestücke von engl. Kriegsschiffen. Kriegsflaggen der versenkten „Emden" und „Lübeck". Das Gold der „Möwe". Minen, Torpedos, Torpedolancierrohre, Torpedoschutznetz, Unterseebootsfehrohre, aufgestellt zum Durchsehen, usw.

Luftschiff-Ausstellung: Große Modelle aller vorhandenen Luftschiffe, Luftkreuzer und Flugzeuge, Motoren und Luftschrauben. Abgebildete Fliegerkämpfe.

Völkergruppen: Unsere Verbündeten und unsere Feinde. Kampf und Lagerleben. Lebensgroß-figürlich dargestellt.

Geschoß-Ausstellung: Artillerie- und Minenmunition unserer Feinde vom kleinsten bis zum größten Kaliber.

Kriegsordens-Ausstellung: Orden und Kriegsauszeichnungen sämtlicher deutscher Bundesstaaten.

Die deutsche Feldpost: Ausstellung des Reichspostmuseums in Berlin.

Kriegskunst: Gemälde und Skizzen hannoverscher Künstler.

Vaterländisches Museum Hannover: Sonderausstellung hannoverscher Regimenter. Emmich-Ausstellung. Berühmteste Gemälde von Hindenburg, Mackensen usw. im Original.

Sanitäts-Ausstellung: Sonderausstellung der Schullazarette Hannover (Schwanenburg) und Hildesheim.

Kriegsliteratur im Verkaufsstand. **Notgeld. Kriegsanschläge. Depeschen usw.**

Verkaufsstände von Kriegsandenken, Geschossen, Hohlbläsern, Sprengstücken usw.

Veranstaltet vom stellvertr. Generalkommando X. A.-K. Hannover.

32. Werbezettel für die vom Stellvertretenden Generalkommando des X. Armeekorps in der Stadthalle Hannover veranstaltete Kriegsausstellung von 1916

potentielle Bedrohung der Heimatfront durch feindliche Bomber illustrieren.

Das Streben nach Authentizität und Anschaulichkeit war auch einer der Beweggründe für das Aufkommen staatlicher und privater Kriegssammlungen in Deutschland. Nach einer Auflistung von 1917 existierten zu diesem Zeitpunkt weit über 200 derartige Sammlungen, die sich sogar in einem eigenen Verband Deutscher Kriegssammlungen zusammengeschlossen hatten. Eine wichtige Rolle spielten hierbei öffentliche Bibliotheken und Archive, die ihren Sammelauftrag entsprechend erweiterten. Überraschend war aber auch das Engagement privater Sammler, mit dem diese die medialen Errungenschaften des Krieges zu dokumentieren und – über den Krieg hinaus – zu bewahren suchten. Manche dieser Kriegssammlungen bildeten später den Grundstock für Kriegsmuseen und Bibliotheken, wie die Stuttgarter Weltkriegsbücherei, die Vorläuferin der heutigen Bibliothek für Zeitgeschichte. Andere ergänzten bereits bestehende Stadt- und Heimatmuseen oder fungierten als Sondersammlungen innerhalb der großen Bibliotheken, wie die bereits im August 1914 begonnene Weltkriegssammlung der Königlichen Bibliothek zu Berlin, der heutigen Berliner Staatsbibliothek im Haus Unter den Linden.

Als Interpreten der Ereignisse und zugleich als moralische Instanzen verstanden sich im Weltkrieg vor allem die Kirchen und ihre Repräsentanten. Aufgrund der zahlreichen Verluste und ihrer großen Trauer über den Tod eines geliebten Menschen suchten viele Christen vermehrt Trost und Zuspruch bei einer ihnen vertrauten Institution. Die Kirchen aller Konfessionen waren den gesamten Krieg über gut besucht, und selbst die Zahl der noch vor 1914 stetig steigenden Kirchenaustritte ging merklich zurück. Besonders zu Beginn des Krieges organisierten zahlreiche Kirchengemeinden eigene »Kriegsbetstunden« oder »Kriegerfamilienabende«, bei denen die Angehörigen der eingezogenen Soldaten sich Rat und Orientierung holen konnten. Hier wurden auch Feldpostbriefe öffentlich verlesen. Etliche Seelsorger bemühten sich darum, ihren ehemaligen Konfirmanden oder Kommunionskindern im Felde mit Hilfe von Rundbriefen biblische Losungen und vervielfältigte Predigttexte zukommen zu lassen.

Insbesondere die Trauer um die gefallenen Soldaten verlangte zunehmend nach Rechtfertigungen und Deutungen, denen Staat und Gesell-

Vorwärts zum Sieg!

Kriegszeitschrift für unsere Soldaten im Felde
herausgegeben v. Pastor Saathoff, Militärgeistlicher, Göttingen

Ein Heimatgruß den tapferen Soldaten unserer Gemeinde!

Mache dich auf und richte es aus; der Herr wird mit dir sein. Sei getrost und unverzagt, fürchte dich nicht und zage nicht!
1. Chronik 22.

Nr. 40 | Mit Gott für Kaiser und Reich | Februar 1917

Zufall, Schicksal, Gott — wer regiert die Welt?

Wir erleben etwas so Gewaltiges, wie noch nie ein Menschengeschlecht vor uns. Wir haben so schwere Schicksale zu tragen, daß wir wohl den Wunsch haben mögen, Klarheit und Kraft zu gewinnen, daß wir innerlich fertig werden mit dem großen Erlebnis dieser Zeit. Regiert der blinde Zufall und ein erbarmungsloses, unabänderliches Schicksal die Welt? Oder dürfen wir glauben an den lebendigen Gott, auf den wir vertrauen als auf unsern Vater im Himmel? Wollen wir einmal gründlich nachdenken über diese Fragen? Machen sie unserer Seele zu schaffen? Wollen wir innerlich mit ihnen ringen?

Der Gedanke lebt gewiß in aller Soldaten Seelen, wenn sie zum Kampf für das Vaterland hinausgezogen sind: Komme ich wieder zurück in die Heimat, wirds auch mir gelten: In der Heimat, da gibts ein Wiedersehen? Und andere mögen ihre Gedanken weiterspinnen: Wird es mir vergönnt sein, mitzuschaffen an der Zukunft meines Volkes und den Einfluß des Krieges auf die Geschichte der Welt mitzuerleben? Es mag mancher denken: Entweder ist die Kugel die mich treffen soll, längst gegossen, dann hilft alle Vorsicht nichts, oder es ist mir nicht dieses Schicksal bestimmt, dann kann mich kein Geschoß treffen. Ob ich zurückkomme, das hängt nicht von mir ab, sondern vom Zufall. — Aber, so fragen wir einmal: Was heißt das: Zufall? Gibts den denn wirklich? Wir mögen gewiß das Wort oft genug im alltäglichen Leben verwenden, wenn uns das Zusammentreffen verschiedener Umstände zufällig erscheint. Aber wenn wir scharf und klar darüber nachdenken, müssen wir sagen: Es gibt keinen Zufall. Alles, was in der Welt geschieht, ist eingefügt in den Zusammenhang von Ursache und Wirkung, und „zufällig" ist nichts. Nun, so wird man vielleicht entgegnen, dann spreche ich vom Schicksal. Goethe hat einmal in einem Gedichte gesagt: „Nach ewigen, eh'rnen, Großen Gesetzen, Müssen wir alle Unseres Daseins Kreise vollenden". Mit einem gewissen Stolze haben die Menschen

1

33. »Vorwärts zum Sieg!« Gemeindeblatt der Göttinger Sankt Albani-Kirche für die Soldaten der lutherischen Gemeinde, Februar 1917

schaft allenfalls ansatzweise gerecht werden konnten. Dabei dienten die alte übernationale Formel des »dulce et decorum est pro patria mori« (»süß und ehrenvoll ist es, für das Vaterland zu sterben«) und die Propagierung des nationalen Heldentods für Kaiser und Vaterland allenfalls noch als rhetorischer Zierrat. Zentrale Deutungsmuster der beiden großen christlichen Konfessionen waren vielmehr der Glaube an die gerechte Sache, also die Behauptung, dass Deutschland einen gerechtfertigten Krieg führe, sowie die stete »Ineinssetzung der christlichen Lehre mit der nationalen Idee« (Wolfgang J. Mommsen). Demnach fand das Opfer des Soldaten eine Parallele im Opfertod Christi. Für manche Trauernden mochte diese Botschaft sogar hilfreich gewesen sein. Für kritische Intellektuelle wie den jungen Schweizer Theologen Karl Barth war sie dagegen ein Beleg dafür, dass in Deutschland bei Kriegsausbruch »Vaterlandsliebe, Kriegslust und christlicher Glaube in ein hoffnungsloses Durcheinander« geraten waren.

Bereits im September 1914 hatten protestantische Theologen und Kirchenvertreter sich in einer öffentlichen Erklärung an christliche Glaubensbrüder im Ausland (also auch in den Feindstaaten) gewandt, indem sie jede Verantwortung des deutschen Volkes und seiner Regierung für »das furchtbare Verbrechen dieses Krieges und alle seine Folgen für die Entwicklung des Reiches Gottes auf Erden« zurückwiesen. Verantwortlich seien vielmehr jene, »die das Netz der Kriegsverschwörung gegen Deutschland seit langem im Verborgenen arglistig gesponnen und jetzt über uns geworfen haben, um uns zu ersticken«. In ähnlicher Weise äußerten sich katholische Geistliche in ihren Predigten, auch wenn es keine abgestimmte Erklärung des deutschen Episkopats, etwa zur Kriegsschuld, gab. Dies war angesichts der postulierten Internationalität der katholischen Kirche auch kaum möglich, wenngleich sich damit für den Klerus immer wieder die Frage nach der theologischen Rechtfertigung des Krieges gegen die katholischen Glaubensbrüder in den Feindstaaten stellte. Häufig verwiesen daher die Priester auf die existierenden national-kulturellen Unterschiede im Glauben, um sich vom katholischen Feind zu distanzieren. So kritisierte der aus Aachen stammende katholische »Feldgeistliche im Großen Hauptquartier Kaiser Wilhelms II.«, Ludwig Berg, in einer Kriegspredigt im November 1915 die fortschreitende Säkularisierung Frankreichs, die dort zu einer veritablen »kirchlichen

Kämpfen und Dulden

Pfingstsonntag.
Der Geist Gottes schwebt über den Wassern (1. Mos. 1,2). Im Sturm und Drang dieser Zeit waltet eine höhere Macht und sorgt für die Ordnung. Wir müssen dem Geist Gottes nur nicht entgegenhandeln, wir müssen sein Wirken nur unterstützen im Krieg. Darum sage ich:

1. Der Mann muß kämpfen fürs Vaterland.
Das heißt, auf das Wohl der Heimat bedacht sein und für das Vaterland arbeiten mit Wort und Werk. Mit aller Kraft dafür einstehen, daß die gute deutsche Art erhalten bleibt. Alles aufbieten, daß deutscher Fleiß, deutsche Ehrlichkeit, deutsche Frömmigkeit und deutsche Treue nicht schwinden. Ja Leib und Leben daran wagen, daß die Würde der Frau, die Heiligkeit der Ehe, das Heiligtum der Familie nicht angetastet werde. Der Krieg hat gezeigt, was wirklichen Wert hat. Wir alle waren auf dem Weg nach Paris in Sitten und Bräuchen: zurück auf den heimischen Grund und Boden. Deutsche Zucht geht vor in allem (Walter von der Vogelweide). (…)
2. Die Frau muß dulden fürs Vaterland. Dulden im Haushalt: sich einschränken können und zufrieden sein und nicht den Behörden das Amt noch schwerer machen. Dulden mit den Kindern, weil die jetzt mehr Arbeit kosten. Dulden, weil man des Mannes Herz nicht schlagen hört, dafür ihm das Nestchen recht warm halten. Ei, wenn er dann wieder heimkommt. Also nicht immer klagen, das ist nicht deutscher Frauen Art. (…)

Also kämpfen und dulden. Teilt es selber unter euch, denn wir können sagen, der Krieg geht aus, wie wir selber wollen; jedenfalls gut, wenn wir kämpfen und dulden. Und dann müssen die Tage des Friedens kommen: denn der Geist Gottes schwebt über den Wassern. Amen

aus: Gaudentius Koch, Kapuziner: Gottes Schlachtfeld. Ein Jahrgang Fünfminutenpredigten aus der Kriegszeit. Mit Approbation des hochwürdigen Herrn Erzbischofs von Freiburg und Erlaubnis der Ordensobern, Freiburg im Breisgau 1917, S. 76–78

Notlage« geführt habe: »(1) Meistens nur Sakristei-Priester; keine Vereine und keine Hausseelsorge wie in Deutschland. (2) Übertriebene nationale Schwärmerei: zuerst Nation, dann Religion! Selbst bei Bischöfen« (Predigtnotizen). Die »nationale Schwärmerei«, die Monsignore Berg dem französischen Klerus attestierte, traf allerdings, und zwar punktgenau, auch auf ihn wie auf die meisten deutschen Kapläne und Priester zu. Es ist verblüffend zu sehen, wie eng der nationale Schulterschluss zwischen der katholischen und den protestantischen Kirchen im Weltkrieg vollzogen wurde. Allerdings zeigt ein direkter Vergleich zwischen protestantischen »staatskirchlichen« Predigten und denen von katholischen Geistlichen, dass bei Letzteren sich eine gewisse Überstaatlichkeit der Glaubensweisheiten erhalten hatte. Bei aller Betonung der »Gerechtigkeit der deutschen Sache« wurde in katholischen Kanzelreden doch auch immer wieder darauf hingewiesen, dass der Krieg an sich eine Strafe Gottes für die sündige Menschheit war.

Der Konfessionsfrieden sollte erst in der zweiten Kriegshälfte brüchig werden, als zunehmende Kriegsmüdigkeit und der Wunsch nach einem raschen Ende des Krieges das bislang einvernehmliche Verhältnis der beiden Konfessionen stark beeinträchtigten. Vor allem die sogenannte Friedensnote von Papst Benedikt XV. im August 1917, die öffentlich zu Friedensverhandlungen zwischen den kriegführenden Nationen aufrief, ließ Protestanten und ihre politischen Wortführer erneut an der nationalen Zuverlässigkeit der Katholiken zweifeln. Sie stellte aber auch die katholischen Anhänger eines Verhandlungsfriedens in Deutschland vor erhebliche Probleme, denn die Kirche zeigte sich in dieser Frage keineswegs einheitlich. Während sich die eher linksorientierten Anhänger der Zentrumspartei sowie Teile des niederen Klerus durch die Enzyklika des Papstes in ihrer Friedenssehnsucht ermutigt fühlten, befürworteten der höhere Klerus sowie das katholische Großbürgertum und der Adel weiterhin einen deutschen Siegfrieden.

Die Wintermonate 1916/17 brachten eine der kältesten Frostperioden seit der Jahrhundertwende. Wochenlang war die Binnenschifffahrt unterbrochen; Schulen, Kinos und Theater wurden geschlossen; die Versorgung mit Brennstoffen, Holz und Kohle, verschlechterte sich dramatisch. Zugleich sank die Versorgung mit Grundnahrungsmitteln auf einen erneuten Tiefpunkt; manche Stadtbewohner verfügten schließlich über weniger als 1000 Kalorien am Tag. Krankheiten infolge von Unterernährung erreichten endemische Ausmaße. Verantwortlich hierfür war das Zusammentreffen einer Reihe von Faktoren: die Verknappung des Brotgetreides, ausgelöst durch eine besonders schlechte Ernte in diesem Jahr; das Auftreten der sogenannten Kartoffelfäule, die bis Jahresende fast die Hälfte der deutschen Winterkartoffelernte zerstörte; ferner eine zunehmende Erschöpfung der deutschen Landwirtschaft, hervorgerufen durch den extrem hohen Bedarf der Armeen, und schließlich die gravierenden Auswirkungen der britischen Seeblockade. Der Mangel an Brot und Kartoffeln führte zu einer Hungerkrise, die als Steckrüben- oder Kohlrübenwinter Eingang in das kollektive Gedächtnis der Deutschen fand.

Die katastrophalen Auswirkungen der Ernährungs- und Versorgungsengpässe führten zu einer veränderten Wahrnehmung des Krieges an der Heimatfront. Das bereits zuvor etliche Male erschütterte Bild von der geeinten und entschlossenen Volksgemeinschaft zerbrach in diesem Winter endgültig. Besonders das Verhältnis zwischen ländlichen Produzenten und städtischen Verbrauchern wurde nachhaltig erschüttert. Bauern wurden als hartherzig und egoistisch kritisiert, die angeblich ihre Kartoffeln eher an die Schweine verfütterten, als sie den Konsumenten für amtlich festgesetzte niedrige Preise zu verkaufen. Die Bauern dagegen stöhnten unter den behördlichen Maßnahmen, die zur Kontrolle der Lebensmittelversorgung eingeführt worden waren, und kritisierten den Staat, der sich anscheinend nur für die Interessen der Verbraucher einsetzte. Derartige Klagen waren nicht ganz unbegründet: Vor allem kleinere Höfe, wo die Landarbeit häufig genug auf den Schultern von Frauen, Kindern, alten Leuten und den zunehmend eingesetzten Kriegsgefangenen lastete, hatten unter den bürokratischen Widersprüchen und Kapriolen zu leiden. Deutlich spiegelten sich hierbei auch die erheblichen sozialen und regionalen Unterschiede der Situation auf dem Land wider. Während die Kleinbauern im Süden und Westen besonders hart getroffen waren, verstanden es die Großbetriebe der politisch einflussreichen Junker im Nordosten des Reichs sogar, ihren Vorteil aus der Krise zu ziehen.

Zu Beginn des dritten Kriegsjahres erreichte die Stimmung in Deutschland ihren vorläufigen Tiefpunkt – an den Fronten wie in der Heimat. Vergeblich versuchte Ludendorff, mit dem von ihm Ende 1916 eingeführten »Vaterländischen Unterricht«, der von eigens für diese Aufgabe abgestellten Unterrichtsoffizieren erteilt wurde, unter den Soldaten wie in der Bevölkerung einen neuen Kampfgeist zu erzeugen. Die in der nationalistischen Rhetorik zu Beginn des Krieges propagierten Ideale der individuellen Tapferkeit und des selbstlosen Einsatzes für das Vaterland wurden angesichts des massenhaften Todes und der Entbehrungen zusehends obsolet. Gefragt waren stattdessen Leidensfähigkeit und Durchhaltevermögen unter extremen und widrigen Bedingungen. Auch der soldatische Opfertod gewann hierdurch eine neue Dimension. Viele Soldaten und ebenso ihre Angehörigen in der Heimat wollten weder von einem gerechten Krieg etwas wissen noch von einer nationalistischen oder christlichen Begründung des Todes auf dem Schlachtfeld. Der soldatische Tod wurde daher zunehmend als ein individueller Verlust gesehen, abzulesen etwa an der persönlichen Lebensgeschichte der Graphikerin und Bildhauerin Käthe Kollwitz, deren jüngster Sohn Peter bereits im Oktober 1914 als Kriegsfreiwilliger in Flandern gefallen war. Entgegen ihrer früheren Zustimmung zum Krieg begann sich mit dem Verlust des Sohnes ihre Einstellung gegenüber dem Krieg allmählich zu verändern.

34. Käthe Kollwitz, »Die Eltern«. Holzschnitt, Blatt 3 aus der Folge »Krieg«, 1921–1922

Kollwitz' 1924 veröffentlichte Holzschnittserie »Krieg« zeigt überaus anschaulich, wie die anfänglichen Bilder *vom* Krieg schließlich immer stärker zu Bildern *gegen* den Krieg werden.

Literatur

Beil, Christine, Der ausgestellte Krieg. Präsentationen des Ersten Weltkriegs, 1914–1939, Tübingen 2004.

Brandt, Susanne, Vom Kriegsschauplatz zum Gedächtnisraum: Die Westfront 1914–1940, Baden-Baden 2000.

Chickering, Roger, Freiburg im Ersten Weltkrieg. Totaler Krieg und städtischer Alltag 1914–1918, Paderborn u. a. 2009.

Ders., Das Deutsche Reich und der Erste Weltkrieg, München 2002.

Daniel, Ute, Arbeiterfrauen in der Kriegsgesellschaft. Beruf, Familie und Politik im Ersten Weltkrieg, Göttingen 1989.

Hampe, Karl, Kriegstagebuch, hg. v. Folker Reichert u. Eike Wolgast, München 2004.

Hardach, Gerd, Der Erste Weltkrieg. Geschichte der Weltwirtschaft im 20. Jahrhundert, Bd. 2, München 1973.

Hürten, Heinz, Die katholische Kirche im Ersten Weltkrieg, in: Der Erste Weltkrieg. Wirkung, Wahrnehmung, Analyse, hg. v. Wolfgang Michalka, München 1994, S. 725–735.

Jürgens-Kirchhoff, Annegret, Schreckensbilder. Krieg und Kunst im 20. Jahrhundert, Berlin 1993.

Kellerhoff, Sven Felix, Heimatfront. Der Untergang der heilen Welt – Deutschland im Ersten Weltkrieg, Berlin 2014.

Kocka, Jürgen, Klassengesellschaft im Krieg. Deutsche Sozialgeschichte 1914–1918, Göttingen 1973.

Meier, Kurt, Evangelische Kirche und Erster Weltkrieg, in: Der Erste Weltkrieg. Wirkung, Wahrnehmung, Analyse, hg. v. Wolfgang Michalka, München 1994, S. 691–724.

Mommsen, Wolfgang J., Bürgerstolz und Weltmachtstreben. Deutschland unter Wilhelm II., 1890 bis 1918, Berlin 1995.

Rouette, Susanne, Frauenarbeit, Geschlechterverhältnisse und staatliche Politik, in: Eine Welt von Feinden: Der Große Krieg, 1914–1918, hg. v. Wolfgang Kruse, Frankfurt a. M. 1997, S. 92–126.

Sauerteig, Lutz, Sex, Medicine and Morality During the First World War, in: War, Medicine and Modernity, 1860–1945, Stroud 1996, S. 167–188.

Schreiben im Krieg – Schreiben vom Krieg. Feldpost im Zeitalter der Weltkriege, hg. v. Veit Didczuneit u. a., Essen 2011.

Schulte, Regina, Die Schwester des kranken Kriegers. Krankenpflege im Ersten Weltkrieg als Forschungsproblem, in: BIOS. Zeitschrift für Biographieforschung und Oral History 7 (1994), S. 83–100.

Sittengeschichte des Weltkrieges, hg. v. Magnus Hirschfeld u. Andreas Gaspar, Leipzig/Wien 1930.

Ullmann, Hans-Peter, Kriegswirtschaft, in: Enzyklopädie Erster Weltkrieg, S. 220–232.

Ulrich, Bernd, Die Augenzeugen. Deutsche Feldpostbriefe in Kriegs- und Nachkriegszeit, 1914–1933, Essen 1997.

Wehler, Hans-Ulrich, Deutsche Gesellschaftsgeschichte, Bd. 4: Vom Beginn des Ersten Weltkriegs bis zur Gründung der beiden deutschen Staaten 1914–1949, München 2003.

7 Das große Schlachten (1916–1917)

Erst 1916 nahm der Große Krieg endgültig den Charakter eines »totalen Krieges« an. Die Schlachten dieses Jahres im Westen und Osten Europas übertrafen durch die ungeheuren Verluste an »Menschenmaterial« alles, was die Zeitgenossen sich bis dahin hatten vorstellen können. Wie konnte es dazu kommen? Geplant war diese Dimension des Krieges nie, sie ergab sich erst aus seiner fortschreitenden Industrialisierung und vor allem aus der fatalen Gleichgültigkeit, mit der die Generalstäbe aller beteiligten Nationen in ihren »weitab vom Schuss« befindlichen Kommandozentralen den bedingungslosen Einsatz von immer mehr Soldaten organisierten und befahlen. Dabei ist die Frage noch nicht beantwortet, was man auf den verschiedenen Entscheidungsebenen über die jeweils aktuellen »Verluste« an der Front gewusst hat. Die Soldaten selber erlebten dieses Abgeschlachtet-Werden zumeist in dem engen Gesichtsfeld einer Gruppe, der Kompanie oder des Bataillons. Und so merkwürdig dies klingen mag, ihre erlebten Verluste, der Tod der Kameraden oder die eigene Verwundung, wurden zwar als schrecklich und oftmals als traumatisierend empfunden, aber sie blieben doch in einem ihnen vertrauten Erfahrungsraum und damit überschaubar.

Dass die Schlacht, die den Großen Krieg letztlich beenden sollte, im Westen stattfinden würde, galt der deutschen militärischen Führung lange Zeit als ausgemacht. Nur entlang der Westfront schien es möglich, jenen entscheidenden Schlag zu führen, der Frankreich und England, die beiden Hauptgegner des Deutschen Reichs, in die Knie zwingen würde. Die deutschen militärischen Erfolge des zweiten Kriegsjahrs im Osten und auf dem Balkan sowie die Zurückschlagung eines alliierten Landungsunternehmens in Gallipoli durch eine türkische Armee unter deutschem Kommando hatten jedoch diese Annahme zunächst einmal außer Kraft gesetzt. Erst im Spätherbst 1915 entschloss sich die deutsche

Heeresführung, den ein Jahr zuvor im Grabenkampf erstarrten Krieg im Westen erneut in Bewegung zu setzen. Während man England durch einen unbeschränkten U-Boot-Krieg treffen wollte, sollten die Franzosen durch einen raschen und massiv erfolgten Angriff nachhaltig geschwächt und so zur Kapitulation gezwungen werden. Das ausgewählte Ziel war die an der Maas gelegene, im Norden und Osten von Höhenzügen umgebene Festungsstadt Verdun. Mit ihren 20 Sperrforts und 40 Zwischenwerken galt die seit dem Krieg von 1870/71 ständig erweiterte Verteidigungsanlage von Verdun als nahezu uneinnehmbar.

Bis heute ist nicht klar, warum der deutsche Generalstabschef Erich von Falkenhayn gerade an dieser Stelle den entscheidenden Durchbruch erzielen wollte. Für Falkenhayns Absichten gibt es eine häufig zitierte Quelle, seine sogenannte Weihnachtsdenkschrift vom Dezember 1915. Falkenhayn hatte das Memorandum nach eigenen Angaben dem Kaiser persönlich zugestellt. Dort werden Absicht und Ziel des Angriffs auf Verdun genau geschildert: »Hinter dem französischen Abschnitt an der Westfront gibt es in Reichweite Ziele, für deren Behauptung die französische Führung gezwungen ist, den letzten Mann einzusetzen. Tut sie es, so werden sich Frankreichs Kräfte verbluten, da es ein Ausweichen nicht gibt.«

Allerdings ist das Original dieser »Weihnachtsdenkschrift« bislang nirgends aufgetaucht. Die Quelle ist allein in den 1920 publizierten Memoiren Falkenhayns überliefert (»Die Oberste Heeresleitung 1914–1916 in ihren wichtigsten Entscheidungen«). So ist der Verdacht naheliegend, dass es sich bei diesem Dokument um eine, zumindest in Teilen, nachträglich angefertigte Rechtfertigungsschrift handelt. Falkenhayn argumentiert darin, das operative Ziel des deutschen Vorgehens sei es keineswegs gewesen, Verdun einzunehmen, sondern das französische Heer durch massiert geführte Schläge »auszubluten«. Das war natürlich eine Argumentation, die nicht zuletzt bei den vielen hunderttausend deutschen Soldaten, die »vor Verdun« gekämpft hatten, auf Unverständnis und sogar geharnischten Protest stieß. Es ist also mit Nachdruck zu fragen, ob der Chef des deutschen Generalstabs die französische Armee vor Verdun wirklich »weißbluten« (Falkenhayn) wollte. Zahlreiche Quellen legen nahe, dass er versucht hat, die Festung Verdun einzunehmen, um die Front an dieser Stelle wieder »in Bewegung zu setzen«. Allerdings standen hierfür nur beschränkte Kräfte zur Verfügung, weil es zugleich galt, die für das kommende Jahr in Nordfrankreich erwartete Offensive der Alliierten abzuwehren.

Die Schlacht von Verdun wurde auf deutscher Seite mit großer Sorgfalt vorbereitet. Vom nahegelegenen Eisenbahnknotenpunkt Metz – seit 1871 war die Stadt an der Mosel eine deutsche Garnisonsstadt – wurden seit Dezember 1915 enorme Mengen an Menschen und Material an die Front vor Verdun transportiert, ohne dass die Franzosen diese Bewegungen richtig einzuschätzen vermochten. Bis Anfang Februar schaffte die Bahn nicht weniger als 1200 Geschütze und nahezu eine halbe Million Mann in die deutschen Angriffsstellungen. Zugleich wurde die 5. Armee unter Kronprinz Friedrich v. Preußen auf mehr als doppelte Soll-Größe aufgestockt.

Die Schlacht begann mit einer eintägigen Beschießung durch die deutsche Artillerie, bevor am 21. Februar 1916 drei Korps der 5. Armee von Nordosten aus zum Sturm antraten. Die Franzosen wurden offenbar von diesem Großangriff überrascht. Noch Ende 1915 hatten sie aus dem wichtigsten Sperrfort, der Festung Douaumont im Nordosten der Stadt, die großen Geschütze abgezogen, weil sie an anderer Stelle der Front dringend benötigt wurden. Schließlich hatte das Fort nur noch eine Besatzung von nicht einmal 50 Mann. Doch trotz des Beschusses aus »tausend Rohren« waren die französischen Verteidigungsstellungen im waldigen und hügeligen Gelände keineswegs »ausgebombt«. Insgesamt vier Tage benötigten die Angreifer, bevor sie Fort Douaumont erreichten und schließlich im Handstreich besetzen konnten. Die Besonderheiten der Verdun-Schlacht zeigten sich somit schon von Anfang an: einerseits gigantische Mengen an modernster Kriegstechnik, großkalibrige Geschütze genauso wie Gas- oder Fliegerangriffe, andererseits aber auch immer wieder ein kleinräumiger Minenkrieg, Kämpfe »Mann gegen Mann«, Graben um Graben, um jede Lichtung und schließlich um jede Bodenerhebung. Es existierte eine Vielzahl an Sperrforts, befestigten Zwischenwerken und »Blockhäusern«, in denen sich einzelne Soldaten oder Gruppen mit kleinen Feldgeschützen, Maschinengewehren sowie mit Handgranaten äußerst effizient zur Wehr setzen konnten. Beim Kampf um die einzelnen Stellungen und Gräben kam es daher immer wieder zu regelrechten Handgemengen. Auch

Unteroffizier Otto Hanisch an seine Familie

Waldlager bei Gremilly, den 6. März 1916
Liebe Hedi und Kinder!
Vor wenigen Stunden erhielt ich Deine lieben Briefe vom 21. u. 24. 2. sowie das Paket mit Wurst. Herzlichen Dank dafür. Ich bin sonst nicht auf den Kopf gefallen, aber heute fällt es mir wirklich schwer darauf zu antworten, denn meine Nerven sind hin und die Knochen zittern wie Espenlaub im Winde. Es war das Schlimmste vom Schlimmen, was ich erlebt habe. Nachdem wir noch einmal (auf wenige Tage) herausgezogen worden waren, rückten wir am 21. 2. wieder in Stellung. Am 22. 2. mittags 12 Uhr gingen wir zum Sturm vor, der während der ersten Tage für uns nicht allzu blutig und nicht allzu schwer vor sich ging. Die franz. Infanterie türmte rechtzeitig oder gab sich gefangen. Wir sollten aber bald merken, daß wir keine Russen, sondern Franzosen vor uns hatten. Das Gelände wurde immer schwieriger für uns und die franz. Befestigungen immer widerstandsfähiger. Große Blockhäuserreihen und Infanterie-Werke stellten sich uns in den Weg, woran wir uns die Zähne ausbeißen sollten und dennoch schafften wir es. Mit jedem Tag gewannen wir neuen Boden, bis endlich das Dorf Douaumont auch in unserem Besitz war. Drei lange Tage und Nächte haben wir hier gerungen, um noch die letzte Höhe zu gewinnen, aber leider, leider, leider –. Die brandenburgischen Regimenter sind fertig; jedes einzelne ist nur noch ein Trümmerhaufen. Auch unser Regiment hat fast aufgehört zu existieren. In dem Feuer der schweren franz. Geschütze brachen wir fast völlig zusammen und dem Regiment setzte unsere eigene schwere Artillerie zu. Regiment auf Regiment, was zum Sturm vorging, kam panikartig zurück, weil die eigene Artillerie in die Schützenreihen hineinschoß. Ein Volltreffer von einer 30,5 cm Granate, der in unsere am Abhang liegenden Truppen einschlug, tötete und verwundete annähernd 100 Mann. Feder und ich entgingen nur um Haaresbreite dem Schicksal. Ein solches Geschreie und Gejammere wie hier habe ich während des ganzen Krieges noch nicht erlebt. Es war nur noch ein wildes Durcheinander. Im ersten Moment glaubte ich, mein rechter Arm sei ab, denn mir war etwas in den Rücken gesaust und zwar mit einer Wucht, daß ich wenigstens 3–4 Meter davon flog. Als sich der Qualm dann verzogen hatte, fand ich auch meine Sinne wieder und konnte feststellen, daß nur meine Lumpen

zerrissen waren, außerdem blutete ich ein wenig am Ohr und Hinterkopf. Feder erhielt einen Schlag an die Brust und klagt immer noch über heftige Schmerzen. Noch mehr beschützte mich der »Liebe Gott« vorgestern. Ein Loch, welches ich kaum verlassen hatte, wurde von einer franz. Granate getroffen und verletzte 4 Mann ziemlich schwer. Ich könnte noch lange davon schreiben, aber wie gesagt, es ist kein Zusammenhang in meinen Geschreibsel. Weil kein Regiment, Bataillon und auch keine Kompagnie von den 8ern mehr existiert, wurden wir vorletzte Nacht herausgezogen. (…). Es ist furchtbar viel Blut geflossen und die bisherigen Erfolge sind zu gering gegen die großen Opfer die gebracht worden sind. Während der ganzen Zeit haben wir in Wäldern oder auf freiem Felde in Granatlöchern gelegen und auch jetzt bieten uns nur Schützenlöcher im Wald von Gremilly Unterkunft. Es ist sehr kalt und es schneit unaufhörlich. Die über das Loch gespannte Zeltbahn hält die Nässe nicht mehr ab, somit wird es also auch im Loch sehr ungemütlich. Es ist zum Verzweifeln! Augenblicklich bin ich gesundheitlich sehr schlecht gestellt, tröste mich aber damit, daß es den andern auch nicht besser geht.

Daß Ihr alle gesund seid, freut mich zu hören und ich wünsche auch weiterhin bestes Wohlergehen.

Viele herzliche Grüße Dir, den Kindern, Eltern und Bekannten

Dein Otto

waren die unterirdischen Gänge der Forts Douaumont und Vaux mit ihren Schießscharten und Schanzen derart geschickt angelegt, dass es den Verteidigern gelang, die in Wellen Angreifenden noch in den Gängen der Festungen selber abzuwehren. In dem Gedränge der Kämpfenden waren Messer oder Klappspaten oft eine sehr viel effizientere Waffe als Gewehr oder Pistole. Diese Kämpfe Meter um Meter und Mann gegen Mann wurden mit größter Verbissenheit geführt. Hinzu kam das ständige »Stahlgewitter« der explodierenden Granaten, deren oft messerscharfe Splitter – die gefürchteten »Schrapnells« – den menschlichen Körper zerschneiden oder ihm die grässlichsten Wunden zufügen konnten.

Nur sehr langsam kamen die deutschen Angreifer voran, zumal der Vormarsch, auf eine Anordnung Falkenhayns hin, zunächst ausschließlich auf dem östlichen (rechten) Ufer der Maas vonstatten ging. Die vom Generalkommando der 5. Armee immer wieder dringend geforderten Verstärkungen, um auch auf dem westlichen (linken) Ufer vorgehen zu können, wurden von der Obersten Heeresleitung nicht bewilligt. Dies war ein grober taktischer Fehler, denn schon bald zeigte sich, dass die deutschen Truppen nahezu schutzlos dem heftigen Artilleriefeuer der äußerst präzise schießenden französischen Feldartillerie mit ihren »Soixante-Quinze«-Geschützen, so genannt wegen ihres Rohrdurchmesser von 75 Millimetern, ausgesetzt waren. Auch als die OHL schließlich entschied, ihre Verbände vom linken Maasufer aus angreifen zu lassen, verbesserte sich die deutsche Position nur geringfügig. Denn inzwischen hatten die französischen Verteidiger dort nahezu unüberwindbare Höhenstellungen errichtet, wodurch der Kampf um jeden Vorsprung und jeden Hügel zu einem regelrechten Gemetzel wurde.

Schwerpunkte dieser monatelang ohne Unterlass tobenden Schlacht waren erneut die großen Forts Douaumont und Vaux sowie die auf dem letzten Höhenrücken vor Verdun liegenden Dörfer Fleury oder Dou-

35. Verletzte und Gefangene der Verdun-Schlacht

aumont, deren Linie von den Franzosen mit letzter Energie verteidigt wurde. Vor allem die mörderischen Kämpfe um die Anhöhe »Toter Mann«, die durch intensiven Beschuss sechs Meter an Höhe einbüßte, blieben in der Erinnerung der Überlebenden auf beiden Seiten haften. Zwar gelang den Deutschen die Einnahme dieser für sie wichtigen Anhöhe, sie konnten sie aber nicht strategisch nutzen. Der letzte große deutsche Angriff erfolgte am 23. Juni mit ca. 78 000 Mann auf der Linie Vaux–Fleury. Danach begann die Schlacht regelrecht zu versanden, da bereits zu diesem Zeitpunkt kontinuierlich Truppen abgezogen bzw. nicht mehr ersetzt wurden, denn sie wurden an anderer Stelle der Westfront dringend benötigt: bei der alliierten Offensive an der Somme.

Tagebucheintrag des Kriegsministers Adolf Wild von Hohenborn zu Beginn der Verdun-Schlacht

(Großes Hauptquartier Charleville), 23. Februar 1916
Fahrt auf das Schlachtfeld bei Verdun. Schneegestöber. Eine Stunde bei Knobelsdorf, der mit guten Nerven die Sache ruhig leitet. Der Kronprinz voll fröhlichen Muts. Der Artillerieaufmarsch ist imposant. Und daß diese Artillerie und diese Munition versammelt werden konnten, das ist das Verdienst des Kriegsministeriums! Verdun soll ein Ruhmesblatt für heimische Mitwirkung zum Siege werden.

Der ganze Plan gegen Verdun gefällt mir in seiner Ausführung nicht völlig. Sehr gut ist der Stoß östlich der Maas angesetzt. Daß aber auch das XV. Armeekorps in der Woëvre-Ebene vorstoßen soll, halte ich für falsch. Die französischen Stellungen in der Ebene fallen von selbst, wenn der Hauptstoß – mit seinem linken Flügel dem Stand der Côte folgend – Raum gewinnt. In der Ebene muß man Menschen sparen. Dann aber muß vor allem westlich der Maas angepackt werden. Daß hier nichts geschieht, ist ein direkter Fehler. Hoffentlich geben mir die Ereignisse Unrecht. Bisher ging ja alles überraschend gut.

aus: Adolf Wild von Hohenborn, Briefe und Tagebuchaufzeichnungen des preußischen Generals als Kriegsminister und Truppenführer im Ersten Weltkrieg, hg. v. H. Reichold, Boppard 1986, S. 137

Von Beginn an wurde die Schlacht von Verdun auf französischer Seite zu einem Entscheidungskampf zwischen Deutschland und Frankreich stilisiert – anders als die Schlacht an der Marne im September 1914 oder auch die nachfolgende Somme-Schlacht. Militärische Tagesbefehle, wie der des neuen Oberkommandierenden der Verdun-Front, General Philippe Pétain, vom 19. April, erschienen auf der Titelseite aller französischen Zeitungen. Staatspräsident Poincaré reiste im Frühjahr 1916 insgesamt dreimal an den Schauplatz des Geschehens. Bei seinem zweiten Besuch, bereits am 22. April, wurde er nicht nur vom Oberkommandierenden der französischen Armee, Joseph Joffre, begleitet, sondern auch vom Chef des italienischen Generalstabs, Luigi Cadorna, sowie dem Kronprinzen Alexander von Serbien. Im Juni 1916 erhielt die Stadt Verdun vom belgischen König den Leopold-Orden als Dank für den heroischen Widerstand, der schließlich auch den Belgiern das Weiterkämpfen ermöglicht habe. Bereits während der Kämpfe wurde Verdun von nicht weniger als 17 alliierten Nationen ausgezeichnet; sogar der japanische Kaiser überreichte ein Samurai-Schwert als Anerkennung für das heroische Opfer der französischen Nation. Um diesen Heroismus der Franzosen auch äußerlich zu dokumentieren, hatte Pétain die Idee, sämtliche vor Verdun kämpfenden Regimenter alle sieben bis zehn Tage auszutauschen, so dass schließlich jeder französische Soldat von sich sagen konnte, er sei ein »Verdun-Kämpfer« gewesen. Der regelmäßige Austausch der französischen Truppen stand im Übrigen ganz im Gegensatz zur Strategie der deutschen Heeresführung, welche die kämpfenden Einheiten oft drei oder gar vier Wochen »vor Ort« beließ, im Grunde so lange, bis die Kompanien und Regimenter »ausgebrannt« waren. Der Grund für dieses Beharren ist nicht genau erkennbar, augenscheinlich wollte Falkenhayn jeden aufwendigen Truppentausch vermeiden, zumal die deutsche Front ohnehin mehr als 700 Kilometer lang war. Die Franzosen dagegen konnten ihre Frontlinie zur Hälfte mit den britischen Truppen teilen.

Auf französischer Seite wurden unaufhörlich Soldaten und Material im Nachschub herbeigeschafft, wofür General Pétain die berühmte »Noria« ersann, eine ununterbrochen zwischen dem nächsten größeren Eisenbahnknoten Bar le Duc und der Stadt Verdun verkehrende Kolonne von Lastkraftwagen, die 24 Stunden am Tag im Zehn-Sekunden-Abstand

Der Schriftsteller Kurt Tucholsky über seinen Besuch der Schlachtfelder von Verdun im Sommer 1924

Diese kleine Hügelgruppe: das ist das Fort Vaux. (...)
Hier. Um diesen Kohlenkeller haben sich zwei Nationen vier Jahre lang geschlagen. Da war der tote Punkt, wo es nicht weiter ging, auf der einen Seite nicht und auf der andern auch nicht. Hier hat es haltgemacht. Ausgemauerte Galerien, mit Beton ausgelegt, die Wände sind feucht und nässen. In diesem Holzgang lagen einst die Deutschen; gegenüber, einen Meter von ihnen, die Franzosen. Hier mordeten sie, Mann gegen Mann, Handgranate gegen Handgranate. Im Dunkeln, bei Tag und bei Nacht. Da ist die Telefonkabine. Da ist ein kleiner Raum, in dem wurde wegen der Übergabe parlamentiert. Am 8. Juni 1916 fiel das Fort. Fiel? Die Leute mußten truppweise herausgehackt werden, mit den Bajonetten, mit Flammenwerfern, mit Handgranaten und mit Gas. Sie waren die letzten zwei Tage ohne Wasser. An einer Mauer ist noch eine deutsche Inschrift, mit schwarzer Farbe aufgemalt, schwach zu entziffern. Und dann gehen wir ins Verbandszimmer.

Es ist ein enges Loch, drei Tische mögen darin Platz gehabt haben. Einer steht noch. An den Wänden hängen kleine Schränke. Oben ist, durch eine Treppe erreichbar, der Alkoven des Arztes. Ich habe einmal die alte Synagoge in Prag besucht, halb unter der Erde, wohin sich die Juden verkrochen, wenn draußen die Steine hagelten. Die Wände haben die Gebete eingesogen, der Raum ist voll Herzensnot. Dieses hier ist viel furchtbarer. An den Wänden kleben die Schreie – hier wurde zusammengeflickt und umwickelt, hier verröchelte, erstickte, verbrüllte und krepierte, was oben zugrunde gerichtet war. Und die Helfer? Welcher doppelte Todesmut, in dieser Hölle zu arbeiten! Was konnten sie tun? Aus blutdurchnäßten Lumpen auswickeln, was noch an Leben in ihnen stak, das verbrannte und zerstampfte Fleisch der Kameraden mit irgendwelchen Salben und Tinkturen bepinseln und schneiden und trennen, losmeißeln und amputieren ...

aus: Kurt Tucholsky, Vor Verdun, in: Die Weltbühne, 7. August 1924, Nr. 32 aufeinanderfolgten. Noch heute ist die »Noria« ein Wahrzeichen Frankreichs, ebenso wie die Landstraße zwischen diesen Orten, die zur »Voie sacrée« (Heiligen Straße) ernannt wurde und auf der heute noch jeder Kilometerstein einen steinernen Lorbeerkranz trägt.

Das mörderische Inferno dieser »totalen Schlacht« ist seit 1916 in die Landschaft eingebrannt, was der »roten Zone« im Zehn-Kilometer-Umkreis von Verdun eine Ausdruckskraft verleiht, der sich kein Besucher entziehen kann. Alles liegt noch da, nur leicht eingeebnet, wie damals unmittelbar nach der Schlacht: die Forts und Blockhäuser und auch noch etliche der Schützengräben. Und immer noch wird Kriegsmaterial gefunden, genauso wie menschliche Knochen oder Reste von Kleidungsstücken. Inmitten des riesigen Schlachtfelds wurde in den 1920er Jahren der »Ossuaire de Douaumont« errichtet, ein sogenanntes Beinhaus, das seither eine der wichtigsten nationalen Gedenkstätten Frankreichs ist. Hier liegen die Überreste von etwa 150 000 Soldaten, die nicht identifiziert werden konnten, es handelt sich also um Franzosen *und* Deutsche.

Die Verlustzahlen von Verdun sind immer wieder neu bestimmt worden, wobei oftmals von Millionen Toten die Rede war. Tatsächlich sind in der Schlacht etwa 330 000 »Verluste« auf deutscher und 380 000 auf französischer Seite zu verzeichnen, davon 162 440 gefallene Franzosen und 143 000 gefallene Deutsche. Von der Anzahl der Gefallenen her ist Verdun also keinesfalls die verlustreichste Schlacht des Ersten Weltkriegs gewesen. Die Schlachten an der Somme 1916 und erneut 1918 sowie die seit 1914 fortgesetzten Kämpfe in Flandern haben die in Verdun erlittenen schrecklichen Verluste sogar noch weit übertroffen. Aber von ihrer emotionalen Bedeutung her – dies gilt bis heute für Frankreich wie früher auch für Deutschland – ist keine Schlacht des Ersten Weltkriegs jener von Verdun vergleichbar geblieben, und keine ist in der Literatur beider Völker stärker thematisiert worden.

Die Entscheidung der Ententemächte, 1916 den Durchbruch zu wagen, um den festgefahrenen Stellungs- und Zermürbungskrieg zu überwinden, fiel im Dezember 1915 auf der Konferenz von Chantilly (nördlich von Paris). Die alliierte Absicht war es, die Deutschen auf allen Kriegsschauplätzen gleichzeitig anzugreifen, um ihnen keine Gelegenheit zu geben, ihre Reserven von einer Front an die andere zu verschieben. Allerdings hatte man sich in Chantilly weder über den genauen Ort noch den Zeitpunkt für eine Generaloffensive im Westen verständigt. Dies geschah erst bei einem Treffen zwischen dem französischen und dem britischen Oberbefehlshaber, Joseph Joffre und Sir Douglas Haig, am 14. Februar 1916. Entscheidend für die Wahl des Somme-Gebiets im östlichen Teil der Picardie waren die Geographie und die Beschaffenheit der Landschaft – das hügelige Gelände und der Kalkboden versprachen einen festeren Untergrund als die schweren Lehmböden in Flandern – und die Tatsache, dass dort am ehesten eine enge militärische Kooperation zwischen den alliierten Armeen möglich war. Joffre und Haig gingen zunächst davon aus, dass der Hauptangriff von den Franzosen geführt werden sollte und die Briten lediglich eine unterstützende Rolle zu übernehmen hätten. Der deutsche Angriff vor Verdun am 21. Februar und die anschließenden heftigen, äußerst verlustreichen Kämpfe nördlich der Stadt und westlich der Maas machten jedoch mit einem Schlag alle Planungen der Alliierten

36. »›Bis hier, Wallenstein, und nicht weiter‹ ...«. An die deutschen Soldaten gerichtetes französisches »Fliegerabwurfblatt« vom Mai 1916

zunichte. Das Hauptgewicht der militärischen Operationen, die um den 1. Juli herum beginnen sollten, lag somit bei den Briten mit ihren multinationalen Einheiten. Vergeblich versuchte Haig, den Beginn der Großoffensive auf Mitte August hinauszuzögern, um zusätzliche Truppen und Artillerie heranschaffen zu können. Doch Joffre drängte, mit dem Hinweis auf die immer gefährdeter erscheinende Lage der französischen Armee vor Verdun, auf die Einhaltung des vereinbarten Angriffstermins.

Zwar hatte die deutsche Militärführung mit einem »Entlastungsangriff« (Falkenhayn) der Alliierten in Nordfrankreich gerechnet, doch auf einen Großangriff an dieser Stelle der Front war man nicht vorbereitet. Während bei den deutschen Armeen 1916 vor Verdun und in Galizien (Brussilow-Offensive) kein Mangel an schweren Waffen und Munition herrschte und dort auch regelmäßig Kampf- oder Beobachtungsflugzeuge zum Einsatz kamen, »wurden diese an der Somme mit tausend Flüchen herbeigewünscht«, wie der Chronist des Weltkriegs Hermann Stegemann noch 1921 verbittert schrieb. Vergeblich hatte General von Below im Vorfeld der alliierten Offensive auf eine Verstärkung seiner 2. Armee gedrängt. Doch Falkenhayn räumte den Angriffen vor Verdun absolute Priorität ein, und – was noch schwerer ins Gewicht fiel – er unterschätzte die britische Entschlossenheit, im Sommer 1916 in Nordfrankreich den großen Wurf zu wagen.

Die Alliierten eröffneten die Schlacht am 24. Juni 1916 mit einem planmäßigen Vorbereitungsfeuer: Binnen einer Woche feuerten 1537 Geschütze mehr als 1,5 Millionen Granaten auf die deutschen Stellungen ab. Die Zielgenauigkeit wurde allerdings durch heftigen Regen und schlechte Sicht beeinträchtigt. Außerdem verhinderten die soliden, teilweise sogar mit Beton verstärkten Unterstände die beabsichtigte vollständige Zerstörung der deutschen Stellungen. In der Überzeugung, die gegnerischen Unterstände und Maschinengewehrstellungen seien nach dem einwöchigen Bombardement sturmreif geschossen, traten britische und französische Infanterieeinheiten am Morgen des 1. Juli zum Sturm auf die deutschen Stellungen an. Der 1. Juli, der offiziell als der erste Tag der Somme-Schlacht von 1916 gilt, wurde zum blutigsten Tag in der britischen Militärgeschichte: Die BEF verlor 57 470 Mann, davon waren 19 240 gefallen, der Rest verwundet, gefangen genommen oder vermisst. Ursache für die enormen Verluste der Briten war die wenig effektive

Beschießung der deutschen MG- und Geschützstellungen, die aus diesem Grund mit einem gezielten Sperr- und Streufeuer unerwarteten Ausmaßes antworten konnten. Der Geländegewinn von 1,5 Kilometern Tiefe (auf einer Länge von 6 Kilometern) war äußerst bescheiden und rechtfertigte kaum die erlittenen schweren Verluste. Auch in den nächsten Tagen und Wochen sollte sich dies nur unwesentlich ändern. Etwas besser verlief der Angriff der südlich des Flusses Somme operierenden Franzosen. Ihnen gelang es, die Front etwa fünf Kilometer nach Osten zu verschieben und die Geländegewinne zu konsolidieren. Doch von dem erhofften Durchbruch waren die alliierten Truppen meilenweit entfernt. Schlimmer noch: Briten wie Franzosen führten von nun an ihre Angriffe, ohne sich abzustimmen, gleichsam nebeneinander her. Statt großräumiger Offensiven und Umfassungen des Gegners verloren sich die Verbände immer mehr in verlustreichen Einzelkämpfen, die schließlich um jede Anhöhe, jedes Wäldchen und jedes Dorf geführt wurden. Nach den einleitenden Angriffen der beiden Armeen auf breiter Front war dies nun die zweite Phase der Somme-Schlacht; sie währte von Mitte Juli bis Mitte September 1916. Englische Militärhistoriker bezeichneten später die blutigen Gefechte, die unter außergewöhnlichem Einsatz von Menschen und Material geführt wurden, als »battle of attrition« (Abnützungskämpfe). Am 15. September erschienen zum ersten Mal in einem Krieg Panzer auf einem Schlachtfeld. Doch die 36 (von 49 seinerzeit eingesetzten) britischen »Tanks« vom Typ Mark I, die einen Angriff auf deutsche Stellungen fuhren, waren nur wenig erfolgreich. Dennoch sorgten die gepanzerten Ungetüme unter den deutschen Soldaten für erhebliche Unruhe, konnten diese den Alliierten doch nichts Vergleichbares entgegensetzen.

Dank der Ablösung von im Kampf erschöpften Einheiten, einer ständigen Auffrischung der anfänglich viel zu geringen Munitionsvorräte sowie der Verstärkung ihrer bislang eher schwach ausgestatteten Fliegerbeobachtung und Fliegerkampfverbände vermochten die Deutschen, ihre Unterlegenheit allmählich auszugleichen. Mit dem Einsatz der neuen fliegerischen »Jagdstaffeln« gelang es ihnen seit Mitte September auch, die bisher erdrückende Luftüberlegenheit der Alliierten an der Somme abzuwenden. Geradezu legendären Ruhm erwarb sich dabei die aus zwölf Kampfflugzeugen, sogenannten Jagdeinsitzern, bestehende

Tagebucheintrag des Verpflegungsoffiziers Cornelius Breuninger, kriegsfreiwilliger Stadtvikar aus Schwäbisch Gmünd, vom 27. Juni bis 1. Juli 1916 während der Somme-Schlacht

27. 6.
Die Engländer arbeiten mit Gas an der ganzen Front unserer Gegend, erreichen aber nicht viel damit. Le Sars wird ordentlich beschossen, besonders mein Quartierbezirk. Straubs Pferd wird schwer am Hals verwundet. Das Gerücht geht, dass Leutnant Stöckle gefallen ist. (...)
28. 6.
Die Engländer haben die Nacht an verschiedenen Stellen angegriffen, viel Gas abgeblasen, das sich auch hier noch gut bemerkbar gemacht hat. Die Nachricht von Stöckles Tod bestätigt sich. Mit verschiedenen Unteroffizieren seines Zuges hat er sein junges Leben ausgehaucht. Er war mir ein feiner jugendfrischer, ein lieber Kamerad. (...) Auf dem Proviant-Amt in Bapaume; dann bei der Intendantur Wein herausgeschlagen. Auf der Straße begegnet mir in strömendem Regen der lange Auswandererzug der Einwohner von Courcelette und Miraumont. Ein trauriges Los. 22 Monate haben die Leute ausgeharrt und nun müssen sie noch ins Elend. Manche bekannte Gesichter sind darunter. (...)
29. 6.
Heute früh sei Sturm von den Engländern gegen La Boiselle u. Ovillers angesetzt gewesen. Die Sturmkolonnen sind schon am Abend vorher gesichtet worden. Unser Sperrfeuer habe ihn verhindert. Herr Stabsarzt ist von der Stellung herein wieder erschienen. Wir müssen es versuchen, neben den Trägertrupps mit Wagen hinauszufahren bis zum Abladeplatz Ovillers. Aber schweres Artilleriefeuer liegt draußen, will sehen wie es geht. (...) Die Nacht bringe ich mit Hangen u. Bangen zu, denn draußen liegt schweres Feuer. Aber sie kommen wieder, alle miteinander, von der Todesfahrt nach Ovillers, nur ein Pferd ist verletzt, durch Sturz in ein Granatloch.
30. 6. Freitag
Das Wetter hellt sich auf, es wird besser. Draußen ungeminderte Tätigkeit. Le Sars wird heftig unter Feuer genommen. In Bapaume, auf dem Proviant-Amt. Ich suche alles Mögliche zu bekommen, Schokolade gibt's und ähnliche Dinge. Man munkelt von einer Beschießung von Bapaume, einige militärische Formationen sind schon entfernt worden.

Ganz enorme Fliegertätigkeit. Die englischen sind ganz gewandte Luder, an Zahl den unseren weit überlegen, ein großer Übelstand für die Infanterie und besonders für die Artillerie. Abends, die Dämmerung ist schon hereingebrochen, hören wir einen ganz eigentümlichen Geschossknall, ein Pfeifen über uns hinweg – Bapaume wird von den Engländern beschossen. Schon ists dunkel, da kehrt der englische Flieger, der das Feuer leitete zurück, einige Schrapnell werden ihm nachgeschickt.
1. 7.
Ganz enorme Artillerie Tätigkeit am frühen Morgen. Es kommt Divisions-Befehl alles marschbereit zu machen, auch die Gefechts-Bagage. Da wird gepackt u. geordnet, gesattelt u. geschirrt. Dann ein eiliger Befehl: III. 180, Patronen hinausschicken. Leute, die tragen können auf Leiterwagen mitschicken. Was da ist, wird zusammengerafft. Es sind Leute dabei, die erst heute Nacht mit Lebensmitteln in der Stellung gewesen waren. Ein Lastauto holt die Patronen, die Leute sind schon fort. Im Laufe des Mittags kommen Verwundete von draußen. Die Engländer haben auf der ganzen Front angegriffen nach einem kurzen Trommelfeuer unmittelbar vorher. In hellen Haufen, in langsamem Schritt sind sie anmarschiert, bei der 9. Kompagnie sind sie eingedrungen. Die Maschinengewehre haben wunderbar gearbeitet. Ein Gegenstoß habe die Engländer wieder hinausgebeugt. Doch sind die Verluste schwer, die der Engländer ungeheuer. Wie zum Hügel geschüttet liegen sie vor dem Drahtverhau; der erste große Ansturm vor unserer Front ist abgeschlagen, ein Maschinengewehr u. ein Telefon erbeutet, wenig Gefangene gemacht. Bei Thiepval sind die Engländer offenbar bis zur Feste Schwaben durchgedrungen, ebenso sind sie südlich Thiepval durchgekommen, dadurch hat unsere 3. Kompagnie große Verluste erlitten, da ihr die Engländer im Rücken waren. Die Kompagnie hat alle Offiziere verloren.

Schwadron des Hauptmanns Oswald Boelcke, dem allein 40 Abschüsse gegnerischer Flugzeuge gelangen, davon 20 über dem Gebiet der Somme. Dies war zugleich die Geburtsstunde der »Flieger-Asse«, die den Typus des jugendlich-draufgängerischen, aber dabei stets fairen Kampffliegers verkörperten. Dank der heimischen Propaganda und ihres selbst von den englischen Gegnern gewürdigten fliegerischen Könnens mutierten

Boelcke, Manfred von Richthofen (»Roter Baron«) und (der bereits zuvor tödlich verunglückte) Max Immelmann, allesamt Ordensträger der preußischen Auszeichnung »Pour le mérite«, in der deutschen Wahrnehmung fortan zu ritterlichen »Helden der Lüfte«.

Ende September begann die dritte und letzte Phase der Somme-Schlacht, die sich nun in zahllose Einzelgefechte auflöste. Doch die meisten der örtlich durchgeführten Angriffe der Alliierten scheiterten oder verzeichneten nur sehr begrenzte Erfolge. Hinzu kam, dass das Herbstwetter sich von Mitte Oktober an stetig verschlechterte: Dauerregen verwandelte schließlich das Schlachtfeld in eine »Urschlammlandschaft« (Ernst Jünger), mitunter gar in eine regelrechte Kloake, in der Soldaten, Pferde und Fahrzeuge stecken blieben und kaum noch bewegt werden konnten. »Überall tiefe Granattrichter, meist bis oben mit Wasser gefüllt. An deren Rand tastet man sich durch den Schlamm. Dann wieder zerschossene und umgestürzte Baumstämme, über die man hinüberklettert. Dann eine schauderhafte Gruppe von Leichen, etwa 6, die Körper zerfetzt, mit Blut und Schlamm bedeckt. Von einem ist der Kopf halb

37. Der Fliegerheld Rittmeister Freiherr Manfred von Richthofen (x) beim Besuch eines deutschen Feldflugplatzes bei Jabbeke in Flandern, Juli 1917

abgeschossen, ein Stück weiter liegt ein abgeschossenes Bein, ein paar Leiber sind so ineinander verschlungen, dass man unter der Schlammschicht die einzelnen Körper nicht unterscheiden kann« – so beschrieb der deutsche Regimentsarzt Dr. Hugo Natt seine Begegnung mit dem Schlachtfeld an der Somme im November 1916.

Die Schlacht an der Somme dauerte von Ende Juni bis November 1916. Sie war die mit Abstand verlustreichste Menschen- und Materialschlacht des Ersten Weltkriegs: Allein die deutschen Verluste beliefen sich auf nahezu eine halbe Million Soldaten, während Briten und Franzosen gemeinsam etwa 620 000 Mann verloren. Am Ende war die Front gerade einmal um zehn Kilometer (auf 35 Kilometern Breite) nach Osten verschoben worden. Nicht nur angesichts der beispiellosen Verluste wurde die Somme-Schlacht zu einem Menetekel des »totalen Krieges«. Diese Schlacht war zugleich ein globales Ereignis, denn an der Somme kämpften, vor allem auf alliierter Seite, Soldaten aus zahlreichen Nationen. Sie kamen aus den britischen Dominions, also aus Australien, Kanada, Neuseeland und Südafrika, oder waren als Söldner aus den afrikanischen und

38. Luftbild des Dorfs La Vacquerie bei Gouzeaucourt/Somme

asiatischen Kolonien Frankreichs und Großbritanniens angeworben bzw. von dort abkommandiert worden. Angehörige anderer Nationen, beispielsweise Chinesen, wurden in Nordfrankreich bei Schanzarbeiten, also zum Bau von Stellungen und Gräben, oder bei der Löschung militärischer Güter in Häfen und Bahnhöfen eingesetzt. Ihre Arbeiten hinter der Front unter oftmals erbärmlichen Bedingungen (täglich acht bis zehn Stunden, alle 14 Tage ein freier Tag) waren keineswegs ungefährlich. Allein in Frankreich kamen etwa 2000 der insgesamt von den westlichen Alliierten im Weltkrieg aus China angeworbenen 135 000 Arbeiter zu Tode.

Bis heute verbinden sich mit der Schlacht an der Somme von 1916 zahlreiche nationale Erinnerungen und Mythen, vor allem in Großbritannien und seinen ehemaligen Dominions. Nicht zuletzt die heroische Überhöhung des ANZAC (Australian and New Zealand Army Corps) gründet, neben dem Gallipoli-Einsatz im Frühjahr 1915, auf den Erfahrungen und den immens hohen Verlusten dieser damals noch jungen militärischen Einheit an der Somme. Für Australien zählt der Einsatz des ANZAC im Ersten Weltkrieg zu den Gründungsmythen im Prozess der Staatswerdung dieser Nation. Ursächlich für die bis heute fortwir-

39. Gefangene verschiedener Nationalität werden als »Gefangenentypen« fotografiert, Somme 1916

kende Geschichtsmächtigkeit der Somme-Schlacht in Großbritannien und seinen früheren Kolonien oder Dominions sind daher die ungeheuerlichen und scheinbar sinnlos erbrachten Opfer der Soldaten. Die

Vizefeldwebel Hugo Frick an seine Familie in Ellwangen

3.–4. 10. 1916 Somme

Meine liebste Mutter!
Liebste Schwester!
1. Oktober bis 3. Oktober habe ich nicht gelebt, vielmehr, ward mir diese Zeit, 72 Stunden, zur Ewigkeit. d. Minuten wurden zu Sekunden. Ja glaubt mir meine Vaux Erlebnisse sind eigentlich noch übertroffen durch das, was ich nördlich Péronne erlebte. – Eben gerade etwa 9h abends 3. Oktober – vor 10 Jahren war meine Firmung – schlug eine Granate hinter unser Loch. – Wir haben hier nur Granattrichter u. s. w. als Deckung – u. begrub uns in Erdmassen zentnerweise bis über die Köpfe; ich kam selbst wieder frei u. wühlte mich raus u. d. beiden andern meine Zugführer: Leutnant Völlger u. Ordonanz. Und alle drei waren von Splittern unversehrt, mit d. selbstverständlich riesigen Schrecken davongekommen; denn was für Stunden hatten wir hinter uns; wo man so systematisch auf den Tod lauert. Der einen foppt, gegen den man sich nicht wehren kann, in Gestalt der einschlagenden Granaten, deren gräßliche Splitter herumspritzen, dann noch Mörsergeschosse, die hausgroße Löcher in d. Boden reißen, u. man selbst in einem 1 m tiefen Erdloch; und das ganze 3 Tage lang 72 lange, lange Stunden, man möchte moralisch verzweifeln, davonrennen, weiße Haare kriegen, das sind nun 3 Tage in vorderster Stellung, dann wurden wir 3. Oktober abends abgelöst u. kamen in 2. Linie, wo vorhin riesige 28 cm Granaten hereinwichsten, doch wir, haben, Gott sei Dank, wer kann das Wort schätzen, einen bombensichren Unterstand für einige Zeit, aber auch das ganze Vorgelände steht unter französischem Artilleriefeuer. Das ist kein Krieg mehr sondern gegenseitige Vernichtung mit technischer Kraft, was soll da der zarte Menschenleib dabei? (…)
Na hoffen wir zu Gott, daß ich heil diese Somme(r) Reise überstehe.
Herzliche Grüße u. Küsse
Euer Jung Hugo

Somme zerstörte, und zwar auf Dauer, die Kampffähigkeit von 25 britischen Divisionen. Jeder zweite britische Soldat, der an der Somme kämpfte, kehrte von dort nicht zurück, oder er war so schwer verwundet, dass er fortan als kampfunfähig galt und nicht wieder eingesetzt werden konnte.

Aber auch für die deutsche Seite stellte die Somme-Schlacht einen ungeheuren »Aderlass« dar, von dem sich das durch die Kämpfe vor Verdun geschwächte deutsche »Westheer« im Verlauf des Krieges nicht wieder erholen sollte. Und auch diese Opfer verlangten nach einer rechtfertigenden Begründung. Doch anders als in Verdun, wo die Deutschen zweifelsfrei als Angreifer feststanden, entfaltete sich an der Somme ein bizarrer Verteidigungsdiskurs, der die Verantwortung für die gewaltigen Zerstörungen im Zusammenhang mit den Kämpfen den angreifenden Alliierten zuwies. In den Briefen der deutschen Soldaten wie in der öffentlichen Berichterstattung wurde dieser Vorwurf unablässig erneuert: Aus dieser Rechtfertigung, man schütze die eigene Heimat durch eine »Vorwärtsverteidigung« mitten im Feindesland, resultierte auch die deutsche Logik, den Krieg so lange zu verlängern, bis diese Heimat endgültig gesichert war, also bis zu einem vollständigen Sieg. Dabei handelte es sich keineswegs um ein Ergebnis der Kriegspropaganda. Das »Durchhalten« reflektierte die aus der Kriegslage resultierende Überzeugung, dass die Deutschen an der Somme seit dem Spätherbst 1914 tatsächlich in einer »Verteidigungsstellung« lagen.

Die »Somme« ist für die Deutschen noch aus einem anderen Grund bemerkenswert. Angesichts der ungeheuren Verluste, besonders durch den alliierten Artilleriebeschuss, setzte sich dort ein neues taktisches Konzept der Kriegführung durch: die sogenannte Sturmtruppen-Taktik. Diese sah vor, dass auf der Ebene der Regimenter kleinere Gruppen zum Einsatz kamen, die von einem fronterfahrenen Offizier geführt wurden. Das Gefühl des Zusammenhalts in kleinen Gruppen unter der Führung eines erprobten Frontkämpfers schuf einen neuen Soldatentyp, dem der Schriftsteller Ernst Jünger später in seinen Kriegserinnerungen »In Stahlgewittern« ein heroisches Denkmal setzte. Jünger zeichnete darin einen stoischen Kämpfer, dem die Schrecken und das Erleiden des »industrialisierten Krieges« kaum noch etwas ausmachen. Dieser ultra-militaristische und antibürgerliche Soldatentyp fand in den 1920er Jahren Eingang in die Literatur des soldatischen Nationalismus und prägte schließlich auch das Bild des nationalsozialistischen »Kämpfers«, für den die Front nicht mehr allein im Kriege verlief, sondern nunmehr auch im Straßenkampf gegen den »jüdischen Bolschewismus«.

Während im Westen zwischen Franzosen und Deutschen noch die Schlacht um Verdun tobte – mit ungewissem Ausgang – und die Alliierten letzte Vorbereitungen für die Großoffensive an der Somme trafen, kam es im Frühsommer 1916 zur größten Schlacht des Weltkriegs an der Ostfront. Diese Schlacht ist bis heute verbunden mit dem Namen des russischen Generals und Oberbefehlshabers der zaristischen Armee, Alexej Alexejewitsch Brussilow. Der aus dem russischen Hochadel stammende Brussilow hatte seine Ausbildung und Karriere in der Kavallerie durchlaufen. Er war einer der wenigen zaristischen Generäle, die bereit waren, die Zeichen der Zeit, also des industrialisierten Maschinenkriegs, zu erkennen. So setzte er nicht nur dezidiert auf Maschinengewehre und Artillerie und untersagte »kavalleristische« Abenteuer, sondern machte sich auch die Möglichkeiten der Luftbeobachtung des Feindes zunutze. Brussilow erkannte sehr rasch, dass die k. u. k. Armeen 1915 mit einem massiven Abzug ihrer Truppen aus Galizien zur Alpenfront entlang des Isonzo begonnen hatten, weshalb er in aller Ruhe eigene Angriffsvorbereitungen treffen konnte. Nach einigem Widerstand konnte er den Zaren und dessen militärische Berater überzeugen, dass der Zeitpunkt günstig war, als sich die Aufmerksamkeit der Deutschen auf Verdun und die der Österreich-Ungarn auf die Offensive in Südtirol richtete.

Die russische Offensive begann am 4. Juni auf der ganzen Breite der Front in Richtung der Eisenbahnknotenpunkte von Kowel und Wladimir Wolynsk, an der Schnittstelle zwischen der 1. und der 4. österreichisch-ungarischen Armee. Mit ungefähr 600 000 gegenüber 500 000 Mann der österreichisch-ungarischen Truppen waren die Russen zahlenmäßig zwar nur wenig überlegen, aber sie verfügten dank ihrer 1770 leichten Feldgeschütze über ein artilleristisches Übergewicht »in der Bewegung«. Ihre Dominanz im Bereich der schweren Artillerie (545 gegenüber 168) nützte den Österreichern nur wenig. Der hervorragend eingestellten russischen Artillerie gelang es immer wieder, die gegnerischen Stellungen überraschend anzugreifen, da sie über genaue Positionsbestimmungen verfügte und deshalb mit Präzisionsbeschuss die schwere Artillerie der Österreicher ausschalten konnte. Die Soldaten der k. u. k. Armeen waren nicht in der Lage, auf den intensiven Artilleriebeschuss angemessen zu reagieren. Sie verharrten viel zu lange in ihren Bunkern und Stellungen und wurden deshalb von der rasch vorrückenden russischen Infanterie vollständig überrascht. So gelang der russischen 8. Angriffsarmee bereits am ersten Tag der Schlacht ein Einbruch von mehr als 35 Kilometern in der Breite und ca. zehn Kilometern in der Tiefe. Die österreichische Armeeführung war wie erstarrt. Tagelang wollte der Oberkommandierende Conrad von Hötzendorf die eintreffenden Nachrichten nicht glauben. Bei ihrem weiteren Vormarsch gelang es den russischen Verbänden, die 4. und die im Süden operierende 7. k. u. k. Armee fast total zu vernichten. Bis zum 12. Juni hatten die Russen nahezu 200 000 Gefangene gemacht und 216 Geschütze erbeutet.

Die Situation schien derart ausweglos, dass Conrad umgehend nach Berlin reiste, um Falkenhayns Unterstützung zu erbitten. Trotz der sich ständig verschlechternden Lage vor Verdun ordnete das deutsche Oberkommando die Verlegung von insgesamt sechs Divisionen an die Ostfront an und stellte außerdem weitere Divisionen aus der sogenannten Heeresreserve der Obersten Heeresleitung zur Verfügung. Zu seinem großen Verdruss musste Conrad zugestehen, dass diese Einheiten zusammen mit den Resten der österreichisch-ungarischen Armeen nunmehr unter deutschem Oberbefehl operierten. Stabschef der österreichischen sowie deutschen Einheiten wurde der nach 1920 als Chef der Reichswehr bekannte General Hans von Seeckt.

Allerdings widerfuhr der Brussilow-Offensive das gleiche Schicksal, das auch andere Frontdurchbrüche im Zeichen des industrialisierten Massenkriegs kennzeichnete: Die erzielten Einbuchtungen der gegnerischen Front konnten weder nachhaltig gesichert noch in der Tiefe fortgesetzt werden. Die von Berlin bereitgestellten Divisionen waren einsatzbereit vor Ort, lange bevor die Russen ihren zunächst siegreichen Vormarsch fortsetzen konnten. Die vorstürmenden Truppen hatten sich binnen kurzem derart weit von ihrem Nachschub entfernt, dass Brussilow ihnen Ende Juli Halt befehlen musste. Zudem waren die Kommandeure der angrenzenden russischen Armeen keineswegs von derselben militärischen Weitsicht wie ihr Oberkommandierender. Sie »zogen nicht nach«, weshalb die Front schließlich auf einer Linie etwa 50 Kilometer weiter westlich zum Stehen kam. Die Brussilow-Offensive, die im Juni derart erfolgreich begonnen hatte, blieb im November 1916 endgültig stecken. Die mittlerweile erlittenen hohen Verluste trugen dazu bei, die Moral der russischen Verbände nachhaltig zu untergraben. Unter den russischen Soldaten mehrten sich Zeichen großer Unruhe und ein Ungehorsam, der wenige Monate später in massenhafte Verweigerungen und schließlich in offener Revolte mündete.

In dieser letzten großen Offensive der Armee des Zarenreichs wurden etwa 1,5 Million Soldaten der österreichisch-ungarischen Armee getötet, verwundet und gefangengenommen. Das waren fast zwei Drittel der gesamten Streitmacht der Donaumonarchie, die damit aufgehört hatte, von kriegsentscheidender Bedeutung zu sein. So geriet Österreich immer weiter in Abhängigkeit von seinem deutschen Bündnispartner. Doch auch die deutsche Militärführung musste erkennen, dass angesichts der dramatisch geschrumpften Heeresreserven und des eklatanten Mangels an Rüstungsgütern und Munition operative Maßnahmen größeren Stils kaum noch möglich waren.

40. Gefangene deutsche Soldaten werden durch Petrograd geführt

So zynisch es klingen mag: Auch nach Ablauf des Jahres 1916 mit seinen verheerenden Schlachten im Westen und Osten Europas schienen die kriegführenden Armeen keineswegs »ausgeblutet«. Weder Generäle noch Politiker oder die europäischen Monarchen vermochten einzusehen, dass ein weiteres sinnloses Abschlachten Hunderttausender Soldaten ihre Nationen letztlich zugrunde richten würde. Stattdessen rief man weitere Millionen junger Männer zu den Fahnen: Großbritannien führte 1916 die allgemeine Wehrpflicht ein und ergänzte sein bisheriges Freiwilligenheer (Kitchener's Army) um drei Millionen Soldaten. In Frankreich wurden inzwischen auch die 19-jährigen Männer einberufen, und Deutschland mit seiner riesigen Bevölkerung von mehr als 70 Millionen hatte ohnehin noch nicht alle seine »Kraftreserven« ausgeschöpft. Zusätzlich zu den seit 1914 rekrutierten acht Millionen Soldaten konnten jederzeit noch weitere zwei Millionen mobilisiert werden. Auch rüstungstechnisch war das Deutsche Reich trotz massiver Versorgungsschwierigkeiten und Engpässen bei Lebensmitteln und Rohstoffen keineswegs geschlagen – im Gegenteil: Die deutsche Oberste Heeresleitung, seit August 1916 unter Führung der Doppelspitze Hindenburg und Ludendorff, forcierte nunmehr die Industrialisierung des Krieges. 1917 erreichte der deutsche U-Bootbau seinen Höhepunkt; auch waren die Flugzeuge so weit entwickelt, dass sie Bomben abwerfen und somit als strategische Waffe eingesetzt werden konnten. Auf alliierter Seite erzielten die Tanks (die späteren Panzer), deren erster Einsatz an der Somme im Herbst 1916 noch weithin belächelt worden war, erste entscheidende Erfolge. Überraschenderweise verzichteten die Deutschen auf die Fortentwicklung und Massenfertigung dieser mobilen Angriffsfahrzeuge. Sie gerieten deshalb bei den Tanks, aber auch bei Lastkraftwagen dauerhaft und unwiderruflich ins Hintertreffen, wie sich im Sommer 1918 erweisen sollte.

Stattdessen setzte die deutsche militärische Führung auf immer gigantischere Geschütze; vorläufiger Höhepunkt dieser Entwicklung war 1918 das aus einer Entfernung von 120 Kilometern die französische Hauptstadt »bombardierende« so genannte Parisgeschütz. Die eigentliche strategische Neuerung des Jahres 1917, von der dann alle weiteren Entscheidungen abhingen, war jedoch der Entschluss der Obersten Heeresleitung, an der Westfront nunmehr eher defensiv zu kämpfen und abzuwarten, wie der zwischenzeitlich »unbeschränkte U-Boot-Krieg« Großbritannien in die Knie zwingen würde.

Demgegenüber beabsichtigten die Alliierten, die ganz auf die Defensive beschränkten Deutschen durch einen gemeinsamen Zangenangriff entscheidend zu schlagen. Die Chancen für ein derartiges Unternehmen standen, nach den für sie militärisch nur wenig erfolgreichen Schlachten vor Verdun und an der Somme, zunächst keineswegs schlecht. Während die Franzosen den Durchbruch am Chemin des Dames (Damenweg), einem Höhenzug nördlich der Aisne, zu erzwingen suchten, sollten britische Truppen in Flandern, beiderseits der nordfranzösischen Stadt Arras und dann entlang der großen »Frontnase« (wegen ihrer charakteristischen Ausbuchtung) nahe dem belgischen Ypern, zum Angriff übergehen. Zudem bestand Hoffnung, dass sich die stets beklagte schwierige Kommunikation zwischen den alliierten Armeeführungen jetzt erheblich verbessern würde. Der neu eingesetzte Oberbefehlshaber der französischen Armeen, Georges Robert Nivelle, der sich als Chef der 2. Armee vor Verdun ausgezeichnet hatte, sprach nicht nur ausgezeichnet Englisch (seine Mutter war Engländerin), er schien sich mit den Briten auch sonst gut zu verstehen – allerdings mit den Politikern besser als mit den Militärs.

Die Nivelle-Offensive am Chemin des Dames und der britische Angriff in Flandern begannen nahezu zeitgleich Anfang April 1917. Sie wollten den etwa 100 Kilometer langen, leicht gebogenen Vorsprung der deutschen Frontlinie im Artois, zwischen Arras und Reims, »von beiden Seiten« angreifen, in der immer wieder neu genährten Hoffnung, dass die Flanken »weicher« seien als die Frontalstellung. Doch zu diesem Zeitpunkt war der deutsche Rückzug in die stark befestigte Siegfriedstellung hinter diesen beiden Angriffspunkten nahezu abgeschlossen – womit die französischen und britischen Angriffsplaner nicht gerechnet hatten. Nivelle hatte den Rückzug der Deutschen auf die Siegfriedlinie als Zeichen einer Flucht gewertet und glaubte, es am »Damenweg« mit mittlerweile entnervten und ungeordneten deutschen Truppen zu tun zu haben. Deshalb hielt er eine starke und konzentrierte, punktuelle Offensive für ein sicheres Mittel zum Erfolg. Er vertraute auf den massiven Einsatz von nicht weniger als 500 Kampfflugzeugen, unterstützt von 40 Beobachtungsballons, die der vorrückenden Infanterie ein bislang nicht bekanntes »Geleit« geben sollten. Nivelle hatte der zunächst eher zögernden politischen Führung in Paris einen Sieg innerhalb von ein bis zwei Tagen versprochen und großsprecherisch hinzugefügt, dass er hoffe, die Deutschen würden sich überhaupt zum Kampf stellen. Das taten diese auch, und zwar aus den im Kalkgestein dieser Gegend errichteten, stark gesicherten Schutzbunkern und kaum einnehmbaren »Blockhäusern« heraus.

Der Angriff Nivelles geriet – trotz der vermeintlich perfekten technischen Vorbereitung – zu einem Desaster für die französische Armee. Aus den geplanten wenigen Angriffstagen entwickelte sich ein wochenlanges verzweifeltes Anrennen gegen die bestens gesicherten deutschen Stellungen, so dass der Angriff schließlich Ende April auf Befehl der politischen Führung, gegen den ausdrücklichen Willen des Oberbefehlshabers, abgebrochen wurde. In Deutschland wäre ein solcher »Primat des Politischen« nicht möglich gewesen; dort hatten die Generäle längst »verlernt zu gehorchen«, wie Charles de Gaulle – damals Kriegsgefangener in Deutschland – ironisch in seinen Aufzeichnungen zum Weltkrieg vermerkte.

Die »Nivelle-Offensive« kostete die ohnehin schon seit der Schlacht vor Verdun stark dezimierte französische Armee etwa 30 000 Tote und mehr als 100 000 Verwundete. Als besonders fatal wurde die Tatsache empfunden, dass es während der Kämpfe zu massenhaften Befehlsverweigerungen und regelrechten Meutereien der Soldaten kam. Diese begannen noch vor dem Ende der Angriffe und setzten sich wie ein Buschfeuer bis Mitte Mai 1917 in den französischen Frontdivisionen fort. Insgesamt waren davon 68 Divisionen direkt betroffen, so dass die französische Armee in dieser Zeit beinahe kampfunfähig war. Entgegen der Behauptung der militärischen Führung und zahlreicher Politiker, dass die Unruhen von politischen Agitatoren ausgelöst worden seien, verweist die neuere Forschung auf andere Motive und Umstände. Die später vor ein Kriegsgericht gestellten »Anführer« der Meutereien erklärten immer wieder, dass sie keineswegs kampfesmüde waren und sie sich auch weiterhin zur Abwehr der Deutschen geopfert hätten, dass sie es aber leid gewesen seien, sich in unsinnigen Angriffen abschlachten zu lassen. Die offenkundigen Missstände führten dazu, dass die militärische Führung und die Militärgerichte die Meuterer, angesichts der Schwere ihrer Vergehen in einer für die Nation überaus kritischen Lage, relativ nachsichtig beurteilten: 3427 Soldaten wurden verurteilt, davon 554 zum Tode, doch nur 49 Exekutionen wurden ausgeführt. Allerdings verurteilte man 1300 Meuterer zu Zwangsarbeit und anderen schweren Strafen.

Wichtig für die Beruhigung dieser extrem gefährlichen Situation war auch die umgehende Ablösung des »Schlächters« Nivelle, der durch den als umgänglich geltenden, ebenfalls vor Verdun ausgezeichneten General Philippe Pétain ersetzt wurde. Pétain sorgte für eine bessere Ernährung der Fronttruppen und achtete darauf, dass künftig auch der beliebte »Pinard«, der leichte Landwein, wieder ausreichend zur Verfügung stand, um die Soldaten bei Laune zu halten. Der die Defensive bevorzugende Pétain war davon überzeugt, dass die Zeit der großen Offensiven erst kommen würde, wenn ausreichende Verstärkungen und neue Waffentechniken zur Verfügung ständen: »Ich warte auf die Amerikaner und die Panzer«, pflegte er stets zu sagen.

Die deutsche Heeresführung hat nach dem Krieg behauptet, dass sie über die französischen Soldatenunruhen nicht informiert gewesen sei.

41. »Barbarossahöhle«, ein deutscher Unterstand bei Chavignon am Chemin des Dames, 1917

Daraus haben einige Militärhistoriker den Schluss gezogen, dass eine fahrlässige Missachtung der Feindaufklärung am Chemin des Dames zu einem Versagen geführt habe, das möglicherweise die Deutschen den Sieg gekostet habe. Die neuere Forschung aber hat gezeigt, dass die Heeresführung sehr wohl über die Meutereien in der französischen Armee und deren Umfang informiert war. Allerdings entschloss man sich, diese Informationen geheim zu halten, weil man gute Gründe hatte zu befürchten, dass die deutschen Soldaten sich an den Unruhen ein Beispiel nehmen könnten.

Zur Abstützung der »Nivelle-Offensive« begannen die Briten ihren Angriff in der Gegend zwischen Arras und Ypern. Den ungemein tapfer kämpfenden kanadischen Truppen gelang es nur unter schweren Verlusten, die Höhen von Vimy (engl. Vimy Ridge) einzunehmen, doch einen durchschlagenden Erfolg vermochten sie nicht zu erzielen. Der Angriff, der ursprünglich ja nur als »Begleitung« der französischen Großoffensive am Chemin des Dames geplant war, war ein Fehlschlag, auch wenn die Deutschen gezwungen wurden, einen Teil ihrer Reserven von der Aisne abzuziehen. Die strategisch wichtigen Hügel in diesem zumeist flachen Gelände blieben bis 1918 weiter umkämpft. Zwar konnten die kanadischen Soldaten trotz extremer Wetter- und Bodenbedingungen etwa fünf Kilometer Terrain gewinnen, doch wurde dieser Geländegewinn von den Deutschen wieder aufgefangen, weil die britische Artillerie nicht in der Lage war, in dem stark zerstörten und daher kaum mehr zugänglichen Gelände der eigenen Infanterie zu folgen und diese effektiv zu schützen. Die Kämpfe um die Höhen von Vimy haben sich tief in die kanadische historische Erinnerung eingegraben, zumal sie als Bestätigung einer eigenen nationalen Identität innerhalb des britischen Empire empfunden wurden. Die verlustreiche Einnahme der Hügelkette war für die Kanadier sozusagen der »nationale Ritterschlag« (Hew Strachan), in ähnlicher Weise wie dies für die Australier nach ihrer allerdings wenig erfolgreichen Landung bei Gallipoli gegolten hatte.

Auch der Name eines anderen kleinen Ortes, Paschendaele in Flandern, ist zu einem *lieu de memoire* geworden, vor allem aus englischer Sicht. Im Mittelabschnitt der flandrischen Front begann im Juni 1917 eine Schlacht, die nach Ansicht englischer Militärhistoriker zu den »umstrittensten Schlachten« (John M. Bourne) der britischen Militärgeschichte gehört. Von der Masse der eingesetzten Soldaten her sowie hinsichtlich des Kriegsgeräts und Materials übertraf sie alles, was der Große Krieg für die Briten bislang bereitgestellt hatte. Bezeichnenderweise tat man sich auf deutscher Seite lange Zeit schwer, die flandrischen Kämpfe 1917 als eine singuläre Schlacht zu bezeichnen, und reihte sie schließlich als so genannte 3. Flandern-Schlacht in die Abfolge der Kampfhandlungen seit Oktober 1914 ein.

Für die Entscheidung der Briten, 1917 die Schlacht in Flandern zu führen, war nicht nur der logistische Vorteil ausschlaggebend, nämlich die geographische Nähe zu den eigenen Kanalhäfen. Ähnlich wie Nivelle war auch der britische Oberbefehlshaber Haig zu der Überzeugung gelangt, dass es nur noch eines letzten Stoßes bedurfte, um die deutschen Armeen im Westen vernichtend zu schlagen. Auch Haig interpretierte den strategischen Rückzug der Deutschen auf die Siegfriedlinie als ein Zeichen der Schwäche. Die Zeit drängte, denn die deutschen U-Boote hatten im Frühjahr 1917 so große Mengen britischer Tonnage versenkt, dass in der Londoner Regierung Bedenken laut wurden, ob England den Krieg noch lange würde fortsetzen können. Noch aber verfügte man vor allem dank amerikanischer Hilfe – seit Anfang April befanden sich die USA im Krieg mit Deutschland – über riesige Mengen an Angriffswaffen. Die Entwicklung der britischen Tanks war inzwischen aus dem Versuchsstadium heraus, und sie standen nun in beträchtlicher Anzahl zur Verfügung. An Munition fehlte es ebenso wenig und auch nicht an schwerer und leichter Artillerie. Hatte vor Verdun 1916 noch der Einsatz von 1200 deutschen Geschützen für großes Aufsehen gesorgt, so schafften die Briten in Flandern nicht weniger als 3000 schwere Geschütze in die Ausgangsstellungen. Die Flugzeug- und Informationstechnik war inzwischen so weit entwickelt, dass eine exakte Artilleriesteuerung aus der Luft möglich war. All das wurde von Haig auf den so genannten Wytschaete-Bogen südlich von Ypern konzentriert, wo die Frontlinie leicht vorsprang. Im dortigen hügeligen Gelände hatten sich die Deutschen festgesetzt und hinderten die Engländer fortwährend daran, die Kanalhäfen, aus denen die deutschen U-Boote ausliefen, kontinuierlich und präzise zu bombardieren.

Die Schlacht begann am 7. Juni 1917, mit einer Serie von 19 riesigen Minenexplosionen aus Stollen, welche englische und walisische Bergleute monatelang und von den Deutschen unbemerkt gegraben hatten. Insgesamt wurden fast 500 Tonnen Sprengstoff gezündet. Die Erschütterung war so gewaltig, dass die Erdstöße angeblich noch in London bemerkt wurden. Zu Tausenden fielen die deutschen Verteidiger dem Luftdruck zum Opfer oder mussten die sicheren Stellungen verlassen. Die Eroberung des Wyschaete-Bogens gelang und gestattete den britischen Verbänden, sich auf der südlich von Ypern verlaufenden Hügelkette festzusetzen. Kurioserweise unterließen es die Briten, ihren ungeheuren Initialschlag mit weiteren gezielten Vorstößen abzusichern. Sie blieben stattdessen in Messines und feierten den Sieg. Sogar der englische König Georg V. kam an den Ort des Geschehens, um seine Truppen zu beglückwünschen.

Erst sechs Wochen später setzten die Briten ihre Flandern-Offensive fort. Erneut wurde die Artillerie erheblich verstärkt. Haig und seine Armeekommandeure vor Ort, Hubert Gough und Herbert Plumer, hatten sich inzwischen darauf verständigt, nicht mehr in großen Frontabschnitten zu denken, sondern den Deutschen gleichsam Meter um Meter flandrischen Bodens abzutrotzen. Das Wort »Vernichtungsschlacht« erhielt hier noch einmal einen ganz eigenen Sinn, galt es doch nicht länger den Gegner kampfunfähig zu setzen, ihn also am Weiterkämpfen zu hindern. Stattdessen ging es einzig darum, die gegnerischen Kompanien, Regimenter und Divisionen physisch auszulöschen, den Feind vollständig zu vernichten.

Trotz zahlreicher Geländegewinne, die allerdings aufgrund erheblicher eigener Verluste teuer erkauft waren, scheiterte das britische Unternehmen »Paschendaele«. Verantwortlich hierfür war ein Umstand, den die Planer und Strategen nicht vorhergesehen hatten, nämlich das Wetter. Seit Menschengedenken hatte es keinen derart verregneten August gegeben wie 1917, und im Herbst setzten sich die Regenfälle ununterbrochen fort. Die von Granaten und Bomben durchpflügte und aufgerissene Landschaft Flanderns verwandelte sich in eine »knietiefe« Sumpflandschaft, in der Mensch und Material buchstäblich versanken. Das Trommelfeuer der Geschütze aller Kaliber und die zahllosen Vorstöße der britischen Infanterie hatten die einstmals sorgfältig kultivierte Landschaft mit ihren Kanälen und Entwässerungssystemen vollständig zerstört. Die bekannten dramatischen Fotografien aus dem Großen Krieg, die diesen Albtraum aus Schlamm und Sumpf allerdings nur sehr unvollständig abbilden, sind in dieser Gegend und in dieser Zeit entstanden. Und mehr noch ist im Bewusstsein der Menschen das Bild von Otto Dix lebendig geblieben, das den »Tod in Flandern« in allen seinen Facetten zeigt.

Gleichwohl zog sich die Schlacht bis in den November 1917 hin; für die Soldaten beider Seiten, die sie überlebten, blieb »Flandern« ein traumatischer Begriff. Die Kämpfe flauten erst ab, als die Engländer das inzwischen vollständig zerstörte Dorf Paschendaele nordöstlich von Ypern erreicht hatten, ein Geländegewinn von nicht einmal zehn Kilometern nach fünf Monaten. Doch auch der strategische Erfolg dieser Eroberung blieb aus. Zu diesem Zeitpunkt stellten die deutschen U-Boote keine wirkliche Gefahr mehr für die britische Flotte dar. Was blieb, war die ungeheure Erfahrung des maschinellen Todes im flandrischen Morast. Schätzungsweise 350 000 britische und ebenso viele deutsche Soldaten wurden als »Kriegsverluste« der 3. Flandern-Schlacht in die Kriegsstatistiken eingetragen.

42. Unter Wasser stehendes Trichtergelände im »Ypernbogen«

Im Schatten der heftigen militärischen Auseinandersetzungen an den Fronten im Westen und Osten Europas, auf dem Balkan und in Kleinasien hatte sich seit dem Frühsommer 1915 in Mitteleuropa ein Kriegsszenario etabliert, das ein absolutes Novum in der Kriegsgeschichte darstellte. Entlang der gebirgigen Grenze zwischen Österreich und Italien, überwiegend im hochalpinen Bereich oberhalb von 2000 Metern, kämpften italienische und österreichische Truppen einen geradezu verbissen geführten Stellungskrieg um einzelne Höhenzüge und Berggipfel. Erstaunlicherweise vermochten die Italiener aus ihrer zahlenmäßigen Überlegenheit keinen wirklichen Nutzen zu ziehen. Den Österreichern, deren reguläre Armeeeinheiten überwiegend an der Ostfront und auf dem Balkan gebunden waren, gelang es mit Hilfe von frisch ausgehobenen sogenannten Standschützen-Bataillonen, überwiegend Miliztruppen aus Tirol und Vorarlberg, die Front in den Dolomiten zu halten und sogar zu stabilisieren. Dabei kam ihnen nicht nur die überaus langwierige Vorbereitung der italienischen Alpenoffensive zustatten, sondern auch die Vorsicht und der Respekt, den augenscheinlich der italienische Oberbefehlshaber Luigi Cadorna vor dem kriegserfahrenen österreichischen Gegner hegte. Die deutsche Regierung, die sich lange Zeit vergeblich bemüht hatte, den ehemaligen Verbündeten Italien von einem Wechsel zu den Ententemächten abzuhalten, schickte 1915 einen neu aufgestellten Spezialverband, später »Deutsches Alpenkorps« genannt, nach Tirol. Allerdings kam er dort nur sehr kurzfristig zum Einsatz. Da Deutschland sich zu diesem Zeitpunkt noch nicht im Kriegszustand mit Italien befand – erst Ende August 1916 erklärte Italien dem Deutschen Reich den Krieg –, war es den deutschen Soldaten zunächst ausdrücklich verboten, italienischen Boden zu betreten.

Der Alpenkrieg wurde mit ungeheurem menschlichem und militärtechnischem Einsatz geführt. Da man fürchtete, der Feind könnte sich die Widrigkeiten des Winters in den Bergen zunutze machen und einen taktischen Vorteil erringen, blieben die Truppen nach dem ersten Kriegswinter 1915/16 in ihren Stellungen – selbst bei extremen Temperaturen von bis zu minus 40 Grad Kälte. Beide Seiten erlitten dadurch enorme Verluste: Erfrierungen und Erkrankungen der Atemwege waren an der Tagesordnung, fehlende Hygiene und mangelnde Ernährung führten ebenso zu Todesfällen wie der Abgang von Lawinen und Verschüttungen im Hochgebirge. Tausende Soldaten starben oder wurden verwundet bei den wechselseitigen Versuchen, die oftmals festungsartig ausgebauten Berggipfel einzunehmen. Doch auch der Einsatz schwerer Waffen, darunter Artilleriegeschütze, selbst in exponierten und unwegsamen Stellungen – das höchste Geschütz des Weltkriegs stand knapp unterhalb des 3905 Meter hohen Ortlergipfels, des höchsten Bergs der k. u. k. Monarchie –, und das systematische Minieren der Berge durch das Vortreiben von Minen- und Gegenminenstollen änderten nichts an dem militärischen Patt an der Dolomitenfront.

43. Österreichischer 30,5-Mörser einer Artilleriestellung über dem Südtiroler Pustertal, 1917

Angesichts der Erfolglosigkeit der Bergkämpfe versuchten die Italiener schließlich den Durchbruch weiter östlich, jenseits der Karnisch-Julischen Alpen im slowenischen Karstgebiet der dalmatinischen Küste, zu erzwingen. Doch die insgesamt elf entlang dem Fluss Isonzo von 1915 bis 1917 geführten Schlachten verliefen weder für die italienischen Angreifer noch für die österreichischen Verteidiger sonderlich erfolgreich. Die Verluste auf beiden Seiten waren außerordentlich, manche Bataillone verloren 50 bis 70 Prozent ihrer Mannschaftsstärke. Erst die zwölfte Isonzo-Schlacht – bei den Italienern unter dem Namen des heftig umkämpften Ortes Caporetto (Karfreit) bekannt geworden – brachte eine vorläufige Entscheidung. Auf österreichisches Ersuchen hin hatte die deutsche OHL die 14. Armee unter dem preußischen General Otto von Below bereitgestellt, die nun gemeinsam mit dem Alpenkorps in die Kämpfe eingriff. Unter den deutschen Offizieren befand sich auch der junge, ehrgeizige Oberleutnant Erwin Rommel, der sich bei der Erstürmung des südwestlich von Caporetto gelegenen Monte Matajur die höchste deut-

44. Ein Jäger-Regiment des Deutschen Alpenkorps auf dem Weg nach Italien sche Tapferkeitsmedaille, den Orden »Pour le mérite«, erwarb und damit die Grundlage für seine spätere Militärkarriere schuf.

Durch die Ende Oktober 1917 begonnene österreichisch-deutsche Offensive gelang es, die durch die früheren Schlachten erschöpften italienischen Einheiten bis zum Fluss Piave nördlich von Venedig zurückzudrängen. Cadornas 2. und 3. Armee erlitten mehr als 300 000 Mann Verluste, davon gerieten 265 000 Soldaten in Gefangenschaft, während die Einheiten der Mittelmächte »nur« 70 000 Mann verloren. Nur unter großen Mühen gelang es General Cadorna, die Front entlang des Piave mit alliierter Unterstützung und dem Einsatz von fünf britischen und sechs französischen Divisionen als Heeresreserve in Norditalien zu stabilisieren. Die unerwartete Niederlage der Italiener in der 12. Isonzo-Schlacht war ebenso das Ergebnis einer gründlichen Vorbereitung des österreichisch-deutschen Angriffs, der mit massiver Artillerieunterstützung und der Anwendung von Gas durchgeführt wurde, wie der überraschenden Schnelligkeit des Vorstoßes durch die Gebirgstäler unter Umgehung der Berge. Keineswegs aber waren Verrat und Feigheit im Spiel gewesen, wie der nach der Schlacht abgelöste Cadorna und andere italienische Militärs und Politiker, allen voran der Faschistenführer Benito Mussolini, später glauben zu machen suchten.

Literatur

Afflerbach, Holger, Falkenhayn. Politisches Denken und Handeln im Kaiserreich, München 1996.

Brandauer, Isabelle, Menschenmaterial Soldat. Alltagsleben an der Dolomitenfront im Ersten Weltkrieg 1915–1917, Innsbruck 2007.

Doughty, Robert A., Pyrrhic Victory. French Strategy and Operations in the Great War, Cambridge MS 2005.

Dowling, T. C., The Brusilov Offensive, Bloomington 2008.

Die Deutschen an der Somme 1914–1918. Krieg, Besatzung, Verbrannte Erde, hg. v. Gerhard Hirschfeld, Gerd Krumeich, Irina Renz, 4. Aufl. Essen 2016.

Foley, Robert, German Strategy and the Path to Verdun: Erich von Falkenhayn and the Development of Attrition, 1870–1916, Cambridge 2008.

French, David, British Strategy and War Aims, 1914–1916, London 1986.

Jessen, Olaf, Verdun 1916. Urschlacht des Jahrhunderts, München 2014.

Krumeich, Gerd u. Antoine Prost, Verdun 1916, Essen 2016.

Lichem, Heinz von, Krieg in den Alpen, 1915–1918, 3 Bde., Augsburg 1993.

Münch, Matti, Verdun. Mythos und Alltag einer Schlacht, München 2006.

Neiberg, Michael S., Fighting the Great War. A Global History, Cambridge, MA 2006.

Nübel, Christoph, Durchhalten und Überleben an der Westfront. Raum und Körper im Ersten Weltkrieg, Paderborn u. a. 2014.

Philpott, William J., Anglo-French Relations and Strategy on the Western Front, 1914–18, Basingstoke 1996.

Prior, Robin u. Trevor Wilson, The Somme, New Haven/London 2005.

Rauchensteiner, Manfried, Der Tod des Doppeladlers. Österreich-Ungarn und der Erste Weltkrieg, 2. Aufl., Graz 1994.

Sheffield, Gary, The Somme, London 2003.

Smith, Leonard V., Between Mutiny and Obedience. The Case of the French Fifth Infantry Division during World War I, Princeton NJ 1994.

Stone, Norman, The Eastern Front, 1914–1917, 2. Aufl., London 1998.

Strachan, Hew, Der Erste Weltkrieg. Eine neue illustrierte Geschichte, München 2003.

Travers, Tim, The Killing Ground. The British Army, the Western Front and the Emergance of Modern Warfare, 1900–1918, London 1987.

Verdun. Militärgeschichtlicher Reiseführer, hg. v. H. Rhode u. R. Ostrovsky, Herford/Bonn 1992.

Werth, German, Verdun. Die Schlacht und der Mythos, 2. Aufl., Bergisch-Gladbach 1986.

Ziemann, Benjamin, Gewalt im Ersten Weltkrieg. Töten – Überleben – Verweigern, Essen 2013.

8 Die Industrialisierung des Krieges

Der Erste Weltkrieg war nicht von Beginn an ein industrialisierter Krieg. Seine Besonderheit lag darin, dass er selber erst auf Dauer jene Produktivkräfte erzeugte, die ihn schließlich zu einem hochindustrialisierten Krieg werden ließen. Dieser Mechanik waren sich die Verantwortlichen anfangs keineswegs bewusst. Was die Ausrüstung der deutschen Armeen mit Waffen und Munition angeht, so zeigte sich bereits nach wenigen Wochen, dass die vor 1914 doch vermeintlich von Experten ausgeführte Planung schon nach kurzer Frist absolut unzureichend war. Das bilanzierende Weltkriegswerk des deutschen Reichsarchivs brachte dieses Dilemma 1930 folgenderweise auf den Punkt: »Dagegen wurde von keiner Seite erkannt, daß ein moderner Krieg selbst in außerordentlich starkem Maße *bedarfserzeugend* wirken, daß der Verbrauch und der Bedarf an Material aller Art so gewaltig werden würde. (...) Weder das Kriegsministerium noch der Generalstab hatten mit einer solchen in das Riesenhafte gehenden Entwicklung gerechnet.«

Eine weitere Schwierigkeit lag darin, dass die an der Kriegsplanung beteiligten Institutionen des Reiches alles vermeiden wollten, was eine Störung der Arbeitsverhältnisse und des zivilen Markts bedeutet hätte. Man fürchtete, dass die Umstellung auf Kriegsproduktion eine Massenarbeitslosigkeit in den nicht in den Kriegssektor integrierten Fabriken zur Folge haben werde. Bei Kriegsbeginn trat diese auch kurzfristig ein, konnte dann aber durch die Umstellung der Betriebe auf die Rüstungsaufträge zunächst zum größten Teil ausgeglichen werden. So blieben Facharbeiter während des ganzen Krieges in den für den Krieg produzierenden Industrien eine umkämpfte »Mangelware« und wurden deshalb auch zunächst nicht selten vom Kriegsdienst zurückgestellt.

Auf diesen Übergang von der Friedens- zur Kriegsproduktion war die deutsche Industrie aber in keiner Weise vorbereitet – trotz des lauten

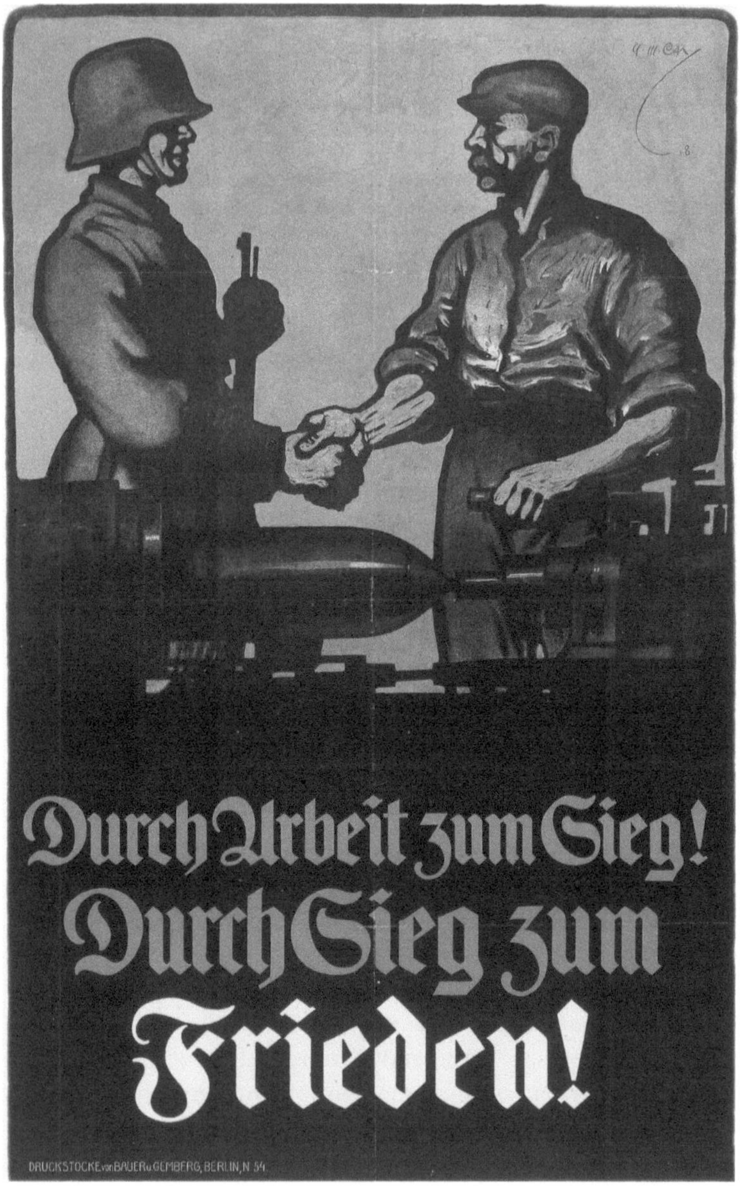

45. Plakat zur Anwerbung von Arbeitskräften für die Rüstungsindustrie. Entwurf von Alexander M. Cay, 1918

Kriegsgeschreis in den Jahren ab 1911. Nach den Berechnungen des Reichsarchivs gab es in Deutschland im Jahre 1914 fünf Millionen Arbeiter in 1900 kriegsrelevanten Industriebetrieben. Der hauptsächliche Kriegslieferant war die Rüstungsschmiede des Deutschen Reichs, das Stahlunternehmen Krupp in Essen, dessen 42-Zentimeter-Mörser-Geschütz mit dem Spitznamen »Dicke Bertha« bald zu den bekanntesten Waffen zählte. Von den 75 000 Beschäftigten dieses Unternehmens waren 1914 nahezu die Hälfte in der Waffen- und Ausrüstungsproduktion des Unternehmens tätig.

Die unzureichende Vorratshaltung an Waffen und Munition führte dazu, dass weder in Deutschland noch in Frankreich oder Russland hinreichend Material für Infanterie und Artillerie zur Verfügung stand. Dennoch gelang der deutschen Rüstungsindustrie die Umstellung von Friedens- auf Kriegsproduktion besser als erwartet, indem nun Waffen und Munition in industriellen Standardverfahren, nämlich tatsächlich »am Fließband« hergestellt wurden. Dabei handelte es sich um das sogenannte Romberg-Verfahren, welches in Anbetracht der Mangelsituation bei Kriegsbeginn von der Feldzeugmeisterei des preußischen Kriegsministeriums entwickelt wurde. Gewehre wurden nunmehr nicht mehr »am Stück« gefertigt, sondern die Produktion der Einzelteile wurde an ein oder mehrere Fabriken, im Ganzen etwa 100, zur Massenfertigung vergeben. Die Teile wurden in den staatlichen Gewehrfabriken, welche die größten Erfahrungen in der Gewehrfertigung besaßen, zur Waffe zusammengebaut. Hiermit wurden diejenigen Fabriken, die bereits in der Massenfertigung Erfahrung hatten, betraut, unter anderem Nähmaschinen-, Schreibmaschinen- oder Fahrradfabriken. Noch im Nachhinein schwärmte Oberst Ernst von Wrisberg, Direktor des Allgemeinen Kriegsdepartements im Preußischen Kriegsministerium, von dem Erfolg der Auftragsplatzierung: »Es ergab sich, daß die 67 Teile des Gewehres über 1000 Arbeitsgänge notwendig machten und demgemäß ebensoviel Maschinen verlangten. (...) Das Ergebnis der Massenfertigung war glänzend. In knapp 6 Monaten konnte jeder Bedarf an Gewehren gedeckt werden; die Monatsfertigung stieg auf 250 000 Gewehre.« Neben den schon vor dem Krieg auf Pistolen, Gewehre und Maschinengewehre spezialisierten Betrieben – 60 Prozent davon waren in privater Hand, die restlichen waren staatlich geführte »Heereswerkstätten« – wurden nun auch alle möglichen feinmechanischen Betriebe an der Waffenproduktion beteiligt. Das Ergebnis war, dass Hunderte von mittelständischen Unternehmen ihre Produktpaletten neu ausrichteten.

Ungeachtet der massenhaften Mobilisierungen im August 1914 waren die waffentechnischen Aufwendungen für den Krieg zunächst keineswegs außerordentlich. Die eigentlichen Waffen des Infanteristen waren immer noch »der Spaten und das Gewehr« (Jay M. Winter). Dies erwies sich vor allem mit Beginn des Stellungskriegs an der Westfront, wo im Spätherbst 1914 der Ausbau eines immer weiter ausgedehnten Schützengrabensystems bewerkstelligt werden musste. Außer dem Kampfmittel Gewehr verfügte jedes Regiment über eine variable Anzahl von Maschinengewehr-Einheiten. Die verfügbaren Modelle waren für einen Infanterieangriff jedoch viel zu schwerfällig. Der Grabenkrieg mit seinem Distanzbeschuss änderte allerdings innerhalb kürzester Zeit radikal die Ansprüche an Waffen und Munition. Die ursprünglich für die Offensive vorgesehenen Maschinengewehre konnten in fester Defensivposition, zumeist in »Blockhäusern« oder Schützengrabenstellungen, ein großes Terrain »bestreichen«, und sie taten dies unablässig. Entsprechend groß war der Munitionsverbrauch. Neu war auch der Einsatz von Sprenggranaten, die aus einer Distanz von bis zu zehn Kilometern die Gegner töten

46. Postkarte mit einer Karikatur zur Dicke-Bertha-Begeisterung

oder kampfunfähig machen konnten. Diese Waffen und Munition bedurften keiner großen technischen Innovation. Schützengraben-Mörser, die ab dem Spätherbst 1914 in den verschiedensten Formen aufkamen, waren im Grunde technisch extrem einfache Tötungswerkzeuge.

Das zentrale Anliegen der Kriegswirtschaft war es, die dringend benötigten Rohstoffe für die Waffenproduktion zu beschaffen und für deren Verteilung zu sorgen. Diese Aufgabe übernahm die im Herbst 1914 neu geschaffene »Kriegsrohstoffabteilung« (KRA) des preußischen Kriegsministeriums. Das Amt ging auf einen Vorschlag des Großindustriellen und späteren Weimarer Außenministers Walther Rathenau zurück, der es auch die ersten sieben Monate persönlich leitete. Unter Rathenaus Ägide wuchs die KRA zu einer mächtigen, weitverzweigten Institution, die tief in das deutsche Wirtschaftsleben eingriff. Bei Kriegsende existierten etwa 200 branchenspezifische »Kriegsausschüsse«, in denen rund 18 000 Angestellte tätig waren. Von Historikern ist deshalb die Tätigkeit der Kriegsrohstoffabteilung als »großer Schritt zur totalen Mobilmachung« der deutschen Wirtschaft bezeichnet worden.

Die von Rathenau versammelten Experten aus den verschiedensten Industriezweigen kontrollierten den Zufluss und die Verteilung der knappen Rohstoffe und erteilten Aufträge an Fabriken, wobei ziemlich ungeniert diejenigen Industriebetriebe bevorzugt wurden, aus denen die jeweiligen Experten selber stammten. Dieses System der radikalen Patronage und Monopolisierung wurde noch dadurch zementiert, dass die Kriegsrohstoffgesellschaften zwar vom Staat kontrolliert wurden, aber als Aktiengesellschaften firmierten. Die Folge davon war ein System von rechtlich unzulässigen Preisabsprachen, welche jedoch von der Verwaltung toleriert wurden, weil sie kurzfristig der Effizienzsteigerung dienten. Verteuerungen und Verschuldungen des Staates zu Kriegszwecken galten als unvermeidlich, und sämtliche Kreditaufnahmen wurden unter der Voraussetzung getätigt, dass nach dem erwarteten »Endsieg« der besiegte Gegner für die Kosten des Krieges werde aufkommen müssen. Bei einer Niederlage oder auch nur einem Verständigungsfrieden (»ohne Annexionen und Kontributionen«, wie die Formel der Friedensbefürworter lautete) hingegen hätte die extrem hohe Verschuldung des Staates unweigerlich zum Staatsbankrott geführt. Das war und blieb ein weiterer wichtiger Grund dafür, dass der Krieg schließlich immer weiter verlängert wurde.

Walther Rathenau in einem Vortrag von 1915 über die Organisation der Rohstoffversorgung (Auszug)

Vier Wege waren möglich und mußten beschritten werden, um die Wirtschaft im Lande umzugestalten, um das Verteidigungsverhältnis zu erzwingen.

Erstens: alle Rohstoffe des Landes mußten zwangsläufig werden, nichts mehr durfte eigenem Willen und eigener Willkür folgen. Jeder Stoff, jedes Halbprodukt mußte so fließen, daß nichts in die Wege des Luxus oder des nebensächlichen Bedarfes gelangte; ihr Weg mußte gewaltsam eingedämmt werden, so daß sie selbsttätig in diejenigen Endprodukte und Verwendungsformen mündeten, die das Heer brauchte. Das war die erste und schwerste Aufgabe.

Zweitens: wir mußten alle verfügbaren Stoffe jenseits der Grenzen ins Land hineinzwingen, soweit sie zu zwingen waren, sei es durch Kauf im neutralen, sei es durch Beitreibung im okkupierten Ausland. Durch Kauf ist manches hereingeflossen; späterhin, durch Beitreibung im okkupierten Auslande sehr viel und unentbehrliches; davon werde ich später reden.

Die dritte Möglichkeit, die sich uns erschloß, war die Fabrikation. Wir mußten Bedacht darauf nehmen, daß alles das im Inland erzeugt wurde, was unentbehrlich und unerhältlich war. Wir mußten auch darauf Bedacht nehmen, daß neue Erzeugungsmethoden gefunden und entwickelt wurden, wo die alte Technik nicht ausreichte.

Und nun der vierte Weg: es mußten schwer erhältliche Stoffe durch andere, leichter beschaffbare ersetzt werden. Wo steht es geschrieben, daß diese oder jene Sache aus Kupfer oder Aluminium gemacht werden muß; sie kann auch aus etwas anderem gemacht werden. Surrogate müssen herhalten, altgewohnte Fabrikate müssen aus neuen Stoffen geschaffen werden. Wenn die alten sich störrisch zeigen hinsichtlich ihres Stoffverbrauches. So muß dieser Eigensinn gebrochen werden, und es müssen solche Fabrikate erstehen, die weniger wählerisch sind hinsichtlich ihrer Erzeugungsmittel.

aus: Walther Rathenau, Die Organisation der Rohstoffversorgung, Vortrag, gehalten in der »Deutschen Gesellschaft 1914« am 20. Dezember 1915, Berlin 1916, S. 12 f.

Etwas anderes als ein »Siegfrieden« war angesichts der ungeheuren Ausgaben und der enormen Verschuldung eigentlich überhaupt nicht möglich.

Die ständig steigenden Anforderungen der Front ließen die Waffenproduktion binnen kurzem in zuvor unvorstellbare Größenordnungen anwachsen. Für die deutsche Artillerie wurden im letzten Jahr des Krieges pro Monat elf Millionen Geschosse für ca. 100 verschiedene Typen von Gewehren und Kanonen hergestellt. Die Monatsfertigung von Patronen soll bereits im März 1916 ca. 220 Millionen betragen haben. Wurden zu Kriegsbeginn etwa 40 000 Gewehre pro Monat produziert, so waren dies Anfang 1916 für den gleichen Zeitraum ca. 250 000. Eine ähnliche Entwicklung galt auch für die Herstellung von Maschinengewehren. In den ersten Monaten nach der Mobilmachung wurden ca. 200 Maschinengewehre pro Monat gefertigt, im Jahre 1915 hatte sich diese Quote vervierfacht und ein Jahr später war man sogar bei einer Monatsproduktion von 2300 MGs angelangt. Die Menschen- und Materialschlachten von Verdun und an der Somme im Jahre 1916 waren der Auftakt zu einer umfassenden Industrialisierung der gemessen an den Vorkriegsvorstellungen ohnehin gigantischen Rüstungsproduktion. Die entscheidende Frage war, ob es gelingen konnte, eine »Balance zwischen Menschenmaterial und Maschinen« (Hew Strachan) zu finden. Wenn Soldaten sich durch einen noch stärkeren Einsatz von Waffen ersetzen ließen, so würden hiervon sowohl die Feuerkraft der Truppen an der Front als auch die heimische Waffenindustrie, der dadurch zusätzliche Arbeitskräfte zur Verfügung stünden, profitieren.

Angesichts der zunehmend stärkeren Überlegenheit der britischen und französischen Feldartillerie forderte die im August 1916 eingesetzte 3. Oberste Heeresleitung (OHL) unter Hindenburg und Ludendorff eine grundlegende Neuorientierung der deutschen Rüstungsproduktion. Die Forderung der im Volke ungemein populären »Helden von Tannenberg« war ebenso größenwahnsinnig wie von der kriegerischen Logik her kaum zu widerlegen: »Je mehr wir mit unserem Menschenmaterial schließlich einmal in die Hinterhand kommen, desto mehr muß die Maschine, das Geschütz, das Maschinengewehr, die Granate usw. an die Stelle des Menschen treten und daraus folgt, daß wir nicht nur mit unseren Gegnern mindestens Schritt halten müssen, sondern daß wir sie überflügeln

Hindenburg-Programm

Chef des Generalstabes des Feldheeres.
Nr. 33 825 Gr. H. Qu. den 31. 8. 1916
An den Herrn Kriegsminister.
Die Offensiven unserer Gegner zeigen, daß sie mit jedem Mal erhebliche Fortschritte sowohl in der Anlage wie in der Durchführung machen. Es unterliegt keinem Zweifel, daß künftige Offensiven noch stärkere Proben an unsere Widerstandskraft stellen werden, da unseren Gegnern nicht nur
1. ein fast unerschöpfliches Menschenmaterial, sondern
2. auch die Industrie fast der gesamten übrigen Staaten zur Verfügung steht.
Zu 1: Dem feindlichen Menschenmaterial gegenüber sind unsere Menschenvorräte beschränkt. Dieser schlimmste Übelstand ist nur dadurch einigermaßen auszugleichen, daß mit der Zeit alle kriegsverwendungsfähigen Leute an die Front gehen. Ihre Stellen müssen in der Etappe und in der Heimat durch garnisondienstfähige Leute – deren Zahl möglichst einzuschränken ist – ersetzt werden.
Zu 2: Auch bei rücksichtsloser Durchführung der Grundsätze zu 1 werden wir an Zahl unseren Gegnern mehr und mehr unterlegen sein. Um so mehr ist es nötig, daß unsere Industrie diesen Mangel ausgleicht. Die Menschen – ebenso die Pferde – müssen mehr und mehr durch die Maschinen ersetzt werden. (...) Es wird nötig sein, die Zahl der Arbeiter durch Kriegsbeschädigte, Kriegsgefangene, Frauen und Minderjährige zu erhöhen. (...) Alle anderen Industriezweige müssen gegen die Kriegsindustrie zurücktreten. Gegebenenfalls müssen wir wie in England zu Zwangsmaßregeln schreiten. So befürworte ich schon jetzt, die Sonntagsarbeit einzuführen. Eine entsprechende Belehrung des Volkes über den Ernst der Lage und die für jeden daraus erwachsenden Pflichten dürfte gleichzeitig angezeigt sein und seine Wirkung nicht verfehlen.

Außerdem bleibt anzustreben, mehr und mehr den Arbeiter durch zweckmäßig konstruierte Maschinen zu entlasten und zu höherer Arbeitsleistung zu befähigen.

Die Steigerung der Fertigung muß sich auf alle Zweige der Kriegsindustrie erstrecken. Besonders nötig sind folgende Gegenstände:

> 1. Munition aller Arten, 2. Geschütze, Feldartillerie, schweres Steil- und mittleres Flachfeuer, 3. Maschinengewehre, 4. Minenwerfer, 5. Flugzeuge, 6. Handwerkszeug und Baustoffe für den Stellungsbau. (...)
>
> Ich schlage vor, daß vor allem und sofort die Hauptvertreter der in Betracht kommenden Industriezweige zu einer Besprechung eingeladen werden, wo ihnen der Ernst der Lage entwickelt und sie aufgefordert werden, umgehend bestimmte Vorschläge für die Steigerung der Fertigung und die dazu nötigen Maßnahmen zu machen. Ich bitte, mir von der Besprechung rechtzeitig Kenntnis zu geben, damit ich einen Vertreter entsenden kann.
>
> Ich muß zum Schluß nochmals darauf hinweisen, daß nur unbedingtes Ausnutzen aller unserer Kräfte und vor allem unserer hochentwickelten Industrie im Dienste des Krieges uns zu einem endlichen Siege verhelfen kann und daß jede unterlassene Ausnutzung einer Möglichkeit die schwerste Belastung bildet.
>
> Ich bitte den Herrn Kriegsminister, mich mit allen dort zu Gebote stehenden Mitteln in der Durchführung meiner Forderungen zu unterstützen. Finanzielle und andere Bedenken können jetzt nicht mehr mitsprechen.
>
> gez. v. Hindenburg.
>
> *aus: Urkunden der Obersten Heeresleitung über ihre Tätigkeit 1916/18, hg. v. Erich Ludendorff, 2. Aufl., Berlin 1921, S. 63–65.*

müssen« – so der preußische Kriegsminister Wild von Hohenborn bei der Bekanntgabe des Projekts im Reichstag. Welcher deutsche Politiker und Parlamentarier hätte es wagen können, den »heimlichen Diktatoren« (Martin Kitchen) der OHL hier zu widersprechen?

Das hieraus resultierende »Hindenburg-Programm« sah eine Verdoppelung der deutschen Granatenproduktion innerhalb weniger Monate, bis zum Frühjahr 1917, vor; die Herstellung von Maschinengewehren und Geschützen sollte sogar verdreifacht werden. Zur Umsetzung der gesamten Vorhaben wurde am 5. Dezember 1916 per Kabinettsorder des Kaisers das sogenannte Kriegsamt geschaffen. Formal eine Abteilung des preußischen Kriegsministeriums unter Leitung von Generalleutnant Wilhelm Groener, sollte das neue Amt sämtliche mit Heereslieferungen beauftragten Dienststellen zusammenfassen, darunter das zentrale »Waffen- und Munitionsbeschaffungsamt« und die mächtige, ebenso personal- wie aufgabenintensive Kriegsrohstoffabteilung. Das Kriegsamt verfügte zudem über Außenstellen bei den Stellvertretenden Generalkommandos, die für die Ausrüstung und Ersatzbeschaffung der zu ihrem Korpsbezirk gehörenden Frontdivisionen verantwortlich waren. Es konnte daher nicht verwundern, dass zwischen dem neuen Kriegsamt und den örtlichen Militärbehörden in kurzer Zeit ein ziemliches Kompetenzgerangel entstand. Dies umso mehr, als das Kriegsamt auch die Zuteilung von kriegswirtschaftlich wichtigen Arbeitskräften steuern sollte.

Ein zentrales Anliegen des Hindenburg-Programms war die Zwangsrekrutierung von Arbeitskräften aus den besetzten westlichen (Belgien) und östlichen (Polen) Gebieten. Bereits im August 1916 ergingen Anweisungen, durch welche die im Reich tätigen polnischen Landarbeiter an der Rückkehr in ihre Heimat gehindert wurden. Gegenüber den aus Polen stammenden Arbeitern entwickelte sich in der Folge ein gemischtes Rekrutierungssystem von erzwungener und »freiwilliger« Unterzeichnung der Arbeitsverträge. Ungeachtet belgischer und auch internationaler Proteste ordnete die 3. OHL im Spätherbst 1916 die Deportation von weiteren 60 000 Belgiern (zusätzlich zu den bereits etwa 30 000 bis Oktober 1916 angeworbenen Arbeitern) zum Arbeitseinsatz in Deutschland an. Damit entsprach die militärische Führung Forderungen der deutschen Industriellen, wie es Carl Duisberg ausdrückte, das »große Menschenbassin Belgien« für die Kriegswirtschaft zu öffnen und dabei völkerrechtliche Bedenken zur Seite zu schieben. Die unter teilweise chaotischen und menschenunwürdigen Bedingungen erfolgte zwangsweise Verbringung der Männer und Frauen nach Deutschland erwies sich politisch wie ökonomisch als kontraproduktiv. Nach massiver Kritik, auch von Abgeordneten des Reichstags und aus den Ministerien, kehrte die OHL schließlich wieder zur »freiwilligen Anwerbung« zurück. In den Jahren 1917 und 1918 arbeiteten insgesamt etwa 100 000 belgische Arbeiterinnen und Arbeiter für die deutsche Kriegswirtschaft.

Doch nicht nur ausländische Arbeiter waren vom Hindenburg-Programm betroffen. Das Anfang Dezember 1916 vom Reichstag verabschiedete »Gesetz über den Vaterländischen Hilfsdienst«, kurz Hilfsdienstgesetz genannt, sah für alle männlichen Deutschen im Alter von 17 bis

60 Jahren, soweit sie nicht einberufen waren, eine Kriegsarbeitspflicht vor. Damit sollte die bisherige Freizügigkeit bei der Wahl des Arbeitsplatzes erheblich eingeschränkt werden. Zugleich wurden sogenannte örtliche Dienstverpflichtungsausschüsse eingesetzt, die neben einem vorsitzenden Offizier und einem Beamten auch Vertreter von Arbeitgeber- und Arbeitnehmerseite vorsahen.

Dennoch hatten weder die Unternehmer noch die OHL Grund zum Jubel – im Gegenteil. Entgegen der ursprünglichen Planung war die geforderte Dienstpflicht für Frauen entfallen. Statt den Arbeitsplatzwechsel gänzlich unmöglich zu machen, ließ das Gesetz zahlreiche Schlupflöcher zu, so dass auch weiterhin Arbeiter ihre Stellen aufgrund höherer Löhne wechseln konnten. Das ursprünglich angefochtene Vereins- und Versammlungsrecht blieb ebenso bestehen wie das Beschwerderecht eines betroffenen Arbeiters. Zudem bedeutete das Hilfsdienstgesetz durch die gleichberechtigte Mitwirkung von Arbeitnehmervertretern eine Aufwertung der Freien Gewerkschaften und damit »ein Stück Integration der Arbeiterschaft und ihrer Organisationen in die reichsdeutsche Gesell-

47. Arbeiterinnen in einer Geschossfabrik, Pressefotografie, vermutlich 1916

schaft« (Hans-Ulrich Wehler). Die Annahme einiger Historiker, dass hiermit bereits entscheidende Grundlagen der deutschen Sozialverfassung geschaffen wurden, die ihre Fortsetzung in der bundesdeutschen Mitbestimmung gefunden haben, sollte dennoch kritisch hinterfragt werden.

Politisch hat das Hindenburg-Programm die Erwartungen der Militärs sicherlich nicht erfüllt, rüstungstechnisch hingegen hat es nach zähen und überbürokratisierten Anläufen bis Ende 1917 Erstaunliches geleistet. Zu diesem Zeitpunkt war die geplante Umwandlung von Fabriken, die bislang Kriegsgerät eher nebenbei produzierten, in reine Kriegsfabriken erfolgreich abgeschlossen. Die geforderte Menge von Maschinengewehren und leichter Artillerie konnte tatsächlich produziert werden. Für das Nachlassen der Kräfte der deutschen Armee im Jahre 1918 war nicht die Menge der zur Verfügung stehenden traditionellen Waffen entscheidend, sondern der durch kein Rüstungsprogramm auszugleichende enorme Verlust an Soldaten, von dem sich das Deutsche Reich nicht wieder erholen sollte.

Überraschenderweise blieben im Hindenburg-Programm zwei für den Fortgang des Krieges entscheidende Waffen unberücksichtigt: Lastkraftwagen und Tanks (Panzer). Es mangelte deshalb der deutschen Armee an modernen Transportmitteln, denn die deutschen LKWs waren technisch veraltet und vor allem eisenbereift, da Kautschuk wegen des britischen Embargos nicht zu beschaffen war. So konnte der Nachschub auf Dauer einfach nicht mehr an die Front gebracht werden, was bei der großen »Michael-Offensive« im Frühjahr 1918 und den nachfolgenden Angriffen dramatische Konsequenzen zeitigte.

Wohl noch schwerwiegender war die Tatsache, dass die deutsche Armeeführung die Entwicklung der Panzerwaffe vollkommen unterschätzte. Die Briten hatten schon im September 1915 einen ersten Prototypen fertiggestellt, der in Anspielung auf den Kaiser den Spitznamen »Little Willie« trug. Weil dieses Gefährt aussah wie ein großer Wassertank, nannte man die neue mobile Waffe fortan »Tank«. Im Februar 1916 ging der erste Tank (Mark I) in Serienproduktion. Von diesem Ungetüm gab es zwei Varianten: eine mit zwei kleinen Geschützen vom Kaliber 5,7 und eine andere mit fünf Maschinengewehren. Beide Tanks wogen je ca. 28 Tonnen. Der Kanonenpanzer sollte der Infanterie den Weg durch das feindliche Stellungssystem bahnen, während der MG-Tank direkt in den

Kriegszeitung der 4ten Armee

Nr. 217 21. Januar 1917

Das Wumba kommt (Waffen- Und Munitions-Beschaffungs-Amt)

Wumba –, stampft es dumpf durch's Land.
Wumba wirkt!
Nun Hand in Hand
helfen, was nur helfen kann.
Wumba braucht jetzt jeden Mann.

Wumba heißt's jetzt Tag und Nacht.
Wumba schafft,
nun wird's vollbracht!
Brüder ihr im Feindesland,
Wumba geht euch treu zur Hand.

Wumba dröhnt's wie Wetterton!
Wumba rast,
jetzt gibt's den Lohn!
Jetzt beziehst du, was dir frommt,
Feind hau ab, das Wumba kommt!

48. »Das Wumba kommt«. Karikatur zur Einrichtung des »Waffen- und Munitions-Beschaffungsamts« auf dem Titelblatt einer Feldzeitung vom 21. Januar 1917

Infanteriekampf eingreifen konnte. Im Laufe der Zeit wurden vier Serien dieser Tanks eingesetzt (Mark I-IV). Daneben wurde noch ein leichterer Tank angefertigt, der nur 14 Tonnen wog und mit vier MGs ausgerüstet war. Bei einem Infanterieangriff sollte dieses leichte Gefährt gleichsam den Durchbruch in die Tiefe ermöglichen. Die Soldaten konnten in Halbdeckung hinter diesem wendigen Gerät vorwärtsstürmen. Im Laufe des Krieges fertigten die Briten ca. 2000 schwere und leichte Tanks in Serie.

In Frankreich begann die Produktion verschiedener Tankmodelle ebenfalls bereits Mitte 1916. Angesichts der fehlgeschlagenen Nivelle-Offensive und der nachfolgenden Meutereien im Frühjahr 1917 galt es, ein weiteres »Ausbluten« der französischen Armee unter allen Umständen zu verhindern. Folgerichtig wurde der neuen Tankwaffe große Aufmerksamkeit zuteil. Die von Frankreich zunächst gefertigten schweren Panzer, ausgerüstet mit einer Variante der 7,5-Zentimeter-Feldkanone, hatten allerdings nur geringen Gefechtswert. Ein großer Erfolg wurde hingegen der ab 1917 in Auftrag gegebene Kampfpanzer Renault M 17,

49. Ein bei Cambrai eroberter britischer »Tank« wird durch die Straßen von Berlin zum Ausstellungsgelände am Zoologischen Garten gefahren, Dezember 1917

mit einem Gewicht von nur 6,7 Tonnen und einer leichten, gut schwenkbaren Kanone mit Kaliber 3,7. Der M 17 war äußerst geländegängig, gut gepanzert und wurde tatsächlich in großen Stückzahlen gebaut. Von den insgesamt ca. 4000 Tanks, die Frankreich bis zum Kriegsende baute, waren nicht weniger als 3177 von der Firma Renault hergestellte Exemplare der Modelle M 17 bzw. M 18.

Dagegen hatte das deutsche Militär die Entwicklung der Tankwaffe regelrecht verschlafen. Zwar wurden nach 1917 Kleinstserien und einzelne Versuchsfahrzeuge in Auftrag gegeben, doch an einem groß angelegten Bau von Tanks schien kein Interesse zu bestehen. Dies änderte sich auch nicht, als die Briten im Herbst 1917 in der »Tankschlacht von Cambrai« erste größere taktische Erfolge erzielten. Da sie jedoch mit ihrem schweren Gerät in der Schlammwüste und Kraterlandschaft der Somme nicht recht vorankamen, oft genug regelrecht »im Schlamm stecken blieben«, nahm die deutsche Oberste Heeresleitung trotz mancher Warnungen die neue Waffe nicht ernst. Dies war ein Versagen, welches in kaum verhüllter Form noch in Ludendorffs Memoiren, die er bereits 1919 veröffentlichte, zum Ausdruck kommt: »Den Tank als Begleitwaffe der Infanterie besaßen wir nicht. Er war lediglich Angriffswaffe, und unsere Angriffe gelangen auch ohne Tanks (...) Die beste Waffe gegen den Tank waren die Nerven, Mannszucht und Unerschrockenheit. Sie befähigten viele tapfere Soldaten dazu, die feindlichen Tanks zu besteigen oder sie auf nahe Entfernung zusammenzuschießen. Erst mit dem Sinken der Mannszucht und der Schwächung der Kampfkraft unserer Infanterie gewann der Tank in seiner Massenverwendung in Verbindung mit künstlichem Nebel unheilvollen Einfluss auf den Gang der kriegerischen Ereignisse.«

Angesichts dessen, was die deutschen Soldaten seit dem Frühsommer 1918 bei Angriffen der britischen, französischen und schließlich auch der amerikanischen Tanks erlebten, sind solche Worte reiner Zynismus, einhergehend mit einer grundlegenden Verkennung der Realität des Krieges. In diesen Worten spiegelt sich zugleich die ungeheure Distanz der Obersten Heeresleitung zur kämpfenden Truppe wider. Ludendorff und die Kriegsorganisatoren hatten keinen Zugang mehr zu den täglichen Kriegserfahrungen der Soldaten, wie sich bei den Schlachten des Jahres 1918 deutlich zeigen sollte.

Anders lagen die Dinge bei einer der wichtigsten und folgenreichsten technischen Innovationen des Ersten Weltkriegs, dem U-Boot. Zu Kriegsbeginn verfügte Deutschland über 28 U-Boote, von denen allerdings bis zum Frühjahr 1915 nur 24 einsatzbereit waren. Die deutsche Marineführung beschränkte sich zunächst auf das Aufbringen und Versenken von britischen Schlachtschiffen. U 9 unter Kapitänleutnant Otto Weddigen gelang ein besonders spektakulärer Erfolg mit der Versenkung von gleich drei britischen Panzerkreuzern (Cressy, Hogue und Aboukir) im September 1914. Erst als die britische Seeblockade spürbare Auswirkungen zeigte, forderte der Staatssekretär des Reichsmarineamtes, Großadmiral Alfred von Tirpitz, die Angriffe auch auf Handelsschiffe auszudehnen. Der U-Boot-Krieg gegen britische und französische Handelsschiffe begann im Februar 1915, wobei zunächst meist nach der sogenannten Prisenordnung vorgegangen wurde: U-Boote hatten vor dem Angriff aufzutauchen und die Mannschaft des angegriffenen Schiffes in die Rettungsboote steigen zu lassen, bevor sie es versenken durften. Der Beschuss unterhalb der Wasserlinie galt als seekriegsrechtswidrig, kam aber schließlich immer häufiger zur Ausführung, weil sonst die vorgewarnten und mit treffsicheren Geschützen ausgerüsteten Kriegsschiffe die U-Boote leicht hätten versenken können. Während des gesamten Krieges blieb Deutschland bei der Produktion und dem Einsatz von U-Booten führend. Allein 1915 wurden in nur zwei Monaten 79 feindliche Schiffe im Ärmelkanal und der Nordsee versenkt. Erst der »Lusitania-Zwischenfall« beendete diese Phase des U-Boot-Kriegs.

Die »Lusitania« war ein britischer Passagierdampfer, der am 7. Mai 1915 nach einem einzigen Torpedotreffer eines deutschen U-Bootes vor der Südküste Irlands sank. Von den Deutschen wurde dies als Beleg dafür angesehen, dass die »Lusitania« verbotenerweise Munition mit sich führte, die beim Eintritt des Torpedos explodierte. Dieser Einschätzung wurde von alliierter Seite heftig widersprochen, allerdings schienen spätere Untersuchungen die These von der Explosion der Munition zu erhärten. Beim Untergang der »Lusitania« kamen 1198 Menschen zu Tode, darunter 128 US-amerikanische Staatsbürger. Das führte zu einem scharfen Protest der zu diesem Zeitpunkt offiziell noch neutralen USA und verstärkte damit die Gefahr eines Kriegseintritts der Amerikaner aufseiten der Alliierten. Nach einigen weiteren Zwischenfällen verfügte deshalb der Kaiser im September 1915, den U-Boot-Krieg im Umkreis der

Britischen Inseln einzustellen. Bis dahin hatten die deutschen Boote 379 Handelsschiffe mit 669 000 Bruttoregistertonnen (BRT) versenkt. Der Unterwasserkrieg konzentrierte sich erneut, wie schon zu Beginn des Krieges, auf die Unterbrechung des militärischen Nachschubs für das britische Heer in Frankreich. Aber auch im Mittelmeer setzte Deutschland weiterhin erfolgreich seine U-Boote ein. Insgesamt wurden dort nahezu 1300 feindliche Schiffe versenkt.

Aufgrund der verschärften Kriegführung unter der 3. Obersten Heeresleitung geriet der U-Boot-Krieg wieder ins Zentrum der militärischen und politischen Entscheidung. Vor allem die Militärs versprachen sich selber und der deutschen Öffentlichkeit wahre Wunderdinge von dieser offensichtlich derart erfolgreichen Waffe, vielleicht sogar den entscheidenden militärischen Schlag gegen England. Nach den Berechnungen des Admiralstabs, die auch politisch lanciert wurden, sollte es möglich sein, mit Hilfe der U-Boote Großbritannien binnen fünf Monaten in die Knie zu zwingen. Die Seekriegsleitung ging dabei von einer monatlichen Versenkungsrate von 600 000 BRT aus. Da es andererseits aber sicher war, dass im Falle eines unbeschränkten U-Boot-Kriegs die USA aufseiten der Alliierten in den Krieg eingreifen würden, suchte man nunmehr den Zeitpunkt zu kalkulieren, ab wann Großbritannien durch den U-Boot-Krieg besiegt sein werde, bevor die amerikanischen Soldaten in die Kämpfe an der Westfront eingreifen konnten. Das Ganze war eine blindwütige Spekulation, auch wenn die vorgelegten Daten und Zahlen durchaus realistisch erschienen. So realistisch, dass der Kaiser schließlich unter großem Beifall der deutschen Öffentlichkeit am 9. Januar 1917 den uneingeschränkten U-Boot-Krieg anordnete. Alle Bedenken der Regierung Bethmann Hollweg hinsichtlich der politischen Konsequenzen dieses Schritts wurden von der übermächtigen OHL beiseitegeschoben.

Tatsächlich schien die Rechnung der Militärs zunächst aufzugehen. In den Monaten April bis Juni 1917 erreichten die insgesamt 102 deutschen U-Boote aller Bauarten die monatlich avisierten 600 000 BRT. Allein im April 1917 wurden 458 Schiffe mit insgesamt 841 000 BRT versenkt. Nicht nur bei der britischen Regierung und der Royal Navy mehrten sich die Befürchtungen, dass der deutsche Vabanque-Plan schließlich doch gelingen könnte. Doch Pläne waren das eine, Realitäten das andere. Die Royal Navy erfand in recht kurzer Frist überaus wirksame Gegenmittel gegen den Vorstoß der deutschen U-Boote: neue und sehr präzise Horchgeräte, die jede Annäherung eines U-Bootes unter Wasser meldeten; Wasserbomben, die ein U-Boot rasch außer Gefecht setzen konnten; Minensperren, die in der Nordsee und im Kanal verlegt wurden, um aus- und einlaufende U-Boote abzufangen. Schließlich – und das war die wichtigste Neuerung – verfügte die britische Regierung, dass die britischen Schiffe künftig nur noch in Konvois fahren durften. Zudem gelang es den Briten, die Funksignale der deutschen U-Boote zu lokalisieren. U-Boote, die vor einem Konvoi auftauchten, um mit ihren Bordkanonen ein Schiff zu versenken, waren dadurch selber in hohem Maße gefährdet. Mit den maximal sechs Torpedos, die ein U-Boot für seine Unterwasserangriffe mit sich führen und einsetzen konnte, war keine wesentliche Zerstörungstonnage mehr zu erreichen. Unter den Hunderten, zunehmend auch von Flugzeugen unterstützten Konvois wurden in der Folgezeit nur noch sechs von deutschen U-Booten angegriffen. Die Verluste waren inzwischen immens: Allein 1917 gingen von den 231 operierenden U-Booten 61 verloren. Insgesamt wurden im Weltkrieg von 380 in Dienst gestellten U-Booten 187 versenkt. Die deutsche U-Boot-Waffe hatte schon ein Jahr nach ihrem uneingeschränkten Einsatz ihre

50. Kapitänleutnant Otto Weddigen dargestellt als U-Boot-Kriegsheld auf einer Postkarte von 1915

häufig beschworene Zerstörungskraft verloren. Aber sie hatte – und dies war das eigentliche Verhängnis – zum Kriegseintritt der USA geführt, was auf Dauer entscheidend werden sollte.

Der Luftkrieg nimmt in der Geschichte der »Maschinisierung« des Weltkriegs, also der Ersetzung des Menschen durch Maschinen, eine merkwürdige Zwitterstellung ein. Einerseits war der Luftkrieg ein durch Mythen geprägter Sonderfall in dem Maße, wie hier eine vorgeblich »ritterliche« Kampfhaltung ein letztes Refugium gefunden hatte. Andererseits dienten seit 1916 Flugzeuge nicht allein mehr der Beobachtung des Feindes, sondern waren Werkzeuge zur Bombardierung feindlicher Truppen wie auch von Städten und Dörfern.

Zu Beginn des Krieges war das Flugzeug noch eine eher marginale Waffe, zumal es erst 1910 überhaupt in der deutschen Armee eingeführt worden war. 1914 verfügte Deutschland über 232 Flugzeuge, die in 33 Feldflieger- und zehn sogenannten Festungsfliegerabteilungen zu je sechs Flugzeugen organisiert waren. Zur deutschen Luftwaffe gehörten etwa 500 Flugzeugführer und Beobachter. Insgesamt verfügten die kriegführenden Mächte zusammen über ca. 1000 einsatzfähige Flugzeuge. Deren Aufgaben waren in erster Linie die Feindbeobachtung und die Lenkung der eigenen Artillerie (Zielerkundung, Schuss- und Wirkungsbeobachtung). Nebenbei ließen sich von den Flugzeugen auch »Fliegerpfeile« auf gegnerische Truppen abwerfen, was 1914 noch als »Terrorangriff« aus der Luft wahrgenommen wurde. Vereinzelt wurden die »Aeroplane« auch schon zum Abwerfen von Bomben auf feste Ziele benutzt. Angriffsfahrten deutscher Zeppeline gegen Häfen in England und Frankreich beantworteten die Briten im November 1914 mit der Bombardierung von Zeppelinhallen in Köln und Düsseldorf. Ab 1916, vor allem mit dem Hindenburg-Programm, wurden die inzwischen erheblich weiterentwickelten Flugzeuge verstärkt zum Abwerfen von Bomben eingesetzt. Die bis Ende 1918 auf England abgeworfenen 300 Tonnen deutsche Bomben kosteten 1400 Zivilisten das Leben, und weitere 5000 wurden verwundet. London war allein im Jahre 1917 das Ziel von nicht weniger als 27 deutschen Angriffen, deren Hauptzweck es war, Terror auf die Bevölkerung auszuüben und die »Kriegsmoral« zu schwächen. Die Engländer vergalten dies wiederum mit Luftangriffen, insbesondere auf Städte an Rhein und Ruhr. Im Rückblick auf diese Ereignisse kommt sofort der

Zweite Weltkrieg in den Blick, indessen bleibt festzuhalten, dass auch hier noch ein enormer Unterschied bestand. Es hat daher gute Gründe, dass eben nicht die Bombardierungen der Zivilbevölkerungen durch Flugzeuge in der kollektiven Erinnerung an den Ersten Weltkrieg festgehalten sind, sondern der angeblich »ritterliche« Luftkrieg zwischen Fliegerhelden. Namen wie Richthofen, Boelcke und Immelmann standen für tapfere Mann-gegen-Mann-Kämpfe in der Luft, aber auch für die Faszination an fliegerischem Können und der Wendigkeit der leichten Flugapparate.

Strukturell entscheidend war aber nicht dieses Relikt eines individuell heroischen Krieges, sondern die auch in diesen Bereich bald überwuchernde Technik sowie die rasche Vermehrung und Ausreifung einer neuen Destruktionsmaschinerie. Dies ließ sich bereits an der Tatsache ablesen, dass die deutschen Luftstreitkräfte, die 1914 über etwas mehr als 200 Flugzeuge verfügten, gegen Ende des Krieges 65 Jagdstaffeln und 38 Schlachtstaffeln mit über 5000 Flugzeugen verschiedener Klassen aufbieten konnten; die Personalstärke der Luftwaffe betrug 6100 Offiziere und 55 000 Unteroffiziere und Mannschaften. Gleichwohl waren die deutschen Luftstreitkräfte im Vergleich mit den Alliierten quantitativ hoffnungslos in Rückstand geraten. Allein gegenüber den an der Westfront eingesetzten französischen und britischen Flugzeugen bestand ein Verhältnis von 1:4.

Die rapide Entwicklung der Waffen- und Zerstörungstechniken trug also wesentlich zur »Totalisierung« des Weltkriegs bei. Der Krieg entwickelte sich nicht allein zu einer Auseinandersetzung zwischen schließlich wohl 60 Millionen Soldaten, sondern führte dazu, dass auch Millionen von Arbeitern und Arbeiterinnen in den Fabriken nur noch »für den Krieg« arbeiteten. Die Devise »Not kennt kein Gebot« (Bethmann Hollweg) und die immer wieder beschworenen »militärischen Notwendigkeiten« führten auch zu einer kontinuierlichen Einebnung der zivilisatorischen Regeln des internationalen Verkehrs – auf beiden Seiten der Fronten. Hunderttausende von Kriegsgefangenen wurden zur Arbeit für den Feind gezwungen, auch zu Tätigkeiten, die von den beiden Haager Konventionen von 1899 und 1907 explizit verboten worden waren. Fremde Völker wurden als regelrechte Arbeitssklaven hinter die Front geführt – das Beispiel der chinesischen Zwangsarbeiter im britischen Teil der Westfront ist nur ein besonders erschütternder Fall. Hunderttausende von Menschen wurden gewaltsam deportiert, wie die 60 000 Belgier, die von November 1916 bis Februar 1917 zum Arbeitseinsatz nach Deutschland verbracht wurden. Andere wurden in den Tod getrieben, wie seit 1915 nahezu eine Million Armenier auf Veranlassung der Regierung der Jungtürken. Gleichwohl stellen derartige völkermörderische Massaker und Vertreibungen für den Ersten Weltkrieg noch eine – allerdings zukunftsweisende – Ausnahme dar.

»Industrialisierung des Krieges« bedeutete im Wesentlichen, dass sich der Krieg insgesamt zu einer maschinengestützten Arbeitsleistung entwickelte. Das galt für die Produktion von Waffen genauso wie für deren Anwendung und Zerstörung, für die Anlage von insgesamt mehr als 1200 Kilometern Schützengräben wie für den täglichen Überlebenskampf der Soldaten, die ihr eigenes Tun in den Maschinen- und Materialschlachten immer häufiger als »Kriegsarbeit« ansahen. Tatsächlich waren auch die Fronten ein gigantischer Arbeitsplatz, in dem aus operativen Erwägungen heraus, mit mehr oder weniger genauer Vorplanung, ganze Landstriche umgepflügt, gesprengt, vergast und zu Mondlandschaften gemacht wurden.

Das eindrücklichste Beispiel für eine derartige Ausweitung des Krieges war das »Unternehmen Alberich« der deutschen Armee im Frühjahr 1917. Im Spätherbst 1916 hatte die neue Oberste Heeresleitung beschlossen, einen erheblichen Frontvorsprung an der Somme um ca. 25 Kilometer zurückzunehmen. Solche sogenannten »Bogenstellungen« – im soldatischen Jargon »Frontnasen« genannt – ergaben sich immer wieder durch die Ungleichmäßigkeiten der Vorwärts- und Rückwärtsbewegung einzelner Truppenteile. Sie waren operativ enorm hinderlich, denn es bestand stets die Gefahr, dass der Gegner seine Offensiven auf die Flanken solcher »Seitenstellungen« ausrichten würde, da diese naturgemäß weniger gut zu befestigen und abzusichern waren als die eigentlichen Frontstellungen. So beschloss Ludendorff im November 1916, die Front an der Somme zwischen Arras und Soissons zu »begradigen«. Das »Unternehmen Alberich« dürfte die größte industrielle Bautätigkeit und gleichzeitige Zerstörungsaktion während des gesamten Weltkriegs gewesen sein. Zur Befestigung der ca. 150 Kilometer langen »Hindenburglinie« wurde die »Siegfriedstellung« gebaut, ein riesiges System aus Unterständen, Bunkern, Blockhäusern, Straßen und Schmalspur-Eisenbahnen.

Nach den Forschungen von Michael Geyer wurden dort zwischen Oktober 1916 und März 1917 nicht weniger als 510 000 Tonnen Kies und Schotter, 110 000 Tonnen Zement, 20 0000 Tonnen Rundeisen, 8200 T-Träger, unzählige Hölzer, ferner Zement- und Entlüftungsrohre und anderes mehr verarbeitet, dazu etwa drei Millionen eiserne und 1,5 Millionen hölzerne Pfähle, 12 500 Tonnen Stacheldraht, Spanische Reiter, Fußangeln usw. Diesen ungeheuren Aufwand überblickten die daran beteiligten Stellen des Generalstabs und des Kriegsministeriums in keiner Weise. Das Ganze war eher ein »System von Aushilfen«, das zumindest technisch einwandfrei funktionierte.

Noch unvorstellbarer als der Aufwand an Baumaterial war der massive und vollständig gegen das Kriegsrecht verstoßende Einsatz von Kriegsgefangenen sowie belgischen und französischen Zivilarbeitern für diese Arbeiten. Die Tatsache, dass »Alberich« auch ein riesiges, bewachtes Arbeitslager für die ca. 70 000 Kriegsgefangenen und Zwangsarbeiter war, ist heute in Vergessenheit geraten. Das »Unternehmen Alberich« zählte gewiss zu den umfangreichsten Verletzungen des Völkerrechts im Ersten Weltkrieg. Und zu den Fehlern und Versäumnissen der deutschen Demokratie nach 1919 gehörte sicherlich auch, dass der Untersuchungsaus-

51. Abtransport der Einwohner von Metz en Couture während des »Unternehmens Alberich«, 18. Februar 1917

schuss der Weimarer Nationalversammlung nach Befragung der »Experten« des deutschen Heeres glaubte feststellen zu können, dass die Alberich-Aktion zweifelsfrei vom Kriegsrecht gedeckt gewesen sei.

Im kulturellen Weltkriegs-Gedächtnis der Franzosen hat sich noch eine weitere Konsequenz des »Unternehmens Alberich« festgesetzt, nämlich das Faktum, dass der deutsche Rückzug in die »Siegfriedstellung« ein Terrain der »verbrannten Erde« zurückließ. Die 3. OHL suchte auf diese Weise den Vormarsch der nachrückenden britischen und französischen Truppen so weit wie möglich zu verlangsamen. Zu diesem Zweck wurden insgesamt 200 nordfranzösische Ortschaften vollständig zerstört, genauso wie Brücken, Eisenbahnlinien und Straßen. An der Somme blieb buchstäblich »kein Stein auf dem anderen«. Noch heute existieren zahlreiche Bilder und Berichte von dieser ebenso brutalen wie systematischen »Säuberung« des Terrains, die in der europäischen Geschichte seit dem Russland-Feldzug Napoleons 100 Jahre zuvor keinen vergleichbaren Fall aufweist. Auch Brunnen wurden vergiftet, was zugleich einen schweren

52. Während des »Unternehmens Alberich« bei Havrincourt gefällte Chaussee-Bäume, März 1917

Verstoß gegen das Kriegsrecht darstellte, und die im Frühjahr 1917 an den Chausseen systematisch gefällten Baumreihen wurden zu einem Emblem der alliierten Propaganda gegen die abscheulichen »Hunnen«. Immer wieder veröffentlichten die französischen Zeitschriften die Bilder der reihenweise gefällten Bäume, darunter auch viele Obstbäume, die noch im gefällten Zustand kurzfristig Blüten trieben.

Schwieriger zu beurteilen ist das Verhalten der deutschen Militärs bei der etwa 100 000 Bewohner betreffenden »Verbringung« ins Hinterland. Diese Menschen – in der Mehrzahl handelte es sich um Alte, Frauen und Kinder – wurden in Viehwaggons weggeschafft, teilweise aber auch in mühsamen Fußmärschen aus diesem Gebiet »weggeführt«, wobei sich unbeschreibliche Szenen abspielten. Auch diese Aktion mutet auf den ersten Blick an wie eine charakteristische Wendung hin zum totalen Krieg. Es ist aber einschränkend anzumerken, dass tatsächlich darauf geachtet wurde, dass die Einwohner vor dem Beginn der systematischen Zerstörungen aus der Gefahrenzone abtransportiert wurden. Überdies haben neuere Forschungen ergeben, dass die teilweise chaotischen Transporte weniger ein Ergebnis der Unmenschlichkeit als der mangelnden Phantasie der verantwortlichen Militärs waren. Der Oberbefehlshaber der 2. Armee, Kronprinz Rupprecht von Bayern, hatte es schlicht unterlassen, die von Ludendorff bereits im Dezember 1916 angeforderten Vorbereitungsmaßnahmen zum Abtransport der Bevölkerung zu veranlassen, weil Rupprecht nicht glauben mochte, dass die OHL tatsächlich ein derart gigantisches Unternehmen durchführen würde. Andererseits ist es charakteristisch für eine ins Äußerste gesteigerte Kriegsorganisation, dass Ludendorff nicht gewillt war, diesem »Versäumnis« Rechnung zu tragen, sondern das »Unternehmen Alberich« ohne Rücksicht auf die betroffenen Menschen ohne Abstriche durchsetzte – und hierbei auf keinerlei Proteste oder Weigerungen seiner Offiziere mehr stieß. Der Krieg war eben ein großer Arbeitsplatz der allgemeinen Zerstörung geworden, eine riesige Maschinerie, in der nur wenige noch wussten, welche Rädchen ineinandergreifen sollten.

In den »Materialschlachten« war vor allen Dingen der Mensch selbst zum Material geworden. Es kann deshalb nicht verwundern – und das ist eines der Charakteristika des Ersten Weltkriegs –, dass mit der »Masse Mensch« an der Front beliebig experimentiert wurde. Das nachhaltigste

Experiment war der Gaskrieg. Erstickungspatronen waren bereits lange vor dem Krieg für den Polizeieinsatz, aber auch als Mittel der Kriegführung entwickelt worden, weshalb die Haager Konvention von 1899 in Artikel 23 den Gebrauch von Giftgasgeschossen untersagt hatte; allerdings ließ die Formulierung unterschiedliche Interpretationen zu. Zu Beginn des Krieges hielten sich auch zunächst alle Kriegsparteien daran. Jedoch verwandten die Franzosen bereits Tränengas aus den Polizeiarsenalen für den Häuserkampf und beim Angriff auf Befestigungen. Auch in Deutschland experimentierte man seit August 1914 mit dem Einsatz chemischer Kampfmittel. Auf Vorschlag des Physikochemikers Fritz Haber,

53. Das zerstörte Rathaus von Péronne im März 1917. Das Schild mit der Aufschrift »Nicht ärgern, nur wundern« hinterließen die deutschen Soldaten bei ihrem Rückzug hinter die Siegfriedlinie

Musketier Fischer am 30. Mai 1915 aus Gheluwe an Freunde in Urach

Lieber Herr u. Frau Brodbeck! Der versprochene Bericht (Angriff bei Bellewaarde Ferme).

An Pfingsten abends 9 Uhr fuhren wir mit Panzerzug über Gheluveld, Becelaere, Zonnebecke. Von dort aus gingen wir ausgeschwärmt, da es keinen Laufgraben giebt, in den Graben. Es fiel fast kein Schuß, bloß eine Masse Leuchtkugeln wie noch nie. Um 1 Uhr lagen wir in Stellung vor der letzten Höhe vor Ypern, u. welche genommen werden mußte. Die Soldaten wußten noch nichts von Sturm, als sie aber uns sahen, sagten sie: Kameraden geht es heute Nacht zum Sturm. Auf unser »Ja« machten sie alles fertig, ordneten noch ihre Sachen ohne jeglichen Befehl, schrieben auch noch Briefe, denn Sturm bedeutet für manchen »Tod«. Um 2 Uhr nachts kam der Befehl: Batterien abdecken, Rohre überlegen, jedes Rohr mit Sandsäcken beschweren, wegen dem Druck. Von 3 Uhr ab beobachten nach rückwärts, da ein Fesselballon aufsteigen wird, wenn derselbe 3 rote Leuchtkugeln abschießt, bedeutet das für Euch »los«. Nun wußten wir ganz genau Bescheid. Ich bediente mit 16 Mann die Batterien von 33–41. zusammen 90 Flaschen. Auf der ganzen Front herrschte fast Totenstille, nur einzelne Infanteriegeschosse pfiffen über uns weg. So wurde mit allerhöchster Anspannung der Nerven gewartet. Meine 16 Mann standen, die Schraubenschlüssel an den Flaschen, die Hand darum geklammert, den Blick nach rückwärts geh'n Himmel gerichtet um das Signal nicht zu verpassen, jeden Augenblick bereit, eine Tod u. Verderben bringende Wolke zum Feind hinüber zu senden. Genau 3.45 Uhr fiel die erste Leuchtkugel, u. schon war ein Zischen u. Brausen vernehmbar, das sich bis ins gräßliche steigerte, je mehr Flaschen aufgedreht wurden, u. auf einer Länge von 1½ Kilometer wälzte sich eine zusammenhängende grüne, alles tötende Wolke nach dem feindlichen Graben. Unsre Infanterie, Maschinengewehre, eröffnete ein rasendes Feuer, man sah die Engländer rennen und fallen. 3.47 Uhr zwei Minuten nach dem Öffnen, setzte die feindliche u. die deutsche Artillerie ein, daß die Erde bebte, die Engländer schossen 30,5 cmtr. Kanonen auf unseren Graben, es verging keine Sekunde, wo nicht einige Schrapnell u. Granaten bei uns einschlugen, unsere Artillerie schoß Giftgranaten, die Engländer Schwefelgranaten, so daß die ganze Erde alles Gras abbrannte. Ein Artillerie-Offizier sagte, daß ungefähr 100 000 feindliche Granaten auf dieser Front von den Engländern nach uns geschossen wurden. Ich mußte mit 2 Metrologen im Graben bleiben von Granaten überschüttet, von morgens ¾ 4 Uhr bis abends 5 Uhr, dann verließen wir, über Haufen von Leichen steigend, kriechend, springend, von Schrapnell u. Maschinengewehren verfolgt, den Graben, da nur 20 Meter von unserem Unterstand entfernt einige 30,5 cmtr. Granaten einschlugen. Die Höhe, die letzte vor Ypern war in unserm Besitz, ohne viel Verluste, wir hatten 5 Mann verloren, 3 waren von einer 30,5 cmtr. Granate in so kleine Stücke zerrissen, daß man fast nichts mehr fand, aber ohne zu zucken blieben unsere Leute an den Batterien, bis alles wieder in Ordnung war. Jeder ein Held. Fahren heute ab, wahrscheinlich nach Italien. Wehe der Bande, wenn die unser Parfüm riechen. Es ist reiner Massenmord, aber mit fast teuflischer Freude drehen wir auf, nur schnell ein Ende gemacht. Daß wir nicht viel Gefangene machen ist leicht erklärlich, wir schlagen alles tot, was noch lebend im Graben getroffen wird, aber ohne Schuß, lautlos, unheimlich wütet der Kolben u. das Bajonett. Die Engländer betteln oft auf den Knien, sterben aber auch auf den Knien, viele Leichen liegen umher, schwarz, mit 6–8 Stichen, und einem zerschmetterten Schädel. Das sind lustige Anblicke für uns. Das waren meine Pfingsterlebnisse. Mit Gift für König u. Vaterland, u. gegen die ganze Welt. Grüße an meine Eltern. Lassen Sie den Brief meinen Vater lesen. Meinen Namen unterschreibe ich nicht, aus gewissen Gründen. Noch 800 mtr. von Ypern entfernt. Es grüßt Sie u. Frau herzlich AF

Direktor des Kaiser-Wilhelm-Instituts für Physikalische Chemie und Elektrochemie, erprobte die Armee seit Januar 1915 das Abblasen einer Gaswolke mit Hilfe von Luftdruckzylindern. Es war ebenfalls Fritz Haber, der bereits Ende 1914 die Verwendung des in großen Mengen verfügbaren Chlorgases vorgeschlagen hatte, eines Giftes, das bereits in geringen Konzentrationen lebensgefährliche Reaktionen der Lunge und der Atemwege hervorruft.

Die Pattsituation an der Westfront führte dazu, dass die deutsche Armeeführung unter General Falkenhayn sich im Frühjahr 1915 entschloss, Chlorgas gegen die feindlichen Linien einzusetzen, um den Krieg wieder »in Bewegung« zu bringen. Der Generalstab entschied sich für einen ersten Einsatz, der von dem späteren Nobelpreisträger Fritz Haber persönlich überwacht und von eigens ausgebildeten »Gaspionieren« im Norden der flandrischen Stadt Ypern durchgeführt wurde. Nachdem der Befehl zum Abblasen des Chlorgases siebenmal wegen ungünstiger Windverhältnisse verschoben worden war, kam es am 22. April 1915 gegen 18.00 Uhr zum ersten Giftgasangriff der Militärgeschichte. Das Ergebnis waren ca. 1200 tote und 3000 verwundete (zumeist erblindete) französische Soldaten. Dies war die eigentliche Geburtsstunde des Einsatzes von modernen Massenvernichtungsmitteln im Krieg. Stärker als die direkten Verluste war die »moralische« Wirkung des Gaseinsatzes. Er verursachte eine Massenpanik unter den französischen Fronttruppen, die aber ohne Folgen für den geführten Positionskrieg blieb. Doch die Deutschen hatten die Büchse der Pandora geöffnet, und das Entsetzen bzw. die Empörung hierüber sind bis heute nicht verklungen. Allerdings waren die anderen Mächte ihrerseits sehr schnell willens und fähig, sich dieses bislang verpönten Kriegsmittels zu bedienen. Am 25. September 1915 eröffneten die Briten die erste alliierte Chlorgas-Offensive nahe des Ortes Loos in Flandern. Experten haben errechnet, dass bis 1918 insgesamt 408 Operationen mit flüssigen Gasen (Chlor und Phosgen) erfolgten.

In einem Prozess des ständigen Überbietens zwischen den beiden Kriegsparteien wurde in der Folgezeit eine Vielzahl chemischer Vernichtungsmittel eingesetzt, wobei es den Chemikern und Technikern besonders wichtig war, die jeweils von der Gegenseite gefundenen Schutzmittel (Atemmasken unterschiedlicher Anwendungen) wieder nutzlos zu machen. Der Wettlauf führte zur Produktion verschiedener Gasgranaten, welche die Deutschen wegen ihrer farblichen Kennzeichnung als Gelbkreuz, Grünkreuz usw. bezeichneten. Als trauriger Höhepunkt der Kampfgasentwicklung gilt die als »Lost«, wegen des Geruchs auch als »Senfgas« bezeichnete chemische Substanz, die von der deutschen Armee im Juli 1917, wiederum zuerst in Flandern, eingesetzt wurde. Da »Lost« nicht nur über die Atemwege in den Körper eindrang, sondern sich auf die gesamte Haut verteilte und diese verätzte, gab es dagegen keinen wirksamen Schutz. Ein einziger deutscher »Lost«-Angriff vor Ypern am 13. Juli 1917, bei dem ca. 50 000 Granaten verschossen wurden, hatte 14 200 Gasverletzte zur Folge, von denen 489 schließlich qualvoll starben.

Besonders wirksam und verbreitet waren die schon bei Verdun und an der Somme eingesetzten Gasgranaten, die von speziell entwickelten Gasgranatenwerfern in die feindlichen Stellungen geschossen wurden. Im Juli 1916 wurden solche Granatwerfer in der Somme-Schlacht zum ersten Mal massenhaft auf britischer Seite eingesetzt. Und im März 1918 verfügte die britische Armee bereits über mehr als 200 000 solcher Geschütze. Aber auch die anderen Nationen konstruierten ähnlich erfolgreiche »Gastransportmittel«. Insgesamt wurden im Weltkrieg von allen Kriegsparteien ca. 112 000 Tonnen Gas eingesetzt, wobei Deutschland fast die Hälfte dieser Menge produzierte. Allerdings blieb der Einsatz in der Regel auf den Frontbereich beschränkt. Gas erweckte zwar stets Entsetzen und Paniken, führte aber im Ersten Weltkrieg, entgegen der landläufigen Annahme, zu – relativ betrachtet – nur wenigen Todesopfern. Zuverlässige Nachkriegsschätzungen beziffern die Zahl der durch Gas getöteten Soldaten auf etwa 20 000 und der durch Gas Verletzten und Erblindeten auf ca. 500 000. Mithin lassen sich etwa 3,5 Prozent der Kriegsopfer auf Gaseinwirkung zurückführen.

Alle Mächte sorgten dafür – sie taten dies in einer Art »stillem Übereinkommen« –, dass Gas nicht gegen die Zivilbevölkerungen und auch nicht ungezielt aus Flugzeugen eingesetzt wurde. Irgendwie schreckten die Verantwortlichen davor zurück, den Krieg auch in dieser Hinsicht total werden zu lassen. Die zentrale Botschaft war, dass der Krieg – wie dies Ernst Jünger in einem sehr prophetischen Wort 1930 ausgedrückt hat – noch eine charakteristische Grenze hatte und dass erst der nächste Krieg »einen jahrelangen Stillstand des Krieges in der Landschaft nicht mehr dulden wird, und daß die großen Städte als die Zentralen und Nervenpunkte der technischen Welt auch für die neuen Heere eine wachsende Anziehung ausüben werden« (Das Antlitz des Weltkrieges).

Literatur

Das Antlitz des Weltkrieges. Fronterlebnisse deutscher Soldaten, hg. v. Ernst Jünger, Berlin 1930.

Dix, Arthur, Wirtschaftskrieg und Kriegswirtschaft. Zur Geschichte des deutschen Zusammenbruchs, Berlin 1920.

Feldman, Gerald D., Armee, Industrie und Arbeiterschaft in Deutschland 1914 bis 1918, Bonn 1985.

Geyer, Michael, Rückzug und Zerstörung 1917, in: Die Deutschen an der Somme, 1914–1918. Krieg, Besatzung, Verbrannte Erde, hg. v. Gerhard Hirschfeld, Gerd Krumeich, Irina Renz, Essen 2006, S. 163–202.

Hardach, Gerd, Der Erste Weltkrieg, München 1973 (Geschichte der Weltwirtschaft im 20. Jahrhundert, Bd. 2).

Herbert, Ulrich, Zwangsarbeit als Lernprozeß. Zur Beschäftigung ausländischer Arbeiter in der westdeutschen Industrie im Ersten Weltkrieg, in: Archiv für Sozialgeschichte 24 (1984), S. 285–304.

Hinz, Uta, Gefangen im Großen Krieg. Kriegsgefangenschaft in Deutschland 1914–1921, Essen 2006.

Kocka, Jürgen, Klassengesellschaft im Krieg. Deutsche Sozialgeschichte 1914–1918, Göttingen 1973.

Lepick, Olivier, La Grande Guerre chimique 1914–1918, Paris 1998.

Martinetz, Dieter, Der Gaskrieg 1914–1918, Bonn 1996.

Morrow, J. H., The Great War in the Air. Military Aviation from 1909 to 1921, Washington/London 1993.

Offer, Avner, The First World War. An Agrarian Interpretation, Oxford 1989.

Die Organisation der Kriegführung, bearbeitet v. Ernst von Wrisberg u. a., in: Der Weltkampf um Ehre und Recht, hg. v. Max Schwarte, Bd. 6, Leipzig 1921, S. 95 f.

Pöhlmann, Markus, Der Panzer und die Mechanisierung des Krieges. Eine deutsche Geschichte 1890 bis 1945, Paderborn u. a. 2016.

Strachan, Hew, Financing the First World War, Oxford 2004.

Szöllösi-Janze, Margit, Fritz Haber 1868–1934, München 1998.

Thiel, Jens, »Menschenbassin Belgien«. Anwerbung, Deportation und Zwangsarbeit im Ersten Weltkrieg, Essen 2007.

Wehler, Hans-Ulrich, Deutsche Gesellschaftsgeschichte, Bd. 4: Vom Beginn des Ersten Weltkriegs bis zur Gründung der beiden deutschen Staaten 1914–1949, München 2003.

Der Weltkrieg 1914 bis 1918, bearb. im Reichsarchiv, 14 Bände, 2 Sonderbände, Berlin 1925–1944, 1956.

Westerhoff, Christian, Zwangsarbeit im Ersten Weltkrieg. Deutsche Arbeitskräftepolitik im besetzten Polen und Litauen, 1914–1918, Paderborn u. a. 2012.

9 Politik im totalen Krieg

Unmittelbar nach Ausbruch des Weltkriegs begann in den meisten beteiligten Ländern eine mehr oder weniger intensiv geführte Debatte darüber, welche politischen und territorialen Ziele nach einem gewonnenen Krieg angestrebt werden sollten. Während die Forderungen der westlichen Alliierten eingangs relativ maßvoll ausfielen – Rückgewinnung Elsass-Lothringens (Frankreich) und Wiederherstellung der belgischen Souveränität (Großbritannien) –, formierte sich in Deutschland eine folgenschwere Kampagne, in der weitreichende deutsche Gebietsansprüche in West- und auch in Osteuropa sowie erhebliche Reparationsansprüche artikuliert wurden. Besonders heftig wurden annexionistische Kriegsziele von einigen politischen und wirtschaftlichen Verbänden formuliert. Den Anfang machte, bereits am 2. September 1914, eine überaus aggressive Denkschrift des nationalistischen Alldeutschen Verbandes (gegründet 1891), in welcher der Vorsitzende Heinrich Claß deutsche Annexionen in Belgien und Nordfrankreich sowie Gebietserwerbungen hinsichtlich Russland forderte. Politische oder gar völkerrechtliche Bedenken, etwa in Bezug auf die einheimischen Bevölkerungen, wollte Claß nicht gelten lassen: »Die staatlichen Dinge sind keine Beschäftigungen für Nervenschwache und Gefühlsmenschen – sie sind ein hartes Geschäft, das so besorgt sein will, dass das eigene Volk dabei am besten fährt.« Stattdessen biete sich hier eine Gelegenheit, arbeitslose deutsche Akademiker für die Verwaltung der annektierten Gebiete zu rekrutieren: So werde ein für alle Mal »die Gefahr des sog. ›gebildeten Proletariats‹ aus der Welt geschafft«. Die mit derartigen sozialen Wohltaten garnierte Denkschrift (»betreffend die national-, wirtschafts- und sozialpolitischen Ziele des deutschen Volkes im gegenwärtigen Krieg«) erschien in einer Auflage von 2000 Exemplaren, die der Alldeutsche Verband an Politiker, Wirtschaftsführer und andere einflussreiche Personen des Reiches versandte.

Ihr schlossen sich zahlreiche weitere »Programme« und »Friedensplanungen« an, die im Frühjahr 1915 in einer Denkschrift der fünf (später sechs) großen deutschen Wirtschaftsverbände gipfelten. Dies waren der Centralverband deutscher Industrieller, der Bund der Industriellen, der Bund der Landwirte, der Deutsche Bauernbund, der Reichsdeutsche Mittelstandsverband sowie später noch die Christlichen Deutschen Bauernvereine. Diese Verbände verfochten – durchaus in Anlehnung an die Forderungen der Alldeutschen – ein Kriegszielprogramm von »wahrlich imperialistischer Größenordnung« (Wolfgang J. Mommsen): Annexion der belgischen und französischen Kanalküste »mit entsprechendem Hinterland von der Somme«, ferner die Aneignung der lothringischen Erzfördergebiete von Longwy-Briey, der nordfranzösischen Kohlenreviere der Départements du Nord und Pas de Calais sowie die Übertragung französischer und belgischer Bergwerke und Hüttenbetriebe in deutsches Eigentum. Das unterworfene, bislang neutrale Belgien sollte in das Deutsche Reich eingegliedert werden, wobei der völkerrechtliche Status zunächst unklar blieb. Standen im Westen industrielle Forderungen auf der Agenda der Wirtschaftsverbände weit oben, so galt das Interesse im Osten insbesondere den riesigen Landwirtschaftsgebieten Polens und Russlands. Auf diese Weise sollten wirtschaftliche und agrarische Reichsinteressen gleichermaßen berücksichtigt werden.

Fast zeitgleich mit dem Forderungskatalog der Wirtschaftsverbände veröffentlichten nationalistische Hochschullehrer, unter ihnen der Theologe Reinhold Seeberg und der Historiker Dietrich Schäfer, im Juli 1915 eine in der Öffentlichkeit heftig diskutierte »Intellektuelleneingabe«. Diese wurde von 1347 Personen aus allen Bereichen des öffentlichen Lebens unterzeichnet. Die darin formulierten Kriegsziele waren von ebenso großer Maß- wie Verantwortungslosigkeit geprägt. Eine von den liberalen Historikern Hans Delbrück und Friedrich Meinecke organisierte Gegendenkschrift stieß dagegen nur auf geringes öffentliches Interesse. Sie setzte sich kritisch mit Forderungen der »Intellektuelleneingabe« auseinander und warb für einen »Verständigungsfrieden« mit den Kriegsgegnern.

Zu den Kriegszieldeklamationen gehört auch das sogenannte Septemberprogramm der Reichsregierung. Das vierseitige Schriftstück wurde erst Anfang der 1960er Jahre durch die Forschungen Fritz Fischers bekannt und von den deutschen Historikern damals überaus kontrovers diskutiert. Das allgemeine Ziel der von Reichskanzler Bethmann Hollweg bereits am 9. September 1914 nach wochenlangen Beratungen unterzeichneten »Vorläufige(n) Richtlinien über die deutsche Politik bei Friedensschluß« lautete: »Sicherung des Deutschen Reiches nach West und Ost auf erdenkliche Zeit. Zu diesem Zweck muß Frankreich so geschwächt werden, daß es als Großmacht nicht neu erstehen kann, Rußland von der deutschen Grenze nach Möglichkeit abgedrängt und seine Herrschaft über die nichtrussischen Vasallenvölker gebrochen werden.« Hierzu listete das Programm detaillierte Annexionsziele in Frankreich (»in jedem Falle abzutreten, weil für die Erzgewinnung unserer Industrie nötig, das Erzbecken von Briey«) und in Belgien (»Angliederung von Lüttich und Verviers an Preußen«) sowie allgemeine Forderungen nach Kriegsentschädigungen auf (»sie muß so hoch sein, dass Frankreich nicht imstande ist, in den nächsten achtzehn bis zwanzig Jahren erhebliche Mittel für Rüstung anzuwenden«). Besonders rigoros gedachte man mit Belgien zu verfahren: »(...) muß Belgien, wenn es auch als Staat äußerlich bestehen bleibt, zu einem Vasallenstaat herabsinken, in etwa militärisch wichtigen Hafenplätzen ein Besatzungsrecht zugestehen, seine Küste militärisch zur Verfügung stellen, wirtschaftlich zu einer deutschen Provinz werden.« Zweifellos spielte hierbei auch die Empörung über den von den Belgiern geleisteten militärischen Widerstand gegen die deutsche Invasion eine Rolle. Ferner forderte das Programm nachdrücklich die Errichtung eines »mitteleuropäischen Wirtschaftsverbandes« unter deutscher Führung (der Verband »muß die wirtschaftliche Vorherrschaft Deutschlands über Mitteleuropa stabilisieren«) sowie ein »zusammenhängendes mittelafrikanisches Kolonialreich«. Über die »Russland gegenüber zu erreichenden Ziele« sollte erst später entschieden werden.

Fritz Fischer und mit ihm weitere Historiker waren seinerzeit der Ansicht, dass es sich bei Bethmann Hollwegs »Septemberprogramm« um ein Schlüsseldokument der Geschichte des deutschen Imperialismus handelte. Heute jedoch sehen die meisten Experten darin eher einen »Formelkompromiss« (Wolfgang J. Mommsen), der die teilweise stark voneinander abweichenden Ziele der Politiker, der Militärs, etlicher Reichsbehörden sowie einiger Industrieller zu bündeln suchte. So hatte der umtriebige Vorsitzende der Zentrumspartei, Matthias Erzberger, bereits im Vorfeld des »Septemberprogramms« von 1914 entsprechende Forderungen vertreten. Noch weiter gingen die in einer von dem Industriellen August Thyssen verfassten Denkschrift formulierten Annexionswünsche der deutschen Schwerindustrie. Erzberger hatte auch diese Schrift eigenhändig an den Reichskanzler weitergeleitet.

Kritik an derartigen Forderungen war anfänglich kaum zu vernehmen. Selbst die jeder annexionistischen Bestrebung unverdächtigen Sozialdemokraten machten keine Anstalten, eine öffentliche Debatte über Sinn und Unsinn von Kriegszielen zu führen, da sie ihren Unterstützungskurs des »Burgfriedens« nicht gefährdet sehen wollten. Sie vertrauten auf die Zusage Wilhelms II. in seiner Thronrede am 4. August 1914: »Uns treibt nicht Eroberungslust.« Maßgebende Sozialdemokraten blieben überzeugt, dass Deutschland nur einen Verteidigungskrieg führte, wobei dessen Ausgang selbstverständlich Konsequenzen für die politische und wirtschaftliche Neugestaltung Europas nach Kriegsende haben müsse. Für die sozialdemokratische Reichstagsfraktion erwies sich die fortgesetzte Kriegszieldiskussion jedoch als eine wahre Zeitbombe, da in den folgenden Jahren immer weniger ihrer Abgeordneten der kaiserlichen Versicherung Glauben schenkten. Das Resultat der heftigen innerparteilichen Auseinandersetzungen war im März 1916 die Abspaltung einer sogenannten Sozialdemokratischen Arbeitsgemeinschaft innerhalb der Reichstagsfraktion, aus der dann ein Jahr später die Unabhängige Sozialdemokratische Partei Deutschlands (USPD) hervorging. Die USPD sah im Weltkrieg vor allem einen imperialistischen Konflikt der großen Mächte und beurteilte jede sozialdemokratische Beteiligung hieran als Verrat an der sozialistischen Internationale. Eine ähnliche, hinsichtlich des politischen Auftretens jedoch ungleich radikalere Position vertrat die bereits Anfang 1916 gegründete Spartakusgruppe um Karl Liebknecht und Rosa Luxemburg. Beide Gruppierungen unternahmen im Rahmen der internationalen pazifistischen »Zimmerwalder Bewegung« (genannt nach dem Schweizer Dorf in der Nähe von Bern, in dem eine Konferenz der Sozialisten stattgefunden hatte) eine Reihe von – allerdings vergeblichen – Anläufen, den Krieg zu beenden. Demgegenüber verharrte die SPD auf ihrem vermittelnden Standpunkt: Sie wollte zwar die Politik des nationalen »Burgfriedens« fortsetzen, strebte zugleich jedoch an, dass Deutschland nach einem gewonnenen Krieg auf weitreichende Annexio-

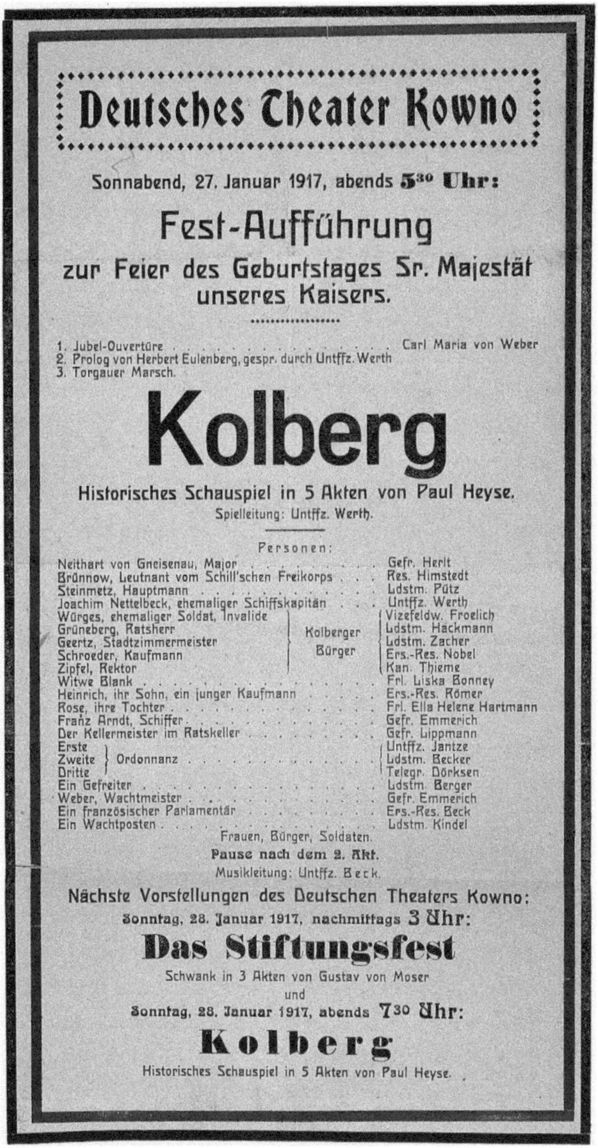

Deutsches Theater Kowno

Sonnabend, 27. Januar 1917, abends 5^{30} Uhr:

Fest-Aufführung

zur Feier des Geburtstages Sr. Majestät unseres Kaisers.

1. Jubel-Ouvertüre . . . . Carl Maria von Weber
2. Prolog von Herbert Eulenberg, gespr. durch Untffz. Werth
3. Torgauer Marsch.

Kolberg

Historisches Schauspiel in 5 Akten von Paul Heyse.

Spielleitung: Untffz. Werth.

Personen:

Neithart von Gneisenau, Major	Gefr. Herlt
Brünnow, Leutnant vom Schill'schen Freikorps	Res. Himstedt
Steinmetz, Hauptmann	Ldstm. Pütz
Joachim Nettelbeck, ehemaliger Schiffskapitän	Untffz. Werth
Würges, ehemaliger Soldat, Invalide (Kolberger Bürger)	Vizefeldw. Froelich
Grüneberg, Ratsherr (Kolberger Bürger)	Ldstm. Häckmann
Geertz, Stadtzimmermeister (Kolberger Bürger)	Ldstm. Zacher
Schroeder, Kaufmann (Kolberger Bürger)	Ers.-Res. Nobel
Zipfel, Rektor (Kolberger Bürger)	Kan. Thieme
Witwe Blank	Frl. Liska Bonney
Heinrich, ihr Sohn, ein junger Kaufmann	Ers.-Res. Römer
Rose, ihre Tochter	Frl. Ella Helene Hartmann
Franz Arndt, Schiffer	Gefr. Emmerich
Der Kellermeister im Ratskeller	Gefr. Lippmann
Erste Ordonnanz	Untffz. Jantze
Zweite Ordonnanz	Ldstm. Becker
Dritte Ordonnanz	Telegr. Dörksen
Ein Gefreiter	Ldstm. Berger
Weber, Wachtmeister	Gefr. Emmerich
Ein französischer Parlamentär	Ers.-Res. Beck
Ein Wachtposten	Ldstm. Kindel

Frauen, Bürger, Soldaten.

Pause nach dem 2. Akt.

Musikleitung: Untffz. Beck.

Nächste Vorstellungen des Deutschen Theaters Kowno:

Sonntag, 28. Januar 1917, nachmittags 3 Uhr:

Das Stiftungsfest

Schwank in 3 Akten von Gustav von Moser

und

Sonntag, 28. Januar 1917, abends 7^{30} Uhr:

Kolberg

Historisches Schauspiel in 5 Akten von Paul Heyse.

54. Programm der Aufführung aus Anlass des Kaisergeburtstags 1917 im Deutschen Theater Kowno (von der deutschen Militärverwaltung Ober-Ost eingerichtet) nen verzichten sollte. Angesichts der Tatsache, dass die konservativen und liberalen Parteien des Reichstags auch weiterhin am Konzept eines annexionistischen »Siegfriedens« festhielten, war diese parlamentarische Position kaum mehrheitsfähig.

Besonders radikal und zugleich in hohem Maße irrational entwickelte sich die Kriegszieldebatte während der Zeit der 3. Obersten Heeresleitung unter Hindenburg und Ludendorff. Die postulierten Forderungen und Ansprüche wurden immer verantwortungsloser und blindwütiger. Kaum ein einflussreicher deutscher Politiker und schon gar kein Mitglied der Reichsregierung wagte es schließlich noch, sich den ungehemmten Annexionsgelüsten der OHL im Osten Europas offen entgegenzustellen. Auf einer eigens einberufenen Kriegszielkonferenz im Hauptquartier der OHL in Bad Kreuznach am 23. April 1917 legten Hindenburg und Ludendorff den Reichskanzler und die Regierung auf ein annexionistisches Maximalprogramm fest. Der ebenfalls anwesende Chef des Marinekabinetts, Admiral Georg Alexander von Müller, bezeichnete die Vereinbarung später zutreffend als ein Ergebnis »völliger Maßlosigkeit«.

Allgemein zielten die Forderungen der Militärs darauf, ein vom Deutschen Reich abhängiges »Königreich Polen« – zwar mit konstitutioneller Verfassung und Erbmonarchie, aber ohne ausreichende politische und territoriale Festlegung – zu errichten sowie einen Militärstaat auf dem Gebiet des ehemaligen Russischen Reichs zu schaffen. Trotz erheblicher Bedenken hatte Reichskanzler Bethmann Hollweg der Ausrufung dieses polnischen Vasallenstaats am 5. November 1916 zugestimmt, wohl wissend, dass damit ein Frieden mit Russland unmöglich werden würde. Das riesige Territorium von »Ober-Ost« (die Abkürzung stand für »Oberbefehlshaber der gesamten deutschen Streitkräfte im Osten«) umfasste das Baltikum sowie Teile Weißrusslands. Das Besatzungsprojekt »Ober-Ost«, das besonders von Ludendorff mit großer Verve betrieben wurde, zeichnete sich durch ein hohes Maß an militärischer Kontrolle und despotischer Willkür aus. Kernpunkte der angestrebten deutschen Herrschaft waren eine extensive wirtschaftliche Ausbeutung sowie die Zwangsrekrutierung der einheimischen Arbeiter, einhergehend mit einer kulturellen Flurbereinigung. An die Stelle der ethnisch-kulturellen Vielfalt sollte ein verbindliches deutsches Kulturprogramm (Schulunterricht, Zeitungen und Zeitschriften, strikte Zensur, etc.) treten, das ganz auf

»Disziplinierung und Manipulation« (Vejas Liulevicius) der unterschiedlichen Bevölkerungsgruppen ausgerichtet war. Die einheimischen Schüler sollten vor allem Disziplin sowie Respekt vor den Deutschen lernen. Die politische Zukunft des merkwürdigen, vom Krieg geschaffenen Gebildes »Ober-Ost« blieb dagegen eher vage.

Ähnlich unbestimmt waren auch die von der 3. OHL entwickelten Pläne zu einer umfassenden ethnischen Säuberung in den polnischen Gebieten, die an das Deutsche Reich grenzten. Bereits in der Denkschrift der Alldeutschen von 1914 tauchten Vorschläge auf, die eine »Politik der Ausräumung und Verpflanzung« nichtdeutscher Bevölkerungen »an eine andere Stelle ihres Vaterlands« favorisierten (Heinrich Claß). So sollten etwa die Bewohner aus den später zu annektierenden französischen Gebieten in andere Gegenden Frankreichs umgesiedelt werden. Entspre-

55. Deutsche Militärbehörden registrieren und fotografieren die Bewohner eines Dorfes in Russisch-Polen, 1915

chende Überlegungen stellte der Autor der Denkschrift auch für Ostmitteleuropa an. Auch die nachfolgenden Memoranden und Programme plädierten für die Schaffung eines »Grenzwalls« (so die »Intellektuelleneingabe« von 1915) oder forderten die Errichtung eines von Polen gesäuberten und mit Deutschen besiedelten Grenzstreifens jenseits der Provinzen Posen und Westpreußen (so in der Denkschrift »Die Ostgrenze« von 1915). Ihren Höhepunkt erlebte die Debatte über den »polnischen Grenzstreifen« unter der Ägide der 3. OHL. Vor allem Ludendorff warb offen für eine »völkische Militärgrenze«, durch welche die preußischen Polen von den russischen Polen (Kongresspolen) separiert würden. Nur durch den Transfer der einheimischen Bevölkerungen von Polen und Juden sei es möglich – so Ludendorff –, die notwendige Germanisierung der in Preußen ansässigen Polen voranzubringen.

Keine der zahlreichen Varianten des Projekts einer ethnischen Flurbereinigung entlang der deutschen Ostgrenze wurde während des Krieges verwirklicht. Weder die Reichsregierung noch die preußischen Behörden mochten sich schließlich auf die Ludendorff'schen Pläne einer zwangsweisen Umsiedlung der polnischen Bevölkerung einlassen. Maßgeblich hierfür waren außenpolitische Bedenken, vor allem hinsichtlich der polnischen Interessen des österreichisch-ungarischen Bundesgenossen. Als Grundidee jedoch, die deutsche Herrschaft in Polen durch eine Politik der ethnischen Säuberung zu stabilisieren, wurden diese Pläne später zu einem wichtigen Bestandteil radikaler völkischer Programme, die den Ideen der Nationalsozialisten zur Ostexpansion und Siedlungspolitik im Osten Europas den Weg bereiteten.

Die verschiedenen Reichsregierungen unter den seit dem Sommer 1917 rasch wechselnden Reichskanzlern hielten unbeirrt am Konzept eines »Siegfriedens« fest, doch im Reichstag nahm die Zahl der Abgeordneten zu, die ein Ende des Krieges verlangten. Im Dezember 1914 hatte Karl Liebknecht noch als einziger Abgeordneter der SPD gegen die Politik des überparteilichen »Burgfriedens« gestimmt. Ein Jahr später verweigerten bereits 20 Abgeordnete der Partei ihre Zustimmung zu weiteren Kriegskrediten. Diese Oppositionellen, die sich dann mehrheitlich in der USPD zusammenschlossen, lehnten eine weitere Fortsetzung des Krieges entschieden ab. Gleichwohl sahen sie sich nicht in der Lage, der am 19. Juli 1917 von der Mehrheit des Reichstags (Sozialdemokraten, Zentrum, Fortschrittliche Volkspartei und Nationalliberale Partei) beschlossenen »Friedensresolution« zuzustimmen, da die Resolution zwar einen »Frieden ohne Annexionen und Kontributionen«, aber nicht das sofortige Ende der Kampfhandlungen verlangte. Dennoch stellte die Erklärung dieser Parteien, die sich wenige Wochen zuvor zum sogenannten Interfraktionellen Ausschuss des Reichstags zusammengeschlossen hatten, eine reale Alternative zu den ehrgeizigen Zielen der 3. OHL wie allgemein zur herrschenden Kriegslogik dar.

Der Interfraktionelle Ausschuss, eine Art Koalitionsgremium der linken und gemäßigten Fraktionen des Reichstags, war ein kleiner, aber wichtiger Schritt auf dem Weg zu einer »stillen« Parlamentarisierung des Reiches. Den Anstoß zu seiner Bildung gab eine Rede des prominenten Zentrumsabgeordneten Matthias Erzberger am 6. Juli 1917 im Hauptausschuss des Reichstags, in der dieser für einen von allen kriegführenden Seiten zu akzeptierenden Verständigungsfrieden warb. Zu dem radikalen Gesinnungswandel des einstmals leidenschaftlichen Anhängers eines »Siegfriedens«, der zudem enge Beziehungen zum Thyssen-Konzern unterhielt, hatte eine geheime Denkschrift des k. u. k. Außenministers Graf Czernin beigetragen, die Erzberger vorlag. Darin präsentierte das Wiener Außenministerium umfangreiches Datenmaterial zum Kriegsverlauf, aus dem hervorging, dass die kriegswirtschaftlichen wie militärischen Ressourcen der Mittelmächte weitgehend erschöpft waren und der Krieg sich mindestens noch bis 1918 hinziehen werde. Angesichts der Versorgungsengpässe und Hungersnöte in Österreich-Ungarn wie im Deutschen Reich sei es unwahrscheinlich – so Erzberger vor dem Hauptausschuss –, dass die Bevölkerungen diesen Krieg noch lange würden ertragen können. Deshalb plädierte er für einen »Verzichtfrieden« und eine vom gesamten Reichstag getragene Friedensresolution. Der schwäbische Zentrumsabgeordnete schloss seine Rede mit der Bemerkung, es sei preiswerter, 25 000 Alldeutsche und andere Annexionsbefürworter »verrückt« werden zu lassen und für sie Sanatorien zu errichten, als diesen Krieg fortzusetzen. Während die konservativen Parteien mit Empörung und Wut auf Erzbergers Vorschlag reagierten, signalisierten die Linken und Liberalen Zustimmung und Unterstützung. Noch am gleichen Tag fanden im Reichstag erste Gespräche zur Bildung des Interfraktionellen Ausschusses statt.

Während der letzten beiden Kriegsjahre tagte der zunächst 17, später 13 Personen umfassende Ausschuss regelmäßig, um über Verfassungs- und Wahlrechtsreformen, über Kriegsziele und Friedensinitiativen zu debattieren; die dort vertretenen Parteien fanden sich, nur leicht verändert, nach dem Krieg zur Weimarer »Großen Koalition« zusammen.

Auszug aus der Friedensresolution des Reichstags von 1917

Der Reichstag wolle beschließen:
Der Reichstag erklärt:

Wie am 4. August 1914 gilt für das deutsche Volk auch an der Schwelle des vierten Kriegsjahres das Wort der Thronrede »Uns treibt nicht Eroberungssucht«. Zur Verteidigung seiner Freiheit und Selbständigkeit, für die Unversehrtheit seines territorialen Besitzstandes hat Deutschland die Waffen ergriffen.

Der Reichstag erstrebt einen Frieden der Verständigung und der dauernden Versöhnung der Völker. Mit einem solchen Frieden sind erzwungene Gebietserwerbungen und politische, wirtschaftliche oder finanzielle Vergewaltigungen unvereinbar.

Der Reichstag weist auch alle Pläne ab, die auf eine wirtschaftliche Absperrung und Verfeindung der Völker nach dem Kriege ausgehen. (…)

Der Reichstag wird die Schaffung internationaler Rechtsorganisationen tatkräftig fördern.

Solange jedoch die feindlichen Regierungen auf einen solchen Frieden nicht eingehen, solange sie Deutschland und seine Verbündeten mit Eroberung und Vergewaltigung bedrohen, wird das deutsche Volk wie ein Mann zusammenstehen, unerschütterlich ausharren und kämpfen, bis sein und seiner Verbündeten Recht auf Leben und Entwicklung gesichert ist. (…)

Berlin, den 17. Juli 1917
(unterzeichnet von Dr. David, Ebert, Erzberger, Fehrenbach, Fischbeck, Gothein, Hauß, Haussmann, Dr. Mayer (Kaufbeuren), Molkenbuhr, Müller (Fulda), Dr. Müller (Meiningen), v. Payer, Scheidemann, Dr. Südekum)

aus: Verhandlungen des Reichstages. XIII. Legislaturperiode, II. Session, Bd. 321, Berlin 1914/18, S. 1747

Außerdem rückten im August 1917 einige Vertreter der Mehrheitsparteien im Reichstag in Regierungsämter auf. So wurde mit August Müllers Ernennung zum Unterstaatssekretär im Kriegsernährungsamt erstmals ein Sozialdemokrat Mitglied einer Reichsregierung. Wie schwach allerdings die Reformmehrheit wirklich war und wie brüchig der im Interfraktionellen Ausschuss praktizierte Minimalkonsens, erwies sich nicht nur bei den insbesondere von der 3. OHL betriebenen Entlassungen der Reichskanzler Bethmann Hollweg (Juli 1917) und Georg Michaelis (Oktober 1917). Auf die Berufung der jeweiligen Nachfolger vermochte der Reichstag keinen Einfluss zu nehmen, die Ernennungen lagen auch weiterhin ausschließlich in der Verantwortung der Militärs respektive des Kaisers. Der neue Reichskanzler, der tief konservative, monarchisch gesinnte Graf von Hertling, war nicht einmal bereit, ein von den Mehrheitsparteien im Ausschuss mühsam erarbeitetes Reformprogramm zu akzeptieren.

Besonders augenfällig zeigte sich die Schwäche und Uneinigkeit des Reichstags bei der Ratifizierung des »Friedensvertrags« von Brest-Litowsk. Allein die USPD lehnte den Vertrag ab, die SPD enthielt sich, alle anderen Parteien stimmten am 22. März 1918 den von der 3. OHL der Sowjetregierung zuvor diktierten äußerst harschen Annexions- und Unterwerfungsbestimmungen zu. Damit hatte der Reichstag mehrheitlich den Militärs erneut freie Hand für deren politische und wirtschaftliche Ostexpansion gegeben – mit langfristig fatalen Folgen. Durch den deutschen »Siegfrieden« von Brest-Litowsk, den Wilhelm II. in gewohnter großsprecherischer Diktion als einen der »größten Erfolge der Weltgeschichte« bezeichnete, verzichtete Sowjetrussland auf ein Drittel seiner Bevölkerung und auf große Teile seines Rohstoff- und Industriepotentials: 90 Prozent seiner Kohlegruben, 54 Prozent seiner Industrie, 33 Prozent seiner Eisenbahnen, 85 Prozent der Zuckerrübenproduktion sowie nahezu die gesamte Öl- und Baumwollproduktion. Während sich die Sowjets mit dem Vertrag eine dringend notwendige »Atempause« verschafft hatten, hielt sich der ökonomische und politische Nutzen für das Deutsche Reich in deutlichen Grenzen. Weder brachte der erhoffte »Brotfrieden« über Sowjetrussland eine spürbare Verbesserung der Ernährungslage und der Rohstoffversorgung, noch wirkte er sich, nach einer kurzen euphorischen Begeisterung, nachhaltig positiv auf die weiterhin gedrückte Stimmung an der Heimatfront aus. Schlimmer noch: Die Maßlosigkeit der deutschen Forderungen verstärkte die Entschlossenheit der Alliierten, den Krieg noch engagierter und unerbittlicher zu führen. Zudem ließ sich der »Diktatfrieden« von Brest-Litowsk von den Ententemächten auch propagandistisch nutzen, kontrastierten seine rigiden Bedingungen doch höchst bemerkenswert mit den Friedenszielen des US-amerikanischen Präsidenten Wilson in dessen 14-Punkte-Plan vom Januar 1918.

Noch während die sowjetrussischen und deutschen Delegationen in Brest-Litowsk über einen Friedensvertrag berieten, kam es in Berlin sowie in weiteren industriellen Zentren des Reichs (Hamburg, Rhein und Ruhr, Leipzig) zu Protesten und Streikaktionen. Hierbei handelte es sich um eine Massenbewegung, wie sie Deutschland zuvor noch nicht erlebt hatte. Bereits im Frühjahr 1917 hatte es verschiedentlich Unruhen und Streiks in den Betrieben gegeben, was den Leiter des Kriegsamts der OHL, Generalleutnant Groener, zu seiner vielzitierten Polemik verleitet hatte, jeder streikende Arbeiter sei ein »Hundsfott«. Der im Januar 1918 losbrechende Arbeitskampf aber war damit nicht zu vergleichen. An den Ausständen beteiligten sich Hunderttausende von Arbeitern und Arbeiterinnen, vor allem aus der Rüstungsindustrie. Zwar ging es wie schon bei den Unruhen von 1916 und 1917 auch um den grassierenden Hunger und die massiven Versorgungsengpässe. Im Zentrum der Proteste aber stand die Forderung nach einem sofortigen Ende des Krieges. Seit der Eröffnung der Waffenstillstandsverhandlungen im weißrussischen Brest-Litowsk im Dezember 1917 war die Friedenssehnsucht in Deutschland stark gewachsen. Große Teile der Bevölkerung hatten schlicht kein Verständnis mehr für die Politik der Regierung und der OHL, die Russland einen harschen »Gewaltfrieden« aufnötigen und die Wirtschaft Osteuropas unter deutsche Kontrolle bringen wollten. Begonnen hatten die Proteste am 14. Januar in Wien, wo sich Hunderttausende von Arbeitern, überwiegend aus den Munitionsfabriken nahe der Wiener Neustadt, beteiligten. Um die Streiks, die sich schließlich auf alle größeren Städte der Donaumonarchie ausdehnten, einzudämmen, setzte die k. u. k. Militärführung Truppen ein, die sie zuvor von der Ostfront abgezogen hatte.

Der letztlich ausschlaggebende Grund für die Aufstände Ende Januar in Berlin und anderen Orten waren die Nachrichten aus Brest-Litowsk, dass die Friedensverhandlungen zwischen Sowjetrussland und Deutschland erneut auf der Stelle traten. Die Forderung der Sowjetregierung nach einem Frieden »ohne Annexionen und Kontributionen« leuchtete den kriegsmüden Arbeitern unmittelbar ein, und die angedrohte Weiterführung des Krieges gegen ein demonstrativ wehrloses Russland erregte allenthalben Abscheu. Allerdings ging es nicht mehr allein um den Friedensschluss mit Sowjetrussland. Ein Spartakus-Flugblatt forderte am 28. Januar unverblümt den Sturz der Regierung und ein Ende des Krieges: »Jeder Separatfriede führt nur zur Verlängerung und Verschärfung des Völkermordens. Es gilt um jeden Preis, den Separatfrieden (von Brest-Litowsk) in einen allgemeinen Frieden zu verwandeln. Das ist unser Ziel.« Der Appell der Spartakisten endete mit der Losung: »Nieder mit dem Krieg! Nieder mit der Regierung! Hoch der Massenstreik!«

Den ersten Protestaktionen, die gemeinsam von der USPD und dem Spartakus-Bund organisiert wurden, folgten ab dem 27. Januar Arbeitsniederlegungen in fast allen Berliner Fabriken der Metallverarbeitung. Betroffen waren vor allem die Gewehr- und Munitionsproduktionen. Eine elfköpfige Streikleitung, der »Aktionsausschuss«, bestand überwiegend aus USPD-Politikern, aber auch die SPD war mit drei prominenten Abgeordneten (Friedrich Ebert, Otto Braun und Philipp Scheidemann) vertreten, um »die Bewegung in geordneten Bahnen zu halten« – wie es in einer Resolution des Parteivorstands hieß. Die am 28. Januar aufgestellten Forderungen der streikenden Berliner Arbeiter wurden sogar vom Parteiorgan der SPD, dem *Vorwärts*, veröffentlicht.

Der Streik der Berliner Arbeiter breitete sich, trotz eines ausdrücklichen Verbots und der Verhängung des Belagerungszustands durch die Militärbehörden, des »Oberkommandos in den Marken«, rapide aus. Die Bewegung nahm in den folgenden Tagen derartige Ausmaße an, dass sich nun auch die SPD-Führung immer stärker auf den Streik einlassen musste, wollte sie nicht von den protestierenden Massen fortgeschwemmt werden. Besonders Friedrich Ebert bemühte sich, die Streikenden von allzu radikalen Forderungen abzubringen, und beschwor sie, nicht einen Zustand herbeizuführen, der zu einer Verknappung von Waffen und Munition an den Fronten führen würde. Inzwischen reagierte das Militär zunehmend nervös und aggressiv. Der *Vorwärts*, der das Manifest der Streikenden veröffentlicht hatte, wurde mit der fadenscheinigen Begründung verboten, die Zeitung habe die Bevölkerung aufgewiegelt, indem sie überhöhte Zahlen der Streikenden veröffentlicht hätte. Der ausgerufene Belagerungszustand wurde noch verschärft, alle Demonstrationen, wie etwa die Massenkundgebung im Treptower Park am 31. Januar, wurden verboten oder aufgelöst. Bei Zusammenstößen mit Polizei und Militär gab es mehrere Tote und Hunderte von Verletzten. Zahlreiche Streikende, darunter auch Mitglieder des »Aktionsausschusses«, wurden verhaftet. Ein Militärgericht verurteilte den USPD-Abgeordneten Wilhelm Ditt-

Forderungen der streikenden Berliner Arbeiter im Januar 1918

1. Schleunige Herbeiführung des Friedens ohne Annexion, ohne Kriegsentschädigung, auf Grund des Selbstbestimmungsrechts der Völker entsprechend den Ausführungsbestimmungen, die dafür von den russischen Volksbeauftragten in Brest-Litowsk formuliert wurden.
2. Zuziehung von Arbeitervertretern aller Länder zu den Friedensverhandlungen.
3. Ausgiebigere Nahrungsversorgung durch Erfassung der Lebensmittelbestände in den Produktionsbetrieben wie in den Handelslagern zwecks gleichmäßiger Zuführung an alle Bevölkerungskreise.
4. Der Belagerungszustand ist sofort aufzuheben. Das Vereinsrecht tritt vollständig wieder in Kraft, ebenso das Recht der freien Meinungsäußerung in der Presse und in Versammlungen. Die Schutzgesetze für Arbeiterinnen und Jugendliche sind schleunigst wieder in Kraft zu setzen. Alle Eingriffe der Militärverwaltung in die gewerkschaftliche Tätigkeit sind rückgängig zu machen und neue zu verhindern.
5. Die Militarisierung der Betriebe ist gleichfalls aufzuheben.
6. Alle wegen politischer Handlungen Verurteilte und Verhaftete Sind sofort freizulassen.
7. Durchgreifende Demokratisierung der gesamten Staatseinrichtungen in Deutschland, und zwar zunächst die Einführung des allgemeinen, gleichen, direkten und geheimen Wahlrechts für alle Männer und Frauen im Alter von mehr als 20 Jahren für den preußischen Landtag.

aus: Richard Müller, Vom Kaiserreich zur Republik, Berlin 1974 (Nachdruck der Ausgabe Berlin 1924), S. 204 mann, der im Treptower Park hatte reden wollen, wegen »Landesverrats« zu fünf Jahren Festungshaft. Schließlich gab die Militärverwaltung bekannt, dass diejenigen, die nicht bis zum 4. Februar ihre Arbeit wieder aufgenommen hätten, nicht mehr als »kriegswichtig« und damit unabkömmlich betrachtet und umgehend an die Front versetzt würden. Eine Frontversetzung wurde also inzwischen als Strafmaßnahme gehandhabt. In den folgenden Tagen erhielten ca. 50 000 Arbeiter, darunter zahlreiche Betriebsobleute, ihre (von den Militärbehörden seit langem vorbereiteten) Einberufungsbescheide. Angesichts dieser und weiterer Repressalien entschloss sich der Aktionsausschuss, gegen das ausdrückliche Votum des Spartakus-Bundes, die Protest- und Streikaktionen zu beenden.

Die »Januarstreiks« 1918 sollten im Dezember 1924 ein »Nachspiel« vor dem Magdeburger Landgericht erleben. Dort fand ein Verleumdungsprozess statt, den Staatspräsident Friedrich Ebert gegen die an sich unbedeutende Zeitung *Mitteldeutsche Presse* angestrengt hatte. Diese beschuldigte ihn in einem Artikel (»Eine bittere Pille für Fritze Ebert«) im Februar 1924, den Berliner Munitionsarbeiterstreik vorbereitet zu haben. Der verantwortliche Redakteur der Zeitung wurde zwar wegen Beleidigung des Präsidenten zu einer eher symbolischen Strafe verurteilt, das Gericht hielt aber fest, dass Ebert sich im Januar 1918 »durch seine Beteiligung an der Streikleitung (...) objektiv und subjektiv« des »Landesverrats« schuldig gemacht habe, indem er die streikenden Arbeiter zum Durchhalten ermutigt habe. Diese ungeheuerliche Feststellung eines deutschen Gerichts diente den völkischen und nationalistischen Parteien und Organisationen als willkommene Munition bei ihrer Dolchstoßagitation. Ebert wurde erst sechs Jahre nach seinem Tod durch ein Urteil des Leipziger Reichsgerichts rehabilitiert, das am 20. Oktober 1931 in einem weiteren »Rufmordprozess« den SPD-Politiker posthum vom Vorwurf des Landesverrats freisprach. Doch dieses Urteil des höchsten deutschen Gerichts wurde von der Öffentlichkeit kaum mehr wahrgenommen.

Nach drei Kriegsjahren machten sich bei allen kriegführenden Nationen, vor allem aber in Russland, Deutschland und Österreich-Ungarn, Erschöpfung und Kriegsmüdigkeit breit. Trotz eines überwältigenden Einsatzes von technischem Kriegsmaterial und obwohl die USA im April 1917 aufseiten der Alliierten in den Krieg eingetreten waren, war es keiner Seite gelungen, einen entscheidenden Durchbruch zu erzielen. Aber auch den in diesem Jahr – trotz der erbitterten Kämpfe an den Fronten – hinter den Kulissen immer wieder unternommenen diplomatischen Anläufen, die Kriegshandlungen zu beenden, war kein Erfolg beschieden. Den Anfang machte ein öffentlich verkündetes »Friedensangebot« der Reichsregierung im Dezember 1916, dessen überheblicher, wenig einladender Ton ganz den soeben erzielten militärischen Erfolg der Mittelmächte über Rumänien widerspiegelte. Die charakteristische Gemengelage der deutschen Initiative aus Ludendorffs annexionistischen Kriegszielen und Bethmann Hollwegs vorsichtigen Friedenssignalen stieß bei den Alliierten auf einhellige Ablehnung. Zu Recht befürchtete man, dass die Deutschen lediglich einen uneingeschränkten U-Boot-Krieg bemänteln wollten, den sie dann ab Februar 1917 tatsächlich führten. Doch auch die Alliierten waren nicht bereit, als Grundlage für Friedensgespräche ihre Kriegsziele offenzulegen. Das musste auch der US-amerikanische Präsident Woodrow Wilson feststellen, auf dessen Appell an die Kriegsparteien (am 22. Januar vor dem US-Senat), ihre Forde-

56. Sitzung des Deutschen Reichstags am 12. Dezember 1916. Der Reichskanzler Bethmann Hollweg verliest das »Friedensangebot«

rungen öffentlich zu machen, die Mittelmächte abweisend und die Ententemächte eher zögerlich reagierten – letztere deshalb, weil sie es sich mit einem potentiellen Verbündeten nicht verderben wollten.

Die Monate zwischen der russischen Februar- und der Oktoberrevolution von 1917 sahen eine Vielzahl von Friedensinitiativen und -offerten, unter anderem vonseiten des neuen österreichisch-ungarischen Kaisers Karl I. (»Sixtus-Mission«) sowie der russischen Provisorischen Regierung (»Grimm-Hoffmann-Mission«), aber auch der Stockholmer Konferenz der II. Sozialistischen Internationale. Die meisten dieser diplomatischen Unternehmungen scheiterten bereits im Vorfeld – zumeist an handwerklichen Unzulänglichkeiten, vor allem aber an dem ungeheuren Misstrauen, das zwischen den Kriegsgegnern herrschte. Erfolglos verlief auch die mit großen Erwartungen einhergehende Initiative von Papst Benedikt XV., der am 1. August 1917 die kriegführenden Mächte aufgefordert hatte, in Verhandlungen über einen Frieden »ohne Annexionen und Kontributionen« einzutreten. Die päpstliche Friedensnote wurde von den meisten Kriegskabinetten und verantwortlichen Diplomaten eher hinhaltend behandelt. Selbst Präsident Wilson, dessen Land sich seit Anfang April im Krieg mit den Mittelmächten befand, reagierte zunächst verhalten und schließlich ablehnend. In seiner Antwortnote vom 27. August forderte Wilson, dass es erst eine demokratische Entwicklung in den Gegnerstaaten geben müsse, bevor man Gespräche über einen Frieden führen könne. Immer deutlicher zeigte sich, dass ein Verhandlungsfrieden angesichts der fehlenden Kompromissbereitschaft auf allen Seiten nicht zu erreichen war – jedenfalls so lange nicht, wie die eigenen Opfer und Entbehrungen des Krieges weiterhin ausschließlich der Gegenseite angelastet wurden. Zudem fürchteten die Regierenden nicht ohne Grund – besonders galt dies für die konservativen Eliten in Deutschland und Österreich-Ungarn –, dass ein politischer Wechsel sie hinwegfegen würde.

Die Auswirkungen auf die Kriegsmoral waren, und zwar in erheblichem Ausmaße, überall spürbar. Zugleich aber verschärfte sich der Ton zwischen den Kriegsbefürwortern und Anhängern eines Verständigungsfriedens. Zur Speerspitze der Kriegstreiber und Annexionisten im Reich avancierte die im September 1917 gegründete Deutsche Vaterlandspartei (DVLP). Ihren geographischen Schwerpunkt hatte die mit kräftigen Finanzspritzen der Schwerindustrie ausgestattete nationalistische Sammlungsbewegung, die von Regierung und OHL unverblümt unterstützt wurde, im Norden und Osten (Ostelbien) sowie in Thüringen und Sachsen. Bereits nach vier Monaten zählte die Partei rund 450 000 Einzelmitglieder, die in ca. 2500 Ortsvereinen organisiert waren. Das Führungspersonal bestand zumeist aus konservativen Bildungsbürgern und deutsch-nationalen örtlichen Honoratioren. Doch die DVLP war im Grunde keine richtige Partei, sondern verstand sich als ein außerparlamentarischer Interessenverband zur Propagierung eines annexionistischen »Siegfriedens«: Sie nominierte keine Kandidaten für den Reichstag und erklärte, sich nach einem gewonnenen Krieg wieder auflösen zu wollen. Während der ehemalige Großadmiral Alfred von Tirpitz der Bewegung als prominentes Zugpferd diente – zeitweise wurde Tirpitz von der DVLP sogar als Reichskanzler ins Spiel gebracht –, war der eigentliche Motor der ostpreußische Generallandschaftsdirektor Wolfgang Kapp. Die Tatsache, dass Kapp 1920 zum Initiator eines (nach ihm benannten) Putschversuchs gegen die Weimarer Reichsregierung wurde, verweist auf die Kontinuität des hier vertretenen nationalistischen Gedankenguts.

Als Antwort und Gegenbewegung zur DVLP entstand im Dezember 1917 der »Volksbund für Freiheit und Vaterland«. Zu den Gründungsvätern gehörten der Sozialreformer Ernst Francke, der Gewerkschafter Gustav Bauer, der Theologe Ernst Troeltsch sowie der Historiker Friedrich Meinecke. Der Volksbund forderte die Abschaffung des preußischen Dreiklassenwahlrechts und eine grundlegende Parlamentarisierung des politischen Systems. In der entscheidenden Frage der Kriegsziele nahm er eine moderate Position ein: So plädierte etwa der liberale Militärhistoriker Hans Delbrück, ebenfalls ein engagiertes Mitglied, durchaus für die Beibehaltung eines deutschen Kolonialreichs in Afrika, und er wehrte sich dagegen, als »Verzichtpolitiker« bezeichnet zu werden. Zwar gelang es dem Volksbund, eine ähnlich große Anhängerschaft auf die Beine zu stellen wie die von Militär- und Regierungsseite unterstützte Vaterlandspartei, aber seine politische Wirkung war doch deutlich bescheidener als diejenige des propagandistischen Lautsprechers der OHL.

Ungeachtet der offenkundigen Erfolglosigkeit, die den unterschiedlichen staatlichen wie päpstlichen Friedensinitiativen beschieden war, setzten sich auch jetzt noch eine Reihe von Privatpersonen und (ehemals) internationalen Organisationen für ein Ende des Krieges und einen Verständigungsfrieden ein. Ein bemerkenswertes Signal ging schon sehr früh von der überstaatlichen Frauenbewegung aus, der es allein aufgrund persönlicher Kontakte gelang, mitten im Krieg (April 1915) am Regierungssitz der neutralen Niederlande, Den Haag, eine internationale »Frauenfriedenskonferenz« zu organisieren. Mitveranstalter war der bürgerliche »Deutsche Verband für Frauenstimmrecht«, vertreten durch die Juristinnen Lida Gustava Heymann und Anita Augspurg. Bereits einen Monat zuvor hatten sich auf Einladung der deutschen Politikerin und Frauenrechtlerin Clara Zetkin in Bern friedensengagierte Sozialistinnen aus zahlreichen Ländern versammelt. Beide internationalen Konferenzen riefen die Frauen in den kriegführenden Ländern dazu auf, sich für ein Ende der Kampfhandlungen einzusetzen. Obschon diese Konferenzen und ihre pazifistischen Appelle von den nationalen Frauenorganisationen wie von der jeweiligen Presse scharf kritisiert, teilweise sogar massiv verleumdet wurden, artikulierte sich in diesen Minderheitenpositionen doch eine vage Hoffnung auf internationale Verständigung und Zusammenarbeit jenseits des nationalen Kriegsgeschreis.

In die erste Zeit der 3. OHL fiel eine weitere verhängnisvolle Entscheidung. Im Oktober 1916 ordnete der preußische Kriegsminister Wild von Hohenborn die statistische Erhebung sämtlicher jüdischer Soldaten an, also sowohl der aktiven als auch der bereits ausgemusterten. Als Begründung für seinen Erlass nannte der Kriegsminister »Klagen« aus der Bevölkerung über »eine unverhältnismäßig große Zahl wehrpflichtiger Angehöriger israelitischen Glaubens«, die sich dem Kriegsdienst systematisch zu entziehen suchten. Doch die angeblichen »Klagen« waren lediglich vorgeschoben: Tatsächlich reagierten die OHL und das Kriegsministerium mit dieser Zählung auf ein jahrelanges Drängen völkischer und antisemitischer Verbände, die behaupteten, dass deutsche Juden ihrer nationalen Verantwortung zum Waffendienst nicht nachkommen würden. Einige antijüdische Organisationen, allen voran der 1912 gegründete »Reichshammerbund«, hatten mit ihrer öffentlichen Agitation gegen die »Drückebergerei« der jüdischen Wehrpflichtigen bereits Ende August 1914 begonnen. Andere, wie der hyperaktive Alldeutsche Verband, agitierten seit Kriegsbeginn gegen die angeblich dominierende Rolle der

Juden bei der Organisation der Kriegswirtschaft. So schwadronierte der Vorsitzende der Alldeutschen, Heinrich Claß, unter Anspielung auf den Hamburger Reeder (und Leiter der Zentralen Einkaufsgesellschaft) Albert Ballin sowie den Industriellen (und Leiter der Kriegsrohstoffabteilung) Walther Rathenau wiederholt über ein jüdisches »System Ballin-Rathenau«.

Allerdings waren solche Thesen nicht nur in völkischen Kreisen gang und gäbe. Auch mancher Nationalliberale schien von einer jüdischen Dominanz bei der Organisation der Kriegswirtschaft und den von Rathenau eingerichteten industriellen Kriegsgesellschaften auszugehen. Nahezu zeitgleich mit dem Erlass des preußischen Kriegsministers zur »Judenzählung« im Heer stellte der Zentrumsabgeordnete Matthias Erzberger im Haushaltsausschuss des Reichstages den Antrag, die Regierung möge doch eine Aufstellung ausarbeiten »über das gesamte Personal aller Kriegsgesellschaften (...), und zwar getrennt nach Geschlecht, militärpflichtigem Alter, Bezügen, Konfession«. Zur Begründung führte Erzberger in der nachfolgenden Debatte aus, »im Lande werde behauptet, daß die jüdische Bevölkerung in den Kriegsgesellschaften in einer Art überwiege, daß die Parität schwer verletzt werde. Darüber müsse Klarheit geschaffen werden.«

Als Stichtag der »Judenzählung« wurde der 1. November 1916 festgelegt. Die ebenso überhastet wie konzeptionslos und dazu fehlerhaft durchgeführte Erhebung war von Unruhen und Übergriffen begleitet. Viele jüdische Armeeangehörige fühlten sich zu Recht gedemütigt und als »Soldaten zweiter Klasse« diskriminiert. Etliche Juden schickten die Todesanzeigen ihrer gefallenen Söhne und Brüder an das preußische Kriegsministerium. Der Centralverein deutscher Staatsbürger jüdischen Glaubens und der Verband der deutschen Juden, die beide im August 1914 geradezu hochgestimmt ihre Glaubensgenossen dazu aufgerufen hatten, »über das Maß der Pflicht hinaus Eure Kräfte dem Vaterlande zu widmen«, äußerten sich entsetzt und tief enttäuscht. Der bekannte Soziologe und Nationalökonom Franz Oppenheimer nannte die Aktion im Rückblick »die größte statistische Ungeheuerlichkeit, deren sich eine Behörde jemals schuldig gemacht hat«.

Aufgrund der zahlreichen Beschwerden und Interventionen verfügte das preußische Kriegsministerium im Februar 1917 schließlich einen

Aufruf!

An die deutschen Juden!

In schicksalsernster Stunde ruft das Vaterland seine Söhne unter die Fahnen.

Daß jeder deutsche Jude zu den Opfern an Gut und Blut bereit ist, die die Pflicht erheischt, ist selbstverständlich.

Glaubensgenossen! Wir rufen Euch auf, **über das Maß der Pflicht hinaus** Eure Kräfte dem Vaterlande zu widmen! Eilet freiwillig zu den Fahnen! Ihr alle — Männer und Frauen — stellet Euch durch persönliche Hilfeleistung jeder Art und durch Hergabe von Geld und Gut in den Dienst des Vaterlandes!

Berlin, den 1. August 1914.

Verband der Deutschen Juden.

Centralverein deutscher Staatsbürger jüdischen Glaubens.

57. »Aufruf! An die deutschen Juden!«, erschienen im Israelitischen Gemeindeblatt Köln vom 7. August 1914

Stopp der »Judenzählung«. Der neue Kriegsminister Hermann von Stein erklärte beschwichtigend, dass »das Verhalten der jüdischen Soldaten und Mitbürger während des Krieges keine Veranlassung zu der Anordnung meines Herrn Vorgänger gegeben hat«. Doch es war zu spät: Der immense Schaden war bereits geschehen. Die genauen Ergebnisse der »Konfessionsstatistik« wurden niemals veröffentlicht, und damit erhielten die antisemitischen Verdächtigungen neue Nahrung. So kursierte das Gerücht, die Veröffentlichung sei aus Rücksicht auf die Juden nicht erfolgt, denn die Zählung habe »vernichtende« Ergebnisse erbracht. Tatsächlich – so die spätere, zuverlässige Erhebung des Ausschusses für Kriegsstatistik – war der Anteil der jüdischen Kriegsteilnehmer (ca. 100 000 Mann) ähnlich hoch wie der Anteil der Soldaten aus der nichtjüdischen Bevölkerung: Etwa zwölf Prozent hatten sich freiwillig gemeldet; drei Viertel aller jüdischen Soldaten hatten an der Front gekämpft, was von den Antisemiten stets bestritten worden war; fast zwei Drittel waren ausgezeichnet oder befördert worden, davon mehr als 2000 zu Offizieren; auch die Höhe der jüdischen Verluste (Gefallene, Verwundete, Vermisste) entsprach ziemlich genau jenen der anderen Konfessionen im Deutschen Reich.

Die »Judenzählung« von 1916 verstieß nicht nur gegen das staatliche Gleichheitsversprechen, sie erschütterte nachhaltig das Vertrauen vieler Juden in die Neutralität des Staates und den Schutz der deutschen Gesellschaft. Einige hellsichtige jüdische Zeitgenossen hatten diese Entwicklung bereits vorausgesehen. Im August 1916 schrieb Walther Rathenau nahezu prophetisch an den völkischen Schriftsteller und Verleger Wilhelm Schwaner (mit dem ihn seit 1913 eine ungewöhnliche Freundschaft verband): »Je mehr Juden in diesem Krieg fallen, desto nachhaltiger werden ihre Gegner beweisen, dass alle hinter der Front gesessen haben, um Kriegswucher zu treiben. Der Haß wird sich verdoppeln und verdreifachen.«

Rathenau sollte recht behalten: Durch die »Judenzählung« erhielt die Propaganda der radikalen antisemitischen Organisationen neuen Auftrieb. Die Russische Revolution von 1917 und die Niederlage des Reiches im Herbst 1918 führten schließlich zu einer Vermengung antisemitischer und antikommunistischer Feindbilder: Der »jüdische Bolschewismus« war geboren. Juden galten fortan manchen Deutschen – bis hinein in das konservativ-nationalistische Bürgertum – nicht nur als Drahtzieher der »roten« Revolutionen in Europa, sondern auch als verantwortlich für die militärische Niederlage des Deutschen Reichs. Die kursierende »Dolchstoßlegende« erfuhr damit eine weitere, radikale Stoßrichtung. Für einige Historiker stellt daher die »Judenzählung« von 1916 eine Zäsur in der Entwicklung der neuzeitlichen Judenfeindschaft in Europa dar, von der eine direkte Verbindung zur rechtlichen und gesellschaftlichen Ausgrenzung nach 1933 und schließlich zum Mord an den deutschen und europäischen Juden während des Zweiten Weltkriegs führt.

Literatur

Fischer, Fritz, Griff nach der Weltmacht. Die Kriegszielpolitik des kaiserlichen Deutschland, Düsseldorf 1961.

Grumbach, Salomon, Das annexionistische Deutschland. Eine Sammlung von Dokumenten, die seit dem 4. August 1914 in Deutschland öffentlich oder geheim verbreitet wurden, Lausanne 1917.

Hagenlücke, Heinz, Deutsche Vaterlandspartei. Die nationale Rechte am Ende des Kaiserreiches, Düsseldorf 1997.

Hoffmann, Christhard, Between Integration and Rejection: The Jewish Community in Germany, 1914–1918, in: State, Society and Mobilization in Europe during the First World War, hg. v. John Horne, Cambridge 1997, S. 89–104.

Kocka, Jürgen, Klassengesellschaft im Krieg. Deutsche Sozialgeschichte 1914–1918, Göttingen 1973.

Liulevicius, Vejas Gabriel, Kriegsland im Osten. Eroberung, Kolonisierung und Militärherrschaft im Ersten Weltkrieg, Hamburg 2002.

Llanque, Marcus, Demokratisches Denken im Krieg. Die deutsche Debatte im Ersten Weltkrieg, Berlin 2000.

Mai, Gunther, Das Ende des Kaiserreichs. Politik und Kriegführung im Ersten Weltkrieg, München 1987.

Miller, Susanne, Burgfrieden und Klassenkampf. Die deutsche Sozialdemokratie im Ersten Weltkrieg, Düsseldorf 1974.

Mommsen, Wolfgang J., Bürgerstolz und Weltmachtstreben. Deutschland unter Wilhelm II. 1890 bis 1918, Berlin 1995.

Rosenthal, Jacob, Die Ehre des jüdischen Soldaten. Die Judenzählung im Ersten Weltkrieg und ihre Folgen, Frankfurt a. M. 2007.

Seils, Ernst-Albert, Weltmachtstreben und Kampf für den Frieden. Der deutsche Reichstag im Ersten Weltkrieg, Frankfurt a. M. 2011.

Wilmers, Annika, Pazifismus in der internationalen Frauenbewegung 1914–1920, Essen 2008.

10 Der Anfang vom Ende (1918)

Am 16. Januar 1918 schrieb der berühmte Heidelberger Soziologe Max Weber an seine Geliebte, die Pianistin Mina Tobler: »Die künftige Offensive im Westen ist vom Generalstab auf *600 000 Tote* kalkuliert – und wenn sie missglückt? Oder halb missglückt? Und Berlin gleicht einem politischen Irrenhaus. So etwas sollte man nicht für möglich halten (…)«

Mit diesem Satz spielte Max Weber auf die vom deutschen Generalstab in den Wintermonaten 1917/18 geplante, damals schon sogenannte Große Schlacht im Westen an. Das Vorhaben erhielt den Codenamen »Michael« und heißt deshalb seither auch »Michael-Offensive«. Webers Hinweis auf Berlin als »politisches Irrenhaus« bezog sich allerdings weniger auf die Planungen der Militärs als auf die in Berlin wie in anderen Städten wütenden »Januarstreiks«. Inzwischen war in Deutschland auch der »14-Punkte-Plan« des amerikanischen Präsidenten Wilson bekannt geworden, den dieser am 8. Januar in einer Rede vor dem Kongress publik gemacht hatte. Darin forderte Wilson einen für alle kriegführenden Nationen akzeptablen »Frieden ohne Sieg«. Im Gegensatz dazu favorisierten die Verbündeten der USA, Großbritannien und Frankreich, weiterhin einen »Vergeltungsfrieden«. Durch Wilsons »14 Punkte« schien dagegen ein ehrenhafter Frieden möglich, auch wenn die verantwortlichen deutschen Politiker und Militärs zu diesem Zeitpunkt noch jeden Gedanken an einen »Wilson-Frieden« weit von sich wiesen. Erst ein Dreivierteljahr später, als der Krieg weithin als verloren galt, entsann man sich erneut der Wilson'schen Friedensinitiative, um die unausweichliche Niederlage für Deutschland einigermaßen erträglich zu gestalten. Dazwischen aber lag eine Zeit voller Dramatik und großer Schrecken.

Die Stimmung war zu Beginn des letzten Kriegsjahrs äußerst zwiespältig: Einerseits regten sich erhebliche Proteste gegen eine Fortsetzung des Krieges, vor allem in der Hauptstadt Berlin, andererseits aber hofften nicht wenige Deutsche darauf, dass es bald zu einer militärischen Entscheidung kommen würde, die natürlich zu Deutschlands Gunsten ausfallen sollte. Diese Erwartung führte dazu, dass eine neue Kriegsanleihe, die mit dem Titel »Der letzte Hieb« warb, von zahlreichen Personen gezeichnet wurde.

Die OHL wusste nur zu genau, dass die deutsche Heimatfront den Krieg nicht mehr lange würde aushalten können. Der mit großer Verve im Januar 1917 lancierte uneingeschränkte U-Boot-Krieg gegen die Seemacht Großbritannien war vollständig fehlgeschlagen. Die Briten setzten erfolgreich Flugzeuge zu seiner Bekämpfung ein; zugleich sorgte die neue Konvoitaktik der Royal Navy dafür, dass die deutschen U-Boote kaum noch Erfolge erzielten. Seit Beginn des Jahres 1918 landeten US-Truppen bereits zu Hunderttausenden in den französischen Häfen. Währenddessen erreichten die amerikanischen Waffenlieferungen an die Alliierten gigantische Ausmaße. Die OHL war sich dieser schwierigen Situation durchaus bewusst. Zwar betrug die Stärke des deutschen Feldheeres im

58. Der Chef der Dritten Obersten Heeresleitung Generalfeldmarschall Paul von Hindenburg, Wilhelm II. und Hindenburgs Stellvertreter Erich Ludendorff an einem Kartentisch

59. »Der letzte Hieb ist die 8. Kriegsanleihe«. Plakat von 1918 nach einem Entwurf von Paul Neumann

Januar 1918 immerhin noch 5,1 Millionen Mann, doch im Grunde ging es für Deutschland jetzt nur noch darum, den geplanten kolossalen »Durchbruch« an der Westfront so zu gestalten, dass die Gegner zu einem für Deutschland ebenso »ehrenvollen« wie einträglichen Waffenstillstand bereit wären. Den Alliierten blieben diese Überlegungen keineswegs verborgen, weshalb der französische Regierungschef Clemenceau immer wieder zu einem umfassenden, total geführten Krieg gegen die deutschen Besatzer aufrief.

In den Monaten Januar bis März 1918 erreichte der deutsche Aufmarsch mit bis dahin unerreichten Mengen an Mannschaften und Geschützen einen neuen Höhepunkt. Die deutschen Sturmtruppen erhielten eine besondere Ausbildung: Sie wurden für den Kampf im Bewegungskrieg geschult und waren entsprechend mit leichten Maschinengewehren, tragbaren Haubitzen sowie Gas- und Flammenwerfern bewaffnet. Dies war eine konsequente Weiterentwicklung der seit dem Herbst 1916 von Ludendorff ersonnenen »Sturmtruppen«-Taktik, die aber nicht mehr der elastischen Verteidigung, sondern dem entschiedenen Vorpreschen dienen sollte.

60. Deutsche Sturmtruppsoldaten von 1918

Die Planungen für die große Offensive an der Westfront hatten bereits im November 1917 begonnen. Unter den möglichen Operationsgebieten entschied sich die OHL schließlich für die »Nahtstelle« zwischen der englischen und französischen Armee im Mittelabschnitt der Somme, weil man zu Recht vermutete, dass es – nach den Erfahrungen der Schlacht von 1916 – in diesen Landstrichen am ehesten gelingen könnte, die Lücken und Schwächen der gegnerischen Verbindungslinien auszunutzen. Dabei zielte der Durchbruchsversuch zwischen St. Quentin und Arras vor allem auf den Südflügel der englischen Truppen im Bereich der Ortschaften Ham und Péronne. Von hier aus wollte man nach einem ersten taktischen Erfolg die gesamte britische Front »von hinten aufrollen«. Nach dem Krieg begründete Ludendorff seine Entscheidung gegen andere Möglichkeiten des Angriffs, etwa in der Gegend von Verdun, folgendermaßen: »Wir entschieden uns aus politischen und militärischen Gründen für die englische Front. Wir nahmen an, dass England wohl eher dem Frieden geneigt werden würde, wenn ihm selbst eine vernichtende Niederlage auf französischem Boden beigebracht, als wenn sein Bundesgenosse Frankreich getroffen wurde. Auch wohnte dem englischen Heere nach unserer Einschätzung eine geringere operative Wendigkeit inne als dem französischen. Der Erfolg gegen die Engländer erschien also leichter und sicherer.«

Insgesamt standen auf deutscher Seite für die »Große Schlacht« 61 Divisionen bereit, also etwa 1,4 Millionen Soldaten. Noch nie war in diesem Krieg auch nur annähernd eine derartige Truppenmasse versammelt worden. Die Armeen waren auch deshalb vom Generalstab so massiert aufgestellt, damit wirklich alles auf den ersten Vorstoß konzentriert werden konnte. Es waren keine größeren Reserveformationen vorgesehen, die als nachrückende Truppen eingesetzt werden könnten. Allein daraus lässt sich ersehen, dass die deutsche militärische Führung nunmehr alles auf eine Karte setzte. Zunächst schien die eingeschlagene Taktik sehr erfolgreich zu sein, zumal man mit einer für den Gegner überaus unangenehmen Überraschung aufwartete. Das »Wirkungsschießen« der Artillerie, das die gegnerischen Stellungen zerstören sollte und mitunter bis zu einer Woche dauern konnte, bevor dann die Sturmtruppen nachrückten, begann nur wenige Stunden vor dem angesetzten Infanterieangriff. Diese neue Taktik verlangte eine ungeheure Präzision der Artillerie und eine exakte Feinabstimmung zwischen den Truppenteilen – es war also ein mit großen Risiken behaftetes Wagnis. Dahinter stand aber auch ein außerordentlicher Wagemut der am Sturm beteiligten Divisionen, Regimenter, Bataillone und Kompanien. Viele deutsche Soldaten hatten das – durchaus befreiende – Gefühl von einem »letzten Hieb« und zeigten sich entsprechend motiviert.

Mit dieser Taktik und Einstellung hatten die Gegner nicht gerechnet, und so schien der Angriff zunächst sehr erfolgreich zu verlaufen. In wenigen Tagen rückten die »Durchbruchs«-Divisionen auf eine Tiefe von bis zu 60 Kilometern bis in die Gegend um Amiens vor. Das war etwa das

Fähnrich Paul Knoch am 7. April 1918 von der Somme-Front an seine Eltern in Hannover

Habe eben gegessen und mich seit einigen Tagen mal wieder gründlich gewaschen. Großartiges Gefühl. Aus dem Regenwetter habe ich mir wenig gemacht. Manche die waren ganz apathisch geworden. Mein Kampfgenosse Müller zum Beispiel, dann fing er an zu reden: wenn ich jetzt zu Hause sitzen könnte – das darf man nämlich nicht. Ich denke immer, es könnte noch schlimmer sein. Folglich sind wir immer noch ganz gut dran. Außerdem muß es mal wieder besser werden und was die Hauptsache ist, unsere Offensive geht gut vorwärts. Manchmal habe ich ja jeden Mann, der uns mit so einem kleinen Heimatschuß begegnete, beneidet. Aber das waren nur Augenblicke, unterkriegen lasse ich mich nicht.

Ihr werdet Euch über unser vieles Marschieren wundern, das kam so: Am 21. waren wir bei Villers, Croiselles, dann zum 28. waren wir in Monchy vor Arras, von dort wieder runter über Péronne usw. Sieht alles furchtbar verwüstet aus. Trichter neben Trichter, manche Dörfer zum Beispiel Bouchavesnes bis auf 1 m hohe Steinmauern von der Bildfläche verschwunden, von Bäumen stehen nur noch zersplitterte Stümpfe. An den Straßen liegen überall tote Pferde, Leichen von Deutschen, Engländern und Franzosen, Ausrüstungsstücke, Gewehre, Munition, Hier und da mal eine zerschossene oder zurückgelassene englische Kanone. Man hat sich schon vollkommen an dies Bild gewöhnt. Weiter drüber nachdenken darf man nicht.

Zehn- bis Fünfzehnfache dessen, was man in den großen Schlachten der Jahre 1916 und 1917 unter schweren Verlusten erreicht hatte. Innerhalb von zwei Wochen wurden 90 000 alliierte Soldaten, davon 75 000 Briten, gefangen genommen und etwa 1300 feindliche Geschütze erbeutet.

Doch gerade die außergewöhnliche Tiefe dieses Vorstoßes bereitete erhebliche Probleme – und das hätte die OHL eigentlich wissen können oder müssen. Denn in einem Kampfgebiet, das schon durch die Somme-Schlacht von 1916 sowie den deutschen Rückzug in die »Siegfriedstellung« 1917 (Unternehmen »Alberich«) vollständig zerstört und deshalb »wegelos« war, konnten die Truppen nicht eigentlich vorwärtskommen – ungeachtet ihres anfänglichen Elans und der verbreiteten Siegeszuver-

Musketier Otto Voegtle am 19. April 1918 von der Somme-Front an seine Eltern in Heidenheim an der Brenz

Am Greulichsten sah es an der alten Front südlich von St. Quentin-La Fère aus. Da sind die Dörfer sämtlich vom Erdboden weggefegt. Die Unterkünfte hinter der damaligen englischen Front waren noch von unserem Rückzug her zerstört. Der Engländer hat dann zum Teil in den Trümmern Holzbaracken erstellt, die er dann bei seinem Rückzug angezündet hat. Manches steht aber doch noch. Unser 100 km Vormarsch hat geschlaucht, war aber trotzdem sehr interessant. Ungeheure Munitionsmengen liegen an den Straßen, über das Gelände zerstreut liegen die zahlreichen Opfer, meist Engländer, dann von Guiscard an kamen Franzosen. Alle ganz neu eingekleidet direkt von Paris mit dem Auto u. schon sind sie futsch. Am schönsten machen sich die frz. Stahlhelme, bald auf jedem qm liegt einer. Sie haben es dort doch sehr eilig gehabt. Ich kann es trotzdem nicht so beschreiben, wie es in Wirklichkeit aussieht. Man muß es mit eigenen Augen gesehen haben. Zu Anfang hat es mit der Verpflegung recht gespannt, da nichts vorgebracht werden konnte. Jetzt geht es wieder. Dafür aber haben wir von den Ortschaften reichlich Most, Wein, Weißbrot u. Mehl gehabt u. selbst gebrutzelt. Fleischkonserven hatten wir selbst genügend. Nur an Rauchware hat es gespannt. Aber Tee brennt ja auch u. die Hauptsache, wenn es nur qualmt. Hoffentlich treffen von Euch bald Zigarren etc. ein.

sicht. Nur unter größten Schwierigkeiten gelang es, die für den Nachschub notwendige »innere Linie« aufrechtzuerhalten, zumal das deutsche Heer zwar über gewaltige Mengen an Geschützen aller Art verfügte, aber die Fertigung und Indienststellung von LKWs sträflich vernachlässigt hatte. Das Problem hatte sich durch das britische Embargo zusätzlich verschärft, da Deutschland inzwischen weitgehend vom überseeischen Kautschukmarkt abgeschnitten war, so dass keine Möglichkeit bestand, gummibereifte Fahrzeuge zu produzieren und einzusetzen. Zu wenige Transportmittel also und ein zu geringer Versorgungsnachschub brachten die deutsche Offensive – trotz des Einbruchs an der Somme bei Amiens – zum Erliegen. Von einem »Durchbruch« der englischen Front oder gar einer Abschnürung der Engländer von den belgischen und nordfranzösischen Kanalhäfen war keine Rede mehr. Auch das von Ludendorff gesetzte politische Ziel, Briten und Franzosen voneinander zu trennen, wurde verfehlt. Am 5. April ordnete die OHL offiziell die Einstellung der »Operation Michael« an.

Ludendorff verlegte sich stattdessen auf weitere und zunehmend planlosere Vorstöße, zunächst im April 1918 in nordwestlicher Richtung

61. Deutsche Truppen auf einer Vormarschstraße an der Somme-Front, 1918

(Béthune–Ypern–Lille), eine Operation mit dem Codenamen »Georgette«, dann ab Ende Mai mit der Operation »Blücher-Yorck« zwischen den Städten Compiègne und Reims, und schließlich im Juli östlich und westlich von Reims (Operationen »Marneschutz-Reims« und »Friedenssturm«). An einigen Stellen gelangten deutsche Truppen sogar über die Marne, so dass manche Franzosen und Briten erneut eine Katastrophe befürchteten, ganz so wie bei der Marne-Schlacht von 1914, als deutsche Einheiten sich den Außenbezirken von Paris bis auf wenige Kilometer näherten.

Zwischen dem 23. und 25. März beschoss das gigantische »Paris-Geschütz«, eine von der Firma Krupp entwickelte Kanone mit einem Kaliber von 21 cm, aus einer Entfernung von nicht weniger als 120 Kilometern aus dem Wald von Compiègne heraus die französische Hauptstadt. Diese Beschießung der Zivilbevölkerung war ein echter Terrorangriff. 73 Granaten schlugen im Zentrum von Paris ein und beschädigten unter anderem die Kirche von Saint-Gervais, ein mittelalterliches Kleinod, während des Karfreitag-Gottesdienstes. 83 Menschen kamen bei diesem Angriff ums Leben. Bei den Alliierten lagen die Nerven blank. Premierminister Georges Clemenceau warnte seine Minister, sie sollten sich auf eine Evakuierung ihrer Ministerien vorbereiten. An den Bahnhöfen von Paris gab es lange Schlangen von Bewohnern, die panikartig die Hauptstadt verlassen wollten.

62. »Paris-Geschütz« der Firma Krupp, 1918

Doch die deutschen Angriffsunternehmen waren im Grunde plan- und ziellos und wurden tatsächlich »mit letzter Kraft« geführt, auch wenn die Alliierten das zu diesem Zeitpunkt noch keineswegs erkannten. Wie der bayerische Kronprinz Rupprecht, Oberkommandierender der 2. Armee, in seinem Tagebuch festhielt, hatte Ludendorff ihm auf Nachfragen über Strategie und Ziele der neuen Angriffe geantwortet: »Das Wort ›Operation‹ verbitte ich mir. Wir hauen ein Loch hinein. Das weitere findet sich. So haben wir es in Russland auch gemacht.« Treffender lässt sich der willkürliche und zugleich brutale Aktionismus der OHL im Frühjahr 1918 nicht charakterisieren!

Die Aussichtslosigkeit der deutschen Angriffe wurde auch den Frontsoldaten immer stärker bewusst, und ihre Energie erlahmte ebenso wie ihre Disziplin. Bereits im April 1918 setzte in den Armeen ein Prozess ein, den der Militärhistoriker und wohl beste Kenner dieser militärischen Vorgänge, Wilhelm Deist, den »verdeckten Militärstreik des deutschen Heeres« genannt hat. Die Schwierigkeiten begannen damit, dass die Angriffstruppen während der Offensiven, die auf die Operation »Michael« folgten, den ihnen erteilten Vormarschbefehlen schlicht und einfach nicht mehr nachkamen. Sie verharrten stattdessen überwiegend in ihren Ausgangspositionen. Albrecht von Thaer, ein erfahrener Offizier im Generalstabsdienst, hat in seinem Tagebuch das »Verharren« der deutschen Frontsoldaten beschrieben und zugleich die Gründe benannt: »Ich muss sagen, dass mir vielfach die Truppe wenig gefällt, die jetzt hier eingesetzt wurde. Es kommt bei Offizieren und Leuten die große Enttäuschung zum Ausdruck, dass die große, lange erwartete März-Offensive sich festgefahren hat und dass nun egal wo ein Angriff auf den anderen folgen soll. Sie hatten zu sehr darauf gehofft, dass dieser große Schlag den Krieg im März beenden würde. Man hatte daraufhin noch einmal allen Schneid und alle Energie zusammengerissen. Nun ist die Enttäuschung da, und sie ist groß. Das ist der Hauptgrund, warum auch artilleristisch gut vorbereitete Angriffe sich totlaufen.«

Die offen zutage tretende Entmutigung der Soldaten wurde noch verstärkt durch die mittlerweise durchgesickerten menschlichen Kosten der »Operation Michael« und ihrer Nachfolgeoffensiven. Bereits Ende März waren nach der Statistik des Reichsarchivs insgesamt 235 544 »Verluste« (also Gefallene, Verwundete, Vermisste) gemeldet, und nach den Folgeangriffen seit April wurden noch einmal 257 176 Verluste angezeigt. Zwar hatten auch die Alliierten große Mengen an Gefallenen und Verwundeten zu verzeichnen – allein »Michael« kostete Briten und Franzosen zusammen etwa 212 000 Mann –, doch diese Verluste ließen sich mit den frisch gelandeten US-amerikanischen Truppen rasch ausgleichen, während die deutschen Reserven weitgehend ausgeschöpft waren.

Vor allem die Verpflegungssituation der deutschen Soldaten war infolge der fehlenden Nachschubmöglichkeiten und der ohnehin grassierenden Knappheit an Lebensmitteln katastrophal. Immer wieder wurde der OHL aus den Frontgebieten gemeldet, dass Soldaten nach der Einnahme eines Ortes nicht bereit waren, weiter vorzustoßen, sondern sich zunächst einmal an den überreichlich gefüllten Proviantlagern der Alliierten gütlich taten. Niemals zuvor hatten die ausgehungerten deutschen Soldaten bestes Dosenfleisch in solchen Mengen gesehen. Zugleich erfuhren sie nun anschaulich, dass ihren Gegnern mehr Ressourcen und ein besser funktionierender Nachschub zur Verfügung standen als ihnen selber. Inzwischen vollzog sich der Einsatz der US-Amerikaner mit immer größerer Schnelligkeit. Seit Juli 1918 landeten jeden Monat etwa 250 000 amerikanische Soldaten in den französischen Kanalhäfen, während Ludendorff zu diesem Zeitpunkt noch von maximal 100 000 eingesetzten Amerikanern in Frankreich ausging. Bis Anfang Oktober standen fast 1,3 Millionen kampfbereite Amerikaner an der Front im Westen. Die nunmehr endgültige Überlegenheit der Alliierten wurde spätestens am 18. Juli offenbar, als die Franzosen, verstärkt durch ca. 85 000 Mann amerikanischer Truppen, zu einer großen Gegenoffensive gegen den deutschen Frontvorsprung zwischen Epernay und Soissons an der Marne vordrangen. Hier wurden zum ersten Mal die effizienten, weil beweglichen kleinen französischen Panzer aus der Renault-Fabrik eingesetzt, denen die Deutschen nichts Vergleichbares entgegenzusetzen hatten. Ganz ohne Artillerievorbereitung stießen nunmehr Einheiten der französischen 6. und 10. Armee gegen die deutschen Linien vor, gedeckt von 200 Panzern – weitere 146 befanden sich noch in Reservestellungen.

Der Juli 1918 war insofern bereits der Wendepunkt des Krieges, als die entmutigten deutschen Soldaten nunmehr *en masse* begannen, die Front zu verlassen. Ablesen lässt sich dies an den Verlustzahlen dieses Monats, die sich gegenüber dem Monat Mai nahezu verdoppelten. Für die OHL wurden die massenhaften Absetzungen der Soldaten vor allem am 8. August offenkundig, den Ludendorff in seinen Nachkriegsmemoiren als den »schwarzen Tag des deutschen Heeres« bezeichnete. An diesem Tag stießen die Alliierten zwischen Albert und Montdidier insgesamt zwölf Kilometer vor, wobei die Briten 324 schwere und die Franzosen 90 leichtere Tanks einsetzten. Die herangeführten wenigen deutschen Reserven wurden sofort in die Schlacht geworfen, wo sie sämtlich untergingen. Bereits am Abend des 8. August meldete die 2. deutsche Armee 48 000 Mann Verluste, davon 33 000 Soldaten als »vermisst«. Der Tagesbericht der Alliierten sprach von 30 000 deutschen Gefangenen.

Insgesamt hatten sich zwischen dem 15. Juli und Ende September 1918 nicht weniger als 340 000 Soldaten auf diese Weise »verflüchtigt« (David Stevenson). Laut der offiziellen Kriegsstatistik wurden in den beiden letzten Kriegsmonaten zwischen 750 000 und einer Million deutscher Soldaten als »abwesend« geführt. Es war dies eine »Fluchtbewegung«, die sich zumeist auf dem Weg zur Front, auf dem Rückweg zur Etappe oder auf den verschlungenen und kaum noch kontrollierbaren Wegen zwischen Front und den rückwärtigen Sanitätsdiensten abspielte. Das später als eine »Drückebergerei« gigantischen Ausmaßes gegeißelte Verhalten der Soldaten diente in den 1920er Jahren rechten Kreisen als Begründung für das endgültige Versagen des Heeres. Dies sei eine Art »Dolchstoß« in den Rücken des siegreichen Heeres gewesen, für den vor allem die »bolschewistische« Zersetzungspropaganda verantwortlich gemacht wurde, die zuerst von jenen Truppenteilen ausgegangen sei, die 1918 von der Ostfront an die Marne verlegt worden waren.

Vereinzelt mag dies zutreffen, aber eine Massenbewegung dieser Art »weg vom Heer«, ein solcher »verdeckter Militärstreik« von Hunderttausenden von Frontsoldaten, lässt sich nicht hinreichend mit Indoktrination und Flüsterpropaganda erklären. Entscheidend war vielmehr, dass das deutsche Heer seit dem Sommer 1918 zu keinen weiteren Offensiven mehr fähig war. Im Grunde ging es der militärischen Führung nur noch darum, die Alliierten zu einem Waffenstillstand zu bringen, der den Deutschen nicht nur die »Ehre« beließ, sondern ihnen zugleich eine Verhandlungsmarge bot für die erwartete Erstattung von Kriegsfolgelasten aller Art.

Die Massenflucht der deutschen Soldaten von der Front blieb im

Großen Hauptquartier wie in der deutschen Öffentlichkeit lange unbemerkt. Es schien, als ob die politische Kaste des Kaiserreichs, allen voran der Kaiser selbst, inzwischen jeglichen Bezug zur Realität verloren hätte. Ein treffendes Beispiel für diese Weltferne ist der Tagebucheintrag des Obersten Katholischen Feldgeistlichen Ludwig Berg am 3. Mai 1918, wo er schildert, wie der Kaiser sich über Pläne für die Renovierung des Aachener Doms nach dem bevorstehenden Sieg äußerte: »Der Wind, der vom Westen her den Schaden mitverursacht hat, soll uns den zur Reparatur notwendigen Goldregen nach glücklich beendetem Kampf bringen.« Noch am 15. September, bereits inmitten der Auflösungserscheinungen des Heeres, notierte Berg eine weitere »eingehende Unterhaltung zwischen Kaiser und den Aachener Herren über Aachener Münster, Einbauten vor dem Chor und andere Kunstthemata«.

Auch die OHL weigerte sich beharrlich, den Realitäten ins Auge zu sehen. Schon gar nicht war sie bereit, die politisch Verantwortlichen über das Ausmaß der Niederlage zu informieren. Bei einer Unterredung mit

63. Gefangene deutsche Soldaten, fotografiert auf einem britischen Sammelplatz an der Westfront

dem Staatssekretär des Auswärtigen Amtes, Paul von Hintze, immerhin dem für die Außenpolitik zuständigen höchsten Beamten des Wilhelminischen Reichs, erklärte Ludendorff am 15. August, »wir würden durch eine strategische Defensive in der Lage sein, den Kriegswillen des Feindes zu lähmen, und ihn so mählich zum Frieden zu bringen« (so die Aufzeichnung Hintzes). Das war eine grobe Täuschung, da Ludendorff zu diesem Zeitpunkt selbstverständlich längst wusste, dass auf die Soldaten kein Verlass mehr war. Bereits am 2. August hatte er in einer streng geheimen Anordnung an alle Stabschefs der deutschen Armeen in Frankreich geschrieben, dass man sich künftig mit kleinen Angriffen »an schmalen Fronten« begnügen werde. Und vor allem: »Alle Angriffe sind nur als Abwehrmaßnahmen vorzubereiten. Von Angriffen ist nicht zu sprechen.« Noch bis Ende September 1918 gaukelte die OHL den Politikern – und vermutlich auch sich selber – vor, dass die militärische Kraft der Feinde derzeit dramatisch abnehme, so äußerte sich ihr Chef Hindenburg am 25. September gegenüber seinen Armeeführern. Dabei hatte soeben ein erfolgreicher Vorstoß amerikanischer und französischer Verbände im Bogen von Saint-Mihiel bei Verdun zwischen dem 12. und 15. September die deutsche Front auf mehr als 20 Kilometer »eingedrückt«.

Erst als am 29. September bekannt wurde, dass die Saloniki-Front zusammengebrochen war und Bulgarien daraufhin einseitig das Bündnis mit den Mittelmächten aufkündigte, um sich den Alliierten anzuschließen, gestand die OHL widerwillig die Ausweglosigkeit der Lage und damit die militärische Niederlage Deutschlands ein. Der Abfall Bulgariens bedeutete nicht nur einen Stopp der immens wichtigen Lebensmittellieferungen nach Deutschland, sondern führte dazu, dass auf dem Balkan neue deutsche Kontingente hätten aufgestellt werden müssen – die es freilich faktisch nicht mehr gab. Für die Alliierten war damit der Weg zur Donau frei. Noch am selben Tag verlangte die OHL, mit ausdrücklicher Zustimmung des Kaisers, von der Reichsregierung die Einleitung von Waffenstillstandsverhandlungen, wobei dieser Begriff allerdings zunächst sorgsam vermieden wurde. In dem entsprechenden Telegramm sowie in den weiteren Schreiben der OHL an diesem und den folgenden Tagen war stets nur die Rede von einem »Friedensangebot«, das dem amerikanischen Präsidenten Wilson auf Grundlage seiner »14 Punkte«

unterbreitet werden sollte. Die Militärs achteten darauf, dass nicht etwa sie als die militärisch Verantwortlichen, sondern allein die Politiker für den Waffenstillstand und den nachfolgenden, noch auszuhandelnden Friedensschluss den Kopf hinhalten sollten. Mit dieser Strategie hatten sie schließlich Erfolg – ein politischer »Gewinn« mit weitreichenden Konsequenzen. Ludendorff drückte diesen Sachverhalt vor Generalstabsoffizieren am 30. September in einer berühmt-berüchtigten Formulierung folgendermaßen aus: »Ich habe aber S. M. gebeten, jetzt auch diejenigen Kreise an die Regierung zu bringen, denen wir es in der Hauptsache zu verdanken haben, daß wir so weit gekommen sind. Wir werden also diese Herren jetzt in die Ministerien einziehen sehen. Die sollen nun den Frieden schließen, der jetzt geschlossen werden muß. Sie sollen die Suppe essen, die sie uns eingebrockt haben.« Damit formulierte Ludendorff eine im Offizierskorps weitverbreitete Auffassung. Zugleich war dieses Ansinnen bereits die gezielte Vorbereitung der »Dolchstoßlegende«, die für die Entwicklung der Weimarer Republik schwerwiegende Folgen haben sollte.

Über die wahren Gründe für dieses Eingeständnis der Niederlage schwiegen sich die verantwortlichen Militärs weiter aus. Stattdessen griffen sie zu gezielter Desinformation. Am 2. Oktober informierte ein Vertreter der OHL die Vorsitzenden der Reichstagsfraktionen, dass »nach menschlichem Ermessen keine Aussicht mehr besteht, dem Feinde den Frieden aufzuzwingen«. Entscheidend für diesen Ausgang sei vor allem der alliierte Einsatz der Tanks: »Der Gegner setzt sie in unerwartet großen Mengen ein. Wo sie (…) überraschend auftraten, waren ihnen häufig die Nerven unserer Leute nicht gewachsen. (…) Lediglich aus den Erfolgen der Tanks sind die hohen Gefangenenzahlen (…) zu erklären.« Was plausibel klang, war in Wahrheit nur ein weiterer Baustein der von der OHL konstruierten Rückzugslegende: Das soldatische »Material« wäre derart brüchig geworden, dass die Nerven der Männer schlicht versagt hätten.

Mit großer Entschiedenheit lehnte Ludendorff auch einen Vorschlag ab, den der Industrielle Walther Rathenau in einer verzweifelten Presseerklärung am 7. Oktober geäußert hatte. Rathenau verlangte eine allgemeine Volkserhebung, um die unausweichlichen Waffenstillstandsverhandlungen aus einer Position der Stärke heraus zu führen. Zugleich rief er die OHL dazu auf, die deutschen Armeen hinter die nationalen Grenzen zurückzuziehen, um sie dort für einen neu motivierenden Verteidigungskrieg aufzustellen. Für Ludendorff und die OHL war diese Idee einer *levée en masse* (Massenerhebung) angesichts der von ihnen konstatierten Unzuverlässigkeit der Soldaten vollkommen unakzeptabel. Zudem hätten bewaffnete Großtruppen in der Heimat die Gefahr eines revolutionären Umsturzes nur noch vergrößert.

Die Widersprüchlichkeit, ja Irreführung der militärischen Führung in dieser Situation zeigte sich überdeutlich auch darin, dass sie wider besseres Wissen erklärte, das deutsche Heer sei selbst jetzt noch stark genug, »um den Gegner monatelang aufzuhalten«. Daher forderte die OHL die Reichsregierung auf, das »Friedensangebot« so zu formulieren, dass es nicht als vom Feind erzwungen angesehen werden könne: »Gleichzeitig mit dem Friedensangebot muß eine geschlossene Front in der Heimat entstehen, die erkennen lässt, daß der unbeugsame Wille besteht, den

Ersuchen der Regierung Max von Baden um einen Waffenstillstand

Die Deutsche Regierung ersucht den Präsidenten der Vereinigten Staaten von Amerika, die Herstellung des Friedens in die Hand zu nehmen, alle kriegführenden Staaten von diesem Ersuchen in Kenntnis zu setzen und sie zur Entsendung von Bevollmächtigten zwecks Anbahnung von Verhandlungen einzuladen. Sie nimmt das von dem Präsidenten der Vereinigten Staaten von Amerika in der Kongreßbotschaft vom 8. Januar 1918 und in seinen späteren Kundgebungen, namentlich der Rede vom 27. September, aufgestellte Programm als Grundlage für die Friedensverhandlungen an.

Um weiteres Blutvergießen zu vermeiden, ersucht die Deutsche Regierung, den sofortigen Abschluß eines Waffenstillstandes zu Lande, zu Wasser und in der Luft herbeizuführen.

gez. Max, Prinz von Baden
Reichskanzler

aus: Deutsche Geschichte in Quellen und Darstellung, Bd. 8: Kaiserreich und Erster Weltkrieg, 1871–1918, hg. v. Rüdiger vom Bruch u. Björn Hofmeister, Stuttgart 2000, S. 457

Krieg fortzusetzen, wenn der Feind uns keinen Frieden oder nur einen demütigenden Frieden geben will.«

Am 30. September 1918 trat der erst ein Jahr zuvor auf Druck der OHL berufene, politisch völlig überforderte Reichskanzler Georg Graf von Hertling zurück. Allen Beteiligten war mittlerweile klar, dass die Amerikaner keinen Frieden mit der alten preußisch-deutschen Militär- und Adelskaste schließen würden. Zum neuen (und letzten wilhelminischen) Kanzler wurde deshalb am 3. Oktober der als liberal geltende, hochgebildete Prinz Max von Baden ernannt. Prinz Max hatte sich im Krieg für einen Austausch von Kriegsgefangenen eingesetzt, galt als Gegner des uneingeschränkten U-Boot-Kriegs und war jeder Form von nationalem Chauvinismus unverdächtig. So schien er auch für den amerikanischen Präsidenten Wilson ein akzeptabler Gesprächspartner bei der Vorbereitung des Friedenschlusses zu sein. Allerdings wurde im Notenwechsel mit der amerikanischen Regierung sehr schnell deutlich, dass von einer gleichberechtigten Suche nach Frieden keine Rede sein konnte. Angesichts der militärischen Ausgangslage weigerten sich Frankreich und Großbritannien, mit Deutschland in Verhandlungen auf gleicher Augenhöhe einzutreten. Stattdessen – so ließen beide Staaten verlauten – würden sie es vorziehen, den Krieg weiterzuführen und erst dann zu beenden, wenn alliierte Truppen auf deutschem Boden stünden. Wilson beantwortete daher das deutsche Ersuchen auf Vermittlung eines Waffenstillstandes und Anbahnung von Friedensverhandlungen am 15. Oktober mit der kategorischen Festlegung, dass die zu vereinbarenden Waffenstillstandsbedingungen es für Deutschland unmöglich machen würden, den Krieg fortzusetzen. Außerdem forderte der amerikanische Präsident die Entmachtung des Kaisers und der politisch-militärischen Führung, die für den Weltkrieg verantwortlich seien. Wilsons »neue Diplomatie« (Arno Mayer) kam einer Revolution gleich.

Vergeblich versuchten der Reichskanzler und sein Kabinett die amerikanischen Forderungen zu unterlaufen, indem sie weitgehende Verfassungsänderungen zusagten, die aus dem Deutschen Reich eine parlamentarische Monarchie machen sollten. Doch auch die am 26. Oktober vorgenommene Entlassung des »heimlichen Diktators« Ludendorff, der bis zuletzt lautstark gegen die Wilson'schen Friedensbedingungen agitiert hatte, änderte nichts mehr. Denn inzwischen hatten sich die politischen Verhältnisse durch die revolutionären Meutereien der Matrosen in Kiel, Bremerhaven und anderen Häfen radikal verändert. Nun zeigte sich in aller Deutlichkeit, dass die überwiegende Mehrheit der Deutschen nicht die geringste Neigung verspürte, den bereits seit längerem verlorenen Krieg fortzusetzen.

Auch Deutschlands Verbündete schienen inzwischen die Zeichen der Zeit erkannt zu haben: Der Krieg war ohnehin nicht mehr zu gewinnen, nun galt es den mehr oder minder geordneten Rückzug anzutreten und einen wie auch immer gearteten Übergang in die Nachkriegszeit zu organisieren. Das betraf neben Bulgarien (das bekanntlich Ende September

Krankenschwester Margarete Josephson am 27. Oktober 1918 aus Verviers an ihre Eltern in Cleve

So schrecklich viel Herzeleid in der letzten Zeit man weiß oft garnicht, was man denken soll, so grau u. trübe sieht alles aus. Wie schnell ist auch politisch alles über uns hereingebrochen. Seit dem Sommer hatte ich allerdings kein Zutrauen mehr zu unserer Sache, aber ich dachte nicht, daß es so schnell kommen würde. Wir müssen aber schließlich doch Schluß machen, die andern sind zu sehr in der Überzahl. Viele Hunde sind des Hasen Tod. Man hatte sich wohl doch über unsere Stärke u. Widerstandskraft getäuscht. Jetzt sollen die Leute ja wieder besser Standhalten, der deutsche Soldat hat es auch am ärgsten gehabt, er kann nicht mehr. Er hat es auch zu schlecht. Wenn man außerdem das Elend der Verwundeten mit ansieht, wie wir die letzte Zeit, dann sagt man, um jeden Preis nur Schluß, man kann das nicht mehr mit ansehen. Wenn wir nur einigermaßen davon kommen, einen besseren Frieden können wir nicht mehr machen, höchstens verschlechtert sich unsere Lage. Man sieht mit Spannung der nächsten Zeit entgegen. Ob Wilson wirklich verhandeln will? Man hat das Gefühl, sie wollen alles hinausziehen, um uns gänzlich zu schlagen u. aus Frankreich u. Belgien zu vertreiben. Und Ludendorff ist gegangen! Donnerstag waren wir in Spa, dort ist ja das große Hauptquartier. Einige haben Hindenburg u. Ludendorff gesehen. Sie hätten furchtbar ernst ausgesehen. Viele machen Ludendorff Vorwürfe u. vergessen, wieviel wir ihm zu danken haben. Wird man überhaupt jemals wissen, wie alles zuging?

kapituliert hatte) das Osmanische Reich sowie den engsten Bundesgenossen Österreich-Ungarn. Vor allem das Osmanische Reich, die spätere Türkei, hatte im Weltkrieg ungeheure Verluste an Menschenleben erlitten. Von den insgesamt eingesetzten 1,6 Millionen Soldaten waren etwa 325 000 gefallen – es war dies prozentual betrachtet die höchste Zahl militärischer Todesfälle aufseiten der Mittelmächte –, noch mehr starben an Hunger und Krankheiten. Die Anzahl der zivilen Toten belief sich auf weit über zwei Millionen, wobei hier auch die von den Türken seit 1915 vertriebenen und ermordeten Armenier berücksichtigt sind. Nach 1917 hatten die türkischen Einheiten gegen die britischen Armeen in Palästina und Mesopotamien ausnahmslos Niederlagen erlitten. Die Moral der türkischen Truppen befand sich seither auf einem Tiefpunkt; schätzungsweise desertierten allein 1918 rund eine halbe Million Soldaten. Der entscheidende Durchbruch gelang den Briten schließlich am 20. September 1918 an der Palästina-Front; danach befand sich das türkische Heer in allgemeiner Auflösung. Allerdings dauerte es noch bis Ende Oktober, bevor die jung-türkische Regierung und ihre Armeeführung die Alliierten offiziell um einen Waffenstillstand ersuchten. Dieser wurde am 31. Oktober an Bord eines britischen Schlachtschiffs im Schwarzmeerhafen von Mudros (auf der griechischen Insel Lemnos) geschlossen.

Ähnlich wie viele Einheiten der deutschen Armeen im Westen befanden sich auch große Teile des österreichisch-ungarischen Heeres seit dem Sommer 1918 in einem stetig eskalierenden Auflösungsprozess. Zwar hatten die militärischen Erfolge in der letzten der zwölf Isonzo-Schlachten im Spätherbst 1917 – ebenso wie die Rückverlegung der noch verbliebenen k. u. k. Truppen von der Ostfront nach dem Frieden von Brest-Litowsk – zu einer vorübergehenden Stabilisierung der Italien-Front geführt. Von einem entscheidenden Durchbruch oder gar einem Sieg über die Italiener war man jedoch weit entfernt. Eine zeitgleich im Juni 1918 unternommene, umfangreiche Offensive entlang der Piave wie auch in den Dolomiten scheiterte bereits nach wenigen Tagen. Dieser unerwartete Fehlschlag hatte geradezu katastrophale Auswirkungen auf die Moral der österreichisch-ungarischen Truppen, nunmehr in ihrem fünften Kriegssommer. Hinzu kamen die karge Versorgung und Ernährung der Soldaten, ein mittlerweile enorm hoher Krankenstand sowie eine Verschärfung der nationalistischen Tendenzen in den Vielvölkerarmeen des Habsburgerreichs. Der politische Niedergang der Monarchie erreichte im Oktober seinen Höhepunkt: Reihenweise kündigten Volksvertreter und andere Repräsentanten der Nationalstaaten die Unabhängigkeit ihres jeweiligen Landes an. Auch das von Kaiser Karl I. am 16. Oktober, quasi in letzter Minute, unterbreitete sogenannte Kaisermanifest, das die Umwandlung der österreichischen Reichshälfte in einen Bundesstaat vorsah, vermochte den Zerfall des Reiches nicht mehr aufzuhalten. Dieser wirkte sich natürlich auch auf die Armeen aus: Die Befehlsverweigerungen, vor allem nicht-österreichischer Mannschaften und Kommandeure, häuften sich; der Zusammenbruch des Heeres schien nur noch eine Frage der Zeit. Vor dem Hintergrund dieser chaotischen Zustände und einer erfolgreichen italienischen Offensive (mit Unterstützung britischer und französischer Einheiten) Ende Oktober bei Vittorio Veneto begann sich die Front aufzulösen. Daraufhin ordnete das k. u. k. Armeeoberkommando die Einstellung der Kampfhandlungen an und stimmte, ebenso wie der sichtlich überforderte Kaiser, der Unterzeichnung eines Waffenstillstands zu. Die in der Villa Giusti in der Nähe von Padua unterschriebene Vereinbarung kam einer nahezu bedingungslosen Kapitulation Österreich-Ungarns gleich. Der Waffenstillstand trat am 4. November um 15.00 Uhr in Kraft.

Sieben Tage später kapitulierte auch das Deutsche Reich. Der im Wald von Compiègne, nördlich von Paris, unterzeichnete Waffenstillstandsvertrag entsprach ebenfalls jener umfassenden Unterwerfung, wie sie die Alliierten von den Mittelmächten schon seit vielen Wochen verlangt hatten. Allerdings waren die vom französischen Oberkommandierenden General Foch verfassten detaillierten Bedingungen erst wenige Tage zuvor schriftlich festgelegt worden. Danach verpflichtete sich Deutschland zur sofortigen und vollständigen Räumung sämtlicher besetzter Gebiete in Belgien und Nordfrankreich sowie von Elsass-Lothringen. Anschließend sollten den Alliierten innerhalb von 25 Tagen das gesamte linke Rheinufer sowie mehrere rechtsrheinische Brückenköpfe (Köln, Koblenz, Mainz) als Faustpfand übergeben werden. Zudem wurde entlang des Rheins eine ca. 30 bis 40 Kilometer breite »neutrale Zone« festgelegt. Darüber hinaus forderten die Alliierten die Auslieferung umfangreicher Bestände an schweren und leichten Waffen, von »rollendem Material« (Lokomotiven, Eisenbahnwaggons, Lastwagen), die Überführung von

160 U-Booten, sechs Panzerkreuzern und 50 Zerstörern in alliierte Häfen sowie die Herausgabe aller alliierten Gefangenen – ohne einen Anspruch auf Gegenseitigkeit. Diese ungemein harschen, eigentlich kaum zu erfüllenden Bedingungen des zunächst auf 30 Tage festgesetzten Waffenstillstands betrafen nicht nur die westlichen Fronten: Die deutschen Truppen im Osten hatten sich hinter die am 1. August 1914 bestehenden Grenzen zurückzuziehen. Damit waren die Ergebnisse der Friedensdiktate von Brest-Litowsk und Bukarest ebenso hinfällig wie die Besetzungen osteuropäischer Territorien (Polen, Rumänien, Baltikum, Ukraine). Die angesichts der massierten Forderungen regelrecht eingeschüchterte deutsche Delegation unter Leitung des Zentrumsabgeordneten Matthias Erzberger erreichte in Compiègne nur geringe Änderungen der fixierten Vertragsbestimmungen. Zu diesen gehörte die allerdings eher vage in Aussicht gestellte Versorgung der hungernden deutschen Bevölkerung mit Lebensmitteln.

Den Schlusspunkt der Waffenstillstandsverhandlungen setzte am 11. November um 11.00 Uhr ein einheitliches Trompetensignal, das in allen noch bestehenden Kampfzonen ertönte. Der Krieg, der mehr als vier Jahre gedauert und weltweit beinahe zehn Millionen gefallene Soldaten und fast ebenso viele tote Zivilisten gekostet hatte, schien »wie auf Knopfdruck« beendet.

Literatur

1918. Die Deutschen zwischen Weltkrieg und Revolution, hg. von Gerhard Hirschfeld, Gerd Krumeich, Irina Renz, Berlin 2018.

Amtliche Urkunden zur Vorgeschichte des Waffenstillstandes 1918, hg. v. Auswärtigen Amt und Reichsministerium des Inneren, 4. Aufl., Berlin 1928.

Kitchen, Martin, The German Offensives of 1918, Stroud 2001.

Kolb, Eberhard, Der Frieden von Versailles, München 2005.

Kriegsende 1918. Ereignis, Wirkung, Nachwirkung, hg. v. Jörg Duppler u. Gerhard P. Groß, München 1999.

Lowry, Bullitt, Armistice 1918, London u. a. 1996.

Mayer, Arno J., Political Origins of the New Diplomacy 1917–1918, New York 1970.

Schmidt, Ernst-Heinrich, Heimatheer und Revolution. Die militärischen Gewalten zwischen Oktoberreform und Novemberrevolution, Stuttgart 1981.

Schwabe, Klaus, Deutsche Revolution und Wilson-Frieden, Düsseldorf 1971.

Sortir de la Grande Guerre, hg. v. Stéphane Audoin-Rouzeau u. Christophe Prochasson, Paris 2008.

Stevenson, David, With Our Backs to the Wall. Victory and Defeat in 1918, London 2012.

11 Revolution und Versailles

Es war kein Zufall, dass die deutsche Revolution 1918 von den Matrosen ausging, die sich Ende Oktober weigerten, zu einer von der deutschen Seekriegsleitung (SKL) beabsichtigten letzten Schlacht gegen die britische Grand Fleet auszulaufen. Militärstrategisch war ein solcher »Endkampf« der Flotte sinnlos, aber die verantwortlichen Admirale wollten ihre Schiffe lieber »ehrenvoll« untergehen lassen, als sie entsprechend den zu erwartenden Waffenstillstandsbedingungen den Alliierten zu überantworten. Außerdem, so der Stabschef der SKL, Konteradmiral Magnus von Levetzow, würde ein glorreicher Untergang eine »Wiedergeburt« der Marine in einem künftigen Deutschland ermöglichen. Es ist nach wie vor umstritten, ob dieser Entscheidung der Seekriegsleitung mehr zugrunde lag als »verantwortungslose Götterdämmerungspathetik« (Michael Salewski) und ob ein letzter militärischer Erfolg der – gemessen an den Erwartungen – gescheiterten deutschen Kriegsmarine eine verbesserte Ausgangslage für die Waffenstillstandsverhandlungen bedeutet hätte. Da weder die OHL noch der Kaiser als Oberster Kriegsherr von dem Vorhaben informiert waren, kam die geplante Aktion faktisch einer Rebellion der Marineführung gleich. Dem »Aufstand der Admirale« folgte in logischer Konsequenz die »Revolution der Matrosen«. Am 28. Oktober kam es zu ersten Befehlsverweigerungen auf der vor Wilhelmshaven ankernden Hochseeflotte.

Die revolutionäre Unruhe in der deutschen Marine hatte sich bereits seit längerem angedeutet. Schon im Sommer 1917 hatte es an Bord einiger Linienschiffe, die untätig in den deutschen Nordseehäfen dümpelten, handgreifliche Auseinandersetzungen zwischen Offizieren und Matrosen gegeben. Der Chef der SKL, Admiral Reinhard Scheer, suchte die Spannungen zu unterbinden, indem er drakonische Strafen gegen die »Rädelsführer« der Unruhen verhängte: Fünf Matrosen wurden zum

Tode verurteilt, zwei von ihnen hingerichtet. Ende Oktober 1918 aber scheiterten alle Versuche der Seekriegsführung wie der Schiffskommandanten, sich in ähnlicher Weise wie 1917 der meuternden Matrosen zu bemächtigen und diese exemplarisch zu bestrafen. Vergeblich hatte die SKL zuvor fünf der betroffenen Linienschiffe nach Kiel beordert, um den Konflikt zu dezentralisieren. Die Mehrzahl der sich auf den Schiffen oder an Land befindenden Matrosen und anderen Truppen eilte den Meuterern zu Hilfe: Offiziere wurden entwaffnet, Gefangene befreit, vielerorts kam es zu Schießereien. Zu den revolutionären Seeleuten gesellten sich nun auch streikende Werftarbeiter und Schauerleute. Zehntausende stürmten durch Wilhelmshaven, Bremerhaven, Wesermünde, Kiel und andere norddeutsche Küstenstädte; niemand führte sie, keiner gab ihnen Befehle. Aus den Marinemeutereien war eine wirkliche Revolution geworden – eine unwiderstehliche Bewegung von nicht mehr kontrollierbaren Menschen, die zusammenliefen, weil sie alle die gleiche Empörung teilten. Bereits am 4. November hatten die Revolutionäre Kiel unter ihre Kontrolle gebracht und überall in der Stadt Soldatenräte gebildet, dem sich später auch die Bildung eines Arbeiterrates anschloss.

Um die »Massen im Zaum zu halten« (Friedrich Ebert) und die Bewegung in geordnete Bahnen zu lenken, entsandte die neue Reichsregierung die Reichstagsabgeordneten Gustav Noske (SPD) und Conrad Haußmann (Liberale) nach Kiel. Wie rat- und ahnungslos die Berliner Regierung den Ereignissen gegenüberstand, zeigte die Botschaft, die Staatssekretär Philipp Scheidemann den Abgeordneten mit auf den Weg gegeben hatte. Noske sollte den revolutionären Matrosen und Soldaten sagen, dass die Regierung versucht, »Verbindung mit dem Kaiser zu bekommen, der ja nach den bestehenden Rechtsverhältnissen die hier gefaßten Beschlüsse sanktionieren muß« – so Scheidemann in seinen Nachkriegserinnerungen »Der Zusammenbruch« von 1921. Doch es war zu spät: Die Massen ließen sich nicht länger im Zaum halten, schon gar nicht mit Hinweisen auf »bestehende Rechtsverhältnisse«.

Inzwischen hatte sich die Revolution wie ein Steppenbrand von Norddeutschland aus nahezu über das ganze Reich verbreitet. Im Ruhrgebiet, im benachbarten Rheinland sowie im Rhein-Main-Gebiet etablierten sich ebenfalls »Arbeiter- und Soldatenräte«. Ohne auf nennenswerten Widerstand zu treffen, wurden die Vertreter der militärischen Gewalt –

während des Krieges die regionalen Militärbefehlshaber (die »Stellvertretenden Generalkommandos«) – entmachtet. Die Räte selber sorgten nun »für Ruhe und Ordnung«. Ein Teil von ihnen war zweifellos links eingestellt und stand aufseiten der Unabhängigen Sozialdemokraten (USPD) oder des kommunistischen Spartakus-Bundes; der weitaus größere Teil aber arbeitete mit den örtlichen Vertretern der Mehrheits-Sozialdemokratie zusammen. Die Novemberrevolution war also keinesfalls eine fern- oder gar zentral gesteuerte Umsturzbewegung, sondern in erster Linie

Tagebucheintrag der Schriftstellerin Hermance Metzger in Landau/ Pfalz

6. November 1918
Das ist heute ein sich Überstürzen der Ereignisse, dass man ihnen kaum zu folgen vermag. – In Kiel gab es schwere Unruhen, die Matrosen meuterten, es gab Schüsse, Tote: von Hamburg und Lübeck wird ähnliches, von Stuttgart und München Umzüge revolutionärer Art gemeldet. die Sozialdemokraten hinter Scheidemann fordern zur Ruhe auf, die Unabhängigen verlangen Revolution. Die russische Botschaft in Berlin ist überführt, bolschewistische Stimmung, Flugblätter nach Deutschland gebracht, da verbreitet zu haben; sie wurde geschlossen und die diplomatischen Beziehungen zu Russland gelöst. Der grösste Teil der verheirateten Offiziere verlässt mit Kind und Kegel Landau und zieht ins jenseitige Bayern. Ein Umzug nach Würzburg kostet 2000 Mark. Die Spediteure verlieren den Kopf, weil die Nachfrage ungeheuer ist! Einzelne sollen sogar Möbelwagen gekauft haben! Wieder andere lassen ihre Wertsachen, die sie vor 8 Tagen nach München gebracht, schleunigst wieder holen, weil die bayerische Grenze bedroht ist. Alles in heller Erregung. Ich sprach einen hohen Verwaltungsbeamten. Er schlotterte vor Angst vor dem Kommenden. (...) Für meine Person habe ich nicht die geringste Furcht. Ich kann mich nicht entschließen zu packen und meine Kinder auch! An Hab und Gut hänge ich nicht. Und in Deutschland ist die Freiheit eingekehrt und der Obrigkeitsstaat ist tot, der Volksstaat lebt! Nicht länger wird Säbelklirren die freie Meinung knechten! Und wir Juden werden uns in dem Lande unserer Liebe und Treue als Deutsche, nicht mehr als Fremde fühlen dürfen.

eine spontane Reaktion der kriegsmüden Bevölkerung auf die Unfähigkeit bzw. Unwilligkeit der Militärs und der alten politischen Kräfte, den Krieg rasch zu beenden. Erst allmählich kristallisierten sich soziale und politische Forderungen heraus, die auf eine umfassende Um- und Neugestaltung der Verhältnisse in Deutschland abzielten.

Mittlerweile hatte die Revolution auch Bayern erreicht. Am 7. November kam es auf der Münchner Theresienwiese zu einer Massendemonstration, bei der sich zeigte, dass die bayerische USPD gewaltigen Zuspruch erhielt. Deren Leitfigur war seit 1917 der kriegskritische Journalist und Schriftsteller Kurt Eisner. Der USPD-Politiker ergriff die Gelegenheit und proklamierte am späten Abend im Gebäude des Landtags das Ende der Monarchie: »Die Dynastie Wittelsbach ist abgesetzt! Bayern ist fortan ein Freistaat!« Der bayerische König Ludwig III. verließ daraufhin unbehelligt die Stadt. In einer Erklärung entband der König wenig später die Beamten und Soldaten von ihrem Treueeid auf die Monarchie und sicherte damit das Fortbestehen der öffentlichen Verwaltung in Bayern; allerdings weigerte er sich, auf die Krone zu verzichten. Ähnlich friedlich vollzog sich der Rücktritt des württembergischen Königs. Unter dem Eindruck der revolutionären Ereignisse im Reich stimmte der ohnehin als bürgerlich-gemäßigt geltende Wilhelm II. von Württemberg am 8. November den von der Reichsregierung Ende Oktober beschlossenen Reformgesetzen zu. Am 30. November trat er als Monarch zurück, nahm den Titel eines Herzogs von Württemberg an und ließ sich in seinem Jagdschloss Bebenhausen bei Tübingen nieder.

Damit handelten beide Herrscher vollkommen anders als der deutsche Kaiser und König von Preußen. Nach einer überstürzten Abreise am 29. Oktober aus Berlin hielt sich Wilhelm II. seit Anfang November wieder in seinem Großen Hauptquartier im belgischen Spa auf. Die »Flucht« aus dem politisch brodelnden Berlin erfolgte gegen den ausdrücklichen Wunsch der Reichsregierung. Zudem hatte Wilhelm II. alle Forderungen nach einem freiwilligen Rücktritt, auch solche aus seiner eigenen Umgebung, entschieden zurückgewiesen. Andererseits akzeptierte der Kaiser inzwischen die Annahme der Wilson'schen Vorschläge zur Herbeiführung eines Waffenstillstands. Dieser Widerspruch passte zum Bild des wankelmütigen, letztlich unglaubwürdigen Monarchen, das sich inzwischen in der deutschen Öffentlichkeit festgesetzt hatte. In

Spa suchte Wilhelm II. eine letzte Trumpfkarte auszuspielen: seine Stellung als Oberster Kriegsherr des Reiches. Doch auch hiermit erlebte er eine herbe Enttäuschung. Eine von der OHL in aller Eile durchgeführte Befragung von Kommandeuren der im Westen stationierten Armeen ergab, dass die Soldaten nicht bereit waren, den vom Kaiser gewünschten Kampf gegen die Revolution in der Heimat aufzunehmen. Der mit der Befragung beauftragte Oberst Wilhelm Heye fasste die Ergebnisse zusammen: »Allgemein kam zum Ausdruck, dass die Truppe nichts gegen den Kaiser habe, dass er ihr eigentlich ganz gleichgültig sei, dass sie nur noch einen Wunsch habe, sobald wie möglich nach Hause zu kommen, zu Ruhe und Ordnung.« Damit waren alle Anstrengungen des »Obersten Kriegsherrn«, quasi in letzter Minute die Revolution durch eine militärische Intervention aufzuhalten, zunichte gemacht.

Doch noch immer zögerte Wilhelm II., dem von der Reichsregierung und den sie tragenden Parteien, allen voran die SPD, inzwischen vehement geforderten Rücktritt zuzustimmen. Stattdessen sondierte man in Spa die Möglichkeit, ob Wilhelm als Kaiser des Deutschen Reichs zurücktreten, zugleich aber als König von Preußen weiterregieren könne – eine verfassungsrechtliche Unmöglichkeit. Daraufhin ließ Reichskanzler Max von Baden am späten Vormittag des 9. November über das Wolff'sche Telegraphenbureau mitteilen, dass »der Kaiser und König (…) sich entschlossen (hat), *dem Throne zu entsagen*«. Doch die mit Wilhelm nicht abgestimmte Verlautbarung, die eigentlich die Monarchie retten sollte, kam – so Friedrich Ebert – »zu spät«: Der Sturz des Monarchen war bereits besiegelt. Im Morgengrauen des folgenden 10. November reisten Wilhelm II. und seine engste Entourage in die benachbarten Niederlande, wo ihm Königin Wilhelmina noch am gleichen Tage telegraphisch Asyl zusicherte. Drei Wochen später, am 28. November, unterschrieb Wilhelm II. seinen offiziellen Verzicht auf die Krone Preußens sowie auf die deutsche Kaiserkrone. Der letzte deutsche Kaiser starb im Juni 1941 im niederländischen Doorn, ohne jemals wieder deutschen Boden betreten zu haben.

Unterdessen hatten sich in Berlin die Ereignisse überschlagen. Mit der Ausrufung der »Deutschen Republik« am 9. November durch den Sozialdemokraten Scheidemann und der zwei Stunden später erfolgten Proklamation einer »Sozialistischen Deutschen Republik« durch den Spartakisten Liebknecht, hatte sich das von der SPD zunächst favorisierte Projekt einer bürgerlich-sozialdemokratischen Koalitionsregierung unter einem Reichskanzler Ebert erledigt. Eberts Kanzlerschaft währte nur wenige Stunden. Bereits am Abend dieses schicksalhaften Tages verständigten sich Mehrheits-Sozialdemokraten und USPD auf die Bildung eines paritätisch von beiden Parteien besetzten »Rates der Volksbeauftragten« unter Führung von Friedrich Ebert (SPD) und Hugo Haase (USPD). Damit hatten die Sozialdemokraten dem Spartakus-Bund und den revolutionären Obleuten in den Betrieben, welche die Errichtung einer »Diktatur des Proletariats« forderten, eine Abfuhr erteilt. Wichtigste Aufgabe dieser sozialdemokratischen »Übergangsregierung« war die Vorbereitung allgemeiner und freier Wahlen zu einer konstituierenden Nationalversammlung, der es dann obliegen sollte, eine Verfassung für die »Deutsche Republik« auszuarbeiten. Gleiches Wahlrecht sollte für Männer *und* Frauen gelten – auch dies war eine echte Revolution.

Abdankungsurkunde des letzten deutschen Kaisers vom 28. November 1918

Ich verzichte hierdurch für alle Zukunft auf die Rechte an der Krone Preußens und die damit verbundenen Rechte an der deutschen Kaiserkrone.

Zugleich entbinde Ich alle Beamten des Deutschen Reiches und Preußens sowie alle Offiziere, Unteroffiziere und Mannschaften der Marine, des preußischen Heeres und der Truppen der Bundeskontingente des Treueides, den sie Mir als ihrem Kaiser, König und Obersten Befehlshaber geleistet haben. Ich erwarte von ihnen, dass sie bis zur Neuordnung des Deutschen Reiches den Inhabern der tatsächlichen Gewalt in Deutschland helfen, das Deutsche Volk gegen die drohenden Gefahren der Anarchie, der Hungersnot und der Fremdherrschaft zu schützen.

Urkundlich unter Unserer Höchsteigenhändigen Unterschrift und beigedruckten Kaiserlichen Insiegel.

Gegeben Amerongen, den 28. November 1918. Wilhelm

aus: Die deutsche Revolution 1918/19. Dokumente, Frankfurt a. M. 1983, S. 393

Aber die neue Regierung hatte noch eine andere und weitaus schwierigere Aufgabe zu meistern, nämlich die geordnete Rückführung der etwa sechs Millionen Soldaten, von denen noch etwa vier Millionen in Frankreich, Belgien, auf dem Balkan und in Osteuropa standen. Die deutschen Soldaten waren nicht nur besiegt, sie waren vor allem müde, hungrig und krank. Die größte Sorge der provisorischen Regierung war es, zu verhindern, dass diese Massen von zutiefst frustrierten Männern weitere Revolutionen forderten und etwa eine Räte-Regierung nach sowjetischem Vorbild durchsetzten, worauf bekanntlich die Spartakisten und die revolutionären Obleute in vielen großen Fabriken drängten. Schon am 12. November erließ der »Rat der Volksbeauftragten« einen Aufruf an die heimkehrenden Soldaten, gemeinsam an die Standorte zurückzukehren und sich ordnungsgemäß demobilisieren zu lassen, weil sonst die Heimat in großer Gefahr sei.

Tatsächlich waren zu jenem Zeitpunkt in Deutschland nach zuverlässigen Schätzungen etwa eine Million häufig »versprengter« Soldaten unterwegs, die ihre mitgeführte Ausrüstung, Gewehre, Maschinengewehre, mitunter selbst die Fahrzeuge, nicht selten für Nahrungsmittel, veräußerten. Offiziellen Angaben zufolge kamen in den ersten Wochen nach dem Waffenstillstand nahezu 1,9 Millionen Gewehre, 8452 Maschinengewehre und 400 leichte Mörser »abhanden«. Die Regierung fürchtete daher zu Recht, dass aufständische oder »revolutionäre« Gruppen auf diese Weise eine Möglichkeit erhielten, Waffendepots anzulegen.

Um ein solches potentielles Protest- und Gewaltpotential einzudämmen, bemühten sich die Lokalbehörden darum, die heimkehrenden Regimenter an ihren heimatlichen Standorten offiziell willkommen zu heißen. Der Berliner Arbeiter- und Soldatenrat rief schon am 18. November 1918 die Gemeinden im Reich dazu auf, alles dafür zu tun, die Soldaten angemessen zu begrüßen. Diese und ähnliche Anweisungen aus Berlin wurden an den meisten Orten auch befolgt – mehr noch: Weit davon entfernt, die heimkehrenden Soldaten zu ignorieren oder ihnen mit Enttäuschung oder gar mit Verachtung zu begegnen, fiel die Begrüßung in den Garnisons- und Standorten überwiegend herzlich und dankbar aus. Beim Einmarsch der Truppen waren zahlreiche Straßen und Plätze beflaggt, es wurden Triumphbögen errichtet, die Militärmusik

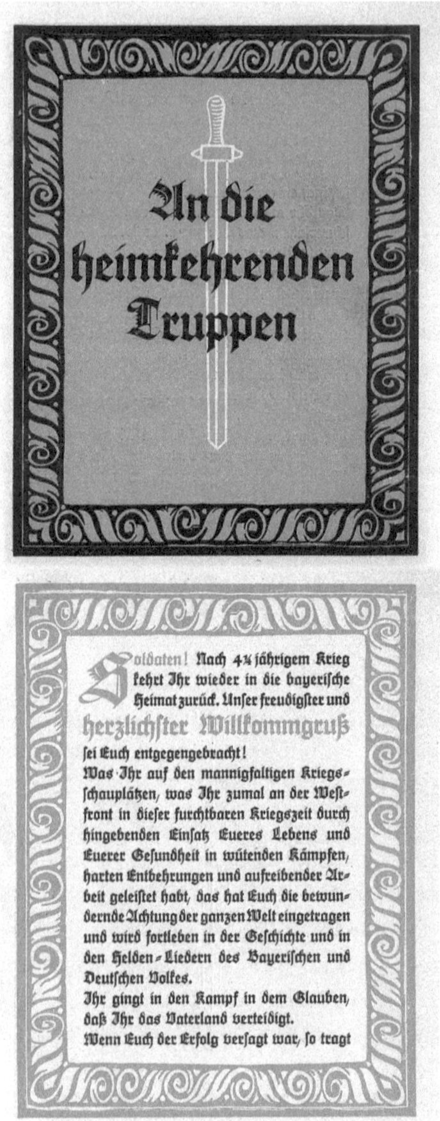

An die heimkehrenden Truppen

Soldaten! Nach 4¼ jährigem Krieg kehrt Ihr wieder in die bayerische Heimat zurück. Unser freudigster und herzlichster Willkommgruß sei Euch entgegengebracht!
Was Ihr auf den mannigfaltigen Kriegsschauplätzen, was Ihr zumal an der Westfront in dieser furchtbaren Kriegszeit durch hingebenden Einsatz Eueres Lebens und Euerer Gesundheit in wütenden Kämpfen, harten Entbehrungen und aufreibender Arbeit geleistet habt, das hat Euch die bewundernde Achtung der ganzen Welt eingetragen und wird fortleben in der Geschichte und in den Helden-Liedern des Bayerischen und Deutschen Volkes.
Ihr gingt in den Kampf in dem Glauben, daß Ihr das Vaterland verteidigt.
Wenn Euch der Erfolg versagt war, so tragt

64. »An die heimkehrenden Truppen«. Grußwort des bayerischen Ministerpräsidenten Kurt Eisner vom 18. November 1918 auf einem Schmuckblatt für Soldaten nicht Ihr die Schuld, sondern das damalige Regierungssystem, das jetzt zusammengebrochen ist. Daß Ihr heldenmütig für die Existenz der Heimat kämpftet, dafür sagt Euch das Vaterland seinen

heißempfundenen Dank

Nie soll vergessen werden, was Ihr geleistet habt!

Dankerfüllten Herzens gedenken wir in der Stunde Euerer Heimkehr derer, die nicht mehr unter Euch sind, weil sie ihr Leben auf dem Felde der Ehre gelassen haben. Ihr Andenken sei uns allen heilig und geweiht!

Sie sollen nicht umsonst gefallen sein!

Die Morgenröte der neuen Zeit strahlt Euch aus der Heimat entgegen; nach den schweren Jahren des Krieges und den harten Aufgaben, die uns die Rückkehr in geordnete

Friedensverhältnisse stellt, eröffnet sich der

Ausblick in eine glückliche Zukunft

in der wir in Selbstzucht, freiwilligem Gehorsam und rastloser Arbeit dem Gemeinwohl dienen wollen zum Nutzen des eigenen Volkes und der gesamten Menschheit.

So legt denn nunmehr erhobenen Hauptes, im Vollbesitz Euerer soldatischen Ehre, die Waffen nieder!

Heil Euch im neuen Bayern!

München, 18. November 1918.

Der Ministerpräsident:

gez. Kurt Eisner

Der Minister für militärische Angelegenheiten:

gez. Roßhaupter

Der Arbeiter-, Soldaten- und Bauernrat:

gez. F. Sauber

Druck von Knorr & Hirth, München

spielte, und auf Schildern zeigte man Aufschriften wie: »Die dankbare Heimat begrüßt ihre heimkehrenden Helden«.

Von den Willkommensfeiern zeugen nicht nur zahlreiche Fotos und die überlieferten Texte der offiziellen Grußworte, sondern auch Friedrich Eberts trostspendender (allerdings wohl kaum zutreffender) Satz, mit dem er die Truppen am 10. Dezember in Berlin begrüßte: »Kein Feind hat Euch überwunden. Erst als die Übermacht der Gegner an Mensch und Material immer drückender wurde, haben wir den Kampf aufgegeben.« Die später geäußerte Kritik mancher Offiziers- und Veteranenverbände, dass die Heimat das zurückgekehrte Heer überaus schmachvoll und demütigend, kurzum »übel empfangen« hätte (so der Deutsche Offiziersbund im November 1925), stellte die wahren Verhältnisse geradezu auf den Kopf. Nur sehr vereinzelt kam es zu Übergriffen ehemaliger Soldaten auf Offiziere. Die angebliche Demütigung der Soldaten durch die Heimat bei Kriegsende gehört sicherlich zu den »folgenreichsten politischen Mythen der Weimarer Republik« (Richard Bessel). Mehrheitlich sind die sechs Millionen deutschen Soldaten geordnet nach Hause gekommen. Bereits Mitte Februar 1919 war der Demobilisierungsprozess weitgehend

65 u. 66. Postkarten zur Rückkehr des württembergischen Grenadierregiments »Königin Olga« nach Stuttgart, Dezember 1918

abgeschlossen, auch wenn einige Kontingente, vor allem von der Ostfront, wegen fehlender Transportmittel erst viel später – manche sogar erst 1920 – in ihren Heimatorten eintrafen.

Die politische Lage, besonders in den großen Städten, gestaltete sich zunehmend unruhig, weil nicht überall die Arbeiter- und Soldatenräte bereit waren, den Mehrheits-Sozialdemokraten die Macht zu überlassen, galten diese doch in ihren Augen als Teil des verhassten wilhelminischen Systems. Zugleich verloren die gemäßigten Kräfte in der USPD an Einfluss, während es dem Spartakus-Bund wie der nichtorganisierten Linken gelang, neue Anhänger zu rekrutieren. Am 1. Januar 1919 fand in Berlin der Gründungsparteitag der Kommunistischen Partei Deutschlands (KPD) statt. Wenige Tage später kam es in der Hauptstadt zu erbitterten Auseinandersetzungen, die als »Januaraufstand« bekannt wurden. Es entbrannten bürgerkriegsähnliche Straßenschlachten, in denen die Regierung neben regulären Einheiten auch sogenannte Freikorps einsetzte. Diese bei Kriegsende gebildeten Freiwilligenverbände bestanden überwiegend, aber keineswegs ausschließlich aus ehemaligen Soldaten.

Der Einsatz von Armee und Freikorps gegen die »Aufständischen«

war durch ein bis in die Anfänge der Republik zurückreichendes Einvernehmen zwischen Regierung und Militär möglich geworden. Bereits am 10. November hatte der Interims-Reichskanzler Ebert in einem Telefongespräch mit General Wilhelm Groener, seit dem 26. Oktober Nachfolger Ludendorffs als Erster Generalquartiermeister, eine folgenschwere Übereinkunft erzielt. Die OHL verzichtete darauf, die Monarchie wiederherzustellen, und erklärte sich bereit, mit der neuen republikanischen Regierung »zum Wohle des Landes zusammen zu wirken« (Friedrich Ebert). Dafür erhielt die OHL – zunächst für die Dauer der Rückführung des Heeres – die Zusicherung der Regierung, die bestehenden Hierarchien und Befehlsverhältnisse innerhalb der Armee unangetastet zu lassen. Damit hatte die Republik von vornherein auf die dringend notwendige Demokratisierung des ebenso autoritären wie reaktionären wilhelminischen Militärs verzichtet. Unter den chaotischen Umständen bei Kriegsende war eine derartige Übereinkunft zwischen dem Offizierskorps des alten Deutschland und den Politikern der neuen Republik vielleicht noch nachvollziehbar. Allerdings wurde dieser »Pakt« auch jenseits der revolutionären Ereignisse aufrechterhalten. Die mangelnde Demokratisierung und Republikanisierung des nahezu autonomen militärischen Sektors sollte zu einer schwerwiegenden Belastung für die Weimarer Republik werden. Genau so hat es Groener später in seinen Memoiren auf den Punkt gebracht: »Wir hofften, durch unsere Tätigkeit einen Teil der Macht im neuen Staat an Heer und Offizierskorps zu bringen, gelang das, so war der Revolution zu Trotz das beste und stärkste Element des alten Preußentums in das neue Deutschland hinüber gerettet.« Zugleich aber machte Groener keinen Hehl aus seiner Abneigung gegenüber der Revolution wie auch aus seinem tiefverwurzelten Antisemitismus: »Vier Jahre war das deutsche Volk ungebrochen gegen eine Welt von Feinden – nun lässt es sich wie eine Leiche umwerfen von einer Handvoll Matrosen, denen das russische Gift (...) eingespritzt war. Und wer sind die Drahtzieher? Juden hier wie dort.«

Im Auftrag der Regierung – aber auch eigenmächtig weit darüber hinaus – bekämpften Armee und Freikorps während des »Januaraufstandes« die teilweise ebenfalls mit schweren Waffen auffahrenden revolutionären Gruppen in Berlin. Im Verlauf dieser Kämpfe, die mit extrem brutalen »Abrechnungen« an den politischen Gegnern einhergingen, wurden am

An alle Sozialisten, an die Reichsregierung!

Nun ist's genug!

Mit tiefstem Wehgefühl sahen wir die Führer der Mehrheitssozialdemokratie das Bürgertum zum Kampfe gegen das klassenbewußte Proletariat aufbieten. Täglich, stündlich dringt zu uns die Kunde von neuen opferschweren Bruderkämpfen. Ein Meer ungeheurer Lüge hat sich über die Hauptstadt des Reiches ergossen.

Die Bourgeoisie triumphiert, und das Proletariat blutet, blutet wie nur je!

Sozialisten! Nun ist's genug!

Erkennt die Schande, seht die Schmach! Reißt euch empor aus Fesseln, die die Lüge um Euch schloß!

Sozialisten! Werdet wach! Sozialisten! Vereinigt Euch!

Ein Schrei nach Ruhe geht durchs hartgeprüfte Volk; ein Schrei nach Besserung seiner Lebenslage.

Was ist bisher geschehen? Wir fragen klagend: Was geschieht? Nur eins geschieht: Ein neues Massenmorden!

Wer reines Herzens ist und Liebe hat zum Volk, kann nimmer sich auf Rohgewalten stützen.

Genosse Scheidemann, Genosse Ebert, Noske, Landsberg, Eichhorn!

Habt Ihr das Volk noch lieb? Habt Ihr es je geliebt?

So hört die Stimmen, die mit Euch nicht mehr zufrieden sind, macht andern Männern Platz, laßt Ehrgeiz nicht und harter Eigenwille des Handelns Richtschnur sein.

Das Blut des Volkes ist kostbarer denn Euer Sitz; die Einigkeit der Massen des Volkes sei oberstes Gesetz!

Zentralrat der Marine.

67. Flugblatt des Zentralrats der Marine vom 10. Januar 1919

15. Januar Karl Liebknecht und Rosa Luxemburg von Angehörigen der Garde-Kavallerie-Schützen-Division und Freikorpsoffizieren brutal ermordet. Der Tod dieser unbestrittenen Führer der kommunistischen Bewegung war ein nachwirkendes, geradezu traumatisches Ereignis und zugleich ein Symbol für den sich auftuenden und bis 1933 nicht mehr überwundenen Graben zwischen den beiden stärksten politischen Lagern aufseiten der Linken.

Unterdessen begann am 18. Januar 1919 in Paris die Friedenskonferenz. Zusammengekommen waren Repräsentanten von 27 Nationen, die allesamt aufseiten der Alliierten gestanden hatten. Die Verlierer des Weltkriegs hatte man nicht eingeladen – ein Novum in der Geschichte der Friedensverträge. Von vornherein war also klar, was sich schon beim Waffenstillstand angedeutet hatte: dass die Siegermächte nicht beabsichtigten, zu einem wirklichen Verhandlungsfrieden zu kommen. Auf den totalen Krieg sollte ein totaler Sieg folgen – so war es zumindest beabsichtigt. Jetzt kam es nur noch darauf an, die unterschiedlichen Positionen und Forderungen aufseiten der Alliierten zu harmonisieren. Während die USA nach wie vor eine Art »Wilson-Frieden« anstrebten, also einen Friedensschluss gemäß den 14 Punkten des amerikanischen Präsidenten, bestanden die Franzosen auf einem echten Siegfrieden, in dem Deutschland für alle Schäden, die das verwüstete Frankreich erlitten hatte, einschließlich seiner immensen Kriegsschulden, aufkommen sollte. Zudem verlangte die französische Regierung eine territoriale Neuordnung, die einen Angriff vonseiten Deutschlands auf alle Zeiten unmöglich machen sollte. Die Briten argumentierten in dieser Hinsicht moderater: Ihre materiellen Kriegsschäden waren nicht annähernd so umfangreich wie die der Franzosen; auch hatte die Londoner Regierung die wichtigsten ihrer Kriegsforderungen (Auslieferung der deutschen U-Boote, Internierung der Kriegsflotte und Beschlagnahme von Handelsschiffen) bereits im Waffenstillstand erreicht. Zudem war Großbritannien nicht daran interessiert, Frankreich in einem neu zu gestaltenden Europa eine dominierende Rolle zuzubilligen. Doch die öffentliche Empörung über die deutschen Kriegsverbrechen, vor allem die zu Beginn des Weltkriegs in Belgien begangenen Gräueltaten an Zivilisten, war nach wie vor groß: Die Parlamentswahlen im Dezember 1918 – wegen der vielen wahlberechtigten Soldaten in Uniform auch »Khaki-Wahlen« genannt – wurden von dem Slogan

Die

Garde-Kavallerie-Schützen-Division

ist in Berlin einmarschiert.

Berliner!

Die Division verspricht Euch, nicht eher die Hauptstadt zu verlassen, als bis

die Ordnung endgültig wieder hergestellt ist.

68. Flugblatt der Garde-Kavallerie-Schützen-Division vom Januar 1919

»Hang the Kaiser« und der Ankündigung des Premiers Lloyd George »I will make the Germans pay« bestimmt. Einigkeit bestand unter den Alliierten lediglich darin, dass Deutschland künftig keine weltpolitische Rolle mehr einnehmen durfte, was nach damaliger Ansicht hieß, auf Kolonien, ein starkes Heer und eine Kriegsmarine zu verzichten. Begründet wurde Deutschlands Beschränkung auf Mitteleuropa mit dem politisch-moralischen Argument, seine Aggression und seine »barbarische« Kriegführung hätten das Land aus dem Kreis der zivilisierten Staaten, die für die Geschicke der Welt verantwortlich waren, auf Dauer ausgeschlossen.

Symptomatisch für die Grundstimmung unter den Vertretern der in Versailles versammelten Mächte war die Eröffnungsrede des französischen Staatspräsidenten Poincaré am 18. Januar 1919. Nicht von ungefähr hatten die Franzosen exakt diesen Tag und diesen Ort gewählt, an dem im Jahre 1871 das Deutsche Reich gegründet worden war. Poincaré sprach von einem verbrecherischen Krieg der Deutschen und von der »blutbefleckten Wahrheit«, die inzwischen auch aus »deutschen Archiven entwichen« sei. Damit spielte der Präsident auf jene »Geheim-Dokumente« an, die der bayerische Ministerpräsident Kurt Eisner wenige Tage zuvor aus den Münchner Archiven zutage gefördert hatte und die beweisen sollten, dass das kaiserliche Deutschland den Weltkrieg mutwillig vom Zaun gebrochen hatte. Auf diese Weise hoffte Eisner bessere Friedensbedingungen für das Reich zu erwirken, als es die seiner Ansicht nach belastete Berliner Regierung vermocht hätte.

Bei der Pariser Friedenskonferenz zeigte sich rasch, dass eine Versammlung aller »Siegernationen« mit über 1000 Beteiligten kaum handlungs- und beschlussfähig sein würde. Deshalb kam man nach einer kurzen Übergangsphase überein, die eigentlichen Verhandlungen von einem »Rat der Vier« führen zu lassen, bestehend aus den Regierungschefs der Großmächte USA (Wilson), Großbritannien (Lloyd George), Frankreich (Clemenceau) und Italien (Orlando). Dieser sogenannte Viererrat tagte von März bis Mai in geheimen Sitzungen, wobei die unterschiedlichen Auffassungen oftmals scharf aufeinanderprallten. Insbesondere Präsident Wilson hegte starke Vorbehalte gegenüber der vor allem von den Franzosen geforderten radikalen Abrechnung mit dem besiegten Deutschland. Amerikaner und Briten teilten die Befürchtung, dass ein gedemütigtes und auf Dauer schlecht behandeltes Deutschland kommunistisch

Sitzung des »Viererrats« vom 26. März 1919

Lloyd George: Ich bin überzeugt, dass die Deutschen die Vorschläge, die wir haben, nicht unterzeichnen werden. Ich würde das an ihrer Stelle auch nicht tun. Deutschland wird zum Bolschewismus übergehen. Europa wird mobilisiert bleiben, unsere Industrien still stehen, unsere Staaten werden Bankrott gehen und man wird zurecht sagen, dass wir daran schuld sind, weil wir es nicht verstanden haben, Frieden zu schließen. Wir müssen uns endlich dafür entscheiden so zu handeln, wie die Vernunft es gebietet, ganz gleichgültig, was die Opposition bei Ihnen und bei uns davon hält.

Wilson: Ich kann nur meine Bewunderung ausdrücken für den Geist, der aus den Sätzen von Herrn Lloyd George spricht. Es gibt nichts ehrenwerteres als die Macht zu verlieren weil man Recht gehabt hat. Man muss die Finanzfrage politisch betrachten. Diejenigen, die das Problem untersucht haben, stützen ihre Berechnungen zu häufig auf ein Deutschland, das so ausschaut wie das vor 1914. (...) Aber dieses Deutschland gibt es nicht mehr. Wir werden Deutschland territorial verkleinern. Die Weimarer Regierung besitzt keinen Kredit. Und wenn sie nicht weiter regieren kann, wird sie durch eine Regierung ersetzt, mit der man nicht mehr verhandeln kann. (...) Wir schulden es dem Frieden der Welt, nichts zu tun, was Deutschland in Versuchung führen könnte, sich in den Bolschewismus zu stürzen. Wir kennen die Beziehungen zwischen den Führern des Bolschewismus und Deutschland nur zu genau.

Clemenceau: Ich bin absolut derselben Auffassung wie die Herren Wilson und Lloyd George. Aber ich glaube nicht, dass sie anderer Meinung sind als Herr Loucheur (der franz. Finanzfachmann, der zuvor von 60 Mrd. Dollar Reparationen gesprochen hatte), der sich als erfahrener Finanzfachmann hüten würde, irgendetwas vorzuschlagen, was das Huhn schlachtet, das goldene Eier legt.

nach: Les délibérations du Conseil des Quatre, 24 mars–28 juin 1919, Paris 1955, Bd. 1, S. 28 f.

werden könne. Während die angelsächsischen Mächte zu Kompromissen bereit waren, um die deutsche Republik als kontinentales Bollwerk gegen einen von Sowjetrussland ausgehenden »Weltkommunismus« aufzubauen, bestand Frankreich mit aller Schärfe auf einer vollständigen *réparation* aller Kriegsschäden.

Um das zornige Beharren der Franzosen auf deutschen Reparationen verstehen zu können, muss man sich vor Augen halten, dass dieses Land bei Kriegsende tatsächlich »ausgeblutet« war. Frankreich mit seiner Bevölkerung von knapp 40 Millionen Menschen hatte fast 1,4 Millionen gefallene Soldaten und etwa 600 000 zivile Todesfälle zu beklagen. Zudem war der materielle Schaden immens: Zwei Millionen Hektar Ackerland, Wald und bewohnte Flächen waren vernichtet; mehr als 300 000 Häuser entweder vollständig zerstört oder schwer beschädigt; 60 000 Kilometer Straßen und mehr als 5000 Kilometer Eisenbahnlinien mussten wiederhergestellt werden. Zudem war Frankreich bei seinen Verbündeten mit insgesamt sieben Milliarden Dollar verschuldet; 1913 lag der gesamte französische Staatshaushalt bei etwas über 800 Millionen Francs.

Zwar existierten französische Pläne zu einer weitgehenden Aufteilung Deutschlands, realistischer war jedoch die von der Pariser Regierung und dem Generalstab vertretene Absicht, den Rhein als Grenze festzulegen und das gesamte linksrheinische Gebiet entweder zu neutralisieren oder sogar zu annektieren. Angesichts der ablehnenden Haltung der Amerikaner und Engländer bestand jedoch keine Aussicht, dieses Ziel zu erreichen. Schließlich kam es zu dem von vielen Franzosen als ungenügend empfundenen Kompromiss, das Rheinland auf 15 Jahre zu »neutralisieren«, bei gleichzeitiger Garantie einer alliierten Waffenhilfe für den Fall eines neuerlichen deutschen Angriffs. Darüber hinaus wurde die Frankreich benachbarte Saarregion dem Völkerbund unterstellt, mit der Maßgabe, die Bevölkerung nach einer Frist von 15 Jahren selbst entscheiden zu lassen, ob sie künftig zu Deutschland oder zu Frankreich gehören wollte. Die saarländischen Kohlegruben und andere Wirtschaftszweige des Landes kamen unter französische Verwaltung.

Erst Mitte April 1919 wurde eine deutsche Vertretung zur Friedenskonferenz in Versailles zugelassen. Tagelang hatte man zuvor ihren Sonderzug in absichtlich langsamem Tempo durch das kriegszerstörte Gebiet Nordfrankreichs geleitet: Die Deutschen sollten die Verwüstungen, die ihre Armeen dort angerichtet hatten, unmittelbar in Augenschein nehmen. Wie der mitreisende Journalist und Sozialdemokrat Victor Schiff anschaulich berichtete, sei das Entsetzen aufseiten der deutschen Delegierten groß gewesen. So hatte man sich das Ausmaß der Zerstörungen nicht vorgestellt, einige Delegationsmitglieder sollen sogar in Tränen ausgebrochen sein. Diese Episode zeigt einmal mehr, dass die direkten Auswirkungen des Kriegs für viele Deutsche, trotz der erlittenen eigenen Verluste und Entbehrungen, doch stets entfernte Ereignisse geblieben waren. Weder den deutschen Politikern noch der Öffentlichkeit schienen die Schwere der alliierten Forderungen und deren politisch-moralische Motivlage ausreichend bewusst zu sein.

Die Übergabe des alliierten Entwurfs der Friedensbedingungen an die Deutschen fand in Anwesenheit der Repräsentanten von 27 Siegerstaaten im Hotel »Trianon Palace« in einer dramatisch aufgeladenen Stimmung statt. Clemenceaus kurze Ansprache an die deutsche Delegation war ein Meisterwerk an kalter Verachtung und demonstrativ zur Schau gestellter Überlegenheit: »Meine Herren Delegierten des Deutschen Reiches! Es ist hier weder der Ort noch die Stunde für überflüssige Worte. Sie haben vor sich die Bevollmächtigten der kleinen und großen Mächte, die sich versammelt haben, um den fürchterlichsten Krieg auszufechten, der ihnen aufgezwungen worden ist. Die Stunde der Abrechnung ist da. Sie haben uns um Frieden gebeten. Wir sind geneigt, Ihnen diesen zu gewähren.«

Ebenso scharf und unversöhnlich fiel die Antwortrede des deutschen Außenministers (seit Februar 1919) und Delegationsleiters Ulrich Graf von Brockdorff-Rantzau aus. Brockdorff hatte zwei Versionen seiner Rede vorbereitet, die er zuvor mit der Delegation und ihren Beratern abgestimmt hatte. Nun griff er zu der »schärferen« Variante und verlas diese demonstrativ im Sitzen, während der wesentlich ältere Clemenceau ihn stehend angesprochen hatte. Dies war natürlich ein ungeheurer Affront und ein Akt, der dem Grafen später zwar Beifall vonseiten der deutschen Rechten einbringen sollte, der aber die Siegermächte unnötig provozierte. Aufgebracht bestritt Brockdorff-Rantzau eine deutsche Alleinschuld am Weltkrieg und bezichtigte im Gegenzug die Alliierten, noch nach der Kapitulation massive Verbrechen an der deutschen Zivilbevölkerung begangen zu haben: »Die Hunderttausende von Nichtkämpfern, die seit dem 11. November an der Blockade zugrunde gingen, wurden mit kalter Überlegung getötet, nachdem für unsere Gegner der Sieg errungen und verbürgt war.«

Die Härte der Friedensbedingungen stieß in Deutschland auf ein viel-

Der Journalist Victor Schiff über die Reise der deutschen Delegation nach Versailles, April 1919

»Jetzt verlangsamte sich das Tempo der Fahrt in auffälliger Weise. Mit jedem weiteren Kilometer steigerte sich das Bild der Verwüstung. Bei Le Cateau, wo im September 1918 der letzte große Durchbruch erfolgt war (...) waren die Spuren des Kampfes deutlich sichtbar. Von diesem Augenblick an fuhr der Zug in einem Durchschnittstempo von höchstens 15 Kilometer in der Stunde und hielt minutenlang an jeder kleinen und kleinsten Station (...). Aber dieses Schneckentempo war offenkundig angeordnet und man verfolgte damit eine bestimmte Absicht (...). Die Absicht der Franzosen war, den deutschen Friedensdelegierten stundenlang die Zerstörungen vor Augen zu führen, die der Krieg in Nordfrankreich angerichtet hatte. Man muß gestehen, daß diese Idee von feinem psychologischen Verständnis zeugte. Denn nur gefühllose, rohe Menschen konnten bei diesem Anblick gleichgültig bleiben. Und tatsächlich waren wir alle tieferschüttert, obwohl – oder gerade – weil wir die Absicht merkten. (...) Jetzt waren wir mittlerweile im ehemaligen Brennpunkt des langjährigen Kampfes angelangt. Ein Meer von Brandruinen verkündete uns St. Quentin. Schon aus der Ferne sah man das gespensterhafte Schiff der Kathedrale aus diesem Meer emporragen. Durch die hohen Mauern hindurch erblickte man den Himmel: Das Dach war eingestürzt, der stumpfe Turm zur Hälfte wegrasiert. Nun war zwar während des größten Teils des Krieges St. Quentin hinter den deutschen Linien, es war also offenkundig die alliierte, vor allem die englische Artillerie, die dieses Zerstörungswerk vollbracht hatte. Aber was half's? Wir fühlten: Solche Unterscheidungen werden die Franzosen doch nicht machen. *Wir* sind es in ihren Augen, die den Krieg in ihr Land angriffslustig und mutwillig getragen haben und die an *allem* schuld sind.«

aus: Victor Schiff, So war es in Versailles, Berlin 1929, S. 27–31.

stimmiges Echo aus Ungläubigkeit, Verzweiflung, Prostest und kategorischer Ablehnung. Vor allem die umfangreichen Gebietsabtretungen im Westen und Osten erregten die Gemüter über die Maßen: Deutschland sollte unter anderem Elsass-Lothringen an Frankreich sowie die Provinzen Posen und Oberschlesien und den größten Teil Westpreußens an Polen abtreten. Hinzu kam der Verlust aller deutschen Kolonien in der sechsfachen Größe des Reichsgebiets und mit 14 Millionen Einwohnern. Allerdings hoffte man, dass sich doch noch einiges würde verhandeln lassen, zumal bekannt war, dass unter den Alliierten in dieser Frage, etwa hinsichtlich der Abtretung der deutschen Ostgebiete, keineswegs Einigkeit bestand. Für Empörung sorgten überdies die sogenannten Strafbestimmungen – die Auslieferung mutmaßlicher »Kriegsverbrecher« und des ehemaligen deutschen Kaisers – sowie insbesondere die militärischen Entwaffnungsbestimmungen: Reduzierung eines Berufsheers auf 100 000 und der Marine auf 15 000 Mann, Auflösung des Generalstabs, Schleifung der Festungen entlang des Rheins, Verbote schwerer Waffen und U-Boote. Als geradezu ungeheuerlich aber wurde der Artikel 231 des Vertragswerks empfunden, mit dem eine juristische Haftung des Deutschen Reichs für alle Kriegsschäden »verursacht durch die Aggression Deutschlands und seiner Verbündeten« festgestellt werden sollte. Dieser »Kriegsschuldartikel«, der den Anspruch der Alliierten auf umfangreiche Wiedergutmachungs-Leistungen (Reparationen) begründete, entwickelte sich zu einem moralischen Verdikt und damit zu einem »deutschen Trauma« (Eberhard Kolb).

Bereits am 12. Mai trat die Weimarer Nationalversammlung zu einer Protestversammlung in der Aula der Berliner Universität zusammen. Ministerpräsident Philipp Scheidemann griff zweifellos das Empfinden der meisten Abgeordneten auf, indem er den Vertragsentwurf als einen »Hexenhammer« bezeichnete, »mit dem einem großen Volke das Bekenntnis der eigenen Unwürdigkeit, die Zustimmung zur erbarmungslosen Zerstückelung abgepresst werden soll.« Und dann folgte der später häufig zitierte Satz: »Welche Hand müßte nicht verdorren, die sich und uns in diese Fesseln legt?« Selbst deutsche Pazifisten wie Ludwig Quidde, Abgeordneter der linksbürgerlichen Deutschen Demokratischen Partei, gaben in der anschließenden Aussprache ihrer Empörung über die Friedensbedingungen Ausdruck: »Wenn man das Bekenntnis von mir verlangen wollte, daß unsere Regierung am Kriege schuld sei, so müsste ich eine Lüge aussprechen. Wenn unsere Gegner das Gegenteil behaupten, so mögen sie den Beweis dafür erbringen. (…) Diese Bedingungen, die uns hier vorgelegt werden, sind geradezu ein Hohn auf den Frieden der Völkerverständigung, der uns versprochen worden ist. Darum heißt es: Nein, nochmals und zum drittenmal nein!«

Die starken Emotionen und Parolen in Deutschland hatten auf die Entschließungen von Versailles nicht den geringsten Einfluss. Mit nur minimalen Zugeständnissen bestanden die Alliierten auf der vollständigen Annahme der Friedensbedingungen und drohten andernfalls die sofortige Wiederaufnahme der Kampfhandlungen an. Wir wissen heute, dass der französische Generalstabschef Marschall Foch für diesen Fall bereits die militärische Invasion und Besetzung Deutschlands mit anschließender Abtrennung Süddeutschlands vom Deutschen Reich im Detail geplant hatte. Die französischen Truppen wären sicherlich ganz überwiegend für eine solche Invasion zu motivieren gewesen. Denn in der Tat war das Bedürfnis groß, den Deutschen »mit gleicher Münze« heimzuzahlen, was man selber jahrelang schmerzlich erlitten hatte.

Die deutschen Einwände und Proteste gegen die Feststellung der Kriegsschuld und den daraus abgeleiteten Anspruch auf Reparationen wurden von den Alliierten wiederum scharf zurückgewiesen. Auf Außenminister Brockdorff-Rantzaus ausdrückliche Verwahrung gegen den Schuldvorwurf (»Das deutsche Volk hat den Krieg nicht gewollt und würde einen Angriffskrieg niemals unternommen haben. Im Bewußtsein des deutschen Volkes ist dieser Krieg stets ein Verteidigungskrieg gewesen«) antwortete Clemenceau am 21. Mai, dass Deutschland bereits mit der Unterzeichnung des Waffenstillstands »die Aggression und die Verantwortlichkeit klar und stillschweigend eingestanden« habe. Auch die umfangreiche Denkschrift einer Wissenschaftlerkommission, zu der die international hochgeschätzten Gelehrten Hans Delbrück, Albrecht Mendelssohn-Bartholdy und Max Weber gehörten, blieb ohne jede Wirkung auf die Alliierten.

Am 16. Juni erklärten die Alliierten die Verhandlungen für beendet, und die deutsche Delegation reiste nach Weimar zurück. Deutschland erhielt fünf Tage Zeit, um die Bedingungen anzunehmen. Die abschließende Erklärung der Alliierten war ebenso entschieden wie brutal. Die

Artikel 227/228 (Strafbestimmungen) und Artikel 231 (Reparationsforderungen) des Versailler Vertrags

Artikel 227
Die alliierten und assoziierten Mächte stellen Wilhelm II. von Hohenzollern, vormaligen Kaiser von Deutschland, wegen schwerster Verletzung des internationalen Sittengesetzes und der Heiligkeit der Verträge unter öffentliche Anklage.

Ein besonderer Gerichtshof wird eingesetzt, um über den Angeklagten unter Wahrung der wesentlichen Bürgschaften des Rechts auf Verteidigung zu Gericht zu sitzen. (...)

Der Gerichtshof urteilt auf der Grundlage der erhabensten Grundsätze der internationalen Politik; Richtschnur ist für ihn, den feierlichen Verpflichtungen und internationalen Verbindlichkeiten ebenso wie dem internationalen Sittengesetze Achtung zu verschaffen. Es steht ihm zu, die Strafe zu bestimmen, deren Verhängung er für angemessen erachtet. (...)

Artikel 228
Die deutsche Regierung räumt den alliierten und assoziierten Mächten die Befugnis ein, die wegen eines Verstoßes gegen die Gesetze und Gebräuche des Krieges angeklagten Personen vor ihre Militärgerichte zu ziehen. Werden sie schuldig befunden, so finden die gesetzlich vorgesehenen Strafen auf sie Anwendung. (...)

Die deutsche Regierung hat den alliierten und assoziierten Mächten oder derjenigen Macht von ihnen, die einen entsprechenden Antrag stellt, alle Personen auszuliefern, die ihr auf Grund der Anklage, sich gegen die Gesetze und Gebräuche des Krieges vergangen zu haben, (...) bezeichnet werden.

Artikel 231
Die alliierten und assoziierten Regierungen erklären, und Deutschland erkennt an, daß Deutschland und seine Verbündeten als Urheber für alle Verluste und Schäden verantwortlich sind, die die alliierten und assoziierten Regierungen und ihre Staatsangehörigen infolge des ihnen durch den Angriff Deutschlands und seiner Verbündeten aufgezwungenen Krieges erlitten haben.

aus: Deutsches Reichsgesetzblatt, Jahrgang 1919, Nr. 140, S. 981–985.

von den Deutschen geforderte »Gerechtigkeit« werde es geben, aber: »Es muß das sein die Gerechtigkeit für die Toten, für die Verwundeten, für die Waisenkinder, für alle, die in Trauer sind, auf daß Europa von dem preußischen Despotismus erlöst werde (...). Deshalb haben die alliierten und assoziierten Mächte nachdrücklichst erklärt, Deutschland müsse als grundlegende Bedingung des Vertrags ein Werk der Wiedergutmachung bis zur äußersten Grenze seiner Fähigkeit unternehmen, ist doch die Wiedergutmachung des Unrechts, das man verursacht hat, das eigentliche Wesen der Gerechtigkeit.«

Vier Tage später trat die erste deutsche Nachkriegsregierung zurück, weil sich das Kabinett über die Annahme des Vertragsentwurfs nicht verständigen konnte. Die neue Regierung aus SPD und Zentrum unter dem sozialdemokratischen Kanzler Gustav Bauer erklärte sich schließlich bereit, den Vertrag zu unterzeichnen; allerdings tat sie es nur »unter Vorbehalt«. Stärkster Fürsprecher einer Annahme war der Finanzminister (und Vizekanzler) Matthias Erzberger, der bereits am 11. November 1918 in Compiègne das Waffenstillstandsabkommen unterzeichnet hatte. Der genannte Vorbehalt schloss eine Unterzeichnung des Kriegsschuldartikels 231 ebenso aus wie die der Artikel 227 bis 230, die unter anderem die Auslieferung der »Kriegsverbrecher« und des ehemaligen Kaisers verlangten. Umgehend bekräftigten die Alliierten, dass nur eine vorbehaltlose Unterschrift gültig und keine weiteren Verhandlungen möglich seien. In einer dramatischen Sitzung ermächtigte daraufhin die Weimarer Nationalversammlung, die bereits zuvor die Annahme des Vertrags (mit 237 : 138 Stimmen) gebilligt hatte, am 23. Juni die Berliner Regierung, das Versailler Friedensabkommen auch unter den veränderten Prämissen zu unterzeichnen. In einer Art Ehrenerklärung stimmten alle Fraktionen darin überein, dass niemand den Unterzeichnern des Vertrages einen Mangel an vaterländischer Gesinnung vorwerfen könne. Noch am gleichen Tag erklärte sich die Regierung Bauer zur Unterzeichnung des Vertragswerks bereit, wobei sie in ihrem Schreiben an die Alliierten mit großer Emphase feststellte: »Durch einen Gewaltakt wird die Ehre des deutschen Volkes nicht berührt. Sie auch nach außen zu verteidigen, fehlt dem deutschen Volke nach den entsetzlichen Leiden der letzten vier Jahre jedes Mittel. Der übermächtigen Gewalt weichend und ohne damit ihre Auffassung über die unerhörte Ungerechtigkeit der Friedensbedingungen aufzugeben, erklärt deshalb die Regierung der deutschen Republik, daß sie bereit ist, die von den alliierten und assoziierten Regierungen auferlegten Friedensbedingungen anzunehmen und zu unterzeichnen.« Am 28. Juni 1919 setzten Außenminister Hermann Müller (SPD) und Verkehrsminister Hermann Bell (Zentrum) namens der Reichsregierung im Spiegelsaal des Versailler Schlosses ihre Unterschrift unter den »Versailler Friedensvertrag«. Formal betrachtet war damit für Deutschland der Weltkrieg beendet.

»Versailles« bildete den Auftakt für den Abschluss weiterer Friedensabkommen, welche die Alliierten in den folgenden 13 Monaten mit Deutschlands Verbündeten vereinbarten: mit Österreich (10. 9. 1919 in St. Germain), mit Bulgarien (27. 11. 1919 in Neuilly), mit Ungarn (4. 6. 1920 in Trianon) sowie mit der Türkei (10. 8. 1920 in Sèvres). Sämtliche Pariser »Vorortverträge« folgten dem gleichen Muster: Die Verliererstaaten mussten umfangreiche Gebietsabtretungen akzeptieren, ihre Streitkräfte erheblich reduzieren und beträchtliche Reparationen zusagen. Vor allem jene Staaten, die territoriale Einbußen erlitten, betrieben in der Folgezeit eine Politik des Revisionismus mit dem erklärten Ziel, die ihnen aufgezwungenen Bestimmungen außer Kraft zu setzen oder sogar rückgängig zu machen.

Das gesamte Vertragswerk zur Beendigung des Ersten Weltkriegs wurde kritisiert, verurteilt und sogar verteufelt. Für die Deutschen war der Vertrag eine »Schande«, für die Italiener ein »Betrug«, für die Franzosen eine »halbe Sache«, für die Briten und die Amerikaner eher eine fremde Last. Jeder Friedensschluss nach einem derart langen Krieg kam einer Quadratur des Kreises gleich. Doch dieser Krieg hatte Europas Staatenwelt nicht nur radikal verändert, er stellte auch die im wahrsten Sinn des Wortes »ausgebluteten« Völker vor neue, bislang ungekannte Aufgaben. Wer sollte für die Kriegsschulden aufkommen, wer den Wiederaufbau finanzieren, und wie sollten die Völkerschaften und Ethnien der aufgelösten multinationalen Großreiche künftig miteinander auskommen? Von daher gesehen war das Vertragswerk trotz aller Willkür, Unbedachtheit und auch Hilflosigkeit eine durchaus respektable Leistung. Auf der Habenseite des Vertrags stand zweifelsfrei auch die im Januar 1920 vollzogene Gründung des Völkerbundes, wenngleich dieser unglückliche Vorläufer der Vereinten Nationen nur beschränkten Einfluss gewann. Auch andere Einrichtungen verdanken ihr Entstehen den Friedensverträgen, wie die – heute noch erfolgreich tätige – Internationale Arbeitsorganisation in Genf.

Gleichwohl besteht kein Anlass, »Versailles« in historischer Perspektive als einen gelungenen Friedensschluss anzusehen, wozu heute manche Völkerrechtler und Historiker tendieren. Vor allem für die meisten Deutschen war und blieb dieser erzwungene »Vertrag« ein inakzeptabler Frieden. Diese Einschätzung galt weniger den beklagten territorialen und finanziellen Einbußen als dem besonders in bürgerlich-nationalistischen Kreisen heftig geschmähten »Schand«- oder »Schmach«-Paragraphen. Der Artikel 231 des Vertrags, der die Reparationsforderungen aus der Feststellung ableitete, dass »Deutschland und seine Verbündeten (…) als Urheber für alle Verluste und Schäden verantwortlich« seien, widersprach allem, wovon die Deutschen vier Jahre lang überzeugt gewesen waren. War das Deutsche Reich ursächlich für den Weltkrieg verantwortlich, hatten die Deutschen tatsächlich eine »Aggression« begangen, die schließlich mehr als zehn Millionen Tote gekostet hatte und dazu noch etwa 20 bis 30 Millionen Verwundete und Versehrte? Außer einer Handvoll von Pazifisten und linken Kritikern mochte in Deutschland niemand diesen Vorwurf akzeptieren, zu sehr klammerte man sich an die Auffassung, dass sich das Kaiserreich schließlich nur »verteidigt« habe gegen die aggressiven Absichten seiner neidischen Nachbarn.

Was die Verträge von 1919 nicht schafften – ja, nicht einmal intendiert hatten –, das war, eine Normalität der außenpolitischen Beziehungen wiederherzustellen, einen dauerhaften Frieden zwischen den Nationen zu stiften. Bezeichnenderweise enthielten die Pariser Vorortverträge keine der seit der frühen Neuzeit in allen großen Friedensschlüssen vorhandenen Klauseln einer *oblivio*, des Vergessens der alten Streitigkeiten und des Aufbruchs zu neuen, gemeinsamen Ufern. Das war und blieb zugleich die Last wie das zerstörerische »Vermächtnis« des Großen Krieges. Dieser Krieg war derart umfassend, auch umfassend erbarmungslos und grausam gewesen, dass ein wirklicher Neuanfang für die Menschen und Völker Europas damals kaum möglich war.

Literatur

Becker, Jean-Jacques, Clemenceau, Paris 1998.

Bessel, Richard, Germany after the First World War, Oxford 1993.

Die deutsche Revolution. Dokumente, hg. v. Gerhard A. Ritter u. Susanne Miller, Frankfurt a. M. 1983.

Kluge, Ulrich, Die deutsche Revolution 1918/19. Staat, Politik und Gesellschaft zwischen Weltkrieg und Kapp-Putsch, Darmstadt 1997.

Kolb, Eberhard, Der Frieden von Versailles, München 2005.

Ders. u. Dirk Schumann: Die Weimarer Republik, 8. Aufl., München 2013.

Krüger, Peter, Deutschland und die Reparationen 1918/19, Stuttgart 1973.

Mühlhausen, Walter, Friedrich Ebert, 1871–1925, Bonn 2006.

Niess, Wolfgang, Die Revolution von 1918/19 in der deutschen Geschichtsschreibung, Berlin 2013.

Ders., Die Revolution von 1918/19. Der wahre Beginn unserer Demokratie, Berlin 2017.

Quellen zum Friedensschluß von Versailles, hg. v. Klaus Schwabe, Darmstadt 1997.

Salewski, Michael, Der Erste Weltkrieg, Paderborn u. a. 2003.

Schulz, Gerhard, Revolutionen und Friedensschlüsse 1917–1920, München 1967.

Schwabe, Klaus, Deutsche Revolution und Wilson-Frieden. Die amerikanische und deutsche Friedensstrategie zwischen Ideologie und Machtpolitik 1918/19, Düsseldorf 1971.

Steller, Verena, Zwischen Geheimnis und Öffentlichkeit. Die Pariser Friedensverhandlungen 1919 und die Krise der universalen Diplomatie, in: Zeithistorische Forschungen/Studies in Contemporary History, 8 (2011), 350–372.

The Treaty of Versailles: A Reassessment after Seventy Years, hg. v. Manfred Boemeke u. a., Cambridge 1998.

Vom Kaiserreich zur Weimarer Republik, hg. v. Eberhard Kolb, Köln 1972.

Versailles 1919. Ziele – Wirkung – Wahrnehmung, hg. v. Gerd Krumeich, Essen 2001.

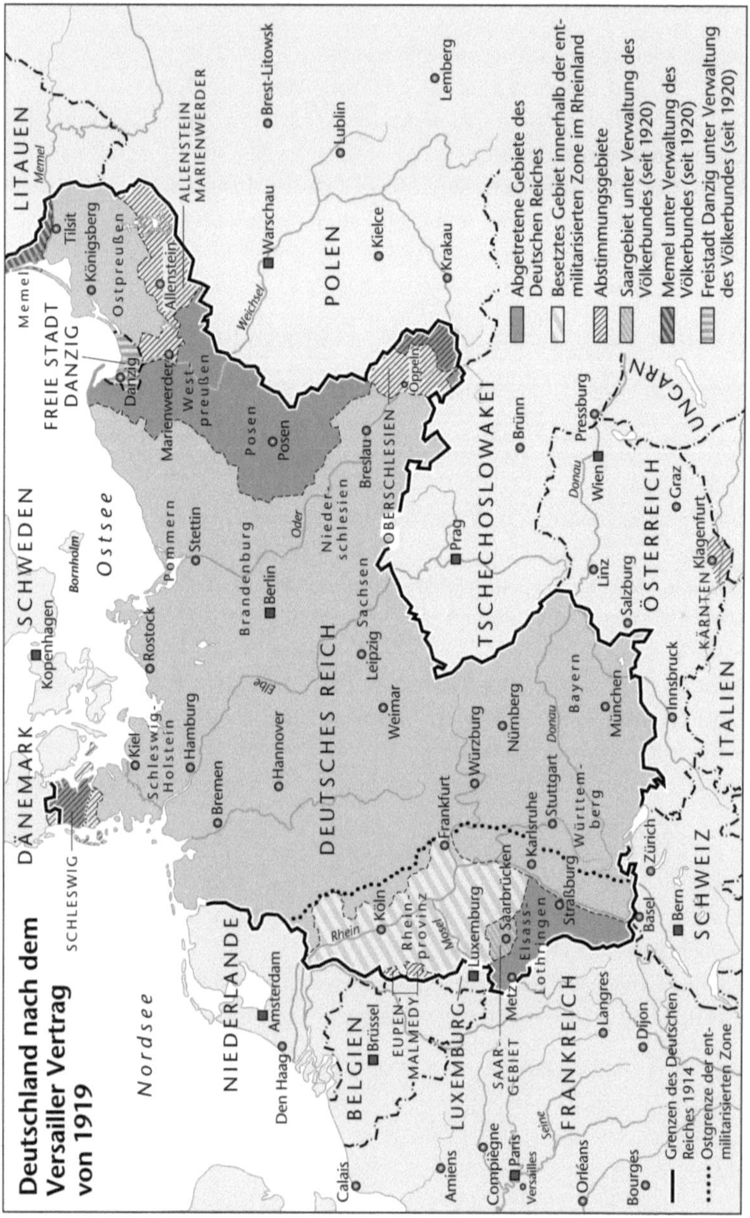
Deutschland nach dem Versailler Vertrag von 1919
DÄNEMARK
SCHWEDEN
LITAUEN
Memel
FREIE STADT DANZIG
Ostsee
Bornholm
Kopenhagen
Nordsee
SCHLESWIG
NIEDERLANDE
Amsterdam
Den Haag
BELGIEN
Brüssel
EUPEN-MALMEDY
LUXEMBURG
Luxemburg
SAAR-GEBIET
Saarbrücken
Metz
FRANKREICH
Calais
Amiens
Compiègne
Paris
Versailles
Seine
Orléans
Bourges
Dijon
Langres
Elsass-Lothringen
Straßburg
Basel
Bern
Zürich
SCHWEIZ
ITALIEN
Innsbruck
KÄRNTEN
Klagenfurt
Graz
ÖSTERREICH
Salzburg
Linz
Wien
Donau
Pressburg
UNGARN
Brünn
TSCHECHOSLOWAKEI
Prag
OBERSCHLESIEN
Oppeln
Krakau
Kielce
POLEN
Warschau
Weichsel
Lublin
Lemberg
Brest-Litowsk
ALLENSTEIN
MARIENWERDER
Allenstein
Ostpreußen
Königsberg
Tilsit
Danzig
Marienwerder
Westpreußen
Posen
Breslau
Niederschlesien
Oder
Stettin
Pommern
Brandenburg
Berlin
Sachsen
Leipzig
Weimar
Elbe
DEUTSCHES REICH
Rostock
Kiel
Schleswig-Holstein
Hamburg
Bremen
Hannover
Frankfurt
Würzburg
Nürnberg
Bayern
München
Stuttgart
Karlsruhe
Württemberg
Köln
Rheinprovinz
Rhein
Mosel
Grenzen des Deutschen Reiches 1914
Ostgrenze der entmilitarisierten Zone
Abgetretene Gebiete des Deutschen Reiches
Besetztes Gebiet innerhalb der entmilitarisierten Zone im Rheinland
Abstimmungsgebiete
Saargebiet unter Verwaltung des Völkerbundes (seit 1920)
Memel unter Verwaltung des Völkerbundes (seit 1920)
Freistadt Danzig unter Verwaltung des Völkerbundes (seit 1920)

12 Nach dem Krieg

Der Vertrag von Versailles stellte eine gewaltige Hypothek für die junge deutsche Republik dar, die aus dem Kriege hervorgegangen war. Die Empörung über das schmachvolle und ungerechte Ergebnis des »Völkerringens« mit seinen entsetzlichen Verlusten an Menschenleben, an Hoffnungen und Zukunftsentwürfen lastete schwer auf dem neuen demokratischen Gemeinwesen. Vielleicht hätte aus der Ablehnung des allseits beklagten »Schandfriedens« ein gemeinsames Denken und Handeln unterschiedlicher Strömungen entstehen können, doch das war nicht der Fall. Anders als etwa in Frankreich nach der ebenfalls umfassenden und katastrophalen Niederlage gegen Deutschland im Jahre 1871 kam es in der Weimarer Republik nicht zu einer Verständigung über den Krieg. Es entstand nicht einmal eine gemeinsame Kriegserinnerung. Schlimmer noch: Es existierten auch keine verbindlichen Formen des kollektiven Gedenkens und Trauerns. Stattdessen war die Kriegsniederlage begleitet von dem Vorwurf, Deutschland sei nicht militärisch besiegt, sondern von hinten »erdolcht« worden.

Diese Behauptung zog sich wie ein roter Faden durch die Argumentation der Nationalisten und Antirepublikaner der Weimarer Zeit. Sie war umso schwieriger zu bekämpfen, als ja auch viele Republikaner das Gefühl hatten, dass es bei der Niederlage im Herbst 1918 nicht mit rechten Dingen zugegangen war. Wie ließ sich begreifen und verstehen, dass man die Waffen hatte strecken müssen, wenn doch kein einziger alliierter Soldat deutschen Boden betreten hatte und deutsche Truppen bei Kriegsende immer noch fern der Heimat in Feindesland standen? Wem konnte man noch glauben, nachdem die Propaganda vier Jahre lang nur Siege verkündet und immer neue Zuversicht geweckt hatte? Wie ließen sich Friedrich Eberts Worte »Kein Feind hat Euch überwunden« bei seiner Begrüßung der heimkehrenden Truppen in Berlin anders verstehen, als dass die Soldaten eben nicht vom Feinde, sondern von anderen Mächten besiegt worden waren? Wer diese anderen Mächte gewesen sein konnten, blieb offen. Selbstverständlich wurden zur Erklärung für das Unbegreifliche alsbald Verrat und Umsturz angeführt. Hatte man nicht seit der Russischen Revolution 1917 allerorten Revolutionäre am Werk gesehen? Auch die »Januarstreiks« von 1918 waren noch in frischer Erinnerung. Derart drängend war die Frage nach den Gründen für die Niederlage, so vielfältig die Behauptungen, Vorwürfe und Unterstellungen, vor allem aufseiten der politischen Rechten, dass die Nationalversammlung unmittelbar nach ihrer Konstituierung einen Untersuchungsausschuss ins Leben rief, der den »Ursachen des deutschen Zusammenbruchs im Jahre 1918« nachgehen sollte. Vor diesem parlamentarischen Gremium traten die führenden Militärs und Politiker der Kriegsjahre auf und versuchten sich zu entlasten. Geradezu elementar für die »Dolchstoßlegende« wurde die Anhörung des trotz der Niederlage immer noch überaus populären Kriegshelden Paul von Hindenburg im November 1919. Der Sieger von Tannenberg verfügte noch immer über ein enormes »symbolisches Kapital« (Wolfram Pyta), zumal es ihm gelungen war, die Verantwortung für das Eingeständnis der militärischen Niederlage dem »Feldherrn« Ludendorff und die für den abrupten Übergang zur Republik dem letzten Reichskanzler Max von Baden anzulasten.

Bereits in seinem letzten Tagesbefehl am 11. November 1918 hatte Hindenburg als Chef der Obersten Heeresleitung die Tonart vorgegeben, in der künftig an die Niederlage erinnert werden sollte, mit Worten, die noch Jahrzehnte später in Deutschland nachhallen sollten: »In siegreichen Angriffsschlachten und zäher Abwehr, in hartem Kampfe zu Lande und in der Luft haben wir den Feind von unseren Grenzen ferngehalten und die Heimat vor den Schrecknissen und Verwüstungen des Krieges bewahrt. (…) Aber aufrecht und stolz gehen wir aus dem Kampfe, den wir über vier Jahre gegen eine Welt von Feinden bestanden.« Nun, vor dem Untersuchungsausschuss der Nationalversammlung, fand Hindenburg wiederum eine Formulierung, welche die öffentliche Debatte und Agitation der folgenden Jahre beherrschen sollte. Er sprach zunächst von der »revolutionären Zermürbung« der Armee und fuhr dann fort: »Ein englischer General sagte mit Recht: ›Die deutsche Armee ist von hinten erdolcht worden.‹ Den guten Kern des Heeres trifft keine Schuld. Wo die

Schuld liegt, ist klar erwiesen. (...) Bedurfte es noch eines Beweises, so liegt er in dem angeführten Ausspruche des englischen Generals, und in dem maßlosen Staunen unserer Feinde über ihren Sieg.« Hindenburgs englischer »Kronzeuge« war der Militärkorrespondent der *Daily News* und ehemalige Generalmajor Sir Frederic Maurice, dessen (später von ihm bestrittener) Satz »stabbed in the back« von der angesehenen *Neuen Zürcher Zeitung* im Dezember 1918 entstellt als »von der Zivilbevölkerung von hinten erdolcht« wiedergegeben worden war.

Hindenburgs Verdikt ließ dagegen offen, von wem dieser angebliche »Dolchstoß« geführt worden war. Politisch galt seine Schuldzuweisung zweifellos jenen zumeist linksstehenden Politikern, Gruppen und Parteien, die sich während des Kriegs für einen »Verständigungsfrieden« oder aber gegen einen Siegfrieden, wie ihn die OHL forderte, eingesetzt und so den Siegeswillen der Soldaten systematisch untergraben hätten. Derart allgemein formuliert jedoch, konnte sich der Vorwurf gegen jeden und jede richten, also auch gegen jene Frauen, die es versäumt hatten, ihre Männer oder Söhne zum Ausharren an der Front zu ermutigen, und deren »Jammerbriefe« sowie deren – von den Polizeispitzeln sorgfältig registriertes – Geschimpfe in den Warteschlangen vor den Lebensmittelläden zweifellos die geforderte Moral an der Heimatfront beeinträchtigt hatten.

Aber es gab eine weitere Variante der von Hindenburg und anderen propagierten »Dolchstoßlegende«, auch wenn diese anfänglich nur in völkischen und antisemitischen Zirkeln und Kreisen kolportiert wurde: Verursacher der Niederlage und Auslöser der Revolutionen in Europa seien die Juden gewesen. Der Antisemitismus der Kriegsjahre – die »Judenzählung« vom November 1916 war noch keineswegs vergessen – erreichte nach 1919 einen »höheren Grad an ideologischer Zuspitzung, politischer Aggressivität und öffentlicher Wirksamkeit« (Helmut Berding) als jemals zuvor. Die einflussreichste der antijüdischen Organisationen war der 1919 gegründete »Deutschvölkische Schutz- und Trutzbund« mit über 200 000 Mitgliedern (1922). Doch wichtiger noch als die sehr hohen Mitgliederzahlen war die fortwährende antisemitische Hetze und Propaganda, wie sie auf Hunderttausenden von Flugblättern und Handzetteln sowie auf Millionen von Klebemarken verbreitet wurde.

Der Kampf gegen den »jüdischen Bolschewismus« und die Weimarer »Judenrepublik« dominierte auch die von Theodor Fritsch herausgegebene Wochenzeitung *Antisemitische Correspondenz*, die 1922 bereits in einer Auflage von 160 000 Exemplaren erschien. Derselbe Theodor Fritsch besorgte eine der deutschen Ausgaben des nicht nur in rechtsradikalen und antisemitischen Zirkeln stark verbreiteten Pamphlets »Protokolle der Weisen von Zion«. Darin bemühten sich einer oder mehrere unbekannte russische Autoren, anhand von teils frei erfundenen, teils manipulierten Quellen eine angebliche Verschwörung von Juden und Freimaurern zu dokumentieren, welche die »Weltherrschaft« an sich zu reißen suchten. Der spätere Chefideologe der nationalsozialistischen Bewegung, der Baltendeutsche Alfred Rosenberg, steuerte 1923 einen Kommentar zu den »Protokollen« bei, der ebenfalls weite Verbreitung fand. Unter dem Einfluss des »Russlandkenners« Rosenberg vollzog nunmehr der rastlose »Bierkelleragitator« Adolf Hitler die in Antisemitenkreisen bereits geläufige Fusion von Antisemitismus und Antibolschewismus, die fortan Hitlers »Weltanschauung« beherrschen sollte.

Die Metapher von einem gegen das deutsche Heer geführten »Dolchstoß« gehörte nachweislich zu den häufigsten Redeformeln des »unbekannten Gefreiten«, wie Hitler sich gerne selbst apostrophierte. Obwohl für ihn die Juden zweifellos die Hauptschuld an der militärischen Niederlage trugen, spielte Hitler gelegentlich auch auf der gesamten Klaviatur der nationalistischen Schuldzuweisungen. In seiner »historischen« Bürgerbräukeller-Rede, die der »Führer« am 9. November 1928 hielt, also auf den Tag genau zehn Jahre nach Ausrufung der Republik, bezichtigte Hitler – neben den »uns vergiftenden Hebräern« und den sozialdemokratischen »Novemberverbrechern« – wiederholt pauschal die »Heimat«, im Weltkrieg versagt zu haben. Diese hätte nicht nur eine Trennung zugelassen zwischen den kämpfenden Soldaten und der kriegsmüden Zivilbevölkerung, sondern sogar auf dem Höhepunkt des Abwehrkampfes den Munitionsarbeiterstreik von 1918 organisiert: »Glauben Sie mir, was dieser Streik an Munition gekostet hat, spielt keine Rolle gegenüber dem, was dieser Streik an Glauben gekostet hat, an Glauben raubte; denn für was sollte der Soldat nun noch kämpfen.« Für die Zuhörer sprach da nicht jemand, der sich seine Argumente angelesen hatte, sondern hier redete ein ehemaliger Frontsoldat, der vorgab, genau gesehen zu haben, was sich in der Etappe und in der Heimat an Zersetzung und Verrat abgespielt hatte.

Weitersagen! Anheften! Abschreiben! Nachdrucken!

Drei Fragen!

1. Ist es etwa ein Zufall
daß in Rußland und in Deutschland, wie versuchsweise in anderen Ländern, die
Urheber und Führer des Bolschewismus
Juden sind?

2. Ist es etwa ein Zufall,
daß bei dem durch die internationalen Mammonsknechte hervorgerufenen Völkermorden in Deutschland die
Drückeberger und Meißmacher
Juden waren?

3. Ist es etwa ein Zufall,
daß, mit Ausnahme einiger zum Teil beherzter Reklamejuden, die
Kriegsgewinnler und Revolutionsverdiener
Juden sind?

Man soll keine Wurst nach der Pelle beurteilen, wohl aber kann man zweibeinige Hanswürste nach ihrer Erscheinung, **ganz sicher** aber Parteien an ihren **Führern** und **Vertretern** erkennen. —

Die Spartakusse und Rosakisten sind Judenknechte; die „Unabhängigen" (nicht nur vom russischen Blutgelde „Abhängigen") sind nur verkappte Bolschewisten und Zuhälter der Juden; die Sozialisten dürften auch ohne Vergrößerungsglas die in ihrer roten Suppe gefundenen jüdischen Haare erkannt haben; die **Deutsch-demokratische Volkspartei** (in diesem Falle in drei Worten zwei Begriffsschändungen!) ist nur eine neue Firma der jüdisch-internationalen Grosskapitalisten! —

Wählt was und wen Ihr wollt, aber:

Wählt keine Juden
und
wählt keine Judenpartei!

Bund der 48er, Gruppe Berlin

69. Flugblatt einer antisemitischen Berliner Gruppe vom Januar 1919

Zu der traumatischen Dimension der deutschen Nachkriegszeit gehörten die Frustration und der Hass derjenigen »Krieger«, die sich in der neuen Welt der Republik nicht zurechtgefunden hatten. Manche suchten und entdeckten schließlich ein Betätigungsfeld in den Freikorps – und nach deren Auflösung durch die Alliierten 1920 in geheimen Kampfbünden wie der Organisation Consul –, in denen sie weiter gegen »Verräter« Krieg führten und aus dem politischen Tagesgeschäft eine Arena des kaltblütigen Mordes machten. Tatsächlich sind bedeutende Politiker der jungen Republik, unter anderem Walther Rathenau und Matthias Erzberger, durch Attentate dieser »Fememörder« ums Leben gekommen. In den Freikorps und ihren Nachfolgeorganisationen lebte die Ideologie des soldatischen Nationalismus weiter. Diese Ideologie wirkte wie ein Nährboden für weiteren Hass und Gewalt, die der nicht bewältigte verlorene Krieg wie eine unheilvolle Saat über die Republik legte. Franz Schauwecker, neben Ernst Jünger der damals bekannteste Dichter des soldatischen Nationalismus, hat diesen Ungeist in seinem Weltkriegsroman »Im Todesrachen« aus dem Jahre 1919 folgendermaßen festgehalten: »(...) ich sehe das deutsche Heer des großen Krieges, das aufsteht, das herannaht, dessen Marsch wie der mächtig schwellende Atem einer gewaltigen Brust ist. (...) Sie kommen heran, unaufhaltsam und ungeheuer wie das Wandern des Meeres. Eine Stimme ist über ihnen, eine Stimme voll Erz und Unerschütterlichkeit, voll starren Ernstes und knirschenden Trotzes gegen die Welt, eine Stimme, die aufschreit vor Schmerz, dröhnend vom Grimm des Kampfes wie Sturz schwerer Felsen.«

Mythengeladene Schwerfälligkeiten und literarische Phrasen wie diese gab es in jener Zeit in ungeheurer Zahl. Ernst Jüngers auf seinen Kriegstagebüchern basierendes Erlebnisbuch »In Stahlgewittern« ist nur die intellektuelle Speerspitze dieser Mentalität der zutiefst frustrierten und aktivistischen Soldaten des Weltkriegs und ihrer insbesondere auch jugendlichen Bewunderer. Diese Jugend hatte den Krieg nicht an der Front erlebt; sie war stattdessen in der Heimat von der dauernden Siegeszuversicht und der unablässigen Propaganda geformt worden, aber auch vom Nicht-Verstehen und Nicht-Akzeptieren der Niederlage und zudem vom Schmerz über eine versäumte Kindheit. Es ist sicherlich kein Zufall, dass führende nationalsozialistische Akteure und Gewalttäter – vom Chef der Sicherheitspolizei und des SD, Reinhard Heydrich, bis hin zum juristischen Kopf der SS und späteren Besatzungschef in Dänemark, Werner Best – eben dieser Kriegsjugendgeneration angehörten.

Die US-amerikanische »Carnegie Stiftung für internationalen Frieden« hat in den 1920er Jahren ein großzügiges Programm der sozial- und wirtschaftswissenschaftlichen Aufarbeitung des Weltkriegs gestartet, dem wir grundlegende Erkenntnisse über Deutschland in der Zeit nach dem Ersten Weltkrieg verdanken. Zu nennen ist hier insbesondere die 1927 veröffentlichte Studie mit dem Titel »Geistige und sittliche Wirkungen des Krieges in Deutschland«. Diese interdisziplinäre Untersuchung deutscher Wissenschaftler galt den »Wirkungen des Weltkriegs auf das Seelenleben des deutschen Volkes«. Das hauptsächliche Ergebnis war die Feststellung, dass es bei den Deutschen der Nachkriegszeit eine gravierende »Erschütterung des Wirklichkeitssinns, eine Gefühlsverrohung« gegeben habe. »Noch heute« seien führende Geister in Deutschland davon überzeugt, »dass die feindliche Welt sich der deutschen Überlegenheit unterworfen hätte, wenn wir nur noch kurze Zeit durchgehalten hätten«. Die Autoren konstatierten weiterhin eine generelle Unfähigkeit vieler Deutscher, den »Tatsachen ehrlich Rechnung zu tragen«, und kamen zu dem Ergebnis: »Gerade die besten, edelsten, vaterlandsliebenden Teile der Nation verlangen immer wieder, dass die Nation sich aufraffe zu einem möglichst aktiven Widerstand gegen die Diktate des unbarmherzigen Feindes. Wenn man von ihnen den Nachweis verlangt, dass dafür die Möglichkeit des Erfolges bestehe, so wird man mit lauten Gefühls- und Phantasieausbrüchen zum Schweigen gebracht.« Die Schlussfolgerung dieses – bis heute nicht hinreichend bekannten – Berichts hat den Wortlaut: »Die vieljährige Durchführung des Krieges gegen eine Welt von Feinden war nur möglich vermöge einer Gewöhnung an idealistische, ideologische, illusionistische Zurechtrückung der Wirklichkeit, was tiefe, nachhaltige Spuren in der Volkspsyche zurücklassen musste.« Die Deutschen, so heißt es abschließend, hätten insgesamt an einer »Gefühlsverrohung« zu leiden, sie seien ein »Volk des Zorns« geworden.

Was der Carnegie-Bericht als »Gefühlsverrohung« recht allgemein fasst, ist ein vielschichtiges, aber grundlegendes Element der politischen (Un-)Kultur der Weimarer Republik. Zunächst geht es dabei um ein Phänomen, das der US-amerikanische Historiker George Mosse als »Brutalisierung« der europäischen Gesellschaften durch den Ersten Weltkrieg charakterisiert hat. Über die These ist mittlerweile länger als ein Jahrzehnt diskutiert und wenig Einigkeit erzielt worden. Vor allem Mosses ursprüngliche Annahme, dass die Soldaten »brutalisiert« aus dem Krieg zurückgekehrt seien, ist mittlerweile durch zahlreiche Studien massiv in Frage gestellt worden. Die allermeisten Soldaten waren tatsächlich nur froh darüber, ihr Gewehr in die Ecke stellen zu können. Auch kam es nicht, wie die Statistiken ausweisen, zu einer außergewöhnlichen Steigerung der Gewaltkriminalität, wie man es vielleicht hätte erwarten können. Nach einem vorübergehenden Anstieg der *individuellen* Tötungsdelikte in der unmittelbaren Nachkriegszeit sank die Zahl der Gewaltverbrechen in den ehemaligen Kriegsgesellschaften; teilweise fiel die Kriminalitätsrate bei Schwerverbrechen im Verlauf der 1920er Jahre sogar unter das Niveau der Vorkriegszeit.

Allerdings waren diejenigen, die weiterkämpfen wollten, etwa die Angehörigen der Freikorps und mancher nationalistischer Soldatenbünde, durch eine neue Brutalität im Umgang mit Zivilisten und »Feinden« aller Art charakterisiert. Auch die Tatsache, dass der politische Mord gleichsam an der Tagesordnung war, lässt auf ein erhebliches Ausmaß an Brutalisierung schließen. Saal- und Straßenschlachten der gewalttätigsten Art, wie es sie vor dem Krieg niemals gegeben hatte, gehörten nunmehr zum Alltag der Republik. Neu und bedrohlich war auch, dass durch das jahrelange Zusammenpferchen von Tausenden und Abertausenden von uniformierten Männern ein neuer Typ von »Masse« entstanden war – eine Masse, die sich auf neue, spektakuläre Weise öffentlich zeigte. Politische Demonstrationen wurden dementsprechend zu »Aufmärschen«, auch Pazifisten und linke Friedensaktivisten traten nunmehr ohne weiteres in Kolonnenform und im Marschtritt auf. Einer gewissen Brutalisierung unterlagen überdies jene Menschenmassen, die sich beispielsweise in den Fußballstadien zusammenballten und aus diesem Gentleman-Sport, der vor 1914 nur relativ wenige Zuschauer interessiert hatte, in den 1920er Jahren nicht selten einen Anlass für blutige Zusammenstöße von fanatisierten Hooligans machten. Wie weit diese »Vermassung« und das Zelebrieren von Gewaltritualen insgesamt mit dem Kriegserlebnis bzw. der nachfolgenden Enttäuschung zusammenhängen, ist kaum nachzuweisen. Aber das zeitliche Zusammentreffen lässt in diesem Fall doch auf eine ursächliche Verknüpfung schließen.

Symptomatisch für die Zerrissenheit der politischen Kultur der Weimarer Republik erscheint vor allem die Tatsache, dass sich die Deutschen jener Zeit nicht auf einen gemeinsamen Totenkult für die Gefallenen des Weltkriegs verständigen konnten. Anders als in Frankreich und Großbritannien, wo der Kult des »Unbekannten Soldaten« unter dem Arc de Triomphe respektive eines »leeren Grabes« (Cenotaph) in Whitehall für verbindliche, bis heute gültige nationale Erinnerungs- und Gedenkorte sorgte, gelang es in Deutschland nicht, einen zentralen »Altar des Vaterlands« (so der französische General Maxime Weygand) zu finden. Der Versuch, das wegen seiner ungeheuren Ausmaße geradezu anstößige Tannenberg-Denkmal, das an den Sieg über die russischen Armeen 1914 in Ostpreußen erinnern sollte, in ein »Reichsehrenmal« umzufunktionieren, scheiterte kläglich. Da half es auch nicht, dass man in seinen Mauern die Gebeine von 20 (!) unbekannten deutschen Soldaten der Ostfront beigesetzt hatte. Das pompöse Denkmal wurde am 18. September 1927, anlässlich des 80. Geburtstags des siegreichen Feldherrn Hindenburg – nunmehr Reichspräsident der Weimarer Republik – und in dessen An-

70. Das von Walter und Johannes Krüger entworfene »Reichsehrenmal Tannenberg« von 1927

wesenheit, seiner Bestimmung übergeben. Von wenigen Ausnahmen abgesehen, blieben die Repräsentanten der demokratischen Parteien und die republikanischen Soldatenverbände der Zeremonie fern.

Ähnlich umstritten wie die vergebliche Suche nach einer nationalen Erinnerungsstätte verliefen auch die Bemühungen örtlicher und regionaler Institutionen, eine gemeinsame, verbindliche Form der Gefallenenehrung und des Totengedenkens zu etablieren. Weder die Reichsregierung in Berlin noch die eigens eingerichteten Landesberatungsstellen für Kriegerehrungen vermochten ihre wiederholten Anregungen, verstärkt demokratische und pazifistische Formen und Motive zu entwickeln, vor Ort umzusetzen. Stattdessen kam es bei der Gestaltung des Gefallenengedenkens zwischen den örtlichen Kriegervereinen und den Behörden oftmals zu einem regelrechten »Stellungskrieg der Denkmäler« (Christian Saehrendt). Im Berlin der späten 1920er Jahre wurde jeder Versuch pazifistischer Gruppen, ein Mahnmal gegen die Absurdität des Krieges aufzustellen, umgehend von SA-Trupps oder dem nationalistischen »Stahlhelm« unterbunden.

Der Schock der militärischen Niederlage, der erzwungene Frieden von Versailles mit dem für die meisten Deutschen ungeheuerlichen Vorwurf, schuldig zu sein an einem Krieg mit Millionen von Toten, Verwundeten und Versehrten, schließlich die Auseinandersetzungen über den »Dolchstoß«, all das machte ein gemeinsames Totengedenken in Deutschland und damit einen inneren Frieden unmöglich. Auf die mentalen Erschütterungen und sozialen Verwerfungen bauten Ende der 1920er Jahre erfolgreich die Nationalsozialisten auf. Ihr Vorwurf eines angeblichen »Verrats« der Republik war von dem Versprechen begleitet, die militärische und politische Niederlage zu tilgen und Deutschland zu neuer Größe zu führen. Dies hat Hitler vielleicht den meisten Zuspruch verschafft, versprach er doch nicht weniger, als die Deutschen vom Trauma der Niederlage von 1918 zu befreien.

Eine gänzlich andere Sicht des Weltkriegs und der friedlosen Nachkriegszeit präsentierte das weltweit einzige Anti-Kriegsmuseum, das 1925 in Berlin seine Tür öffnete. Gründer war der engagierte Pazifist und anarchistische Schriftsteller Ernst Friedrich, Autor des bis heute bekannten, viersprachigen Dokumentenbands »Krieg dem Kriege« von 1924. Das in einem bescheidenen Wohnhaus unweit des Alexanderplatzes

71. Ernst Friedrich, »Krieg dem Kriege! Guerre à la Guerre! War against War! Oorlog aan den Oorlog!«, Umschlag der Ausgabe von 1924

untergebrachte, höchst ungewöhnliche Museum zeigte neben kriegerischen »Mordwerkzeugen« zahlreiche aus dem Archiv der Berliner Charité stammende Fotos von Schwerstverletzten, deren Gesichter durch Granatsplitter zerfetzt waren. Zugleich betonte Friedrich, dass die Realität des Krieges um vieles schrecklicher war, als es ein Museum oder ein Fotobuch vermitteln konnten: »Wie grauenhaft auch diese Bilder sind: die Wirklichkeit ist noch viel grauenhafter. Denn ihr hört nicht das Stöhnen der Zermarterten, ihr kennt nicht das häusliche Leid der Kriegsopfer, nicht das Elend und den traurigen Niedergang der Familien, deren Ernährer euch hier im grauenhaften Bilde entgegenstarren.« Ernst Friedrichs Anti-Kriegsmuseum, das bereits lange vor Hitlers Machtübernahme ein Angriffsziel nationalistischer Schlägertrupps gewesen war, wurde unmittelbar nach dem Reichstagsbrand 1933 zerstört. Ein örtlicher SA-Trupp richtete in dem Haus ein sogenanntes Sturmlokal ein.

Das Deutschland nach dem Ende des »Großen Krieges« erschien vielen Deutschen als eine »verkehrte Welt« (Martin Geyer), eine Welt, die sich kaum mehr verstehen ließ. Über dem Land lag eine Atmosphäre der Verbitterung und nicht selten die eines schwelenden Hasses. Bemerkenswerterweise hat Hannah Arendt in ihrem berühmten Buch über die Entstehung des Totalitarismus genau diese Verbitterung und diesen Hass thematisiert, den sie im Berlin der frühen 1920er Jahre gleichsam an jeder Straßenecke zu spüren glaubte: »(...) in diesen Nachkriegsjahren wuchs er (der Hass) zu einem entscheidenden politischen Faktor in allen öffentlichen Angelegenheiten heran. Die Atmosphäre des öffentlichen Lebens der zwanziger Jahre schien geladen mit der schwülen und unheilvollen, diffusen Irritabilität einer Strindbergschen Familientragödie. Denn der Hass konnte sich auf niemand und nichts wirklich konzentrieren. (...) So drang er in alle Poren des täglichen Lebens und konnte sich nach allen Richtungen verbreiten, konnte die phantastischsten, unvorhersehbarsten Formen annehmen; nichts blieb vor ihm geschützt, und es gab keine Sache in der Welt, bei der man sicher sein konnte, daß der Hass sich nicht plötzlich gerade auf sie konzentrieren würde.«

Literatur

Arendt, Hannah, Elemente und Ursprünge totaler Herrschaft, München 1986.

Baumgarten, Otto u. a., Geistige und sittliche Wirkungen des Krieges in Deutschland, Stuttgart 1927.

Berding, Helmut, Moderner Antisemitismus in Deutschland, Frankfurt a. M. 1988.

Friedrich, Ernst, Krieg dem Kriege (Nachdruck mit einer Einführung von Gerd Krumeich), München 2004.

Gerwarth, Robert, Die Besiegten. Das blutige Erbe des Ersten Weltkriegs, München 2017.

Hirschfeld, Gerhard, Die Attraktion des Ersten Weltkriegs für die Nazi-Bewegung, in: Attraktion der NS-Bewegung, hg. v. Gudrun Brockhaus, Essen 2014, S. 63–78.

Geyer, Martin H., Verkehrte Welt. Revolution, Inflation und Moderne. München 1914–1924, Göttingen 1998.

Jünger, Ernst, In Stahlgewittern. Sämtliche Werke, Bd. 1: Der Erste Weltkrieg, Stuttgart 1978.

Kershaw, Ian, Hitler, 1889–1936, Stuttgart 1998.

Mosse, George L., Gefallen für das Vaterland. Nationales Heldentum und namenloses Sterben, Stuttgart 1993.

Nationalsozialismus und Erster Weltkrieg, hg. v. Gerd Krumeich, Essen 2010.

Pyta, Wolfram, Hindenburg. Herrschaft zwischen Hohenzollern und Hitler, München 2007.

Saehrendt, Christian, Der Stellungskrieg der Denkmäler. Kriegerdenkmäler im Berlin der Zwischenkriegszeit, 1919–1939, Bonn 2004.

Schauwecker, Franz, Im Todesrachen. Die deutsche Seele im Weltkriege, Halle 1919.

Schumann, Dirk, Politische Gewalt in der Weimarer Republik. Kampf um die Straße und Furcht vor dem Bürgerkrieg, Essen 2001.

Sontheimer, Kurt, Antidemokratisches Denken in der Weimarer Republik, 3. Aufl., München 1993.

Weber, Thomas, Hitlers erster Krieg. Der Gefreite Hitler im Weltkrieg – Mythos und Wahrheit, Berlin 2011.

Gesamtdarstellungen zum Ersten Weltkrieg

Enzyklopädie Erster Weltkrieg, hg. von Gerhard Hirschfeld, Gerd Krumeich, Irina Renz, erweiterte Neuauflage, Paderborn u. a. 2014.

Epkenhans, Michael, Der Erste Weltkrieg 1914–1918, Paderborn 2015.

Erster Weltkrieg. Kulturwissenschaftliches Handbuch, hg. von Niels Werber, Stefan Kaufmann, Lars Koch, Stuttgart/Weimar 2014.

Janz, Oliver, 14. Der Große Krieg, Frankfurt a. M. 2013.

Julien, Elise, Der Erste Weltkrieg, Darmstadt 2014.

Leonhard, Jörn, Die Büchse der Pandora. Geschichte des Ersten Weltkriegs, München 2014.

Münkler, Herfried, Der Große Krieg. Die Welt 1914–1918, Berlin 2013.

Chronik

1899

18. Mai bis 29. Juli	Erste Haager Friedenskonferenz mit 26 Teilnehmerstaaten.

1900	In Paris findet die 13. Weltausstellung statt. »Boxeraufstand« in China führt zu einer internationalen militärischen Intervention.

1904

Februar	Beginn des russisch-japanischen Kriegs über Korea und die Mandschurei.
8. April	Abschluss der »Entente cordiale« zwischen Frankreich und England.

1905

31. März	Besuch des deutschen Kaisers in Tanger löst die erste Marokkokrise aus.
5. September	Russisch-japanischer Krieg endet mit der Kapitulation des Zarenreichs.

1906

16. Januar bis 7. April	Konferenz von Algeciras zur Lösung der Marokkokrise endet mit der Unterzeichnung der Algeciras-Akte.

1907

15. Juni bis 18. Oktober	Zweite Haager Friedenskonferenz mit 44 Teilnehmerstaaten.

31. August	Britisch-russisches Abkommen über die Abgrenzung der Interessen in Persien, Afghanistan und Tibet.
1908	
5. Oktober	Annexion der zum Osmanischen Reich (Türkei) gehörenden Balkanländer Bosnien und Herzegowina durch Österreich-Ungarn.
1911	
April	Der Einmarsch französischer Truppen in das marokkanische Fès und in Rabat sowie die Entsendung des deutschen Kanonenbootes »Panther« (»Panthersprung«) nach Agadir (1. 7.) führen zur zweiten Marokkokrise.
Ende September	Krieg zwischen Italien und der Türkei (bis Oktober 1912) wegen der italienischen Besetzung der Provinzen Tripolitanien und Cyrenaica (Libyen).
1912	
12. März	Staaten des Balkanbunds, Serbien und Bulgarien, schließen ein Angriffsbündnis gegen das Osmanische Reich und ein Defensivabkommen gegen Österreich-Ungarn. Beitritt Griechenlands (im Mai) und Montenegros (im August).
17. Oktober	Kriegserklärung des Balkanbunds an das Osmanische Reich eröffnet den Ersten Balkankrieg (rascher militärischer Zusammenbruch der Türkei).
22./23. November	Britisch-französischer Notenaustausch über eine militärische Zusammenarbeit im Kriegsfall.
1913	
März und April	Vorlage umfangreicher französischer und deutscher Rüstungsvorhaben (Heeresvergrößerungen) in den jeweiligen Parlamenten.
30. Mai	Der Friede von London zwischen den Balkanstaaten und dem Osmanischen Reich überdeckt nur mühsam die Gegensätze der Balkanstaaten untereinander.

26. Juni	Ausbruch des Zweiten Balkankriegs.
10. August	Friede von Bukarest. Der Balkan bleibt das »Pulverfass« Europas.

1914

28. Juni	Ermordung des österreichischen Thronfolgers Franz Ferdinand und seiner Gattin in Sarajevo.
5. Juli	»Hoyos-Mission«: Kaiser Wilhelm II. sichert Österreich-Ungarn die deutsche Unterstützung zu.
23. Juli	Österreich-Ungarn stellt Serbien ein Ultimatum.
25. Juli	Mobilmachung der serbischen Armee. Der russische Kronrat beschließt die Unterstützung Serbiens.
28. Juli	Österreich-Ungarn erklärt Serbien den Krieg.
30. Juli	Generalmobilmachung der russischen Armee.
31. Juli	Generalmobilmachung Österreich-Ungarns und Belgiens.
1. August	Deutschland erklärt Russland den Krieg. Generalmobilmachung Deutschlands und Frankreichs. Italien erklärt seine Neutralität.
2. August	Deutscher Einmarsch in Luxemburg. Deutschland richtet ein Ultimatum an Belgien mit der Forderung nach freiem Durchmarsch. Deutsch-türkischer Bündnisvertrag.
3. August	Deutschland erklärt Frankreich den Krieg. Die britische Armee macht mobil. Britisches Ultimatum an Deutschland. Rumänien erklärt seine Neutralität.
4. August	Großbritannien bricht seine Beziehungen zu Deutschland ab (Kriegszustand). Die Parteien des deutschen Reichstags bewilligen die Kriegskredite; Ermächtigung des Bundesrats zu Verordnungen. Ausrufung des »Burgfriedens« durch den Kaiser. Einmarsch deutscher Truppen in Belgien.
6. August	Kriegserklärung Österreich-Ungarns an Russland. Serbien erklärt Deutschland den Krieg.
9. bis 16. August	Das britische Expeditionskorps geht in Frankreich an Land.

10. August	Schlacht von Mühlhausen: Französische Verbände räumen die Stadt. Die deutschen Kreuzer *Goeben* und *Breslau* erreichen Konstantinopel.
11. August	Frankreich erklärt Österreich-Ungarn den Krieg. Einmarsch österreichisch-ungarischer Truppen in Serbien.
12. August	Großbritannien erklärt Österreich-Ungarn den Krieg. Kriegserklärung Montenegros an Deutschland.
12. bis 21. August	Scheitern der österreichisch-ungarischen Offensive gegen Serbien an der Drina.
15. August	Russische Truppen marschieren in Ostpreußen ein.
16. August	Die Festung Lüttich wird nach tagelangem Beschuss der deutschen Artillerie endgültig zerstört.
17. August	Heftige Kämpfe in Stallupönen (Ostpreußen).
19./20. August	Deutsche Truppen besetzen Brüssel: Die belgische Armeeführung flieht nach Antwerpen. Schlacht bei Gumbinnen: Die deutsche 8. Armee räumt Teile Ostpreußens.
20. bis 22. August	Schlacht in Lothringen: schwere französische Verluste.
22. August	Einmarsch russischer Truppen in Galizien. Schlacht bei Krasnik (23.–25.8.) und Komarów (26.–31.8.)
23. August	Kriegserklärung Japans an Deutschland. Österreich-Ungarn erklärt Japan den Krieg. Hindenburg übernimmt die Führung der 8. Armee (Ostfront).
25. August	Zerstörung der Bibliothek von Löwen durch deutsche Truppen. Einnahme der Festung Namur.
26. bis 30. August	Schlacht bei Tannenberg: Vernichtung der russischen Narew-Armee.
28. August	Österreich-Ungarn erklärt Belgien den Krieg. Seegefecht nahe der Insel Helgoland. Die deutsche Kolonie Togo wird an die Briten übergeben.
1. bis 10. September	Schlacht bei Lemberg: Rückzug der österreichisch-ungarischen Armee. Einschließung der Festung Przemyśl durch deutsche Verbände.
2. September	Deutsche Truppen erreichen die Marne und bedrohen

	Paris. Die französische Regierung zieht sich nach Bordeaux zurück. Russische Truppen besetzen Lemberg.
5. bis 12. September	1. Marne-Schlacht.
6. September	Serbische Offensive an der unteren Save (bis Januar 1915).
7. bis 15. September	Schlacht an den Masurischen Seen.
12. September	Beginn der 1. Schlacht an der Aisne (bis 24. 10.): »Wettlauf zum Meer«.
14. September	Ablösung Moltkes als Generalstabschef durch Falkenhayn (2. OHL).
18. bis 20. September	Beschießung der Kathedrale von Reims durch deutsche Verbände.
24. September bis 12. Oktober	Belagerung der Festung Przemyśl durch die Russen.
4. Oktober	»Aufruf an die Kulturwelt« von 93 deutschen Wissenschaftlern, Schriftstellern und Künstlern.
9. Oktober	Einnahme Antwerpens. Flucht der belgischen Regierung über Ostende nach Le Havre (13.10.).
20. Oktober	Beginn der 1. Flandern-Schlacht (bis Mitte November). Die türkische Flotte bombardiert russische Häfen am Schwarzen Meer.
22. Oktober	Österreichisch-ungarische Truppen nehmen Czernowitz wieder ein.
28. Oktober	Flandrisches Küstengebiet wird von der belgischen Armee geflutet.
29. Oktober	Das Osmanische Reich erklärt Russland und Frankreich den Krieg. Kreuzer *Goeben* beschießt russische Häfen am Schwarzen Meer.
1. November	Hindenburg und Ludendorff erhalten den Oberbefehl über die Ostfront. Sieg Admiral Spees bei Coronel.
2. bis 6. November	Russland (2.11.), Großbritannien (5.11.) und Frankreich (6.11.) erklären dem Osmanischen Reich den Krieg.

3. bis 5. November	Lettow-Vorbecks Schutztruppe besiegt britische Einheiten bei Tanga (Deutsch-Ostafrika).
7. November	Der deutsche Marinestützpunkt Tsingtau kapituliert vor den Japanern.
8. November bis 15. Dezember	Niederlagen und Rückzug der serbischen Armee.
8. November	Russische Truppen belagern erneut die Festung Przemyśl (bis 22.3.1915).
14. November	Ausrufung des Heiligen Krieges (*jihad*) gegen die Entente durch den Kalifen Mehmed V. Reshad in Konstantinopel.
Mitte November	Verlustreiche Kämpfe in Flandern (Langemarck). Die gesamte Westfront geht zum Stellungskrieg über.
16. November	Offensive der österreichisch-ungarischen Armee in Galizien und Russisch-Polen. Papst Benedikt XV. erlässt eine »Friedensenzyklika«.
18. November	Französische Regierung kehrt nach Paris zurück.
27. November	Czernowitz wird von österreichisch-ungarischen Truppen geräumt.
2. Dezember	Belgrad wird von der österreichisch-ungarischen Armee besetzt.
6. Dezember	Deutsche Truppen nehmen Lodz ein.
8. Dezember	Deutsches Kreuzergeschwader wird bei den Falkland-Inseln durch britische Marine vernichtet. Beginn der 1. Champagne-Schlacht (bis 17.3.1915): »Winterschlacht in der Champagne«.
15. Dezember	Serbische Truppen erobern Belgrad zurück.
17. Dezember	Beginn der 1. Artois-Offensive (bis 20.12.).
20. Dezember	Türkische Truppen rücken bis zum Suezkanal vor.
21. Dezember	Britische Truppen erobern Basra.

1915

Januar bis April	Karpatenkämpfe: Die Offensive Conrad von Hötzendorfs führt zu einer Katastrophe für die österreichisch-ungarische Armee.

24. Januar	Unentschiedenes Seegefecht zwischen der britischen und der deutschen Marine auf der Doggerbank.
25. Januar	Einführung von Brotmarken in Deutschland: Rationierung von Lebensmitteln.
4. Februar	Deutschland erklärt das Seegebiet um die Britischen Inseln zum Sperrgebiet.
7. bis 21. Februar	Winterschlacht in Masuren: 100 000 russische Gefangene.
19. Februar	Alliierter Flottenverband versucht Durchbruch durch die Dardanellen-Meerenge.
22. Februar	Beginn des deutschen uneingeschränkten U-Boot-Kriegs.
18. März	Scheitern des erneuten alliierten Angriffs gegen die Dardanellen.
April/Mai	2. Flandern-Schlacht, deutscher Einsatz von Giftgas (22.4.).
25. April	Landung britischer, ANZAC und französischer Truppen auf der Halbinsel Gallipoli.
26. April	»Londoner Vertrag«: Geheimabkommen der Entente mit der italienischen Regierung führt zum Kriegseintritt Italiens. Deutsche Offensive in Litauen und Kurland. Anfang Mai Schlacht von Gorlice-Tarnów: Deutsche und österreichisch-ungarischeTruppen besetzen Gorlice (2.5.) und Tarnów (6.5.). Galizien weitgehend von russischen Truppen geräumt. Südafrikanische Truppen besetzen Windhuk (Deutsch-Südwest).
7. Mai	Versenkung des britischen Passagierdampfers *Lusitania* durch ein deutsches U-Boot: Konflikt mit den USA.
9. Mai	Beginn der 2. Artois-Offensive der französischen Armee (bis 18.6.).
13. Mai	Die US-Regierung verlangt in einer Protestnote die Rückkehr zum U-Boot-Krieg nach Prisenordnung.
20. Mai	Höhepunkt der Kriegsziel-Agitation (Annexionen) in Deutschland: »Verbände-Denkschrift« der sechs großen Wirtschaftsverbände.
23. Mai	Italien erklärt Österreich-Ungarn den Krieg.

4. Juni	ANZAC-Truppen erleiden schwere Verluste auf Gallipoli. Die Festung Przemyśl wird von deutschen und österreichisch-ungarischenTruppen zurückerobert.
22. Juni	Österreichisch-ungarischeTruppen erobern Lemberg zurück.
23. Juni	Beginn der 1. Isonzo-Schlacht (bis 7.7.).
Anfang Juli	Deutsche Offensive an Bug und Weichsel. Konferenz der alliierten Militärchefs in Chantilly: Abstimmung über Herbstoffensive.
8. Juli	»Intellektuelleneingabe« mit 1347 Unterschriften erhebt weitreichende Kriegszielforderungen. Eine gemäßigte »Gegeneingabe« (9.7.) versammelt nur 141 Unterzeichner.
9. Juli	Kapitulation der Kolonie Deutsch-Südwestafrika.
13. Juli	Beginn der deutschen Offensive am Narew (bis 24.8.).
18. Juli	Beginn der 2. Isonzo-Schlacht (bis 10.8.).
4./5. August	Einnahme von Warschau durch deutsche Truppen.
19. August	Versenkung des englischen Passagierdampfers *Arabic* durch deutsches U-Boot.
26. August	Deutsche Bug-Armee erobert Brest-Litowsk.
6. September	Bündnisvertrag Deutschlands und Österreich-Ungarns mit Bulgarien.
18. September	Deutsche Einschränkung des U-Boot-Handelskriegs als Antwort auf den drohenden Kriegseintritt der USA.
22. September	Beginn der 2. Champagne-Schlacht (»Herbstschlacht in der Champagne«).
25. September	Beginn der 3. französischen Artois-Offensive (bis 11.10.).
5. Oktober	Die ersten britischen und französischen Verbände landen in Saloniki.
6. Oktober	Beginn der Offensive der Mittelmächte gegen Serbien.
9. Oktober	Eroberung Belgrads durch die österreichisch-ungarische Armee.
14. Oktober	Kriegserklärung Bulgariens an Serbien.
15. Oktober	Großbritannien erklärt Bulgarien den Krieg.
16. Oktober	Frankreich erklärt Bulgarien den Krieg.

18. Oktober	Beginn der 3. Isonzo-Schlacht (bis 5.11.).
10. November	Beginn der 4. Isonzo-Schlacht (bis 11.12.).
23. November	Abschluss der k. u. k. Offensive gegen Serbien: Reste der serbischen Armee ziehen sich an die adriatische Küste zurück.
6. bis 8. Dezember	2. Konferenz der Entente in Chantilly: Planung einer gemeinsamen Offensive.
20. Dezember	Größerer Rückzug britischer und ANZAC-Verbände von Gallipoli.
21. Dezember	Im Reichstag stimmen 20 SPD-Abgeordnete gegen die Bewilligung weiterer Kriegskredite.
29. Dezember	Rückzug der deutschen Schutztruppen von Kamerun auf spanisches Kolonialgebiet.

1916

1. Januar	Gründung der »Gruppe Internationale« durch Karl Liebknecht und Rosa Luxemburg: Anfänge des Spartakusbundes.
23. Januar	Das Königreich Montenegro kapituliert nach einer dreiwöchigen Offensive der österreichisch-ungarischen Armee.
27. Januar	Im Vereinigten Königreich (mit Ausnahme Irlands) wird die Wehrpflicht für alle ledigen Männer zwischen 18 und 41 Jahren eingeführt (im Mai erweitert auf Verheiratete).
11. Februar	Erklärung der Reichsleitung, dass bewaffnete feindliche Handelsschiffe künftig wie Kriegsschiffe behandelt werden.
21. Februar	Beginn der Kämpfe um Verdun (bis Ende Juli).
25. Februar	General Pétain übernimmt den Oberbefehl über die französischen Verbände bei Verdun. Deutsche Truppen erobern das Fort Douaumont.
1. März	Beginn der 5. Isonzo-Schlacht (bis 15.3.).
4. März	Das Deutsche Reich setzt den uneingeschränkten U-Boot-Krieg vorübergehend aus. Rücktritt des Großadmirals Alfred von Tirpitz (15.3.).

9. März	Das Deutsche Reich erklärt Portugal den Krieg.
24. März	Versenkung des französischen Dampfers *Sussex*. Nach amerikanischen Protesten vorübergehende Einstellung des deutschen U-Boot-Kriegs.
29. April	Kapitulation des britischen Expeditionskorps (indische Division) bei Kut al-Amara vor den Türken.
15. Mai	Beginn der österreichisch-ungarischen Offensive in Südtirol.
27. Mai	Rede des US-Präsidenten Woodrow Wilson: »Frieden ohne Sieger und Besiegte«.
31. Mai	Seeschlacht am Skagerrak (bis 1.6.).
4. Juni	Beginn der Brussilow-Offensive auf einer Frontlänge von 350 Kilometern von Wolhynien bis in die Bukowina (bis Ende August).
5. Juni	Beginn des arabischen Aufstandes gegen die türkische Herrschaft.
7. Juni	Fort Vaux bei Verdun wird durch deutsche Truppen erobert.
1. Juli	Beginn der Schlacht an der Somme (bis 25.11.).
4. August	Beginn der 6. Isonzo-Schlacht (bis 16.8.): Italienische Truppen erobern die Stadt Görz und die Hochfläche von Doberdó.
17. August	Rumänien tritt der Entente bei.
28. August	Italien erklärt dem Deutschen Reich den Krieg. Das Deutsche Reich, Bulgarien und das Osmanische Reich erklären Rumänien den Krieg.
29. August	Rücktritt Falkenhayns (28.8.): Hindenburg wird zum Chef des Generalstabs des Feldheeres und Ludendorff zum Ersten Generalquartiermeister ernannt (3. OHL).
3. September	Feldzug der Mittelmächte gegen Rumänien (bis Dezember): Niederlagen der Rumänen bei Hermannstadt (26.9.) und Kronstadt (8.10.).
13. September	Monastir-Offensive der Entente in Makedonien (bis 15.12).
15. September	Erster Einsatz britischer Tanks an der Somme-Front.

30. September	Hindenburg-Programm: Mobilisierung zusätzlicher Arbeitskräfte und Steigerung der Rüstungsproduktion.
24. Oktober	Französische Gegenoffensive bei Verdun (bis 3.11.: Fort Vaux).
5. November	Proklamation eines von den Mittelmächten abhängigen »Königreichs Polen«.
21. November	Tod des Kaisers Franz Joseph von Österreich-Ungarn.
5. Dezember	Der Reichstag beschließt das Gesetz über den Vaterländischen Hilfsdienst.
6. Dezember	Deutsche Truppen besetzen Bukarest.
12. Dezember	Friedensangebot der Mittelmächte an den US-Präsidenten.
Mitte Dezember	Ende der Kämpfe um Verdun: Französische Truppen besetzen Fort Douaumont.
18. Dezember	Aufforderung des US-Präsidenten an die kriegführenden Mächte, ihre Friedensbedingungen und Forderungen offen zu erörtern.
26. Dezember	Das Deutsche Reich erklärt sich zur Teilnahme an einer Friedenskonferenz bereit, lehnt jedoch eine amerikanische Vermittlung ab.
30. Dezember	Die Alliierten weisen die deutsche Friedensinitiative zurück.

1917

10. Januar	Die Ententemächte geben in einer gemeinsamen Note erstmals ihre Kriegsziele bekannt.
12. Januar	Hungerprotest vor dem Rathaus in Hamburg. Es folgen weitere öffentliche Proteste im deutschen »Steckrübenwinter«.
22. Januar	In einer Rede vor dem US-Senat fordert Präsident Wilson einen »Frieden ohne Sieg« und ein Selbstbestimmungsrecht der Völker.
1. Februar	Das Deutsche Reich erklärt den uneingeschränkten U-Boot-Krieg.

3. Februar	Die USA brechen die diplomatischen Beziehungen zu Deutschland ab.
9. Februar	Beginn des deutschen »Unternehmens Alberich«: Rücknahme eines Frontbogens an der Westfront (massive Zerstörungen).
8. März	Ausbruch der russischen Februarrevolution: Abdankung des Zaren (15.3.) und Bildung einer Provisorischen Regierung.
11. März	Britische Truppen erobern Bagdad.
16. bis 19. März	Deutscher Rückzug in die »Siegfried-Stellung«.
26./27. März	1. Schlacht um Gaza.
6. April	Die USA erklären Deutschland den Krieg.
7. April	»Osterbotschaft« Wilhelms II.: Der Kaiser verspricht die Aufhebung des preußischen Dreiklassenwahlrechts nach Kriegsende.
9. April	Angriff britischer Truppen (mit Tanks) bei Arras.
11. April	Gründung der USPD in Gotha.
Mitte April	»Hungerstreiks« in Berlin, Leipzig und anderen deutschen Großstädten gegen die Verschlechterung der Lebensmittelversorgung. Die Proteste werden zunehmend politisch.
16. April	Beginn der 3. Champagne-Schlacht (bis 25.5.) und der Schlacht am Chemin des Dames (Nivelle-Offensive).
17. April	2. Schlacht um Gaza (bis 20.4.).
23. April	Kriegszielkonferenz der Mittelmächte in Bad Kreuznach (»Kreuznacher Programm«).
29. April	Meutereien französischer Einheiten am Chemin des Dames (bis Anfang Juni).
4. Mai	Beginn der Beratungen des Verfassungsausschusses des Reichstags über Verfassungsreformen.
15. Mai	Pétain löst Nivelle als Oberbefehlshaber ab.
18. Mai	In den USA beginnt die Wehrerfassung aller Männer zwischen 21 und 30 Jahren.
7. Juni	Beginn der Schlacht am Wytschaete-Bogen (leitet über zur 3. Flandern-Schlacht).

27. Juni	Griechenland tritt der Entente bei.
29. Juni	Griechenland erklärt dem Deutschen Reich, Österreich-Ungarn, dem Osmanischen Reich und Bulgarien den Krieg.
1. Juli	Beginn der erfolglosen russischen Kerenski-Offensive (bis Ende Juli).
6. Juli	Matthias Erzberger (Zentrum) fordert im Reichstag einen Verständigungsfrieden ohne Annexionen. Bildung eines Interfraktionellen Ausschusses.
7. Juli	Der bislang größte deutsche Luftangriff auf London fordert 54 Tote und 190 Verwundete.
14. Juli	Rücktritt Bethmann Hollwegs: Nachfolger wird Georg Michaelis.
19. Juli	»Friedensresolution« des Reichstags.
31. Juli	Beginn der 3. Flandern-Schlacht (bis Anfang November).
1. August	Friedensnote des Papstes Benedikt XV.
5. August	Meutereien in der deutschen Hochseeflotte.
14. August	China erklärt dem Deutschen Reich und Österreich-Ungarn den Krieg.
26. August	Pétains Offensive bei Verdun führt zur Rückeroberung der Höhe »Toter Mann«.
2. September	Alfred von Tirpitz und Wolfgang Kapp gründen die Deutsche Vaterlandspartei.
3. September	Deutsche Truppen besetzen Riga.
23. Oktober	Deutsche Verbände räumen den Chemin des Dames.
24. Oktober	Beginn der 12. Isonzo-Schlacht (Caporetto): Durchbruch der Mittelmächte bis zur Piave (bis 2.12.).
26. Oktober	Angriff kanadischen Einheiten bei Passchendaele (Ypern-Bogen): Einnahme am 6. November.
31. Oktober	Gaza-Beerscheba-Schlacht (3. Schlacht um Gaza): britischer Durchbruch an der Sinai-Front.
1. November	Reichskanzler Michaelis wird durch Graf Hertling abgelöst.
5. November	Die deutsch-österreichische Kriegszielkonferenz in Berlin beschließt die Vereinigung des russischen Teils

	Polens und Galiziens mit dem Königreich Polen sowie die Angliederung von Litauen und Kurland an das Deutsche Reich (»Polen-Proklamation«).
7. November	Oktoberrevolution (julianischer Kalender: 25. Okt.) in Russland: Die bürgerliche Regierung wird durch die Bolschewiki unter Lenin gestürzt.
8. November	»Dekret über den Frieden«: Internationaler Appell des russischen Kongresses der Arbeiter- und Soldatenräte zur Aufnahme von Friedensgesprächen (»Frieden ohne Annexionen und Kontributionen«).
20. November	Beginn der Tank-Schlacht von Cambrai.
3. und 15. Dezember	Waffenstillstandsverhandlungen der Mittelmächte mit Russland in Brest-Litowsk.
7. Dezember	Kriegserklärung der USA an Österreich-Ungarn.
Mitte Dezember	Vollständige Besetzung Deutsch-Ostafrikas durch britische Truppen.
22. Dezember	Aufnahme von Verhandlungen zwischen Russland und den Mittelmächten über einen Separatfrieden (Brest-Litowsk).

1918

8. Januar	Präsident Wilson legt sein 14-Punkte-Programm zur Herbeiführung eines allgemeinen Friedens vor.
Mitte Januar	Ausbruch von Massenunruhen und -streiks in Österreich.
24. Januar	Das Deutsche Reich und Österreich-Ungarn lehnen Wilsons 14-Punkte-Programm ab.
Ende Januar	Massenstreiks in Berlin und anderen deutschen Städten: Gefordert werden u. a. ein rascher Friedensschluss in Brest-Litowsk (»ohne Annexionen und Kontributionen«), ein demokratisches Wahlrecht sowie eine bessere Lebensmittelversorgung.
9. Februar	Abschluss eines Separatfriedens zwischen der Ukraine und den Mittelmächten in Brest-Litowsk.
10. Februar	Abbruch der Friedensverhandlungen durch Trotzki: Wiederaufnahme der Kampfhandlungen (18.2.); ra-

	scher deutscher Vormarsch ohne große russische Gegenwehr.
26. Februar	Erneute Friedensverhandlungen in Brest-Litowsk.
3. März	Unterzeichnung des Friedens von Brest-Litowsk: Russland tritt Polen, die baltischen Staaten, Finnland und die Ukraine ab.
März/April	Vormarsch deutscher Verbände im Kaukasus, auf der Krim sowie in Finnland.
21. März	Beginn der deutschen Frühjahrsoffensiven an der Westfront (bis Mitte Juli; Michael-Offensive bis 5.4.).
22./23. April	Britischer Flottenvorstoß gegen deutsche U-Boot-Stützpunkte in Zeebrügge und Ostende.
7. Mai	Friede von Bukarest: Rumänien und die Mittelmächte unterzeichnen einen Friedensvertrag.
27. Mai	Deutsche Offensive am Chemin des Dames (Aisne): Durchbruch bis zur Marne (30.5.).
14. Juni	Nach misslungenen Angriffen bei Noyon und Compiègne ordnet Ludendorff die Einstellung der Offensive an.
15. bis 25. Juni	Die letzte Großoffensive österreichisch-ungarischer Truppen in Italien bei Asiago und an der Piave scheitert.
16./17. Juli	Deutsche Offensive an der Marne.
18. Juli	Beginn der alliierten Gegenoffensive zwischen Soissons und Reims: Angriff der Franzosen bei Villers-Cotterêts mit 400 Tanks.
8. August	Britisch-französische Offensive bei Amiens führt zu schweren deutschen Verlusten.
12. bis 15. September	Erfolgreiche Offensive des amerikanischen Expeditionskorps gemeinsam mit französischen Verbänden am St. Mihiel-Bogen.
26. September	Offensive alliierter Verbände zwischen Maas und Argonnen.
29. September	Die OHL fordert von der Reichsregierung die Aufnahme von Waffenstillstandsverhandlungen.
30. September	Waffenstillstandsvertrag zwischen Bulgarien und der Entente.

3. Oktober	Nach dem Rücktritt von Graf Hertling (30.9.) wird Prinz Max von Baden zum Reichskanzler ernannt: Bildung einer parlamentarischen Regierung. Max von Baden ersucht die Alliierten um einen Waffenstillstand auf der Grundlage der 14 Punkte (4./5.10.).
12. Oktober	Zweite deutsche Note an USA (Regierung akzeptiert Wilsons Bedingungen).
16. Oktober	»Völkermanifest« Kaiser Karls I.: Zusicherung der Gleichberechtigung der Nationen der Habsburgermonarchie im Rahmen eines föderativen Staates.
21. Oktober	Ausbruch revolutionärer Unruhen in Österreich.
24. Oktober	Hindenburg und Ludendorff verlangen die Wiederaufnahme der Kampfhandlungen.
26. Oktober	Entlassung Ludendorffs. Sein Nachfolger wird Wilhelm Groener (4. OHL).
27. Oktober	Österreich-Ungarn bietet den Alliierten Waffenstillstand und einen Sonderfrieden an.
29. Oktober	Einheiten der deutschen Hochseeflotte in Wilhelmshaven weigern sich auszulaufen.
31. Oktober	Unterzeichnung eines Waffenstillstands zwischen der Entente und dem Osmanischen Reich.
3. November	Matrosenaufstand in Kiel: Arbeiter- und Soldatenräte übernehmen die Macht (4.11.). Waffenstillstand zwischen Österreich-Ungarn und der Entente.
5. bis 8. November	Ausbreitung der revolutionären Bewegungen von Kiel aus auf ganz Deutschland u. a. mit dem Ziel einer sofortigen Beendigung des Kriegs.
7. November	Bildung einer Revolutionsregierung in München unter Kurt Eisner (USPD): Proklamation eines »Freistaats Bayern«.
8. November	Beginn der Waffenstillstandsverhandlungen in Compiègne.
9. November	Rücktritt Wilhelms II.: Ausrufung der Deutschen Republik durch Philipp Scheidemann und kurz darauf (»Sozialistische Republik«) durch Karl Liebknecht in

	Berlin. Friedrich Ebert (SPD) wird Vorsitzender des Rates der Volksbeauftragten (10.11.).
11. November	Matthias Erzberger (Zentrum) unterzeichnet für das Deutsche Reich den Waffenstillstandsvertrag im Wald von Compiègne nordöstlich von Paris.
28. November	Offizielle Abdankung Kaiser Wilhelms II.
16. bis 20. Dezember	Deutscher Rätekongress in Berlin beschließt Wahlen zur Nationalversammlung am 19. Januar 1919.

1919

1. Januar	Gründung der Kommunistischen Partei Deutschlands (KPD).
6. bis 15. Januar	Spartakusaufstand (unter Beteiligung von KPD, USPD sowie revolutionären Obleuten in den Betrieben).
15. Januar	Ermordung von Karl Liebknecht und Rosa Luxemburg durch Angehörige der Garde-Kavallerie-Schützen-Division und Freikorpsoffiziere.
18. Januar	Eröffnung der Pariser Friedenskonferenz im Schloss Versailles mit 70 Delegierten aus 27 Siegerstaaten unter Vorsitz des französischen Ministerpräsidenten Georges Clemenceau.
19. Januar	Wahlen zur Verfassungsgebenden Deutschen Nationalversammlung.
11. Februar	Eröffnung der Weimarer Nationalversammlung. Wahl Friedrich Eberts zum Reichspräsidenten.
13. Februar	Bildung einer Regierung aus SPD, DDP und Zentrum unter Ministerpräsident Philipp Scheidemann (SPD).
21. Februar	Ermordung des bayerischen Ministerpräsidenten Kurt Eisner durch rechtsradikalen Attentäter.
24. März	Erste Sitzung des »Rates der Vier« (Wilson, Clemenceau, Lloyd George, Orlando) zur Vorbereitung des Versailler Abkommens. Der »Viererrat« tagt bis zum 20. Juni insgesamt 148-mal.
6./7. April	Ausrufung der Räterepublik in München.
28. April	Verabschiedung der Völkerbundsatzung durch die Vollversammlung der Pariser Friedenskonferenz.

29. April	Eintreffen der deutschen Delegation in Versailles.
1./2. Mai	Zerschlagung der Münchner Räterepublik durch Regierungstruppen.
7. Mai	Übergabe der Friedensbedingungen an die deutsche Delegation in Versailles ohne mündliche Aussprache.
29. Mai	Überreichung der deutschen Gegenvorschläge. Ultimative Forderung nach Annahme der Friedensbedingungen seitens der Alliierten (16. 6.).
20. Juni	Rücktritt der Regierung Scheidemann.
21. Juni	Koalitionsregierung aus SPD und Zentrum unter Gustav Bauer (SPD).
23. Juni	Billigung der bedingungslosen Annahme des Vertrags durch die Nationalversammlung.
28. Juni	Unterzeichnung des Vertrags in Versailles durch Außenminister Hermann Müller.
9. Juli	Ratifizierung des Friedensvertrags durch die Nationalversammlung mit 209:116 Stimmen.
12. Juli	Aufhebung der alliierten Blockade gegen Deutschland.
11. August	Unterzeichnung der von der Nationalversammlung beschlossenen Reichsverfassung durch Reichspräsident Ebert.
10. September	Unterzeichnung des Friedensvertrags mit Österreich (St. Germain-en-Laye).
27. November	Unterzeichnung des Friedensvertrags mit Bulgarien (Neuilly).

1920

10. Januar	Inkrafttreten des Versailler Vertrags.
4. Juni	Unterzeichnung des Friedensvertrags mit Ungarn (Trianon).
10. August	Unterzeichnung des Friedensvertrags mit der Türkei (Sèvres).

Diese Chronik ist ein gekürzter und überarbeiteter Nachdruck aus: Enzyklopädie Erster Weltkrieg, hg. von Gerhard Hirschfeld, Gerd Krumeich, Irina Renz, 3. Aufl., Paderborn u. a. 2009.

Quellen- und Bildnachweis

Quellen

Sämtliche Briefauszüge und Tagebucheinträge stammen, sofern nicht anders ausgewiesen, aus der Lebensdokumentensammlung der Bibliothek für Zeitgeschichte in der Württembergischen Landesbibliothek, Stuttgart.

Abbildungen

Anti-Kriegs-Museum, Berlin/Tommy Spree 71
Bibliothek für Zeitgeschichte in der Württembergischen Landesbibliothek, Stuttgart 1, 2, 9–11, 13–19, 29, 21–33, 35–47, 49–56, 59–61, 63–70
Deutsches Historisches Museum, Berlin 29
Historial de la Grande Guerre, Péronne 4
Käthe Kollwitz, Die Eltern: © (2013) The Museum of Modern Art, New York/Scala Florenz/VG Bild Kunst, Bonn 34
Österreichische Nationalbibliothek 7, 48
Privatbesitz 57
Stiftung Weimar 3
SZ Photo/Scherl 62
ullstein bild 12
Universitätsbibliothek Heidelberg 8

Trotz sorgfältiger Recherche konnten möglicherweise nicht alle Rechteinhaber ermittelt werden. Berechtigte Ansprüche können beim Verlag angemeldet werden und werden im üblichen Rahmen abgegolten.

Personenregister